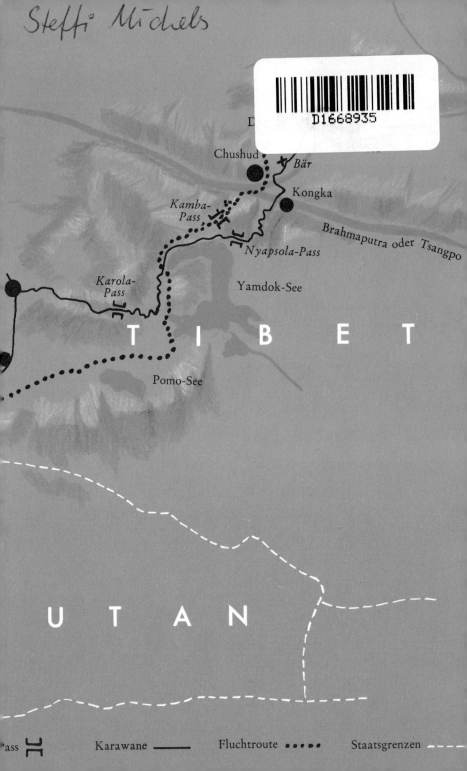

Steffi Michels

D...
Chushud · *Bär*
Kongka
Kamba-Pass
Nyapsola-Pass
Brahmaputra oder Tsangpo
Karola-Pass
Yamdok-See

T I B E T

Pomo-See

U T A N

ass][Karawane —— Fluchtroute ••••• Staatsgrenzen ---

FEDERICA DE CESCO

DIE GOLDENEN DÄCHER VON LHASA

FEDERICA DE CESCO

Die goldenen Dächer von Lhasa

UNION-Programm im Otto Maier Verlag Ravensburg

CIP-Kurztitelaufnahme der Deutschen Bibliothek

Cesco, Federica de:
Die goldenen Dächer von Lhasa / Federica de Cesco.
(Übers. aus d. Franz. von Hansjörg Ostertag). — 1. Aufl. —
Ravensburg: Union-Programm im Otto Maier Verl., 1978.
  ISBN 3-473-36112-7

Lizenzausgabe für Bundesrepublik Deutschland und
Berlin-West mit Genehmigung des Neptun Verlages Kreuzlingen
für UNION-Programm im Otto Maier Verlag Ravensburg;
1. Auflage 1978
Übersetzung aus dem Französischen von Hansjörg Ostertag
Umschlag und Karte vorderer Vorsatz: Victor Leugger
Foto hinterer Vorsatz: NASA/Apollo 7
Gesamtherstellung: Druckhaus Ernst Kaufmann, Lahr
ISBN 3-473-36112-7
(früher erschienen im Union Verlag Stuttgart
ISBN 3-8002-5348-8)

མི་ཆུ་ལ་དཔུ་གས་པ་ལ་ཆུ་
ཕྱེད་རང་གས་བཅལ་དགོས།

གསེར་ས་འོག་ལ་ཡོད་ན་འོད་
ནས་མཁར་བརྒྱབ།

«Wer seinen Nächsten in ein Wasser werfen will,
muss selbst bis in die Mitte waten.»
(Wer andere mit falschen Anschuldigungen überschüttet, wird selbst darob
nicht trocken bleiben.)

«Wenngleich im Erdreich verborgen, dringt Gold mit
seinen Strahlen bis zum Himmel.»
(Wahre Begabung und Qualität lassen sich nicht verhehlen.)

1

Etwa vierzehn Tage nachdem Carries Vater in den Bergen den Tod gefunden hatte, schlug Miss Sullivan dem jungen Mädchen vor, die elterliche Villa zu vermieten und im College Wohnung zu nehmen.

«Wir stellen Ihnen ein hübsches Zimmer zur Verfügung», sagte sie. «Sie können es ganz nach Ihrem Geschmack einrichten. Das ist immer noch besser, als wenn Sie mit Ihrem alten Diener, dem Sikh, in der verödeten Villa bleiben.»

Sie seufzte, befühlte ihren Haarknoten und steckte ein paar Haarnadeln anders. Ein deutliches Zeichen dafür, dass sie nervös war. Carrie hätte ihr gerne erzählt, dass der alte Rama Singh, ihr Diener, sie einst auf den Armen wiegte, als sie erst vier Wochen alt war, dass er ihr die Flasche gab und ihre Windeln wechselte. Aber sie fühlte sich nicht imstande, jetzt darüber mit der Lehrerin zu sprechen; sie spürte, sie würde sich ohnehin zu keinem Entschluss aufraffen können. Und im Grunde war sie froh, dass jemand ihr die Entscheidung abnehmen wollte, selbst wenn dieser Miss Sullivan hiess!

«Gerade eben bin ich Paul und Mary Stevens begegnet», nahm Miss Sullivan das Gespräch wieder auf, «reizende Leute! Sie kommen aus New York; der Mann ist technischer Berater bei der UNO. Sie bleiben ein Jahr lang in Darjeeling und suchen gerade eine standesgemässe Wohnung. Mary Stevens ist empört: die indische Regierung hat ihnen einen Bungalow angewiesen, dessen sanitäre Anlagen, gelinde gesagt, als skandalös bezeichnet werden müssen!»

Carrie kannte das Ehepaar Stevens und sie kannte auch die schrecklichen Kinder der beiden. Sie fand diese Leute keineswegs reizend, aber sie sagte nichts. Eigenartig, sie hatte manchmal das Gefühl, irgend jemand anders zu sein; ihr war, als beobachte sie sich durch ein Fenster, von aussen her, unabhängig von sich selbst, fast ein wenig gleichgültig. Sie sah sich, wie sie da, lang und mager, in Miss Sullivans Arbeitszimmer vor einer Tasse lauwarmen, schwachen Tees sass, und sie hörte sich immer wieder wie ein Papagei «ja, ja!» sagen.

«Frau Stevens versteht kein Hindi», sagte sie gepresst, «sie spricht es auch nicht und kann sich deshalb mit Rama Singh nicht verständigen.»

«Aber das ist ja völlig absurd!» rief Miss Sullivan aus, «Sie wollen doch nicht etwa sagen, Rama Singh habe nach achtzehn Dienstjahren in Ihrem Hause noch immer kein Wort Englisch gelernt? Er macht doch sonst einen ganz intelligenten Eindruck . . .»

Carrie unterdrückte ein Lächeln. Natürlich verstand Rama Singh Englisch! Aber er wollte nicht Englisch sprechen!

«Herr und Frau Stevens haben einen Koch und ein Dienerehepaar vom Lande angestellt», fuhr Miss Sullivan fort. «Sie werden Rama Singh unterstellt, der auch weiterhin im Haus die Oberaufsicht führt. Es spricht für Sie, dass Sie Ihrem alten Diener soviel Anhänglichkeit bewahren; selbstverständlich soll er seinen Arbeitsplatz nicht verlieren!»

Carrie musterte die Direktorin mit nachdenklichem Blick. Wer sprach denn davon, dass Rama Singh seinen Arbeitsplatz verlieren würde?

«Rama Singh soll selbst entscheiden», sagte sie achselzuckend.

«Sehr vernünftig», erwiderte Miss Sullivan erfreut, «man darf die Menschen hier nie vor den Kopf stossen!»

‹Völlig idiotisch, diese Bemerkung!› dachte Carrie unfreundlich. Aber sie schwieg auch diesmal.

Miss Sullivan goss Tee in die geblümten Porzellantassen und reichte Zucker und Dosenmilch. Die Stille des Raumes wurde vom Ticken einer Wanduhr durchdrungen, die Miss Sullivan einmal von einer Reise nach Interlaken mitgebracht hatte, die aber in dieser Umgebung fremdartig-grotesk wirkte. Von der Strasse her hörte man das Knarren eines Ochsenkarrens und die singenden Rufe eines Strassenhändlers.

Wie viele andere Institute dieser Art war auch das von Miss Sullivan geleitete «Englische Mädchencollege für wissenschaftlichen und praktischen Oberstufenunterricht» im ehemaligen Palast eines abgesetzten Radschas untergebracht. Noch hingen die feierlichen Ahnenbilder aus früheren Tagen an den Wänden: Edelsteingeschmückte Damen im Sari, die weissgepudert und mit kirschroten Lippen aus vergoldeten Rahmen auf die Besucher herablächelten, ihnen zur Seite kühn aussehende Männer mit stolz vorgereckter Brust, die sorgfältig gepflegten Hände auf den Säbelgriff gelegt. Sie trugen schimmernde, mit Orden bedeckte Uniformen und riesige, von hohen Federbüschen überragte Turbane.

Die Teppiche waren an manchen Stellen so abgenutzt, dass das Grundgewebe durchkam und man Gefahr lief, sich mit den Füssen darin zu verfangen. Zwischen venezianischem Kristall hingen in den riesenhaften Bronze-Kronleuchtern an wirren Kabelsträngen nackte, verstaubte Glühbirnen.

Miss Sullivans Arbeitszimmer war in einem ehemaligen Prunkgemach des Maharadschas eingerichtet worden. Es enthielt ausser einem wuchtigen Kaminaufbau aus rotem Marmor und einem mottenzerfressenen Rokokosofa ein halbes Dutzend geschmackloser, mit geblümtem Baumwollstoff überzogener Rohrstühle und einen sehr schönen Mahagonischreibtisch, auf dem Papiere und Akten in mustergültiger Ordnung aufgeschichtet waren.

Die Direktorin hüstelte verlegen:

«Meines Wissens haben Sie keine Angehörigen mehr», sagte sie, «nicht in Europa, ... und ganz sicher auch nicht hier in Indien.»

«Das stimmt», bestätigte Carrie unbewegt.

Ihr Vater und auch ihre Mutter waren Einzelkinder gewesen, beide hatten schon früh die Eltern verloren. Sie selbst war von ihrem Vater oder, richtiger gesagt, von Rama Singh erzogen worden. Sie war gerade acht Jahre alt gewesen, als ihre Mutter starb, eine Belgierin, soviel sie wusste ... Einmal, kurz vor ihrem Tod, hatte die Mutter ihr ein paar vergilbte Fotos gezeigt: Man sah schmale Häuser am Ufer eines Kanals, auf dem schwer beladene Lastkähne schwammen. Möwen und Schwäne waren zu erblicken, und Trauerweiden, die ihre Zweige ins Wasser tauchten. ‹Das ist Brügge›, hatte die Mutter erklärt, ‹da bin ich geboren›. Auf einem der Fotos war eine Frau im langen Wintermantel zu sehen, die einen Kinderwagen schob. Sie trug einen riesigen Hut und hatte einen Fuchspelz um den Hals geschlungen. Die Mutter deutete auf das Baby im Wagen: ‹Und das bin ich›, sagte sie, ‹ich war damals noch ganz klein.› Vergeblich hatte Carrie versucht, das winzige Gesichtchen unter einer dicken Wollmütze zu entdecken.

Carrie sah diese Fotos nie wieder. Ihr Vater hatte sie wohl irgendwo unter seinen Sachen aufbewahrt und später vergessen oder gar verloren. Er war ja so zerstreut in allem, was nicht unmittelbar seine Arbeit betraf!

Miss Sullivan sagte etwas. Carrie fuhr jäh aus ihren Träumen hoch; sie hatte nicht zugehört.

«Noch etwas Toast?» fragte die Direktorin ein zweitesmal.

«Nein danke!» Carrie brachte kein lautes Wort heraus; ihre Kehle war wie zugeschnürt. Mechanisch rührte sie in ihrer Tasse. Miss Sullivans Lächeln wirkte krampfhaft-gezwungen, als sie nun das Gespräch fortsetzte:

«Wir sollten jetzt vielleicht doch ein wenig über Ihre Zukunft sprechen», sagte sie, «meinen Sie nicht auch? Ich habe damals Ihrem armen Vater versprochen, ich würde ein Auge auf Sie haben, und ich halte dieses Versprechen.»

‹Sagt sie nun die Wahrheit, oder ist alles nur Bluff?› dachte Carrie bedrückt. Nun, es war anzunehmen, dass Miss Sullivans Angaben stimmten, eine Lüge wäre mit ihren moralischen Grundsätzen nicht zu vereinbaren gewesen. Aber Carrie hätte doch gerne gewusst, bei welcher Gelegenheit und auf welche Art und Weise ihr Vater die gute Dame um ihre Mithilfe gebeten hatte. Er pflegte nur sehr selten und recht widerwillig Umgang mit den Mitgliedern der englischen Kolonie von Darjeeling, er fand all diese Leute sterbenslangweilig. Er besuchte auch kaum einmal jemanden, ausgenommen seinen Freund, General Sri Rahendra Bahadur Radschah, mit dem er stundenlange Gespräche führen konnte. Manchmal reiste er nach Bombay oder Neu-Delhi, um Krankenhausbedarf einzukaufen oder an irgendeinem Aerztekongress teilzunehmen. ‹Sicher hat Miss Sullivan ihm damals Whisky angeboten›, sagte sich Carrie, ‹höflich, wie er war, konnte er nicht ablehnen, und dabei hat er ein wenig zuviel bekommen!›

«Ich . . . hm . . . möchte ja nicht indiskret sein», nahm Miss Sullivan mit einem Seitenblick das Gespräch wieder auf, «aber wie mir scheint, sind Sie . . . sagen wir: finanziell leider nicht so gestellt, dass Sie ein sorgenfreies Leben führen könnten. Nicht einmal hier in Indien, wo doch alles viel billiger ist als in Europa. Uebrigens der einzige Vorteil in diesem Land, obwohl ... äh ... obwohl ...»

Sie hatte den Faden verloren und begann zu stottern. Carrie fragte sich einmal mehr, weshalb wohl die meisten Leute derart in Verlegenheit geraten, wenn von Geld gesprochen wird.

«Das Haus gehört mir», sagte sie schlicht. «Ausserdem hatte Papa einige Ersparnisse auf einer Bank in Neu-Delhi für mich angelegt.»

«Aber genügt das für eine gesicherte Zukunft?»

Carrie schüttelte den Kopf: «Sicher nicht. Es reicht gerade soweit, dass ich mich ein oder zwei Jahre lang über Wasser halten kann. Das Haus möchte ich aber auf keinen Fall verkaufen. Ich suche mir so schnell wie möglich einen Job und schaue, wie ich durchkomme.»

«Da haben Sie vollkommen recht, liebes Kind!» rief Miss Sullivan freudestrahlend und fand mit einemmal ihre frühere Gesprächigkeit wieder. «Ich kann Ihnen da einen wunderbaren Vorschlag machen. Sie sind doch in Darjeeling geboren. Also kennen Sie besser als viele andere die Mentalität der Leute hier. Sicher sind Ihnen auch die vielfältigen Probleme vertraut, die sich uns Lehrkräften gerade in einem solchen Land stellen. Sie beherrschen mehrere Eingeborenendialekte. Sie könnten also eine sehr wertvolle Lehrkraft für unser Institut sein. Haben Sie noch nie daran gedacht?»

«Aber ich habe ja die Schule noch gar nicht abgeschlossen», erwiderte Carrie verblüfft, «und zudem bin ich noch nicht einmal siebzehn!»

«Oh, das spielt überhaupt keine Rolle», sagte die Direktorin aufgeräumt, «Sie wissen so gut wie ich, dass Sie nach der hiesigen Auffassung praktisch bereits als erwachsen gelten. Die jungen Mädchen hier heiraten ja schon mit dreizehn oder vierzehn Jahren. Viele sind mit fünfzehn schon Mutter und haben eine Familie.» Carrie nickte. Es stimmte: In ihrer Klasse gab es zwei Mädchen, die verheiratet waren. Die eine, Adschana, erwartete ein Kind; sie blieb öfters dem Unterricht fern, weil sie sich nicht wohl fühlte.

11

Carrie sass regungslos, die Hände über dem Knie gefaltet, mit unbewegter Miene. Ihre glatt gescheitelten braunen Haare umrahmten ein ovales, zart bronzefarbenes Gesicht. Die Nase war klein und zierlich, die langbewimperten Augen lagen unter dichten, dunkeln Brauen. Sie trug ein langärmliges graues Wollkleid, und an den nackten, schlanken Füssen grobe Sandalen, die mit einer um die grosse Zehe geschlungenen Lederschlaufe festgehalten wurden. ‹Sie sollte doch besser Strümpfe tragen›, dachte Miss Sullivan und blickte missbilligend auf Carries schmutzige Zehennägel.

Das Mädchen hob unvermittelt den Kopf; der Blick aus mandelförmigen, graubraun schimmernden Augen verriet Freimut, aber auch Entschlossenheit.

«Vielen Dank», sagte sie höflich. «Bitte, lassen Sie mich all das ein paar Tage lang überlegen.»

War das alles? Eine knappe, korrekt vorgebrachte Antwort, in einwandfreiem Englisch — Carrie würde eine ausgezeichnete Sprachlehrerin abgeben, da bestand kein Zweifel! — aber sonst auch nicht die leiseste Spur von Dankbarkeit, keinerlei innere Anteilnahme oder auch nur ein Anzeichen der Freude! Miss Sullivan hatte Mühe, ihre Enttäuschung zu verbergen.

«Gewiss», sagte sie frostig, «ich verstehe. Das ist ganz natürlich. Nun also, wenn Sie sich entschlossen haben, mit uns zusammenzuarbeiten, geben Sie mir durch Ihren Sikh Bescheid. Ich schicke dann einen Jeep, der Ihr Gepäck abholt.»

«Vielen Dank, Miss Sullivan», sagte Carrie fügsam. Dann verabschiedete sie sich hastig, als hätte sie Eile, diesen Ort zu verlassen.

Miss Sullivan blieb allein im Zimmer zurück. Sie seufzte unmutig auf und befühlte ihren Haarknoten. Im Konfitüreglas zappelten ein paar Fliegen. Gereizt setzte die Direktorin die silberne Tischglocke in Bewegung. Kischa sollte sofort den Tisch abräumen! Nichts konnte man stehenlassen in diesem Land! Ueberall wimmelte es von Insekten, die Bazillen und Infektionskeime übertrugen. Gewiss, das Bergklima war leichter zu ertragen als die feuchtwarme Hitze der Tiefebene, aber mit all dem Uebrigen, das hier auf einen einstürmte, mit den abergläubischen Bräuchen der Eingeborenen, dem völligen Mangel an Organisation und den trostlosen hygienischen Verhältnissen kam man nie zu Rande!

12

Auf dem Schreibtisch lag ungeöffnet ein Brief. Ein nach Schweiss und ranziger Butter riechender Bergbewohner in Schafpelz und Fellmütze hatte ihn kurz vor Carries Besuch überbracht, und Miss Sullivan hatte noch nicht die Zeit gefunden, ihn zu lesen. Sie setzte sich an den Schreibtisch, schlitzte mit einem Brieföffner sorgfältig den fettigen, braunen, zerknitterten Umschlag auf, der ein mit tibetischen Zeichen versehenes Siegel trug. Sie entfaltete den Brief, klappte aber das Papier nach einem kurzen Blick auf den girlandenförmig zusammenhängenden Text wieder zusammen. ‹Ich werde diesen Brief zum Uebersetzen geben müssen›, dachte sie ärgerlich, ‹wer kann denn schon diese tibetischen Schriftzeichen entziffern?›

2

Hoch oben am tiefblauen Himmel schwebte ein gelbroter Papierdrachen. Ein Lämmergeier mit weissen Bauchfedern umkreiste ihn mit weit ausgebreiteten Schwingen. Carrie blieb in der Mitte des Weges stehen. Sie blinzelte in die Sonne und beobachtete Drachen und Vogel, die nun dicht nebeneinander flogen und sich in anmutigem Schwung derselben Luftströmung hingaben.

Es konnte nur Rama Singh sein, der da einen Drachen steigen liess! Das war eine seiner Gewohnheiten: immer wenn er über ein Problem angestrengt nachdenken musste, holte er den Drachen hervor und sandte ihn in die Lüfte. Niemand verstand es so wie er, den papiernen Vogel zu lenken; auch Carrie hatte seine Meisterschaft nie erreichen können.

Sie stiess die Eisentür auf und trat in den Garten: Er war prächtig angelegt, aber er brauchte auch ständig Pflege. Alles wuchs hier so schnell! Rama Singh hatte nie einen anderen Gärtner neben sich dulden wollen. Jeden Morgen sah man ihn Unkraut jäten und den Boden umstechen, wobei er stets die rituelle Gebetsformel: ‹Bhomâ Ksamami Dal!›* vor sich hinmurmelte.

*) Bhomâ Ksamami Dal = Vergib die Entweihung, Erde!

Rings um das Haus wuchsen purpurfarbene Bougainvillea-Büsche neben üppigen gelben, cremefarbigen oder violetten Hibiskus-Stauden. Schon im Februar blühten hier auch kleine, dicht wachsende Rosen; sie verloren ihre Blätter erst zur Regenzeit. Carrie liebte vor allem die stark duftenden, läng-lich-weissen Blüten des Trompetenbaumes. Wenn der Winter zuende ging, fielen sie zu Boden und bildeten auf dem Rasen einen Teppich aus Blütenblättern, die man mit vollen Händen aufsammeln konnte. Einmal auf dem Erdboden, verloren sie jedoch bald ihren Duft und gingen rasch in Verwesung über. Der ganze Garten war von einer dichten Hecke umgeben; im Frühling glänzten dort Tausende winziger, taufeuchter Spinnweben wie Diamantfäden in der Morgensonne.

Stets waren im Garten zahlreiche Vögel zu hören und zu sehen: Nachtigallen, Tauben, Häher und auch ‹Nilkane›, jene Bergvögel mit dem strahlend blauen, ins Violett spielen-den Federkleid. Unter den sonnenwarmen Steinen nisteten Eidechsen, und des Nachts war der Garten — besonders wenn der Monsun herannahte — vom grünlich schimmernden Licht der Glühwürmchen erfüllt.

Carrie fand Rama Singh auf der Verandatreppe beim Aufrol-len der Drachenschnur. Der alte Sikh war hochgewachsen und mager. Trotz seiner Jahre, die niemand genau bestimmen konnte — am wenigsten er selbst — hielt er sich kerzengera-de. Sein Gesicht mit der gewölbten Stirn und der scharf gezeichneten Nase schien wie aus Stein gemeisselt; feinver-zweigte Runzeln durchzogen die Haut, gleich der Maserung eines herbstlichen Baumblattes. Die dunklen Augen blickten scharf aus bernsteinfarbenen Höhlen. Jeden Morgen türmten die gewandten Finger des Sikh mit unendlicher Geduld den riesigen, peinlich sauberen Turban auf, der das dichte Haupt-haar bedeckte. Der einstmals tiefschwarze Bart wallte heute weissflockig wie Watte über Rama Singhs Brust; durch einen straff angezogenen Faden wurde er in der rechten Ordnung gehalten. Wie alle Angehörigen seiner Kaste hatte der Sikh unter dem majestätisch aufgetürmten Turban einen Kamm und einen kleinen Dolch verborgen. Sein rechtes Handgelenk **14** umschloss ein Armband aus Eisen. Gewöhnlich trug er eine lange Jacke aus ungebleichtem Baumwollstoff und den soge-nannten ‹Dhoti›, jenes weissleinene Tuch, das die indischen

Männer als eine Art breiten Gürtel um die Hüften schlingen.

Seit dem Tod seiner Frau vor fünf Jahren lebte Rama Singh für sich allein. Er hatte drei erwachsene, verheiratete Töchter und ein Dutzend Enkelkinder. Seiner Familiensippe gehörte als gemeinsamer Besitz eine kleinere Seifen- und Parfümfabrik in Kalkutta, und wenn man den spärlich eintreffenden Nachrichten glauben durfte, war der Geschäftsgang zufriedenstellend. Rama Singh weigerte sich beharrlich, mit der Familie zusammenzuleben, obwohl Carries Vater ihm in letzter Zeit immer wieder zu verstehen gegeben hatte, er sei allmählich zu alt, um noch im Garten zu arbeiten und ein ganzes Haus in Ordnung zu halten. ‹Alles zu seiner Zeit, Rama Singh›, hatte er noch wenige Tage vor seinem Tod dem alten Diener gesagt. ‹Das gilt für die Arbeit wie für die Erholung. Meinen Sie nicht auch, jetzt sei die Zeit des Ausruhens für Sie gekommen?› Carrie erinnerte sich noch gut, wie der Sikh darauf in unerschütterlicher Ruhe geantwortet hatte: ‹Sahib, meine Knochen sagen mir schon, wenn die Ruhezeit für mich da ist. Bis jetzt haben sie noch nicht gesprochen!› Carries Vater lachte ob dieser Antwort, aber er bestand nicht länger auf seinem Vorschlag. Zwischen den beiden Männern, dem Diener und dem Herrn, hatte sich im Verlaufe vieler Jahre eine Art verschwiegener Kameradschaft entwickelt, die wohl in einer schwer zu bestimmenden Seelenverwandtschaft wurzelte und die den beiden als die natürlichste Sache der Welt erschien. In ihrer Umgebung aber rief sie immer wieder verständnisloses Kopfschütteln hervor.

Carrie stand auf der Verandatreppe und sah den Drachen tanzend und schwankend auf das Haus zukommen. Jetzt befand er sich genau über dem Trompetenbaum, und jetzt hatte er die Höhe des Hausdaches erreicht. Als er Rama Singhs Turban streifte, hob der Diener ohne Hast den Arm und ergriff den Drachen in dem Augenblick, da er zu Boden stürzen wollte.

15 «Er ist hoch gestiegen, diesmal», sagte Carrie auf Hindi.
«Ich habe die Schnur verlängert», antwortete der Sikh. «Der Wind war günstig.» Er legte den Drachen auf der Veranda nieder und setzte sich auf die Treppenstufen. Carrie

kauerte sich schweigend neben ihn. Rama Singh holte kleine, rechteckig zugeschnittene Papierstücke und eine Blechschachtel mit Tabak aus seiner Jackentasche. Geschickt rollte er eine Zigarette aus jener Mischung von indischem Pfeifentabak und gestampfter Betelnuss, wie man sie im Bazar findet, und reichte sie dem Mädchen. Er riss ein Streichholz an und bot Carrie Feuer, wobei er die Flamme mit der hohlen Hand schützte. Dann drehte er eine weitere Zigarette für sich selbst.

Carrie blies langsam den Rauch aus.

«Die College-Leiterin hat mir ein Angebot gemacht», sagte sie. «Ich soll im Internat wohnen und dort mein Studium beenden. Wenn ich das Diplom habe, will man mich als Englisch-Lehrerin anstellen.»

«Gar keine schlechte Idee», sagte Rama Singh.

Sie rauchten eine Weile schweigend. Eine Eidechse streckte den gelblichen Kopf zwischen den Steinen hervor und verschwand gleich wieder.

«Miss Sullivan riet mir, das Haus an die Familie Stevens zu vermieten. Das sind diese Amerikaner, die kürzlich hier eingetroffen sind. Allem Anschein nach suchen sie einen Bungalow, der in gutem Zustand ist.»

«Gibt es da, wo sie jetzt wohnen, kein Badezimmer?» fragte Rama Singh. Er kannte die Sorgen der Ausländer, die frisch nach Darjeeling kamen.

«Das schon», sagte Carrie. «Aber die Toiletten sind ausser Betrieb.»

«Man müsste die Kanalisation in Ordnung bringen», brummelte Rama Singh kopfschüttelnd. Er streifte die Asche seiner Zigarette in die hohle Hand. Seine Handflächen waren hart und schwielig, selbst die glühende Asche konnte ihnen nichts anhaben.

«Soll ich Diener sein bei dieser Familie?»

«Nicht nur du allein. Ein Fünfpersonen-Haushalt, das wäre zuviel für dich. Man wird noch zwei Diener vom Land, zwei ‹Gurung› glaube ich, und einen Koch einstellen, die dir zu gehorchen haben. Du kannst tun und lassen, was dir gut scheint.»

16

«Aber ich kann doch nicht Englisch», wandte Rama Singh ein. «Und ich bin auch viel zu alt, es noch zu lernen.»

«Die Frau ist jung genug, sie soll Hindi lernen», sagte Carrie. Und sie dachte an Mary Stevens' schrecklichen New Yorker Akzent und wie sie — nach einer Aeusserung von Carries Vater — die Wörter ‹wie Kartoffelbrei› im Mund wälzte. Der blosse Gedanke daran liess Carrie auflachen.

Rama Singh zog die Schultern hoch. Sein wachsamer Blick umschloss Carrie.

«Du müsstest öfter so lachen, Carrie-Baba», sagte er sanft. «Dann ist alles wie früher . . .»

Er machte von seinem Vorrecht als alter Diener des Hauses Gebrauch und gab ihr den sonst nur Kindern vorbehaltenen Kosenamen, obwohl sie schon erwachsen war. Carrie fuhr mit der Zunge über ihre Lippen. Das süssliche Aroma der Zigarette machte sie träge und schläfrig. Zu ihren Füssen spielten die Sonnenstrahlen; auf ihren Schultern lagen die violetten Schatten der Fuchsiensträucher. Carrie fühlte, Rama Singh hatte recht; alles würde in Ordnung kommen. Unmerklich nahm ihr neues Leben Gestalt an, Tag um Tag, in winzigen Bruchstücken.

Sie musste an Miss Sullivans Vorschlag denken. Rama Singh schien Gedanken lesen zu können, denn er fragte:

«Wären Sie gern Englisch-Lehrerin?»

Die Antwort war gar nicht so leicht! Carrie hatte noch nie in ihrem Leben so etwas wie eine zwingende ‹Berufung› verspürt; höchstens, dass sie sich zu den Naturwissenschaften, zur Biologie mehr hingezogen fühlte als zu andern Fächern. Ob sie Medizin studieren sollte wie ihr Vater? Aber daran wollte sie erst später denken, wenn sie ihr Diplom in der Tasche hatte. Ihr Vater wollte, dass sie erst einmal ein oder zwei Jahre an der naturwissenschaftlichen Fakultät der Universität von Neu-Delhi studieren und dann in London mit Medizin abschliessen sollte. Carrie war von diesen Plänen nie sehr begeistert gewesen.

Da sie weiterhin schwieg, nahm Rama Singh das Gespräch wieder auf:

«Warum die Entscheidung überstürzen?» fragte er. «Heutzutage ist es doch völlig normal, dass die Frauen arbeiten wie die Männer. Niemand hindert Sie also, erst einmal das Diplom zu machen und dann eine Zeitlang als Englischlehrerin praktisch zu arbeiten, wie die Mem Sahib vom College es

vorschlägt. Nachher können Sie ja dann immer noch weiter-
studieren, wenn's Ihnen gefällt.»
Plötzlich schien alles vollkommen klar und logisch! Rama
Singh verstand es, die Dinge auf den einfachsten Nenner zu
bringen, er hielt sich nie mit äusserlichen Erwägungen auf.
Carrie seufzte erleichtert. Sie musste an den Ausspruch ihres
Vaters denken: ‹Der eigentliche Herr hier im Hause ist Rama
Singh!› Sie erinnerte sich auch, wie noch vor zwei Wochen
der Sikh versucht hatte, den Vater von der geplanten Bergbesteigung abzubringen. Es war ein Frühlingstag gewesen, kurz
nach der Schneeschmelze. Die Sonne glänzte wie flüssiges
Glas. Die Frische der durchsichtig-klaren Luft liess an zarte
Eiskristalle, an junges Gras, an sprossende Blütenknospen
denken. Vom Talgrund her blinkten die jungen Saatfelder
wie schimmernde Edelsteine: Jade, Smaragd, Amethyst. Vor
dem Haus lärmte eine Wolke gelber Papageien mit gesträub-
tem Gefieder.

Obwohl das Barometer beständiges Wetter anzeigte, hatte
Rama Singh mit dem untrüglichen Instinkt des Gebirgsbewoh-
ners ein Unwetter vorausgesagt: ‹Der Wind dreht, wir bekommen Regen, Sahib›, wiederholte er immer wieder, so
hartnäckig und eigensinnig, wie es sonst nie seine Art war.
Normalerweise hätte Dr. Mason diese Warnungen sicher ernst
genommen, jetzt aber wollte er sie nicht hören: Kurz zuvor
hatte man einen jungen Bauernburschen zu ihm zur Behandlung gebracht, der vom Stalldach herunter in eine Heugabel
gestürzt war und schwere Verletzungen davontrug. Natürlich
brachte man ihn viel zu spät zum Arzt; erst hatte man's mit
Hausmitteln versucht, die Wunden mit einem Brei aus Lehm
und Rinder-Urin bestrichen. Jetzt halfen auch die Penizillin-
Spritzen nichts mehr. Ein fast alltäglicher Unfall nur, aber er
hatte einmal mehr mit brutaler Deutlichkeit gezeigt, gegen
welche Hindernisse Dr. Mason nun schon seit zwanzig Jahren
ankämpfte: gegen Aberglaube und totale Unwissenheit. Nicht
die Menschen versagten in solchen Fällen, nein, es war das
politische und religiöse System, das dieses Volk in jahrhun-
dertealter primitiv-beharrlicher Rückständigkeit festhielt.
Wie stets, wenn er erschüttert und aus dem Gleichgewicht
geworfen war, suchte Dr. Mason seine innere Ruhe in den

18

Bergen wiederzufinden. Als erfahrener Alpinist hatte er schon in jungen Jahren mehrere Expeditionen in Nepal und Tibet geleitet, und die Leidenschaft für die Berge war es unter anderem auch gewesen, die ihn seinerzeit dazu trieb, Europa zu verlassen und sich im äussersten Norden Indiens, in Darjeeling, in der Nachbarschaft des Himalaya niederzulassen.

Von ihrem Fenster aus konnte Carrie den Kantschindschinga, mit seinen 8693 Metern einer der drei höchsten Berggipfel der Erde, sehen. Je nach Beleuchtung und Jahreszeit änderte der Berg sein Aussehen. Bald umgaben ihn leuchtende Wolkenschleier, bald schimmerten seine fünf weissen spitzen Zacken vor einem kobaltblauen Horizont. Wie Carrie wusste, bedeutete das Wort Kantschindschinga im Tibetischen soviel wie ‹die fünf Schatzkammern des grossen Schnees›. Der Name ‹Himalaya› dagegen war nicht tibetischen Ursprungs, er stammte aus dem Sanskrit und setzte sich aus den beiden Wörtern ‹Hima› und ‹Alaya› zusammen, woraus sich die Bedeutung ‹Reich des Schnees› ergab. Dem Bewohner dieser Gegend bedeuten die Berge die Wohnstatt der Götter. Wenn immer wieder hochmodern ausgerüstete Expeditionen aus aller Welt auf halbem Wege zum Gipfel ihr Vorhaben wegen der Schneestürme oder des eisigen Nebels aufgeben mussten, so war dies in Wirklichkeit eben der Wille der Götter, die all jene hart bestraften, die frevelnd in ihr Reich eindrangen.

Carrie war gerade 12 Jahre alt, als ihr Vater sie zu einer Bergbesteigung mitnahm. Schon bald zeigte sie sich im Klettern äusserst geschickt; sie war völlig schwindelfrei und liess sich auch nie zu tollkühnen Wagnissen hinreissen. Pempa und Dondup, die beiden tibetischen Bergführer, lächelten bewundernd aus faltig verkniffenen Gesichtern und sagten: ‹Dieses Mädchen muss in einem früheren Leben als Tibeterin geboren worden sein.›

‹Sie haben recht, die beiden›, bestätigte Dr. Mason nicht ohne Stolz. ‹Du hast Kniegelenke und Lungen wie eine Gebirglerin. Fehlt nur noch eine gestreifte Schürze und ein Goldreif an einem deiner Nasenflügel, und jedermann würde dich für eine echte Gurung halten!› Mit ‹Gurung› meinte er jene zwischen Nepal und Tibet lebenden Nomaden, deren

Männer und Frauen riesige Lasten auf dem Rücken transportieren, die mit einem über die Stirn des Trägers gespannten Hanfseil festgehalten werden.

Dieses Mal — so hatte Carries Vater erklärt — wollte er den Berg allein besteigen: ‹Versteh mich recht, Carrie›, sagte er. ‹Ich brauche Ruhe, ich muss nachdenken können. Ich bin manchmal ein wenig menschenscheu. Du bist mir doch nicht böse deshalb?›

‹Nein, bestimmt nicht!›

Carrie wollte ihn ihre Enttäuschung nicht merken lassen. Die körperliche Anstrengung würde ihrem Vater gut tun und seine düsteren Gedanken vertreiben. Im übrigen gestattete Miss Well, die Englisch-Lehrerin, kein Fernbleiben vom Unterricht ohne triftigen Grund.

Bald nach dem Frühstück war Dr. Mason aufgebrochen. Pempa und Dondup begleiteten ihn. Sie trugen das Zelt, die Kletterausrüstung und den Proviant. Carrie sah den Jeep in einer Staubwolke verschwinden. Er überholte eine Reihe zerlumpter Pilger, die zum Tempel hinaufzogen, das Gefäss mit Reis in der Hand. Sie raffte Bücher und Hefte für den Unterricht zusammen und ging ins College. Ein Tag wie jeder andere begann . . .

Das Gewitter war mit Einbruch der Dunkelheit gekommen. Mit einem Schlag wurde die Luft zur entfesselten Windsbraut, die zwischen den Bergketten brüllend daherbrauste. Riesige Wolkenmassen senkten sich auf das Tal herab. Noch lange war über den Gipfeln ein Stück blauen Himmels zu sehen, während der Sturm heulte und den Staub in Schleiern hochwirbelte. Im Garten wurden Büsche und Sträucher zu Boden gedrückt, ächzend bogen sich die Bäume. Der Donner war anfangs nur gedämpft zu vernehmen, dann aber brach er mit explosionsartigem Krachen über die Talsohle herein. Bläulich-grelle Blitze leuchteten auf und zuckten zischend hernieder. Von einem Augenblick zum andern war die Temperatur gegen den Nullpunkt abgesunken. Eiskalte Regenschauer, mit aufgewirbelten Sandfontänen vermischt, prasselten gegen die Scheiben.

Mit einem Schlag war die ganze Stadt in schwärzeste Dunkelheit gehüllt: Das Gewitter hatte zu einem Kurzschluss im

Elektrizitätswerk geführt. Rama Singh entzündete im Wohnzimmer die Sturmlaterne. Carrie hatte einen dicken Pullover und Wollsocken übergezogen und kauerte nägelkauend in einem Lehnsessel. Weder sie noch Rama sprachen ein Wort. So vergingen Stunden. Der Donner entfernte sich, aber der dichte, zähe Regen trommelte weiter auf das Dach und gluckerte in der Dachrinne. Geräuschlos ging Rama Singh hin und her und erledigte die notwendigsten Hausarbeiten mit den immer gleichen, ruhigen und beherrschten Bewegungen. Carrie fühlte Angst und Spannung in sich aufsteigen und grösser und grösser werden. Zum Abendessen konnte sie keinen Bissen zu sich nehmen, Magen und Kehle waren wie zugeschnürt. Sie floh auf ihr Zimmer, entkleidete sich zähneklappernd und kroch unter die Decke. Was nützte es, wachzubleiben und die Rückkehr des Vaters abzuwarten? Sicher hatte er irgendwo einen Unterschlupf gefunden und blieb dort bis zum Morgen. Man konnte sich also genausogut schlafen legen.

Carries Schlaf war drückend schwer und unruhig zugleich. Oft wurde sie durch unzusammenhängende, wirre Träume aufgeschreckt und fand sich mit einemmal hellwach und angespannt lauschend. Irgendetwas, vielleicht die tiefe Stille, die fühlbar war, hatte sie geweckt. Sie tastete sich zum Fenster und stiess den regennassen Laden in die Höhe. Die Dämmerung zog herauf, der Regen hatte aufgehört. Grosse, milchig weisse Sterne glänzten am saphirblauen Himmel. Eine bläulich schimmernde Decke frischgefallenen Schnees lag auf den Bergen.

Bei glühender Sonnenhitze kam Carrie mittags vom College zurück. Sie trug Gummistiefel und kam auf den durchweichten Wegen nur mühsam vorwärts. Mit Schmuckstücken behängte Frauen schritten in königlicher Haltung und mit völlig unbeteiligter Miene durch die schmutzigen Wasserpfützen. Der Saum ihrer Saris schleifte im Schlamm. Unzählige Radfahrer bahnten sich klingelnd und hupend einen Weg durch die lehmfarbenen Lachen und liessen Wasserfontänen hinter sich aufsteigen. Die unvermeidlichen heiligen Kühe fehlten nicht; schmutzstarrend kauten sie an den Radieschenbündeln, die ein Händler im Schatten einer Vorhalle auf einem Tuch ausgebreitet hatte.

Vor dem Haus umringten kupferfarbene Kinder einen Jeep. Carries Herz schlug freudig: Der Vater war heimgekehrt! Aber dann wurde ihr klar, dass das nicht der Jeep ihres Vaters war. Und im selben Augenblick bemerkte sie die Menschenansammlung an der Treppe des Vorbaus. Sie sah Rama Singh mit zwei oder drei zerlumpten, barfüssigen Bauern reden. Ein Polizist in Khaki-Uniform stand dabei und neben ihm ein grosser magerer Mann in weisser Jacke, weissen Jodhpurs und weissen Stiefeln: Carrie erkannte in ihm den Polizeichef von Darjeeling.

Sie spürte, wie ihr die Beine den Dienst versagten. Aber sie bewegte sich weiter vorwärts, immer gewärtig, plötzlich in die Knie zu sinken. Der Polizeichef trat auf sie zu. Er hatte einen dichten, aufgezwirbelten Schnurrbart. Sein tiefbraunes Gesicht war ernst.

‹Miss Mason, ich habe die traurige Pflicht, Ihnen mitzuteilen, dass Ihr Vater einen Unfall erlitt...›

Dumpf-teilnahmslos hörte sie, was der Mann ihr zu sagen hatte. Ihr Herz klopfte wie rasend, ihr Mund schien mit eiskalter Luft angefüllt. Der Polizeichef berichtete in korrektem Englisch und mit der nötigen Schonung, dass Dr. Mason und die beiden Träger von einem Bergsturz überrascht worden seien, nur wenige Meter von der Hütte entfernt, in der sie Schutz suchen wollten. Unter dem Druck der Wassermassen war der Berghang ins Rutschen geraten, und eine Schlammflut hatte Bäume, Felsblöcke, eine Ziegenherde und ein paar Ställe mit sich fortgerissen.

Mehrere Tage vergingen, ehe die Toten unter einer Schlammschicht gefunden wurden, die die Sonnenhitze wieder hart und brüchig werden liess...

Brennende Glut in der Handfläche: Carrie fuhr jäh aus ihren Träumen auf. Die Zigarette war bis zum Mundstück heruntergebrannt. Rasch trat das Mädchen sie mit der Schuhsohle aus. Ihr Blick begegnete den dunkeln Augen des Sikh.

«Wozu sich quälen, Carrie-Baba?» sagte er sanft. «Man soll nicht an das denken, was hätte sein können. Man muss an das denken, was ist.»

Carrie nickte wortlos. Ohne die Stimme zu erheben, bemerkte

Rama Singh wie beiläufig: «Da kommt ja gerade die Dame aus Amerika, die das Haus mieten möchte.»

Er erhob sich gewandt und ohne jedes Zeichen von Eile und entfernte sich zur Veranda hin. Carrie hob den Kopf und erblickte Mary Stevens, die die Gartentür öffnete und mit Jack, Joe und Jeff über den Rasen auf sie zukam.

3

Noch nie hatte Carrie genau gewusst, welcher von den drei Burschen nun eigentlich Jack, Joe oder Jeff sei. Sie waren zwischen neun und zwölf Jahre alt und glichen sich wie ein Spargel dem andern: bleiche Gesichtsfarbe, wasserblaue Augen, Fingernägel mit Trauerrändern. Alle drei trugen sie dieselben Bluejeans, dieselben gestreiften Sweater und dieselben roten Schirmmützen aus Leinenstoff. Und jeder schwang mit kriegerischer Miene in der Hand eine Schleuder.

«Hallo, Carrie, Goldschatz!» rief Mary Stevens mit ihrer schrillen Stimme. «Wie geht's uns denn immer?»

Carrie beobachtete argwöhnisch Jack, Joe und Jeff, die lärmend im Garten umhertobten und kleine Kiesel für ihre Schleudern suchten. ‹Wenn die Lausbuben es wagen sollten, auf Eichhörnchen oder Vögel zu schiessen, dann leg ich sie übers Knie!› dachte sie wütend.

«Guten Abend, Mrs. Stevens», sagte sie höflich.

Die Gattin des Mister Stevens trug einen blauen Regenmantel, einen Strohhut und Sommerschuhe mit Bleistiftabsätzen. Von ihrem Arm baumelten ein geblümter Regenschirm und eine Krokodillederhandtasche. Ihre wasserstoffblonden Haare waren in tadellosen Dauerwellen aufgetürmt, ihre Augenbrauen und der karminrot geschminkte Mund erinnerten an Marlene Dietrich. Einem Springbrunnen gleich plätscherte ihr Geschwätz munter immer weiter; ihr New Yorker Akzent drang bis in den hintersten Winkel des Gartens. Wortlos liess Carrie diesen Redeschwall über sich ergehen.

«... ja, und wie ich da gerade am College vorbeigehe, kommt mir die Idee, ich könnte doch mal rasch bei Miss Sullivan

reinschauen und fragen, ob Sie sich nun wegen des Hauses schon entschlossen hätten. Und da sagt mir Miss Sullivan, dass Sie also einverstanden sind und uns Ihren Bungalow überlassen wollen. Ach, liebes Kind, was bin ich aber froh! Wenn Sie wüssten, in welch unmöglichen Verhältnissen wir momentan leben müssen! Die Kanalisation ist total verstopft, und das mit drei Kindern im Haus; na, ich brauche Ihnen die Situation wohl nicht näher zu beschreiben! Natürlich, hier ist alles in tadellosem Zustand! Sie müssen wissen, der Bungalow, in dem wir jetzt wohnen, gehört einem sehr wohlhabenden Hindu. Der Mann ist Direktor einer Jutefabrik, aber wie alle Eingeborenen hier hat er natürlich keine Ahnung von Kultur und Komfort, wenn Sie wissen, was ich meine...»
Sie kicherte hysterisch und kreischte plötzlich aus vollem Halse:
«Jeff, Joe! Nicht in die Begonien! Jack, du steigst sofort von dem Baum runter, du tust dir noch weh, Liebling! Ach Carrie, wissen Sie, Kinder, die so frei erzogen und so vital sind, werden oft richtige Tyrannen! Zum Glück scheint das Haus geräumig, und der Garten ist ja fantastisch gross! Endlich können sie sich mal nach Herzenslust austoben...!»
‹Sie ist also nur hergekommen, um ihr künftiges Heim zu besichtigen›, dachte Carrie. Der Gedanke, fremde Leute im Haus zu haben, war ihr unerträglich. Aber was blieb ihr übrig? Sie brauchte Geld. ‹Wenn ich endlich einen Beruf habe, fliegen sie im hohen Bogen!› sagte sie sich. Bis dahin hiess es auf die Zähne zu beissen und durchzuhalten.
Mit trockener Kehle fragte sie leise:
«Bitte sehr, Mrs. Stevens, möchten Sie das Haus einmal ansehen?»
Ein freudiges Aufkreischen war die Antwort. Offenbar konnte diese Frau ihre Zufriedenheit nur mit Gekreisch, mit Ausrufen oder Aufstöhnen zum Ausdruck bringen!

Das mehrstöckige Haus hatte eine graue Stuckfassade. Eine tiefe, luftige Veranda, auf Pfeilern erbaut, umlief das ganze Gebäude. Die Zimmer hatten Steinböden, sie waren sehr hoch und besassen glatte, weissgekalkte Wände. Fast überall hatte Carries Vater gerahmte Vergrösserungen seiner Hochgebirgsaufnahmen anbringen lassen; oft waren sie alt und schon

24

ganz vergilbt. In der heissen Jahreszeit summten, gleich riesigen Libellen, grosse Ventilatoren an der Decke.

Im Esszimmer stand ein Ausziehtisch, auf dem Rama Singh abends immer eine Decke mit Sikkim-Stickerei ausbreitete. Carrie konnte die hohen, mit gestreiftem Leinen überzogenen Rohrstühle nicht ausstehen; sie legte stets Kissen auf, um bequemer zu sitzen. Aber niemand — auch sie selbst nicht — hätte jemals daran gedacht, diese Stühle durch andere zu ersetzen. Der Salon hingegen war mit Geschmack eingerichtet. Wenn der Monsunregen kam, entzündete Rama Singh Feuer im Kamin, und Carrie kuschelte sich mit nackten Füssen in das weiche, mit gelben, blauen und roten Seidenkissen bedeckte Sofa. Ein mit vielen Bänden vollgestopfter Bücherschrank stand da, ferner ein Teetisch aus gehämmertem Kupferblech und eine Kommode mit eingelegten Perlmutterverzierungen. Auf dem Kaminsims war das Teeservice aus Schweizer Porzellan aufgestellt; Rama Singh polierte täglich mit unendlicher Sorgfalt die glatten kleinen Tassen. Neben dem Salon befand sich Papas Arbeitszimmer mit einem Schreibtisch, Aktenordnern und Stössen von Büchern. An der Wand hingen die Abzeichen der Universität von Cambridge, weitere Gebirgsaufnahmen und ein Kalender mit bunten Abbildungen geraniengeschmückter Chalets vor dem Hintergrund von Berggipfeln, Seen, Tannen und Gletschern.

Beim Verlassen des Raumes deutete Mrs. Stevens auf eine verschlossene Tür am Ende des Korridors:

«Und das dort? Was ist das für ein Zimmer?» In ihrer Entdeckerfreude stolperte sie auf den Steinfliesen und blieb überall mit dem Schirm hängen.

«Papas Schlafzimmer», antwortete Carrie abweisend.

Widerwillig stiess sie die Tür auf. Mrs. Stevens streckte den ondulierten Kopf vor wie eine Katze und fragte mit schriller Stimme:

«Ist hier wohl genügend Platz für zwei Betten?»

Sie trippelte im Halbdunkel von einer Wand zur andern, mass, schätzte ab und überlegte. Carrie betrachtete sie angewidert.

Ueber dem Bett hing einsam die gerahmte Photographie einer Frau.

«Wohl Ihre Mutter, was?»

Carries Schweigen verriet Zustimmung. Mit unverhohlener Neugier musterte Mrs. Stevens die zarte Frau mit den dichten braunen Locken, die lächelnd aus dem ovalen Goldrahmen blickte.

«Sehr hübsch! Wirklich sehr hübsch! Sie sehen ihr ähnlich. Sonderbar . . . das ist eigentlich gar kein englischer Typ!»

«Sie war Belgierin», sagte Carrie eisig.

«Ah, Belgierin! Wie interessant!» rief Mrs. Stevens voll Begeisterung. Sie segelte aus dem Zimmer, und Carrie warf die Tür hinter ihr zu. Ihre Kehle war wie zugeschnürt; sie wischte die feuchten Hände an ihrem Kleid ab. Mrs. Stevens liess ihre gierigen Blicke nach allen Richtungen schweifen, als habe sie die Räume bereits in Besitz genommen. «Jetzt fehlt wohl nur noch die Küche, nicht?» sagte sie aufgeräumt.

«Sie liegt ein Stockwerk höher», antwortete Carrie. Ihr Herz krampfte sich zusammen; sie konnte kaum sprechen. «Aber Sie dürfen sie nicht betreten.»

Mrs. Stevens starrte sie fassungslos an und glaubte nicht richtig verstanden zu haben:

«Ein Stockwerk höher, die Küche? Und warum darf ich sie nicht betreten?»

«Das ist so Brauch bei den Brahmanen», erklärte Carrie mit einer müden Handbewegung. «In brahmanischen Häusern liegt die Küche immer über den Wohnräumen; man will diese vor der Verschmutzung durch Abfälle bewahren. Ein Fremder hat keinen Zutritt. Die Essenreste überlässt man den Vögeln.»

«Aber da bin ich ganz und gar nicht einverstanden!» protestierte Mrs. Stevens entrüstet. «Ich möchte wissen, was in meiner Küche vorgeht! Diese Eingeborenen sind ja so unvorstellbar schmutzig. Ich möchte, dass in meinem Haus der Salat gewaschen und das Gemüse gekocht werden. Wenn Sie wüssten, welchen Aerger ich immer wieder mit Tata, meinem jetzigen Koch, habe! Das einzige, was er anständig zubereiten kann, ist Curry-Reis. Aber der ist so entsetzlich scharf, dass einem hinterher die Zunge wie Feuer brennt! Von der übrigen Dienerschaft gar nicht zu reden! Wenn ich da nicht den lieben langen Tag hinterher bin, lassen sie das Haus im Schmutz verkommen!»

‹Ob da nicht Joe, Jack und Jeff auch mit beteiligt sind?›

26

dachte Carrie giftig. Aber sie antwortete in friedlichem Ton:

«Es besteht kein Anlass zur Beunruhigung. Rama Singh weiss, wie man einen Haushalt leitet.»

«Sie wollen doch nicht etwa sagen, dass dieses lange Elend mit dem Vollbart hier bei uns bleibt?» kreischte Mrs. Stevens, die immer weniger ihre Verblüffung verbergen konnte.

«Genau das!» antwortete Carrie mit unerschütterlicher Ruhe. «Rama Singh ist der Hausverwalter. Sie zahlen ihm monatlich 15 Rupien und zweimal im Jahr neue Kleider.»

«Aber der Mann redet ja kein Wort Englisch!» wandte Miss Stevens ein.

«Hindi ist nicht schwer zu lernen», sagte Carrie sanft. Sie öffnete eine weitere Tür: «Hier wäre das Badezimmer. Ich hoffe, es entspricht Ihren Vorstellungen. Gegenüber von Papas Zimmer ist dann noch eine separate Toilette.»

Mary Stevens war starr vor Staunen und begnügte sich mit einem Kopfschütteln. Carrie schloss die Tür mit einer gemessenen Bewegung und forderte die Besucherin durch ein Zeichen auf, ihr zu folgen.

«Und jetzt zeige ich Ihnen . . .», begann sie, hielt aber plötzlich inne. Durchs offene Fenster hatte sie gesehen, wie Jeff (oder war es Jack oder Joe?) über den Rasen rannte und die Drachenschnur hinter sich her zog. Mit drei Sätzen war Carrie auf der Veranda:

«Augenblicklich lässt du die Schnur los!» rief sie drohend hinunter.

«Gehört das Ding da Ihnen?» fragte der Junge dummdreist und liess die Schnur unbekümmert auf und ab tanzen.

«Der Drachen gehört Rama Singh!» rief Carrie noch immer zornig. «Wenn der dich damit erwischt, dann nimm deinen Hintern in Acht!»

Zögernd liess der Junge die Arme sinken und legte den Drachen ins Gras. Seine Brüder kamen, einer nach dem andern, aus dem Gebüsch. Sie fühlten sich sichtlich nicht wohl in ihrer Haut, blickten fragend zu Carrie hinauf und traten von einem Bein auf das andere. Das Mädchen seufzte auf, ihre Wut war verflogen. ‹Was geht das mich an?› dachte sie. ‹Wenn ich nicht mehr da bin, tun sie ja doch, was sie wollen.› Noch einmal fragte sie sich in ihrer tiefen Verzweiflung: gibt es wirklich keine andere Lösung? Aber wie sehr sie auch nachdachte, ihr fiel nichts Besseres ein.

«Sie wollen ... wollen doch nicht etwa sagen, der alte Mann mit dem Bart würde es wagen, sich an meinem Joe zu vergreifen?» stammelte Mrs. Stevens.

Misslaunig wandte sich Carrie nach ihr um. Ein Schimmer von Ironie stahl sich in ihren Blick:

«Warum nicht?» fragte sie. «Als ich klein war, hat mir Rama Singh öfters mit seinem Stock die Hosen versohlt!»

«Er hat Sie was ...?»

«Ja, manchmal war's dringend nötig», erklärte Carrie mit entwaffnendem Lächeln. «Ich war nämlich oft ganz unausstehlich, wissen Sie ...»

Später musste Carrie lachen, wenn sie an diese Szene zurückdachte. Sie war auf ihr Zimmer zurückgekehrt, entzündete eine Zigarette und liess sich in einen Sessel fallen. Plötzlich, sie wusste selbst nicht warum, fühlte sie sich befreit. Das Schlimmste — einen Entschluss zu fassen — war endlich überstanden. Sie hatte das seltsame Gefühl, aus einem dunklen Tunnel wieder ans Licht zu tauchen. Alles bekam klare Umrisse, leuchtete überdeutlich und farbig. Sie spürte eine ungeduldige, beglückende Erwartung in sich aufsteigen, unbegreiflich und völlig unlogisch ... Hatte sie denn nicht gerade jetzt ein ziemlich reizloses Abenteuer vor sich mit diesen endlosen Studienmonaten voller Langeweile und Monotonie? ‹Lehrerin an Miss Sullivans English-College!› Der Gedanke erschien ihr so grotesk, dass sie laut auflachte.

Die Dunkelheit brach herein. Durch das geöffnete Fenster sah sie den Kantschindschinga im rötlich-goldenen Licht. Die Luft war bewegt und durchsichtig klar: wie die schwankende Kulisse eines Bühnenraumes wogten die fernen Berghöhen auf und ab.

Carrie hatte Rauch geschluckt und musste husten. Ihr Blick schweifte über die übliche Unordnung im Zimmer: umherliegende Kleidungsstücke, malerisch verstreut bunte Saris, die sie manchmal anzog, wenn sie bei General Sri Rahendra eingeladen war; Schönheitsmittel, eine Guitarre, Stapel von Büchern.

Sie drückte die Zigarette aus und räkelte sich in ihrem Sessel.

‹Gleich nach dem Essen fange ich an, meine Sachen zu packen›, nahm sie sich vor.

4

Von der Decke hing ein riesiger Kristall-Lüster herab. Glüh-birnen inmitten der verstaubten Leuchtergehänge verbreiteten gelbliches Licht über die leeren Schreibtische und Stühle. Ein abgestandener Duft nach Jasmin, Hautöl und Chanel Nr. 5, das die jungen Inderinnen gern und reichlich benützen, schwebte durch das Klassenzimmer.
Carrie hatte die Sandalen abgelegt. Vor ihr häuften sich die Hefte der Schülerinnen. Carries Füllfederhalter leckte: ihre Finger und ihr Gesicht waren mit grüner Tinte beschmiert.
‹Versuchen Sie mal an meiner Stelle die letzte Englisch-Version zu korrigieren›, hatte Miss Well sie in munterem Ton aufgefordert. ‹Das ist eine ausgezeichnete Uebung für Sie, und gleichzeitig tun Sie mir einen grossen Gefallen: ich erstik-ke in Arbeit!›
Miss Well in Arbeit ersticken? Das war tatsächlich ein Witz! Nein, in Wirklichkeit schrieb sie wohl wieder einmal einen ihrer langen, wehleidigen Briefe an Bob, ihren Verlobten, der als Missionar in Kalkutta lebte!
Carrie hatte rasch begriffen, in welch zwiespältiger Situation sie sich im College befand. Miss Sullivan erklärte jedem, der es hören wollte, mit mitleidigem Lächeln: ‹Ich habe das Kind aus Freundschaft zu dem armen Mister Mason bei uns aufge-nommen. Er war ein so prächtiger Mensch!› Carrie brauchte kein Pensionsgeld zu bezahlen. Sie bewohnte ein leerstehendes Zimmer und ass mit den Lehrerinnen. Ein recht zweischneidi-ges Vorrecht! Miss Hopkins, die Mathematiklehrerin, hatte sie nicht im Zweifel darüber gelassen:
‹Sie haben grosses Glück, liebes Kind›, sagte sie mit honigsüs-ser Stimme zu Carrie am Morgen ihrer Ankunft. ‹Miss Sul-livan nimmt sich Ihrer wie einer eigenen Tochter an. Sie müssen sich solcher Güte würdig zeigen . . .›
Vor ein paar Tagen waren die Schülerinnen nachhause gefah-

29

ren, da es in diesem Jahr keine Internatszöglinge gab, und Carrie korrigierte ohne grosse Begeisterung die mit Rechtschreibfehlern gespickten Arbeiten der jungen Mädchen. ‹Die musikalische Ueberlieferung der Hindus›, lautete das Thema des Aufsatzes, das offenbar die Phantasie der Schülerinnen nicht besonders hatte beflügeln können. Viele gaben einfach ein weisses Blatt ab, auf dem ein einziger Satz zu lesen stand: ‹Wegen Krankheit konnte ich den Aufsatz nicht schreiben, was ich zu entschuldigen bitte.› Andere schrieben: ‹Ich musste an der Hochzeit meiner Kusine teilnehmen›, und wieder andere: ‹Mein 80jähriger Onkel war aus Neu-Delhi zu Besuch gekommen.› Die Entschuldigungen waren oft so fadenscheinig, dass Carrie laut auflachen musste, dieweil Miss Well tief entrüstet von einer beispiellosen ‹Schlamperei und Disziplinlosigkeit› sprach.

‹Die traditionelle Hindumusik›, hatte ein Mädchen geschrieben, ‹ist wie ein Gewebe aus tönenden Fäden, das der Musiker, genau wie der Handwerker am Webstuhl, unter seinen geschickten Fingern entstehen lässt.› ‹Nicht übel›, dachte Carrie und suchte auf dem Blatt den Namen der Schülerin. Es war Rada, die Tochter von Sri Nadir Amdekar, einem Vetter des Generals Sri Rahendra. Rada war mager und kurzsichtig, sie hatte eine dicke Knollennase und einen sanften, klugen Blick. Sie wollte Diplomlandwirtin werden. Ihr Aufsatz war sehr gut geschrieben, die sachlichen Angaben stimmten, und es gab keine Rechtschreibfehler. Carrie schrieb eine lobende Bemerkung an den Rand.

Die Tür öffnete sich; Miss Stockward, die Geografielehrerin, betrat den Raum. Sie hatte strähnig-graublondes Haar und weit auseinanderstehende Zähne wie ein Hase. Trotz der Hitze trug sie einen gehäkelten Schal mit weichen Fransen, der von einer Onyx-Brosche zusammengehalten wurde.

«Siehe da!», rief sie erfreut, «noch immer am Arbeiten! Warum kommen Sie nicht auf ein paar Minuten zu uns in den Salon, für ein Tässchen Nescafé?»

«Ich bin mit den Korrekturen fertig», sagte Carrie, stapelte die Hefte sorgfältig aufeinander und wischte sich ihre Tintenfinger an einem Löschblatt ab. Eine ihrer Sandalen war unter den Tisch gerutscht; Carrie kauerte sich nieder und suchte sie auf allen Vieren.

«Ziehen Sie im Klassenzimmer die Sandalen aus?» fragte Miss Stockward erstaunt.

«Nur, wenn ich allein bin», antwortete Carrie, und lächelte unschuldig.

Sie löschte das Licht und folgte Miss Stockward, die eine energisch-muntere Gangart einschlug und dabei die Zipfel des Schals um ihre mageren Schenkel flattern liess.

Als sie am Büro der Direktion vorbeikamen, öffnete sich die Tür und Miss Sullivan erschien. Sie grüsste freundlich und wandte sich an Carrie:

«Könnten Sie wohl einen Augenblick in mein Büro kommen? Ich möchte mit Ihnen reden.»

«Bis gleich also», sagte Miss Stockward; sie nickte Carrie zu und eilte energisch die Treppe hinauf.

Carrie folgte der Direktorin und schloss höflich die Tür. Miss Sullivan bot ihr einen Stuhl an und setzte sich hinter ihren Schreibtisch. Ihre scharfen grauen Augen musterten das junge Mädchen von oben bis unten. Sie betrachtete kritisch Carries strähnig-glattes Haar, ihr weiss-blau kariertes Kleid, und schliesslich blieb ihr Blick missbilligend auf Carries nackten Füssen und den braunen Ledersandalen haften.

«Aeh ... Carrie ... nach College-Reglement hat der Lehrkörper während der Unterrichtsstunden Strümpfe zu tragen.»

Carrie sah sie bestürzt an:

«Aber ich bin doch noch Schülerin», sagte sie.

Miss Sullivan lächelte diskret: «Nicht ganz, liebes Kind! Sie wissen es ja selbst sehr gut. Es ist sicher an der Zeit, Ihre Rolle gegenüber den künftigen Schülerinnen ein für allemal festzulegen. Eine wesentliche Grundlage für Ihre Arbeit in der Zukunft wird sein, dass man Ihre Autorität anerkennt.»

«Aber es ist doch viel zu heiss für Strümpfe ... Die kleben einem ja an den Beinen fest!» protestierte Carrie wütend.

«Dann tragen Sie eben Söckchen und feste Schuhe! Es ist alles Gewohnheitssache. Sie haben ein Vorbild zu sein für die Schülerinnen, auch in bezug auf untadelige Kleidung. Diese jungen Dinger heute haben an sich ja schon alle einen Hang zur Frivolität und zum Sich-Gehenlassen!»

Sie lächelte weise mit friedfertig über der Tischplatte gefalteten Händen, die Füsse dicht beisammen, den Rock sittsam über die Waden herabgezogen. Carrie senkte den Blick. Sie hatte grosse Lust, eine bissige Bemerkung zu machen.

Miss Sullivan nahm ihr Schweigen offenbar als ein Zeichen der Zustimmung, denn sie sagte: «Ich sehe, liebes Kind, Sie bringen viel Verständnis für unsere Situation auf. Ich gratuliere Ihnen zu dieser einsichtigen Haltung! Versöhnlichkeit, gepaart mit Festigkeit, sind die unentbehrlichen Grundlagen unseres schönen Berufes!»

Carrie schaute mit geheuchelter Unterwürfigkeit zu Boden, und Miss Sullivan betrachtete das Thema als abgeschlossen.

«Und nun zu etwas anderem . . .» sagte sie.

Sie nahm einen Stapel sorgfältig geordneter Papiere vom Schreibtisch auf und zog einen Brief daraus hervor. Das feine, fast durchsichtige Papier erinnerte an Blütenblätter; es war mit regelmässigen, harmonisch-schönen Zeichen in Pinselschrift bedeckt.

«Dieser Brief hier ist tibetisch geschrieben, er wurde mir durch einen persönlichen Boten überbracht. Wir bekommen demnächst eine neue Schülerin aus sehr guter tibetischer Familie. Ihr Vater, Tsewang Tethong, ist Minister des Dalai-Lama und einer der reichsten Männer in Tibet. Er möchte, dass seine Tochter ihr Englisch vervollkommnet und ihm später bei der Abfassung seiner Geschäftsbriefe behilflich ist. Nach allem, was ich weiss, bezieht Herr Tsewang Tethong den Grossteil seiner Einkünfte aus dem Handel mit China, Indien und Nepal. Wie aus dem Brief hervorgeht, hat das Mädchen Lhasa vor einem Monat verlassen. Sie kann also jeden Tag in Darjeeling eintreffen. Carrie, Sie sprechen doch tibetisch, nicht wahr?»

Am liebsten hätte Carrie geantwortet: ‹Ja, und besonders gut kann ich tibetisch fluchen. Wollen Sie eine kleine Kostprobe?› Aber sie hielt sich zurück und sagte gelassen: «Ein wenig, ja. Mein Vater hat ein paar Monate lang in Lhasa gelebt. Er brachte von dort zwei Träger mit, Pempa und Dondup, die mit ihm den Tod fanden. Von ihnen habe ich tibetisch gelernt.»

Sie sprach ruhig und gelöst. Noch verband sich in ihr zwar jede Anspielung an die Vergangenheit unvermeidlich mit dem Bild des Vaters, aber all diese Erinnerungen hatten doch schon fast etwas Vertrautes, Friedvoll-Heiteres an sich. ‹Rama Singh hat recht›, dachte sie bitter, ‹alles ist wie früher. Man muss nur Geduld haben . . .›

«. . . Ich möchte Sie also bitten, sich dieser neuen Schülerin etwas anzunehmen», fuhr Miss Sullivan in ihrer Rede fort. «Sorgen Sie dafür, dass sie sich bei uns wohl fühlt, erklären Sie ihr, wie man . . . hm . . . die sanitären Anlagen benützt, und was sie sonst noch wissen muss. Sie ist dieses Jahr die einzige Internatsschülerin.»

‹Die Aermste!› sagte sich Carrie. ‹Sie wird vor Langeweile umkommen.› Sie kannte die Unabhängigkeit, den unkompliziert-robusten Sinn und die fröhliche Geselligkeit der Tibeter. Wenn Miss Sullivan glaubte, sie könne ein solches Mädchen nach dem hiesigen College-Reglement ‹zähmen›, dann ·hatte sie von vornherein mit allerlei Unannehmlichkeiten zu rechnen!

«Ich werde mein Bestes tun», antwortete sie kühl.

«Ihre Mitarbeit ist für uns äusserst wertvoll», sagte Miss Sullivan entzückt. «Niemand von uns kann Tibetisch. In gewisser Beziehung sind Sie also unsere Dolmetscherin. Sicher können Sie uns über diese Leute eine Menge aufregender Dinge berichten!»

Energisch stand sie auf: «Wie wär's, wenn wir nun bei einem Tässchen Nescafé unsere Plauderei mit den andern zusammen fortsetzten?»

«Bitte, entschuldigen Sie mich», antwortete Carrie höflich, «ich möchte jetzt lieber wieder auf mein Zimmer gehen. Ich muss für morgen noch ein paar Lektionen vorbereiten.»

«Ei, wie fleissig!» sagte Miss Sullivan in neckischem Ton. «Überarbeiten Sie sich nur nicht, liebes Kind! Dieses Gebirgsklima ist ja so anstrengend für den gesamten Organismus. Aber ich will Sie natürlich nicht vom Studium abhalten, wenn Sie das Bedürfnis haben, noch zu arbeiten.»

Sie entfernte sich mit würdigen Schritten in Richtung Salon, und Carrie eilte mit einem Seufzer der Erleichterung in entgegengesetzter Richtung davon.

Sie nahm vier Stufen der Marmortreppe auf einmal und flüchtete in den sonnenüberfluteten Garten. Ueber dem dichten, tadellos gepflegten Rasen erhoben sich herrlich duftende Stockrosen rings um einen muschelförmigen Springbrunnen, dessen Wasserstrahl versiegt war. Carrie durchquerte den

Rasenplatz und betrat den am Ende des Gartens gelegenen Flügel des Gebäudes, in dem sich die Lehrerzimmer und die augenblicklich leerstehenden Zimmer der Internatsschülerinnen befanden. Die Schülerzahl war dieses Jahr sehr niedrig: etwa 15 Mädchen zwischen elf und achtzehn Jahren. Es waren fast alles Inderinnen; nur Ah Lee, eine vierzehnjährige Chinesin, deren Vater Bauingenieur war, und Leila, eine Pakistanerin mit Kraushaar und schmachtenden Augen, bildeten die kleine Gruppe der Ausländerinnen. Die Eltern all dieser Schülerinnen wohnten in Darjeeling, und so konnten die Mädchen nach dem Unterricht nach Hause zurückkehren. Täglich hielten mehrere Jeeps vor dem Schulgebäude; bärtige, turbantragende Diener warteten untertänig auf die jungen Herrinnen, um sie heimzufahren. Nicht als ob ihnen irgendwelche Gefahren auf dem Nachhauseweg gedroht hätten. Aber es war in diesen alten traditionsbewussten Familien einfach undenkbar, dass ein junges Mädchen allein und zu Fuss nach Hause ging. Nur die Chinesin Ah Lee und die intelligente Rada wagten sich ohne Begleitung auf die Strasse; die erstere weil sie es so gewohnt war, die andere aus Trotz und Widerspruchsgeist.

Carrie verkroch sich in ihr Zimmer, noch immer wütend, und schleuderte ihre Sandalen mit einem Fusstritt in die Ecke. Sie hob die Matratze hoch und brachte eine Metalldose zum Vorschein, in der sie ihren Zigarettenvorrat versteckte, den Rama Singh ihr noch vor dem Auszug besorgt hatte. Sie riss ein Streichholz an und rauchte nach Art der Inder, die Zigarette in der hohlen Hand, zwischen Handfläche und kleinen Finger gepresst.

‹Der Teufel soll die Sullivan und ihr College holen!› dachte sie erbost. Auf den Knien durchstöberte sie die Schubladen der Kommode nach Strümpfen. Schliesslich entdeckte sie ein Paar, das zu einem wirren Knäuel zusammengerollt war. Natürlich wiesen die Strümpfe Laufmaschen auf; Carrie warf sie mit einem mutlosen Seufzer in die Schublade zurück.

Sie musste an ihre Ankunft im College vor acht Tagen denken, und ihr Aerger wuchs. Miss Sullivan hatte ihr mit wohlwollendem Lächeln das Zimmer gezeigt: Ein schmales

Bett mit einem nicht mehr ganz weissen Ueberwurf, ein Arbeitstisch, ein Stuhl und eine Kommode bildeten die gesamte Einrichtung! An einer Metallstange waren ein paar Kleiderbügel aufgehängt. Das Fenster ging auf eine rote Backsteinwand, welche die äussere Umfriedung des Gebäudes bildete. Auf einem winzigen Grünstreifen verwesten ein paar Blütenblätter.

‹Die Waschräume befinden sich unmittelbar neben Ihrem Zimmer›, sagte Miss Sullivan. ‹Und wenn Sie ein Bad nehmen wollen, sagen Sie Kischa Bescheid, damit sie Ihnen heisses Wasser bereitet. Im allgemeinen baden wir abwechselnd einmal in der Woche; das Wasser ist kostbar und darf nicht vergeudet werden.›

Kischa, die Dienerin, hatte eine zitronengelbe Hautfarbe, glasige Augen und schlechte Zähne. Sie litt überdies an einem hartnäckigen Husten, der tagsüber durch die Gänge hallte und auch des Nachts oft zu hören war.

‹So, liebes Kind, nun richten Sie sich erst mal in aller Ruhe ein›, hatte Miss Sullivan dann gesagt, ‹um acht Uhr erwarten wir Sie zum Abendessen.›

Von Anfang an hatte Carrie das Gefühl, zwischen diesen vier Wänden eingesperrt zu sein, wie in einem Käfig. Einen Augenblick lang wollte sie losheulen vor Verzweiflung, wie ein kleines Kind, aber dann bezwang sie sich und begann die Koffer auszupacken.

Kurz vor acht Uhr ging sie zum Abendessen in den unteren Stock. Der Speisesaal erschien ihr so trübselig-düster wie die Eingangshalle eines Bahnhofes: Ueberladene Marmorsäulen, verstaubte Kristallüster, in denen aber aus Sparsamkeitsgründen nur wenige Glühbirnen brannten, abgewetzte Teppiche, staubige Topfpflanzen. Alle Damen sassen bereits zu Tisch, mit steifem Kreuz, die Ellbogen korrekt angewinkelt. Geräuschlos tauchten die Löffel in die Selleriesuppe und wurden dann langsam-gemessen zu den Mundöffnungen geführt. Miss Sullivan, deren marmorbleiche Wangen rote Flekken zeigten, führte die Konversation mit gezwungener Munterkeit. Carrie fand ihren Platz zwischen der noch immer in ihren fransenbesetzten Schal gehüllten Miss Stockward und Miss Well (Englische Literatur, Grammatik, Turnen), einer muskulösen, kräftig gebauten Person, deren Oberlippe ein dunkler Flaum zierte. Ihr gegenüber sass Miss Hopkins (Mathematik, Geometrie), die an einem Magengeschwür litt; rund um ihren Teller war eine eindrucksvolle Sammlung buntfarbiger Pillen und Dragées aufgebaut, die sie vor, während und nach dem Essen einzunehmen hatte. Carrie konnte sie nicht ausstehen. Miss Gopal schliesslich (Geschichte, Zeichnen) thronte auf dem Platz neben ihr. Ihre grossporige Haut glänzte fett; sie trug einen zerdrückten Sari und einen über der Brust gekreuzten, blassblauen Chandail aus Angorawolle. Ein mit Haarnadeln gespickter Zopf hing ihr auf den Rücken herab und verbreitete einen süsslichen Brillantineduft.

Der Selleriesuppe folgten faserige Lammbratenstücke in einer bräunlichen Sauce, ferner Erbsen und Dampfkartoffeln. Das Dessert bestand aus einem schwabbelnden, gallertartigen Gelatinepudding mit Fruchtgeschmack.

Nach dem Essen nahmen die Damen im Salon Platz, wo Kischa feierlich die Nescafé-Dose und eine Kanne mit heissem Wasser auftrug. Hier beging Carrie nichtsahnend und in aller Unschuld ihren ersten schweren Fehler: Sie zog eine von Rama Singhs braunen Zigaretten hervor und suchte in den Taschen ihres Kleides nach Zündhölzern. Ein allgemeines Erschrecken ging durch die Reihen der Lehrerinnen. Fünf Augenpaare durchbohrten Carrie mit entrüsteten Blicken. Sie stammelte eine Entschuldigung und versenkte die Zigarette schleunigst wieder in der Rocktasche.

Miss Sullivan räusperte sich würdevoll:

«Sie müssen wissen, Carrie, das Rauchen ist hier im College nicht üblich. Auch bei unseren Schülerinnen möchten wir diese Sitte keinesfalls aufkommen lassen ...»

«Sie rauchen indischen Tabak, dieses Giftzeug!» fügte Miss Well entrüstet hinzu, «Sie werden Ihre Gesundheit untergraben.»

«Diese handgedrehten Zigaretten sollen ja regelrechte Bazillenherde sein», liess sich Miss Hopkins vernehmen. «Meines Erachtens sollte ein anständiges junges Mädchen mit diesem Eingeborenenkram niemals auch nur in Berührung kommen.» Und so ging es weiter! Carrie schwieg und schluckte ihren Groll hinunter. Sie, die sich so gerne vernünftig und

36

gelehrig gezeigt hätte, begann sich bereits mutlos zu fragen, ob sie hierfür jemals die nötige Geduld aufbringen könnte.

Mit Carries Anstellung im College hatte sich auch das Verhalten der Klassenkameradinnen ihr gegenüber verändert. War sie früher mit Neckereien und dem üblichen fröhlichen Schwatzen begrüsst worden, so empfing man sie jetzt mit betretenem Schweigen, sobald sie das Klassenzimmer betrat. Die Mädchen kicherten albern, zupften ihre Saris zurecht und fingerten an ihrem Schmuck.

«Versetz dich mal an ihre Stelle», sagte Rada, die neuerdings Carries vertraute Freundin geworden war. «Die meinen doch alle, du würdest sie jetzt bei den Lehrerinnen verpetzen.»

«Wieso denn verpetzen? Aber das ist doch völlig idiotisch!» rief Carrie aus, die aus allen Wolken fiel.

Rada hob die Schultern: «Du weisst es so gut wie ich. Die meisten Mädchen haben ihre kleinen Geheimnisse und möchten nicht, dass diese den Lehrerinnen zu Ohren kommen.»

«Aber ich bin doch keine Zuträgerin!» protestierte Carrie empört, «ich werde offen mit ihnen sprechen und ihnen sagen, sie hätten nichts von mir zu befürchten.»

«Das glauben sie dir ja doch nicht, du machst dich damit höchstens lächerlich. Und ausserdem, wenn du anfängst mit den Schülerinnen in irgend einem Winkel vertrauliche Gespräche zu führen, wird dich Miss Sullivan ganz schön zur Ordnung rufen!»

Carrie biss sich auf die Lippen. Da war sie also von einem Tag auf den andern in eine unangenehm-zweideutige Situation gebracht worden. Sicher, sie war selbst noch Schülerin, aber andererseits gehörte sie für die Klassenkameradinnen doch auch schon zum Lehrkörper und war deshalb mit Vorsicht und Misstrauen zu behandeln. Angenehm war das gewiss nicht!

«Aber was kann ich tun?» fragte sie bedrückt.

«Gar nichts», war die Antwort Radas, die immer wieder viel gesunden Menschenverstand bewies. «Du gewöhnst dich

37 schon noch an diesen Zustand!»

Carrie lehnte am Fenster. Der Nachmittag verdämmerte. Sie konnte nur die Einfassungsmauer des College und ein Stück

Rasen sehen, aber in diesen ersten Maitagen blühten die Frangipanibüsche in verschwenderischer Fülle, und die Luft war von ihrem Duft gesättigt. Vom Basar her hörte man die schwebenden Töne einer Flöte, begleitet von den perlenden Kadenzen der Zither.

Carrie lächelte verträumt vor sich hin. Sie zog die Sandalen an und griff nach ihrem Pullover. Wenig später stahl sie sich leise die leeren Treppen hinunter und verliess das College-Gebäude.

5

Die winkeligen Strassen waren entweder mit Kopfsteinen gepflastert oder auch nur mit Sand bestreut; altertümliche Bungalows aus der Kolonialzeit mit Flachdächern und geräumigen Veranden säumten die Strassenränder, sie waren umgeben von Gärten mit dichten Heckenzäunen. Die meisten dieser Häuser standen fast das ganze Jahr über leer und waren der Sorge eines Verwalters überantwortet; die Eigentümer lebten in Neu-Delhi oder Kalkutta und kamen nur während der heissen Jahreszeit nach Darjeeling, um dem erschlaffenden Klima der Tiefebene zu entfliehen.

Von weither drang vertrauter Lärm an Carries Ohr: Die schwebenden Töne der Flöte, das dumpfe Dröhnen des Gongs in den Klosterhöfen, das Gebimmel der Glocken und der eintönige Ruf der Hirten, die ihre Herden für die Nacht zusammentrieben.

Carrie musste den Tempelbezirk durchqueren, wenn sie den Basar erreichen wollte. Die übereinanderliegenden Dächer der Pagoden und Gebetshäuser ruhten auf dicken Holzbalken, die mit jadegrün, türkisblau und ockergelb getönten Skulpturen geschmückt waren. Die Dächer wurden von hohen vergoldeten Turmkegeln überragt, von denen lange vielfarbene Spruchbänder mit buddhistischen Gebetstexten herabhingen. Mit allen Sinnen nahm Carrie die besondere Atmosphäre des Tempels in sich auf. Da war der Duft von Gewürzen, von Sandelholz, Räucherstäbchen, vermischt mit dem Qualm des

Holzfeuers. In Räucherpfannen leuchtete schwelend kupferrote Glut. Statuen und Bildwerke in allen Grössen häuften sich in den Gebetsnischen: Götter mit mehreren Köpfen und Armen, realistisch ausgeführte Holztiere, Vögel mit buntem Gefieder, rotbemalte Elefanten, Affen und Schlangen. Es gab Bronzeglocken und trommelförmige Gebetsmühlen; die Vorübergehenden setzten sie in Bewegung, ehe sie sich an der Schwelle zum Gebetsraum niederknieten und ihre Opfergaben darbrachten: Reis, Sesam- und Sonnenblumenkerne, Mehl, Butter.

Auf den Treppenstufen drängten sich beleibte Bergbewohnerinnen mit Edelsteinen im Haar und dicken goldenen Ohrgehängen; auf dem Rücken trugen sie ihre in Stoffbahnen eingewickelten Kleinkinder. Andere Frauen mit Blumenkränzen, in violette, bernsteinfarbene oder saphirblaue Saris gehüllt, gingen mit feierlich-gemessenen Schritten auf und ab, den Blick in frommer Inbrunst zu Boden gesenkt. Unbeweglich, auf seinen Stock gestützt, die starren Augen ins Leere gerichtet, stand da ein weissgewandeter blinder Greis mit dicht wucherndem Bart, neben ihm ein schmutzig-zerlumpter Junge, der sich liebevoll seiner annahm. Auch eine Horde streunender Hunde war hier zu finden, ferner kleine langhaarige Ziegen und eine Schar lustiger Affen, die auf den Balken umherturnten und jaulend über die Dächer jagten.

Wenig später gelangte Carrie auf einen Platz, der von weissgetünchten Häusern im tibetischen Stil umgeben war. Schmutzige Innenhöfe voller Unrat dienten offenbar als Kloaken, aber die Reinheit der Luft liess nirgends Verwesungsgeruch aufkommen; nur zur Zeit des Monsunregens, wenn die Wolken über der Stadt hingen, wurde hier der Gestank unerträglich. Ein Schwarm Tauben sprenkelte den blassblauen Himmel; eine Kuh spazierte mit ihrem Kälbchen gemächlich umher und wehrte mit dem Schwanz aufsässige Fliegen ab.

Hier begann der eigentliche Basar. Auf dem Flechtwerk aus Stroh und Zweigen, das man zum Schutz vor der Hitze und dem wirbelnden Staub auf den Boden der Gassen gebreitet hatte, drängte sich eine dichte Menge: Spaziergänger, Bettler, Gurkha-Soldaten in Khaki-Uniform und sorgfältig aufgetürmtem Turban, Händler mit Zuckerwerk; kleine kräftige

Sherpas vom benachbarten Hochland, Mönche aus Tibet, in dunkelrote Gewänder gehüllt, Bauern mit olivfarbener Haut und schrägen Schlitzaugen bewegten sich auf dicken, mit einem Ring an den Zehen befestigten Holzsohlen. Auch Nomaden sah man, mit fettig glänzenden schwarzen Zöpfen, behängt mit Amuletten; sie waren zum Eintauschen von allerlei Waren in die Stadt gekommen. Karawanentreiber zerrten mit lautem Rufen die mit Wolleballen und Tee beladenen Esel hinter sich her. Carrie kannte die fest zusammengepressten, ziegelsteinförmigen Pakete, die in frische Yakhäute eingenäht wurden. Unter dem Einfluss der Sonnenhitze zieht sich das Leder zusammen, und die Pakete werden hart wie Holz und vollkommen wasserundurchlässig.

Pyramiden leuchtend bunter Früchte türmten sich auf den Theken, Körner und Samen waren aufgehäuft, Reis wurde in Packen angeboten. Hier hielt man grellfarbig lackierte Tonwaren feil, dort Schmuckstücke aus Korallen und Türkis sowie Berge von Glasperlenarmbändern. Vor den Auslagen hingen Kinderkleider in den vielfältigsten und buntesten Farben.

Ein Schmied war gerade dabei, ein Pferd zu beschlagen; vor einem Holzmörser kauerte eine Frau mit eindrucksvoll-schönen Gesichtszügen, sie zerkleinerte Gewürze. Eine andere in safrangelbem Gewand drehte eine steinerne Getreidemühle. Schwere, Uebelkeit erzeugende Dünste lagerten über den Strassen: Eine Duftmischung von rotem spanischem Pfeffer, von Curry, Brillantine, Zuckerwaren, ranziger Butter.

Durch das dichte Gedränge folgte Carrie den Tönen der Flöte, bis sie Kalil, den greisen brahmanischen Musiker fand, der mit gekreuzten Beinen in einer weissgekalkten Nische am Boden kauerte. Sein von Runzeln durchfurchtes Gesicht unter dem schneeweissen Turban strahlte Güte und wohlwollendes Vertrauen aus. Die knochigen Finger glitten gleichsam liebkosend über die Löcher der Flöte; der Oberkörper wiegte sich leise im Takt der Musik hin und her. Ein schlanker schöner Jüngling, der jüngste seiner Enkel, begleitete Kalil auf der Zither.

Carrie mischte sich in den Kreis der Zuhörer, die den Zitherspieler umstanden. Kalils blaue Augen hatten sie rasch er-

späht; er warf ihr aus halbgesenkten Lidern einen Blick zu.
Lächelnd beugte sie sich vor und legte eine Münze in die
kleine Holzschale. Kalil dankte mit einem Zucken der Wimpern. Mit zauberhafter Leichtigkeit stiegen die Töne der Flöte
zum Abendhimmel auf, begleitet vom anmutig-zurückhaltenden Spiel der Zither.

Als Carrie mit Einbruch der Dunkelheit kaugummikauend
den Basar verliess und auf den Vorplatz trat, hörte sie das
Brummen eines Motors und laute Huptöne. Mit knirschenden
Bremsen stoppte der heranbrausende Jeep auf dem Steinpflaster vor einer heiligen Kuh, die sich mitten auf der Strasse
niedergelegt hatte. Ihr Kälbchen sprang erschrocken mit
einem Satz zur Seite und begann davonzulaufen. Die Kuhmutter aber blieb seelenruhig liegen und blickte verächtlich
wiederkäuend, im Vollgefühl ihrer verbrieften Rechte, in eine
andere Richtung.
Neben dem Fahrer in roter Uniform erkannte Carrie den
General Sri Rahendra Bahadur Radschah, der bequem auf
dem mit weichen Kissen gepolsterten Rücksitz thronte, die
gepflegten Hände über dem Elfenbeinknauf seines Spazierstockes gefaltet, den er gewissermassen als Symbol seiner
Würde stets bei sich trug.
Der General war eine stattliche Erscheinung von dunkler
Hautfarbe, mit milde blickenden Augen unter buschigen
Brauen. Sein riesenhafter, salz- und pfefferfarbener Schnauzbart hing in zwei gezwirbelten Spitzen von den Mundwinkeln
herab und gab ihm das Aussehen eines gutmütigen, turbangeschmückten Seehundes. Er trug eine elegante Tweedjacke in
englischem Schnitt, eine Etonkrawatte und weisse Jodhpurs.
Da die Kuh keinerlei Anstalten machte, sich zu erheben,
schaltete der Fahrer den Rückwärtsgang ein, um das Hindernis zu umfahren. In diesem Augenblick erspähte Sri Rahendra
das Mädchen. Schnell hob er seinen Spazierstock und berührte
mit der Spitze die Schulter des Fahrers, der sofort ruckartig
bremste.

41

«Carrie!» rief der General, «welch angenehme Ueberraschung! Was, zum Teufel, tun Sie denn hier?»
Carrie spuckte eilig den Rest ihres Kaugummis aus und grüss-

te respektvoll nach indischer Sitte mit aneinandergelegten Handflächen.

«Sie sehen blendend aus, Herr General», sagte sie. Sie wusste, dass Sri Rahendra an Rheuma litt und gewissenhaft zweimal im Jahr zur Kur ins Thermalbad nach Lahore ging.

«Von Ihnen kann man das leider nicht sagen!» antwortete der General mit Freimut. «Sie sind viel zu mager und wirken müde und abgespannt. Das Wichtigste ist doch wohl, gesund und fit zu bleiben, nicht wahr? Nur so kann man das nötige körperliche und seelische Gleichgewicht bewahren. Nehmen Sie sich in acht, Sie sind noch viel zu jung und zu lebendig, um unter der Fuchtel dieser fünf nicht mehr ganz taufrischen Damen langsam zu vertrocknen und Schimmel anzusetzen!»

Carrie musste lachen: der General nahm nie ein Blatt vor den Mund und äusserte seine Meinung stets recht offenherzig. Dass er über ihre neuen Lebensverhältnisse bereits auf dem Laufenden war, verwunderte sie keineswegs; in Darjeeling verbreiteten sich alle Neuigkeiten mit Windeseile.

«Sie haben recht», stimmte sie lachend zu, «aber es blieb mir ja nichts anderes übrig!»

«Man findet immer einen Ausweg, wenn man will», sagte Sri Rahendra weise. «Natürlich kann eine gewisse Disziplin die seelischen Kräfte festigen und zur Entfaltung bringen, das stimmt schon ... Aber warum lassen Sie sich nie bei uns blicken? Haben die alten Damen des College Sie völlig mit Beschlag belegt?»

«Zum grossen Teil schon», seufzte Carrie. «Heute abend habe ich die Flucht ergriffen und bin ein wenig durch den Basar gebummelt. Ich konnte es in meiner Bude einfach nicht mehr aushalten. Und jetzt komme ich zu spät zum Abendessen, aber das ist mir egal.»

«In diesem Fall kommen Sie eben zu mir zum Abendbrot, ich entführe Sie einfach!» sagte der General und lachte dröhnend. «Kamala und ihr Mann sind gerade zurückgekommen. Sie werden sich freuen, Sie wieder zu sehen.»

«Kamala ist hier? Phantastisch!» rief Carrie begeistert.

42

Kamala, die Tochter des Generals, war Carries beste Freundin im College gewesen. Vor fünf Monaten hatte sie — erst sechzehnjährig — einen entfernten Verwandten geheiratet, der Sri Zahir Radschali hiess und, wie viele adelige Inder, in England studiert hatte.

Mit dem Ende der Kolonialzeit erlitten Ansehen und Einfluss der Maharadschas in Indien einen schweren Schlag. Die meisten Adeligen hatten ihre riesigen Vermögen verloren; ihre Paläste waren zum Verkauf angeboten worden. Aber niemand war so begütert, dass er sie hätte kaufen können, und so zerfielen die prächtigen Gebäude langsam. Ein paar Radschahs, die beweglicher waren, hatten ihre ehemaligen Behausungen in Schulen, Hotels oder Spitäler umbauen lassen, und jüngere Adelige, die sozialen Veränderungen gegenüber aufgeschlossen waren, übernahmen ohne Hemmungen bezahlte Arbeit, was zehn Jahre zuvor noch als entehrende Schmach gegolten hätte. So leitete zum Beispiel Kamalas Mann als Ingenieur in Bengalen den Bau einer Strasse.

«Na also», sagte Sri Rahendra, «worauf warten Sie noch?» Carrie zögerte: «Ich käme schrecklich gern», sagte sie, «aber Miss Sullivan wird fragen, wo ich gewesen bin, und dann . . .»

«Dummes Zeug!» schnitt ihr der General das Wort ab, «ich lasse Ihren tristen Damen eine Nachricht überbringen, damit sie Ihretwegen nicht noch Magenkrämpfe bekommen.»

Wieder berührte er mit dem Stock die Schultern des Dieners, und dieser öffnete mit einer tiefen Verbeugung die Wagentür. Sri Rahendra reichte dem Mädchen höflich die Hand und lud sie ein, neben ihm auf den Kissen Platz zu nehmen.

Das Wohnpalais des Generals lag ein Stück ausserhalb der Stadt; es war gegen Ende des 19. Jahrhunderts erbaut worden und verfiel seither langsam und unerbittlich. Der Jeep liess das bronzene Gittertor hinter sich, an dem die persönliche Wache des Generals mit geschultertem Gewehr, roter Uniform und federgeschmücktem Turban postiert war, und fuhr durch die Mittelallee des Parkes zwischen Rasenplätzen und Rosenbeeten auf das Palais zu. Fast alle Fenster waren in Dunkelheit getaucht; aus Sparsamkeitsgründen wurden nur die Kronleuchter der Privatgemächer angezündet. Marmorsäulen stützten das mit reichem Schnitzwerk versehene Vordach aus Ebenholz. Ein Diener stiess unter Aufbietung all seiner Kräfte die schweren Bronzetüren auf, und wie durch Zauberhand gelenkt flammten mit einemmal alle Lüster im Innern des Gebäudes auf. Carrie durchschritt eine prächtige spiegelgeschmückte Eingangshalle, einen holzgetäfelten Gang und eine Reihe von Empfangsräumen, deren verblasste Deckenmalereien in buntem Durcheinander seltsame Wundervögel, Greife, sich windende Drachen und nackte Engelfiguren darstellten. In Saris gehüllte Göttinnen der Fruchtbarkeit balancierten anmutig auf einem Fuss und streuten aus Füllhörnern Blumen und Früchte aus. Die verschiedenen Salons waren mit unvorstellbarem Trödelkram vollgestopft: Da sah man Kristallüster, massive Möbelstücke aus England oder Italien, Renaissance-Engel aus Goldbronze, riesige Oelgemälde. Ueberall hingen Jagdtrophäen: Büffelköpfe, ausgestopfte Vögel mit traurigem Gesichtsausdruck, mottenzerfressene Tigerfelle.

Sri Rahendra bot Carrie einen Polstersessel an und bat sie um einen Augenblick Geduld, er wolle der Maharani Bescheid sagen. Mit einem Seufzer der Erleichterung streckte das Mädchen die Beine. Ihr Blick irrte über das prunkvolle Durcheinander, auf dem sich überall eine sichtbare Staubschicht abgesetzt hatte. Wenig später erschien die Maharani mit Kamala und dem Schwiegersohn Sri Zahir. Die Dame des Hauses hatte ebenmässig-schöne Gesichtszüge; sie war hochgewachsen und neigte zur Fülle. Prächtige schwarze Augen mit violetten Lidschatten gaben dem herzförmigen Antlitz einen eigenartigen Reiz. Auf der glatten Stirn prangte der rote Fleck des Heilszeichens der Brahmanen. Mit unvergleichlicher Anmut trug sie einen fliederfarbenen, mit Silberstickerei verzierten Sari und ein Amethysthalsband. Mit ihren rundlichen, mit Ringen überladenen Händen ergriff sie Carries Rechte und musterte das Mädchen mit prüfendem Blick:

«Wie mager Sie geworden sind!» rief sie voll Verblüffung aus.

«Ich finde, es steht ihr aber sehr gut», mischte sich Kamala mit ihrer immer ein wenig boshaft-ironisch klingenden Stimme ins Gespräch. Sie trug einen korallenfarbenen Sari und rubinrote Ohrringe, die zum Rot ihres Lippenstiftes passten. Mit ihrem schlanken Hals, dem kleinen Kopf und dem glänzenden, stets widerspenstigen Haar glich sie einem anmutig-lebhaften Vögelchen.

«Hör bloss nicht auf Mama», sagte sie zu Carrie, «die

schwärmt noch für das alte Hindu-Schönheitsideal, wonach die jungen Mädchen fett sein müssen wie Ferkel, wenn sie den Männern gefallen wollen. Das beste Beispiel für diese Auffassung ist sie selbst!»

Carrie brach in Lachen aus. Kamala hatte sich seit ihrer Verheiratung nicht verändert. Noch immer besass sie den angriffslustigen Geist und die scharfe Zunge, die ihr im College oft Strafen eingetragen hatte.

Sri Zahir, Kamalas Mann, war von schlanker, sportlicher Gestalt. Gegen alle Regeln des Protokolls trug er Leinenhosen, ein Hemd mit offenem Kragen und eine Lederjacke. Das sonnengebräunte Gesicht mit den bogenförmigen Brauen und dem kleinen Schnurrbart verriet Energie und Willenskraft.

«Wie geht es Ihnen, Sri Zahir? Was macht die Strasse?»

«Sie kriecht so langsam voran wie die Naga-Schlange*) mit ihren Muskelringen», antwortete Sri Zahir mit einem Anflug dichterischer Ironie. «Aber jetzt kommen wir in eine Sumpfgegend, wo man keine Bulldozer mehr einsetzen kann. Wir müssen mit Spaten den Weg graben. Fünftausend Arbeiter und zweitausend Soldaten der indischen Armee arbeiten Tag und Nacht, damit das Teilstück noch vor dem Monsun fertig wird.»

«Zahir hat die Baustelle zwei Monate lang nicht mehr verlassen», erzählte Kamala. «Er hauste in einer Wellblechbaracke mit Mücken und Blutegeln. Als er endlich wieder heimkam, sagte ich: Hör zu, du bist jetzt an Baracken gewöhnt, da kannst du ruhig die acht Tage in jener meines Vaters wohnen, ehe sie noch ganz in Trümmer fällt!»

«Die Ehe tut meiner Tochter gut», sagte der General, der wieder ins Zimmer trat, gefolgt von einem Diener in unsauberer Jacke, der ein Tablett mit Orangensaft, Milch und Whisky trug. «Unhöflichkeit ist immer ein Zeichen von Wohlbefinden, Kraft und glücklichem Eheleben. Sie sollten auch heiraten», fügte er zu Carrie gewandt hinzu, «wenn Sie noch lange in diesem College voll tugendhafter, vom Leben enttäuschter Damen Ihre Zeit verbringen, werden Sie schliesslich

45 selbst so ein armes Geschöpf.»

«Grosser Gott», rief Carrie lachend, «hoffentlich nicht!»

«Papa hat recht», bestätigte Kamala. «Du musst unbedingt

*) Anspielung auf die indische Mythologie.

heiraten. Ich veranstalte eine Party und stelle dich ein paar Junggesellen vor. Welche sind dir lieber: die mit Geld oder die mit Verführungskünsten? Beides miteinander ist leider nicht zu finden. Du brauchst nur meinen Mann anzuschauen: Er besitzt keinen roten Rappen...»

«Stimmt, dafür bin ich aber ausgesprochen verführerisch!» lachte Sri Zahir und entblösste seine weissen Zähne.

Die Maharani nahm mit der anmutigen Würde einer Königin in einer Divanecke Platz, verteilte ringsum Kissen und bot Getränke an.

Man wartete auf den Beginn des Abendessens und unterhielt sich weiterhin über den Strassenbau. Mit Ironie, die allerdings stellenweise recht bitter klang, berichtete Sri Zahir von den Schwierigkeiten, die sich den Arbeiten immer wieder in den Weg stellten. Da gab es Entwässerungsprobleme, da war die Unfähigkeit mancher Handwerker, der Unwille der Bevölkerung wegen der im Bereich der Strasse notwendig werdenden Bodenenteignungen, für die die indische Regierung keinerlei Entschädigung zahlen wollte. Und da war nicht zuletzt der Monsunregen, der die Arbeit eines ganzen Jahres zunichte machen konnte!

«Die Chinesen, die in Tibet Strassen anlegen, haben mit denselben Schwierigkeiten zu kämpfen», sagte Sri Zahir, «zudem wirft man ihnen vor, sie belästigen die Berggötter; die Klöster werden infolge der ‹Tolas› zu ständigen Unruheherden.»

«Tolas, das sind die traditionellen Frondienste, oder nicht?» fragte Carrie.

Sri Zahir nickte anerkennend: «Sie wissen gut Bescheid, alle Achtung!»

Er nahm einen Schluck Whisky und fuhr fort:

«Es stimmt, die Bauern sind dem betreffenden Kloster ihres Bezirkes anstelle von Steuern jährlich 150 nicht entlöhnte Tagwerke schuldig, für die Ernte, für Bauarbeiten, für Weberei, Butterherstellung undsoweiter. Die Chinesen dagegen stellen die Arbeiter fest an und bezahlen sie gut. Die Leute dort sind natürlich nicht auf den Kopf gefallen, sie weigern sich, künftig unbezahlte Arbeit zu verrichten und fordern ihren Lohn. Deshalb befinden sich die Klöster in Aufruhr. An der Südgrenze von Tibet sind übrigens chinesische Truppenverstärkungen eingetroffen, obwohl bis heute niemand gewagt hat, sich den Bauingenieuren zu widersetzen. Trotzdem: Die Strasse Lhasa-Kalimpong wird vor einem oder zwei Jahren nicht fertig.»

«Da fällt mir ein», sagte Carrie, «dass nächstens eine Schülerin aus Tibet in unser College eintritt.»

«Sie sind sehr selbständig und oft recht launisch, diese Tibeterinnen», sagte der General und tauchte seinen Seehundschnurrbart vorsichtig in ein Glas Milch; er trank nie Alkohol. «Die Lehrerinnen werden mit ihr viel Geduld haben müssen.»

Ein Diener erschien; verbeugte sich mit verschränkten Armen und flüsterte der Maharani einige Worte ins Ohr. Diese raffte mit lässiger Gebärde die Falten ihres Sari zusammen und erhob sich, auf den Arm ihres Gatten gestützt:

«Das Diner ist bereit. Bitte folgen Sie mir.» Freundlich lächelte sie Carrie zu: «Es gibt Curry, scharf gewürzt, so wie Sie ihn gern haben, und zum Nachtisch Pfirsich-Eis.»

Mitternacht war vorüber, als Carrie wieder im Jeep Platz nahm, der sie ins College zurückbringen sollte. Sie war in aufgeräumter Stimmung, leicht schläfrig, und ihr Mund brannte noch immer von den genossenen Gewürzen. Lärmend holperte der Jeep über Steine und Sand; die Strassen waren leer, der Basar verlassen. In Darjeeling geht man frühzeitig schlafen. Im Licht der Autoscheinwerfer tauchten dann und wann die Schatten umherstreunender Hunde auf, die in den Abfällen wühlten. Die Häuser waren in dichtes Dunkel getaucht, nur ab und zu flimmerte irgendwo gleich einem Glühwürmchen das rötliche Licht einer Oellampe. Ueber der schwarzen Tiefe des Tales erzitterte die bläuliche Helle des Kantschindschinga in phosphoreszierendem Glanz.

Die Gittertore des College-Gartens standen offen, die Fenster waren hell erleuchtet. Carrie erblickte Menschen und Pferde, die sich vor dem Eingang stauten. Sie stieg in aller Hast aus dem Jeep, verabschiedete sich von dem Fahrer und lief eilig auf den Eingang zu. Unter der Glühbirne, die über der Tür hin- und herpendelte, sah sie Männer in Pelzmützen, mit hohen Schaftstiefeln, in Schaffellmäntel gehüllt. Das schwankende Licht liess ihre scharfgeschnittenen gelblichen

Wangenknochen und die schmalen Augenschlitze deutlich hervortreten. Die kräftigen kleinen Pferde trugen vergoldeten Kopfschmuck und Holzsättel, die mit glänzenden Metallplättchen verziert waren. Auch ein paar mit Warenballen beladene Maultiere waren zu sehen, umkreist von einem Rudel schwarzweisser, kräftiger Hunde, deren verfilzte Haarzotteln bis zum Erdboden herabhingen. Der ganze Garten roch nach feuchtem Leder, Schweiss und ranziger Butter. Das Klirren der metallenen Zaumzeugringe und das Stampfen der Hufe wurde übertönt von einem lauten heftigen Wortstreit. Carrie sah Miss Sullivan, Miss Well und Miss Stockward auf der Eingangstreppe im Gespräch mit einem ganz in Goldbrokat gekleideten Tibeter, der einen blumenbestickten Schal und eine prächtige Silberfuchsmütze trug. ‹Es ist soweit›, sagte sich Carrie heiter, ‹die neue Schülerin und ihre Begleiter aus Lhasa sind eingetroffen. Das scheint ja nicht ganz ohne Schwierigkeiten abzugehen!›

Sie schlug einen vorsichtigen Bogen um zwei zottige Hunde, die sich auf den Rasen gelagert hatten, und näherte sich der Menschengruppe.

6

Miss Sullivan, den Oberkörper steil aufgerichtet, die Nasenflügel zusammengekniffen, war am Rande der Verzweiflung und bewahrte nur mit Mühe ihre Selbstbeherrschung. «Kommt überhaupt nicht in Frage!» hörte Carrie sie mit schneidender Stimme rufen, und gleich darauf vernahm man deutlich die Antwort des Tibeters. Miss Well schien ebenfalls völlig ausser sich; sie hatte ihren blauen Pullover bis zum Hals zugeknöpft und zeigte eine Leidensmiene, die in seltsamem Gegensatz zu ihrem sonstigen energischen Auftreten stand. Miss Stockward, die sich ängstlich an die Tür drückte und den fransenbesetzten Schal um sich schlang, glich einem grünlich-schwindsüchtigen Gespenst.

Miss Sullivan hatte Carrie im Halbdunkel entdeckt und wandte sich erbost und mit betonter Kühle an sie:

«Ach, da sind Sie ja endlich! Könnten Sie vielleicht dieser jungen Person hier in ihrer Sprache zu verstehen geben, dass im College keine Pferde zugelassen sind!»

Der Tibeter in goldfarbenem Brokatgewand drehte sich um, und Carrie erblickte das glatte, anmutige Gesicht eines jungen Mädchens. Die schweren dichten Flechten fielen ihr bis zum Gürtel, unter den dunklen Brauen, die sich trotzig zusammenzogen, blitzten zwei kohlschwarze Augen. Mit entschlossener Miene stand sie vor einem hochgewachsenen weissen Pferd mit seidenglänzendem Fell, dessen dichte Mähne mit bunten Bändern durchflochten war. Ein junger Mann mit platter Nase und lachenden Augen, kahlgeschoren, hielt die silberverzierten Zügel.

«Ich brauche keinen Dolmetscher», sagte das Mädchen mit singender Stimme in korrektem Englisch, «Sie haben sehr gut verstanden, was ich will. Ich wiederhole: Ich möchte eine Unterkunft für mein Pferd und für seinen Pfleger. Beide stehen zu meiner ständigen Verfügung, während ich in Darjeeling bin.»

«Nach unserer Hausordnung ist das Halten von Haustieren im College untersagt», stammelte Miss Sullivan, die einem Nervenzusammenbruch nahe war. «Zudem haben wir hier ja auch gar keine geeigneten Unterkünfte. Die Stallungen sind in Garagen umgebaut worden.»

«Madame», sagte die Tibeterin stolz, «ich trenne mich unter keinen Umständen von meinem Hengst. Er ist ein Geschenk meiner Tante Tenzin Chodon. Ich brauche ihn für meine Spazierritte; bis jetzt hatte ich noch keine Gelegenheit, das Jeepfahren zu lernen. Wenn Sie mich zwingen wollen, das Pferd und den Pfleger zurückzuschicken, wird meine Tante sehr ungehalten sein. Sie ist die beste Freundin der ältesten Schwester des Gyalpo-Rimposche.»

«Wessen Freundin?» fragte Miss Sullivan verblüfft.

«Gyalpo-Rimposche, das ist der tibetische Name des Dalai-Lama», erklärte Carrie.

Miss Sullivan steckte die Blamage mit zusammengekniffenen Brauen ein, dann aber holte sie sogleich zum Gegenschlag aus:

«Es tut mir schrecklich leid, aber ich kann hier unmöglich eine Ausnahme machen. Unsere Anstalt ist für solche Pensionäre nicht eingerichtet», fügte sie mit gezwungenem Lächeln bei. Auch Miss Well verzog höflich-untertänig den Mund.

«In diesem Fall», sagte die Tibeterin resolut, «schreibe ich meinem Vater, dass es mir in Darjeeling gar nicht gefällt und dass ich nach Lhasa zurückkehren möchte. Er wird natürlich nicht sehr entzückt sein, denn er hat ja schon die Hälfte meines Pensionsgeldes überwiesen!»

Miss Sullivan öffnete den Mund und schloss ihn wieder, wie ein Fisch, der nach Luft schnappt. Sie war so ausser sich, dass Carrie Mitleid mit ihr empfand.

«Vielleicht gäbe es eine Lösung . . .», sagte sie zögernd.

Die Tibeterin warf ihr einen schneidenden Blick zu, während Miss Sullivan, die ihre Ruhe wieder zurückgewonnen hatte, von oben herab fragte:

«Ah wirklich? Und das wäre?»

«General Sri Rahendra, bei dem ich heute eingeladen war, hat einen Stall mit einigen Reitpferden. Sicher ist er damit einverstanden, wenn dieses Pferd und auch der Pfleger dort untergebracht werden.»

«Es wäre gänzlich unangebracht, den General in eine College-Angelegenheit hineinzuziehen», antwortete Miss Sullivan spitz. Miss Well schüttelte energisch den Kopf, um zu zeigen, dass auch sie ein solches Vorgehen missbillige.

«Aber mein Vater war der beste Freund des Generals!» bohrte Carrie hartnäckig weiter. Sie spürte, wie sie langsam wütend zu werden begann. «Wenn . . . wenn er noch lebte», sagte sie mit bebender Stimme, «er ginge sofort zu ihm und würde ihm erklären, um was es hier geht.»

Die Erwähnung Dr. Masons schien beruhigend auf Miss Sullivan zu wirken. Sie schnaubte noch einmal wütend auf und gab schliesslich klein bei:

«Gut denn. Morgen früh schicke ich einen Boten zum General. — Und jetzt», fügte sie, zu der jungen Tibeterin gewandt, bei, «entlassen Sie bitte Ihre Begleiter. Es ist spät; zweifellos haben Sie Ruhe nötig. Ich bringe Sie auf Ihr Zimmer.»

«Zuerst muss ich sicher sein, dass mein Pferd gut behandelt und versorgt wird», erwiderte die neue Schülerin gelassen. «Ich möchte Sie auch um Ihr Einverständnis bitten, dass meine Karawane heute Nacht im College-Hof kampieren kann. Die Männer sind völlig erschöpft.»

50

Carrie musste sich umwenden, um ihr Lachen zu verbergen. Entsetzt fuhr Miss Sullivan auf:

«All diese Leute hier? Im Hof unserer Anstalt? Aber das ist doch heller Wahnsinn!»

«Warum nicht?» fragte die Tibeterin harmlos. «Platz ist genügend vorhanden, und Wasser gibt es auch. Keine Sorge, Madame, meine Leute wissen sehr gut, wie sie sich hier zu benehmen haben. Sie achten darauf, dass niemand den Rasen betritt, auch dass die Lagerfeuer sorgfältig gelöscht werden.»

Ohne eine Antwort abzuwarten, erteilte sie auf tibetisch ein paar kurze Befehle; die Männer begannen sogleich mit dem Absatteln der Pferde und dem Abladen der Traglasten. Die Nacht war erfüllt vom Stampfen der Hufe, von halb erstickten Gesprächen und dem dumpfen Geräusch der auf den Boden fallenden Warenballen. Einer der Hunde liess ein heiseres Gebell hören, das in Heulen überging. Ein herrischer, schriller Pfiff hiess ihn schweigen.

Carrie näherte sich dem weissen Hengst, dessen glatte Muskeln unter dem Fell spielten. Sein Zaumzeug war aus feinstem Leder, den Hals schmückte ein rotgefärbtes Büschel Yakhaare. Der mit einem fettglänzenden Kittel bekleidete Pferdepfleger, der Carrie kaum bis zu den Schultern reichte, schenkte ihr ein breites Lächeln. Mit den Lippen brachte er ein zutrauliches «Pst ... pst» hervor; die Ohren des Pferdes richteten sich auf und seine dunklen Nüstern zitterten. Carrie liess ihre Hand zärtlich über das seidenweiche Fell des Tieres gleiten; ihre Finger spürten das Pulsieren der Adern.

«Gefällt Ihnen der Hengst?» fragte die helle Stimme der Tibeterin dicht neben ihr.

«Er ist wunderbar!» sagte Carrie begeistert. «Ich habe noch nie ein so schönes Pferd gesehen. Wie heisst es?»

«Digum», antwortete die Tibeterin. «So hiess einer unserer ersten Könige. Damals herrschten die Götter in Menschengestalt: sie kamen tagsüber auf die Erde und kehrten nachts in den Himmel zurück. Durch ein Seil, ähnlich dem Regenbogen, waren sie mit den Wolken verbunden, und in diesem Seil, das ‹dmu› hiess, löste sich ihr Leib auf und wurde unsichtbar. Einmal forderte Longam, ein Minister, den König Digum zum Zweikampf heraus. Mitten im Streit durchschnitt Digum aus Unachtsamkeit das Seil, das ihn mit dem Himmel verband, und so verlor er seine Unsterblichkeit. — Ich hoffe, man gibt ihm Trockenerbsen als Futter.» So unvermittelt beendete sie ihren Redeschwall, dass Carrie verblüfft fragte: «Trockenerbsen? Für den Götterkönig?»

«Für mein Pferd natürlich!» sagte die Tibeterin lächelnd. «Es frisst nur Trockenerbsen. Die geben ein glänzendes Fell und harte Muskeln.»

«Meine Damen», ertönte hinter ihnen ungeduldig Miss Sullivans scharfe Stimme, «meinen Sie nicht auch, es sei nun allmählich an der Zeit, sich ins Haus zurückzuziehen?»

Die Tibeter waren mit Abladen fertig geworden; auf dem Kies türmten sich Säcke, Ballen und Kisten. Entsetzt fragte sich Carrie, wie die neue Schülerin wohl diese Unmengen von Gepäckstücken in ihrem kleinen Pensionatszimmer unterbringen könne. Aber Miss Sullivan, die offenbar diesmal ihr Gesicht nicht mehr verlieren wollte, wies der jungen Tibeterin einen jener grossen, teppichbelegten Räume im Nordflügel des Gebäudes an, die sonst nur dem Lehrkörper des Colleges vorbehalten blieben.

Zufrieden betrachtete die Neuangekommene die Goldstuckverzierungen der Wände, die dreiteiligen Spiegel, die goldbestickten Sesselüberzüge und das stattliche Prunkbett mit seinen gewundenen Säulen.

Die kahlgeschorenen, schnurrbärtigen Tibeter bewegten sich auf leise knarrenden Sohlen in schweigendem Zug treppauf und treppab und trugen die Gepäckstücke in das Zimmer des jungen Mädchens, wo sie sie sorgsam auf dem Teppich stapelten. Die Tibeterin legte ihre Pelzmütze ab und liess sich in einen Sessel fallen. Ein Mittelscheitel teilte ihr dichtes blauschwarzes Haar; sie hatte eine hohe Stirn und hervorstehende Wangenknochen, deren warmer Gelbton im Lampenlicht besonders zur Geltung kam. Die kleine, feingeschnittene Nase und der dünnlippige Mund standen in auffallendem Gegensatz zu den kräftigen, viereckig geformten Zähnen. Die gepflegten Hände erschienen feingliedrig und kraftvoll-derb zugleich.

52

«Ich heisse Yangtschen Karma Tethong», sagte das Mädchen. «Und Sie?»

«Carrie Mason.»

«Sie sind eine von den Lehrerinnen hier?»

«Noch nicht. Ich bekomme erst nächstes Jahr das Lehrdiplom.»

«Schade», sagte Karma. «Denn dann werden Sie hässlich. Alle Lehrerinnen sind hässlich. Haben Sie das auch schon festgestellt?»

Sie liess sich mit ihrem ganzen Gewicht auf das Bett fallen und prüfte die Federung der Matratze.

«Viel zu weich, das Bett», sagte sie. «Schlecht für die Wirbelsäule. Wann bekommt man hier morgens seinen Tee?»

«Miss Sullivan wünscht, dass die Internatsschülerinnen das Frühstück um acht Uhr morgens zusammen mit den Lehrerinnen im Speisesaal einnehmen. Vorher muss jede ihr Bett machen und das Zimmer aufräumen.»

Die Tibeterin hielt mit ihrem Auf- und Abfedern auf der Matratze inne; die feinen schwarzen Brauen zogen sich vor Verblüffung zusammen:

«Ja, gibt es denn keine Dienstboten hier?»

«Doch doch, natürlich. Sie besorgen die Wäsche, putzen die Böden oder sind in der Küche beschäftigt. Aber die Internatszöglinge dürfen die Dienste dieser Diener nur ausnahmsweise in Anspruch nehmen.»

«Ich sehe schon, was hier los ist», sagte Karma und deutete mit zwei Fingern das in allen Ländern der Welt verständliche Zeichen des Geldzählens an.

Die Tür öffnete sich mit Getöse, Miss Sullivan erschien mit hochrotem Gesicht, eingerahmt von zwei schnurrbärtigen Tibetern, die mit goldenen Ohrringen geschmückt waren und lange Jagdmesser im Gürtel trugen. Die Männer keuchten unter der Last eines riesigen Kupferbeckens.

«Würden Sie mir bitte erklären, was dieses Monstrum hier zu suchen hat?» stiess Miss Sullivan zornbebend hervor.

«Gewiss doch, Madame», antwortete Karma mit entwaffnendem Lächeln. «Das ist ganz einfach meine Badewanne. Ich habe sie auf einem Maultier hierher transportieren lassen. Ein heisses Bad am Morgen regt den Kreislauf an und macht den Geist wach und munter!»

Sie gab den schnurrbärtigen Trägern ein paar Anweisungen, und diese setzten ihre Last behutsam in der Mitte des Raumes ab. Dann entfernten sie sich unter höflichen Verbeugungen und liessen eine Wolke von Schweiss und Moschusgeruch im Zimmer zurück.

«Dieses Waschbecken ist vollkommen überflüssig!» sagte Miss Sullivan in beleidigtem Ton. «Selbstverständlich verfügt unsere Anstalt über viel modernere sanitäre Einrichtungen!»

«Bitte, entschuldigen Sie meine Unkenntnis», antwortete Karma mit ironischer Unterwürfigkeit.

Der Zwischenfall war erledigt. Miss Sullivan, die für Höflichkeit und Entschuldigungen viel übrig hatte, schien besänftigt. Sie lächelte um einige Grade freundlicher und sagte: «Nun ist aber wirklich Schlafenszeit. Das gemeinsame Frühstück wird um acht Uhr im Speisesaal im ersten Stock eingenommen.»

«Miss Mason hat mich bereits davon unterrichtet», antwortete Karma mit charmantem Lächeln. «Sie können sicher sein, dass ich alles tun werde, um pünktlich zu sein.»

Man wünschte sich gute Nacht, und Miss Sullivan verliess mit Carrie das Zimmer. Die Direktorin ging mit militärisch-strammen Schritten voraus, den Rücken gestrafft und das Kinn nach oben gereckt. Carrie folgte schweigend. Sie musste an das kupferne Waschbecken denken und lächelte im verborgenen.

Am Fuss der Haupttreppe blieb Miss Sullivan stehen: «Sie werden es mir nicht verdenken», sagte sie, «wenn ich Ihr Ausreissen von heute abend als ungebührlich bezeichne. Sie hätten uns melden können, dass der Herr General Sie zum Essen einlud; das hätte uns manche Beunruhigung erspart.»

«Ich bitte um Entschuldigung», antwortete Carrie ehrlich zerknirscht, «ich hatte gerade einen kleinen Spaziergang durch den Basar unternommen und befand mich auf dem Heimweg, als ich dem General begegnete. Er liess mich in seinen Jeep einsteigen und fuhr mich direkt in sein Wohnpalais.»

Miss Sullivans Gesicht lief rot an vor Erregung: «Carrie, Sie sollten wissen, dass eine junge Dame sich unter gar keinen Umständen allein in den Basar wagen kann! Sie laufen dort Gefahr, das Opfer eines Taschendiebs zu werden, oder gar — wie soll ich sagen — Leuten zu begegnen, denen man besser aus dem Weg geht!»

54

‹Die einzige Begegnung, die ich hatte, war die mit dem General›, dachte Carrie und hatte Mühe, ihre unwiderstehliche Lachlust und eine gleichzeitig aufsteigende Entrüstung zu verbergen. ‹Aber vermutlich denkt sie an etwas ganz anderes...› Seit frühester Jugend war der Basar für Carrie eine freundlich-vertraute Welt, in der sie sich zuhause fühlte und völlig natürlich bewegte. Alle Händler kannten sie, wie sie auch ihren Vater gekannt hatten. Aber wozu dies alles der armen Miss Sullivan erklären? Sie war ein Opfer der üblichen Vorurteile, wonach fremde Völker von der eigenen Nation verschieden und deshalb gefährlich sind. Sie gehörte zu jenen in Asien lebenden Europäerinnen, die sich stets von den schlimmsten Gefahren umgeben glauben, sobald sie einmal die Nase vor die Tür strecken. Allein inmitten einer Volksmenge zu spazieren, gilt als grosse Unvorsichtigkeit. ‹Wie dumm!› dachte Carrie gereizt. — Es war spät, sie fühlte sich todmüde. Wirklich, sie hatte keine Lust, sich wegen jeder Kleinigkeit des langen und breiten zu entschuldigen!

«In Ihrem Alter müssten Sie unbedingt eine gewisse vorsichtige Zurückhaltung walten lassen», schloss Miss Sullivan in beschwörendem Ton ihre Ermahnungen. Sie wünschte gute Nacht und stieg würdevoll die Stufen der Marmortreppe hinauf.

7

Zehn Minuten vor acht! Die Frühstücksgedecke standen wie Soldaten in Linie ausgerichtet auf der vielfach geflickten Tischdecke. Aus der Küche drang der penetrante Geruch nach Pfannkuchen, die in siedendem Oel gebacken wurden. Kischa, deren baumwollener Sari den Fussboden fegte, trug feuchte Toasts und die üblichen grauweissen Butterportionen auf und hüstelte dabei diskret.

Als Carrie den Speisesaal betrat, hörte sie Miss Well im Ton höchsten Erstaunens zu Miss Stockward sagen:

«Kaum zu glauben! Diese Tibeter haben sich in Luft aufgelöst! Man sieht nicht die leiseste Spur ihres Lagers mehr auf

dem Kies! Nicht einmal Fussabdrücke! Niemand hat den
Rasen zertrampelt oder Blumen abgerissen. Schauen Sie nur!»
Sie deutete zu dem nach dem Garten liegenden Fenster: «Nur
das Pferd der neuen Schülerin ist noch da. Miss Sullivan hat
deswegen bereits einen Boten zu General Sri Rahendra geschickt.»
Carrie trat ans Fenster. Unbeweglich stand Digum zwischen
Begonien und Bougainvillea-Sträuchern. Auf seinem glatten
Fell spiegelte sich die Sonne, die Hufe glänzten wie Lack, der
Schwanz reichte bis auf den Erdboden. Die mit Wollfäden
durchflochtene Mähne fiel weich wallend wie Frauenhaar
über den Rücken. Neben dem Pferd kauerte, einem Häuflein
trauriger Lumpen gleich, der Pfleger, den Zügel nachlässig
um das Handgelenk geschlungen. Der prächtige, mit Metall-
beschlägen versehene Sattel war sorgfältig auf dem Erdboden
gelagert.
«Welch wundervolles Pferd!» sagte Miss Stockward mit vor
Erregung zitternder Stimme.
Carrie sah erstaunt, wie das sonst mattgrau-bleiche Gesicht
der Lehrerin sich vor Begeisterung mit warmer Röte überzog.
«Zuhause in Coventry hatten wir zwei Vollblutpferde»,
schwärmte Miss Stockward und schaute Carrie gleichsam
entschuldigend an, «ich war eine gute Reiterin in meiner
Jugend ...»
Carrie starrte verblüfft auf die knochige Gestalt mit dem
verrutschten Haarknoten, den blutleeren Lippen und dem
Fransenschal. Mit dem besten Willen konnte sie sich nicht
vorstellen, wie diese Person in Reithosen und Stiefeln in
gestrecktem Galopp über Hecken und Zäune hinwegsetzte!
«Sehen Sie nur, wie es den Kopf hängen lässt!» rief Miss
Stockward aus, «sicher ist es durstig!»
Sie wandte sich an Kischa, die zwischen Küche und Speisesaal
hin- und herging: «Kischa, sagen Sie bitte dem Gärtner, er
soll diesem Pferd einen grossen Eimer frisches Wasser geben ...!»

Die mit Perlmutter eingelegte Stutzuhr auf dem riesigen
Buffet im viktorianischen Stil zeigte fünf Minuten vor acht.
Miss Hopkins trat ein und stellte ihre Tabletten- und Pil-

lenfläschchen rund um den Teller auf. Ihr folgte — noch müde und verschlafen — Miss Gopal in apfelgrünem Sari und kanariengelber Jacke. Ihre Haare fielen fettglänzend und strähnig über die mit Pickeln bedeckte Stirn.

Drei Minuten vor acht erschien Miss Sullivan und begrüsste die Frühstücksrunde. «Die Neue ist wohl noch nicht da?» fragte sie in gewollt scherzhaftem Ton. «Nun, wir haben alle grosse Lust auf Kaffee und wollen keineswegs warten, bis sie erscheint ...» Sie setzte sich und entfaltete ihre Serviette. «Man sollte ihr gleich von Anfang an bestimmte Grundregeln der Disziplin und Ordnung beibringen», sagte sie betulich.

«Mir scheint, diese junge Person hat ein hartes Köpfchen», bemerkte Miss Hopkins mit sauersüsser Miene, «ich frage mich, was wir der noch beibringen können ...!»

Die Damen nahmen ihre Plätze ein, und Kischa brachte das heisse Wasser für den Nescafé.

«Karma, ... ich meine Miss Tethong, hat Lhasa vor einem Monat verlassen und inzwischen Pässe von fünftausend Meter Höhe überquert», sagte Carrie und versuchte zaghaft, Partei für die Nachzüglerin zu ergreifen, «sicher braucht sie Ruhe ...»

«Diese Tibeterinnen haben eine dicke Haut», erwiderte Miss Gopal, «die halten schon einiges aus!»

Die Uhr auf der Kommode liess acht hellklingende Schläge ertönen. Im selben Augenblick öffnete sich wie in einem gut einstudierten Theaterstück die Tür und Karma trat ein.

«Guten Morgen!» rief sie gut gelaunt. «Das Frühstück beginnt um acht Uhr, oder nicht? Hoffentlich habe ich mich nicht verspätet!»

«Aber ganz und gar nicht!» erwiderte Miss Sullivan inmitten der allgemeinen Verblüffung ... «Ich ... aber bitte, nehmen Sie doch Platz, Miss Tethong. Was wünschen Sie, Tee oder Kaffee?»

Carrie rückte ihren Stuhl nach hinten, um der Neuangekommenen Platz zu machen. Die beiden Mädchen wechselten ein Lächeln. Karma hatte ihr Reitkleid gegen eine lange, hochgeschlossene Tunika vertauscht. Ihre dicken Flechten wurden von breiten Seidenbändern zusammengehalten, die dieselbe goldgelbe Farbe wie die Tunika aufwiesen.

«Das Kämmen ohne Dienerin hat mir einige Mühe bereitet»,

gestand das Mädchen freimütig. «Ich habe auch das Zimmer aufgeräumt und mein Bett gemacht, aber ich fand noch keine Zeit zum Kofferauspacken. Sie gaben mir zu verstehen, Madame», fuhr sie mit anmutigem Lächeln zur Direktorin gewandt fort, «dass ich mich der Disziplin dieser Anstalt zu unterwerfen habe. Nun, wie Sie sehen, bin ich durchaus dazu bereit.»

Ueberwältigt von soviel Beredsamkeit hatte Miss Sullivan Mühe, eine Antwort zu finden. Schliesslich sagte sie in feierlich-herablassendem Ton:

«Herzliche Glückwünsche zu diesen guten Vorsätzen!»

Danach brachte Kischa die Frühstücks-Omeletten, und alle bedienten sich unter betretenem Schweigen. Gegen halb neun Uhr erschienen die Schülerinnen in ihren knisternden Seiden-Saris. Sie trugen frische Blumen im Haar, hatten Lippenrot aufgelegt und stellten ihre Fingerringe aus Amethysten, Rubinen und Jade zur Schau. Ihre Armreife klirrten leise, und der Duft von Jasmin, Patschuli und Chanel Nr. 5 verbreitete sich im Raum. Unter Gewisper und unterdrücktem Kichern nahmen sie an ihren Schreibpulten Platz und glätteten sorgsam die Falten ihrer Saris. Die Oberklasse zählte dieses Jahr nur acht Schülerinnen, unter ihnen Carrie, Rada, Leila und die Chinesin Ah Lee.

Neben den blendend schönen, gepflegten Inderinnen glich Ah Lee mit ihren grauen Flanellhosen, der unscheinbaren weissen Hemdbluse und den groben Sandalen eher einer aschfarbenen Maus als einem jungen Mädchen. Aber soweit Carrie zurückdenken konnte, hatte die Chinesin niemals grossen Wert auf Aeusserlichkeiten gelegt. Sie trug die Haare kurzgeschnitten; ihr bleiches Gesicht war hager und knochig, und die mandelförmigen Augen blickten aufmerksam und unbestechlich.

«Meine Damen», verkündete Miss Well mit fröhlicher Miene, «ich stelle Ihnen hier eine Mitschülerin vor, Miss Yangtschen Karma Tethong. Ich bin sicher, Sie werden sie gut in Ihren Kreis aufnehmen und ihr helfen, sich mit unserem Studienprogramm vertraut zu machen.»

Kichern, Geflüster, Klirren der Armreife. Interessiert musterten dunkle Augenpaare die «Neue», die einer Buddha-Statue gleich, mit unter der Tunika verborgenen Armen ohne jede Hemmung den anderen Mädchen freundlich zulächelte.

«Dort drüben ist noch Platz», sagte Miss Well und deutete auf Radas Pult. «Ich denke, dort sind Sie gut aufgehoben.»
Karma durchquerte den Klassenraum und setzte sich neben die Inderin, die ihr über ihre Brille einen flüchtigen, wenig freundlichen Blick zuwarf. Sie fand die Neue viel zu hübsch, um gleichzeitig auch intelligent zu sein. Ehrlicherweise musste sie allerdings bald zugeben, dass dies nicht stimmte: Karma war keineswegs dumm, sie bewies im Gegenteil eine aussergewöhnlich lebendige, um nicht zu sagen raffinierte Intelligenz. Höflich beantwortete sie Miss Wells Fragen, und im Laufe der Schulstunde stellte sich heraus, dass sie bis zum Alter von 9 Jahren die tibetische Schule besucht hatte, und dass ihre Eltern später einen Hauslehrer anstellten. Ausser Tibetisch sprach Karma nicht nur ein akzentfreies Englisch, sondern auch Nepalesisch und Chinesisch. Ihre Kenntnisse waren denen ihrer Mitschülerinnen bei weitem überlegen. «Ich habe mich wohl oder übel anstrengen müssen», erzählte Karma in aller Offenheit, «sonst erhielt ich mit dem Bambusstock eins über die Finger!» Dieses Geständnis weckte unter den Mitschülerinnen lautes Gelächter. Die Rechtschreibung dagegen war ihre schwache Seite, und deshalb hatte man sie auch ins College nach Darjeeling geschickt. Karma beherrschte zwar die formschönen tibetischen Schriftzeichen, aber mit den Buchstaben des lateinischen Alphabets hatte sie Mühe.
«Und dabei sind sie doch viel leichter als die tibetischen und chinesischen Zeichen!» sagte sie verzweifelt. Sie erklärte auch, warum sie so schwach im Rechtschreiben sei: Ihr Hauslehrer, der auch das Lehrprogramm eines Lamaklosters in Lhasa leitete, richtete seinen Unterricht ganz bewusst auf das Studium der alten tibetischen Chroniken aus und vernachlässigte die modernen Sprachen.
«Als Papa mich seine englischen Geschäftsbriefe schreiben lassen wollte, musste ich zu meiner Schande gestehen, dass ich dazu nicht fähig war. Ich wollte aber nicht, dass er wegen meiner Dummheit vor seinen ausländischen Geschäftspartnern das Gesicht verlor. Deshalb hat Papa den Hauslehrer entlassen und die nötigen Schritte unternommen, um mich hier im College unterzubringen.»
Die Stunde war gerade zu Ende, als Miss Stockward, rot vor Aufregung, berichtete, der Bote sei zurückgekommen und

melde, der General werde Karmas Pferd bereitwillig bei sich aufnehmen. Sogleich ging Karma mit Carrie in den Garten, um dem Pfleger die nötigen Anweisungen zu geben. Der Bursche war bereits benachrichtigt worden und sattelte das Pferd, als die drei zu ihm traten. Digum begrüsste seine junge Herrin mit freudigem Schnauben. Lachend zog Karma den Kopf des Pferdes an ihre Wange; das Tier erfasste mit den Zähnen die Finger des Mädchens und liebkoste sie mit dicken weichen Lippen.

«Ein herrliches Tier!» stammelte Miss Stockward atemlos. Sie war so ehrlich begeistert und bewegt, dass Carrie im stillen bereute, diese Frau jemals lächerlich gefunden zu haben. Karma wechselte ein paar tibetische Worte mit dem Pferdeburschen und prüfte die Sattelung. Dann sprang der Bursche gewandt in den Sattel, und der Diener, der ihm den Weg zeigen sollte, stieg ebenfalls auf und setzte sich hinter ihn. Mit klappernden Hufen verliess der Hengst den Garten.

Nach dem Mittagessen, bei dem Karma ohne Widerrede den unvermeidlichen Lammbraten mit Kartoffeln und halbgaren Bohnen sowie einen schlecht verdaulichen Marmeladekuchen vertilgt hatte, erklärte sich Carrie bereit, beim Kofferauspakken zu helfen. Zusammen stiegen sie ins Zimmer der Tibeterin hinauf.

«Sie sind dieses Jahr die einzige, die im Pensionat wohnt», sagte Carrie, «das ist nicht sehr unterhaltsam . . . »

«Wieso das?» fragte Karma, «und Sie, was sind Sie?»

«Oh ich . . .!» erwiderte Carrie zögernd, «das ist eine lange Geschichte!»

Und aus dem plötzlichen Bedürfnis, sich jemandem anzuvertrauen, erzählte sie Karma alles, was sie bisher erlebt hatte, und weshalb sie schliesslich in diesem College gelandet war. Das Sprechen verschaffte ihr Erleichterung: mit einem seltsamen Gefühl des Unbeteiligtseins hörte sie sich von ihrem Vater, von der Villa und von Rama Singh erzählen. Manchmal war ihr, als bedecke eine feine, dichte Staubschicht all diese ehedem so lebendigen Erinnerungen. Karma sass auf dem Bett, mit angezogenen Beinen, die Hand um einen Fuss gelegt, und hörte aufmerksam zu.

«Ich habe gleich bemerkt, dass Sie traurig sind», sagte sie

schliesslich. «Man kann's auf Ihrem Gesicht ablesen, am Ausdruck Ihrer Augen.»

«Es ist nicht eigentlich Traurigkeit», erwiderte Carrie leicht verwirrt. «Es ist ... es ist etwas anderes: es ist das Gefühl, ich würde innerlich verwelken und austrocknen.»

«Das ist viel schlimmer», antwortete Karma überraschend klarsichtig, «eines Tages geht auch die tiefste Traurigkeit vorbei. Aber jenes andere Gefühl bleibt und wird immer stärker.»

Carrie blickte sie erstaunt an. Von einer Sechzehnjährigen, die sie zudem kaum kannte, einen solch tiefsinnigen Ausspruch zu hören, überraschte sie.

«Ich habe manchmal das Gefühl», sagte sie nachdenklich, «als liefe ich immer im Kreis, als verlöre ich meine Zeit in diesem verfluchten College, während ich eigentlich ganz woanders sein sollte! Aber wo denn?» Carrie spreizte mit einer hilflosen Geste die Finger: «Wenn ich's nur selbst wüsste! Irgendwo ... aber auf keinen Fall hier!»

Einmal mehr verspürte sie jenes seltsame Gefühl der Vorahnung und nervösen Erwartung so stark, dass ein Frösteln ihren Körper überlief. Sie zwang sich zu einem Lächeln: «Entschuldigen Sie bitte, ich rede sinnloses Zeug!»

Karma betrachtete sie nachdenklich:

«Was in unserem Geist geschieht, ist nie sinnlos», sagte sie dann, «man muss den Sinn nur finden und ihn zu verstehen suchen ...»

Die in Yakfelle eingeschnürten Gepäckstücke türmten sich auf dem Teppich und strömten einen starken Duft nach Moschus und warmem Leder aus. Karma begann, auf dem Boden kniend, die Metallschlösser eines verwitterten Lederkoffers zu öffnen. Sie hob mit beiden Händen den Deckel, und ein Schwall moderigen Dunstes, vermischt mit Parfümgeruch stieg aus dem Kofferinnern, das dicht zusammengepresste Kleidungsstücke barg: Da lagen Tuniken aus schimmernder Rohseide oder aus glattem, geblümtem Stoff und golddurchwirktem Brokat. Da gab es seidenweiche Pelze aus Lamm- und Fuchsfell, weich gefütterte Mäntel und mit Edelsteinen und Metallglöckchen verzierte Lederstiefel, die so weich und geschmeidig waren wie Handschuhe. Karma lachte über Carries Erstaunen und mühte sich an der Verschnürung eines der grossen Warenballen ab, der zahllose Pakete mit Lebensmitteln enthielt: Säcke mit Reis und getrockneten Hülsenfrüchten, Ziegelteepacken, Dörrobst, verschiedene Nudelsorten, luftgetrocknetes Fleisch.

«Du meine Güte!» rief Carrie ausser sich vor Staunen, «Sie haben ja Vorräte für ein ganzes Jahr mitgebracht!»

«Meine Mutter meint, mit tibetischer Kost könnte man das Heimweh vielleicht ein wenig erträglicher gestalten, wenn ich mich hier sehr einsam fühle», erklärte Karma. Aus einem anderen Paket kamen weiche Steppdecken zum Vorschein, die aus bunten Seidenstücken zusammengesetzt und mit Wolle gefüttert waren. Es gab ferner silberne, mit Korallen verzierte Becher, Platten und Gefässe sowie eine sehr schöne und schwere Teekanne aus Kupfer und ein Teeservice aus chinesischem Porzellan, das an Hässlichkeit jenem von Miss Sullivan in nichts nachstand. Schliesslich sah Carrie verblüfft, wie die Tibeterin ein kleines Kohlenbecken aus speckigem Einwickelpapier herausschälte.

«Aber da hört doch alles auf!» rief sie halb belustigt, halb erschrocken. «Was wollen Sie denn damit?»

«Buttertee bereiten», antwortete Karma seelenruhig. «Bei uns in Lhasa haben wir einen Koch, der den ganzen Tag nichts anderes tut. Wir trinken dreissig bis vierzig Tassen täglich in der Familie, oder auch mit Gästen zusammen. Tee erfrischt im Sommer und wärmt im Winter, er löst die Zunge und regt den Geist an. Teetrinken ist bei uns Sitte, es gehört zur Höflichkeit.»

«Voll und ganz einverstanden», sagte Carrie lachend, «aber wenn Miss Sullivan ein Kohlenbecken in Ihrem Zimmer entdeckt, fällt sie sogleich in Ohnmacht!»

Karma hatte inzwischen aus einer blassblauen, mit Hautcremetiegeln, Puderdosen, Lippenstiften, Kämmen und Bürsten vollgestopften Plastikhülle einen elektrischen Haartrockner hervorgezogen. Sie durchforschte das Zimmer nach einer Steckdose und war höchst enttäuscht, als sie keine fand.

«Mein Onkel Tseten Rabden hat uns diesen Föhn aus Kalkutta mitgebracht», sagte sie, «aber in Lhasa konnte ich ihn nie benützen.»

«Sie dürfen hier keinen modernen Komfort erwarten», be-

lehrte sie Carrie. «Das College-Gebäude ist alt und vernach-
lässigt, und die elektrischen Anlagen sind mehr als primi-
tiv.»

8

Carrie erfasste nicht sogleich, dass mit der Ankunft der
jungen Tibeterin ihr eigenes Leben eine neue Wendung genommen hatte. Nie hatte sie vorher einer Gemeinschaft ange-
hört, weder innerhalb der englischen Kolonie, noch unter den
indischen Freundinnen; sie blieb lieber allein für sich, ver-
sponnen wie die Seidenraupe in ihrer Hülle. Zwar unterhielt
sie ein paar Freundschaften, aber tiefer gingen diese nicht.
Karma war anders als die jungen Mädchen, die Carrie bisher
gekannt hatte, sie unterschied sich von der stets ein wenig
modisch aufgeputzten Kamala, von der herben Rada und
auch von Ah Lee. Sie verfügte über angeborene Autorität und
Lebensklugheit, war praktisch begabt und besass Humor.
Trotz ihres überschäumenden Temperaments wusste sie sich
der strengen College-Disziplin gut anzupassen. Sie lächelte
nur nachsichtig-spöttisch, wenn Miss Well steif und fest behauptete, das Sichgehenlassen und die lässige Heiterkeit der
‹Eingeborenen› rühre vom Proteinmangel her, oder wenn
Miss Sullivan sich über die trostlosen hygienischen Verhält-
nisse beklagte und gleichzeitig den Lehrerinnen und den In-
ternatsbewohnern aus sogenannten Sparsamkeitsgründen verbot, mehr als einmal in der Woche das Bad zu benützen.
Nachdem das erste Erstaunen sich gelegt hatte, mussten die
Lehrerinnen zugeben, dass Karma viel natürlichen Charme
besass und sehr fleissig und lernbegierig war. Ihre Gegenwart
brachte prickelnde Abwechslung in das sonst so eintönig-
strenge College-Leben, das sich im Bemühen um Disziplin,
Pflichterfüllung und schulischen Fortschritt erschöpfte.

63 «Sie ist ein so lebhaftes, frohsinniges Menschenkind», sagte
Miss Stockward oft liebevoll-bewundernd. Sie hatte die junge
Tibeterin — wohl wegen deren Leidenschaft für Pferde — ins
Herz geschlossen, und sie war es auch, die bei der Direktorin

ein gutes Wort für Karma einlegte, damit diese nach dem Studium noch ausreiten durfte. Ja, sie wagte sogar mit der Kühnheit schüchterner Gemüter an Miss Sullivans geheiligter Hausordnung zu rütteln, nach der den Internen nur ein einziger Spaziergang pro Woche in Begleitung einer Lehrerin gestattet war.

«Ein Vollblut muss regelmässig geritten werden», erklärte sie, «sonst wird es faul und reizbar und verliert sein schnelles Reaktionsvermögen!»

«Nun», antwortete Miss Sullivan, die in Pferdeangelegenheiten völlig ahnungslos war und deshalb die Sorgen ihrer Kollegin nicht teilte, «was das betrifft, so ist hierfür doch wohl Karmas Pferdebursche zuständig, oder nicht?»

Miss Stockward protestierte voll Entrüstung: Wusste die Direktorin nicht, dass ein Pferd, dem man längere Zeit den Herrn wegnahm, völlig apathisch werden konnte oder — modern ausgedrückt — an ‹Depressionen› litt, genau wie ein menschliches Wesen?

Miss Sullivan hätte am liebsten alle Pferde zum Teufel gewünscht, so verärgert war sie. Aber schliesslich gab sie doch widerwillig die Erlaubnis, dass Karma an drei Nachmittagen der Woche das College verlassen durfte, um den Hengst zu reiten. Carrie sollte sie auf einem der Pferde des Generals begleiten. «Schliesslich gehören Sie jetzt ja schon fast zu uns, zum Lehrkörper . . .» sagte die Direktorin und lächelte sauersüss.

‹Das soll wohl heissen, dass ich gerade recht bin, um den Anstandswauwau zu spielen›, dachte Carrie belustigt. Trotzdem genoss sie diese Erholungspausen als ein Geschenk des Himmels. Der Jeep des Generals holte die beiden Mädchen regelmässig ab und fuhr sie zum Palast. Sri Rahendra hatte Carrie die fromme, ruhig gehende Fuchsstute ‹Lady› überlassen, die bisweilen auch von der Maharani geritten wurde. In Tweedjacke, Jodhpurs und Stiefeln, auf einen Spazierstock gestützt, besichtigte der General täglich seine Stallungen. Aufs Reiten musste er seines Rheumas wegen schon seit Jahren verzichten.

«Ich bin sehr wohl noch imstande, mit einigem Schwung in den Sattel zu steigen», erklärte er den beiden Mädchen mit traurig-ironischem Lächeln und zwirbelte dabei den herabhängenden Schnurrbart mit den Fingern, «aber ich fürchte, ich werde beim Absitzen zusammenknicken wie ein leerer Sack; das wäre kein erhebender Anblick!» Mit Kennermiene musterte er Digums glänzendes Fell, seine breite Brust, den kräftigen Hals und die schlanken, sehnigen Beine.

«Ein tadelloses Reitpferd», sagte er anerkennend, «würdig einer Prinzessin . . .»

Die Spitze des Spazierstockes zwischen die Pflastersteine geklemmt, stand er in stramm militärischer Haltung da und beobachtete, wie Tensing, der kleine Pferdebursche aus Lhasa, den Hengst aufzäumte. Der Schnurrbart des Generals duftete nach Kölnisch Wasser, am Ringfinger trug Sri Rahendra einen mit Rubinen eingefassten grossen Smaragd, der das erste Fingerglied vollständig bedeckte. — Karma stand im trockenen Mist der Boxe und überwachte persönlich das Anziehen des Sattelgurtes, der nicht zu lose und nicht zu fest gespannt sein durfte, damit das Pferd unbehindert atmen konnte.

«Gut, sehr gut!» murmelte der General und nickte mit dem Kopf, «ein rechter Reiter lässt niemand anders sein Pferd satteln.»

«Meine Familie stammt aus der Region Amdo, wo die schönsten Pferde der Welt gezüchtet werden», sagte Karma voll Stolz, «es wäre eine Schande, wenn ich bereits vergessen hätte, was man mir dort beigebracht hat!»

Sri Rahendra strich mit den Fingerspitzen über die Fellpartie zwischen den Augen, und ein freudiges Zittern durchlief den schlanken Hals des Pferdes. Der General holte ein Stück Zucker aus der Tasche. Digum senkte den Kopf und nahm mit flinken Lippen die Süssigkeit, ohne die Handfläche des Mannes zu netzen.

«Das nenne ich ein verdammt gut erzogenes Tier!» brummte Sri Rahendra vor sich hin. Sein Gesicht nahm einen schmerzlich-starren Ausdruck an. Unvermittelt wünschte er den beiden Mädchen einen guten Ritt und entfernte sich steifbeinig.

65 Zwar standen die meisten Stallboxen des Generals leer, aber Sri Rahendra besass doch noch ein paar wertvolle Reitpferde, die beim Polo-Spiel eingesetzt wurden. Da gab es ein Vollblut mit glänzend schwarzblauem Fell, einen prächtigen Grau-

schimmel mit fast blonder Mähne, und zwei einjährige Brau-
ne, die noch kaum zugeritten waren und deren Augen an
dunkle Kaffeebohnen erinnerten. Carrie und Karma ahnten
etwas von der Bitterkeit, die den alten Mann erfüllte. Er, der
einst ein hervorragender Reiter gewesen war, konnte nun
seines Leidens wegen nie mehr ein Pferd besteigen!
Ein Reitknecht führte die gesattelte und aufgezäumte Lady
auf den Rasenplatz. Die Stute kaute ungeduldig am Zaumzeug; der Bursche hielt den Steigbügel. Carrie schwang sich in
den Sattel und verwünschte ihre steif gewordenen Glieder.
Tensing, noch immer in seine schmutzige Pelzjacke gehüllt,
brachte Digum herbei, dessen milchweisses Fell im Sonnenlicht wie Elfenbein glänzte. Der Hengst näherte sich mit
tänzelndem Schritt, er bog die Knie wie ein Sportler, der seine
Muskeln erwärmen und geschmeidig machen will. Der schlan-
ke Hals hob und senkte sich graziös. Auf Sattelknopf und
Bogen gestützt, sprang Karma in einem einzigen Schwung in
den Sattel. Digum stampfte und bäumte sich auf, so dass die
Glöckchen am Zaumzeug erklangen und die ins Holz des
Sattels eingelassenen Metallplättchen aufglänzten. Karmas
dichte Flechten tanzten auf der grünen Seidenjacke; sie lachte
über das ganze Gesicht. Auf seinen Stock gestützt, mit flat-
ternden Schnurrbartenden sah der General wehmütig den
beiden Reiterinnen nach, die den Park verliessen und auf der
gewundenen unasphaltierten Strasse davonritten. In der blendenden Helle dieses Juninachmittages glich Sri Rahendras
Wohnpalais mit seinen Türmchen und Portalen, dem Zinn-
dach und den Bronzegittern, vor denen die operettenhaften
Schildwachen in Rot und Gold gravitätisch auf- und ab-
schritten, einer riesigen Theaterdekoration aus Papiermaché,
die da inmitten der Reis- und Gerstenfelder für eine Techno-
color-Superfilmproduktion aufgebaut worden war. Bauern-
frauen mit kupferbrauner Haut und fettglänzendem Haar,
den Sarisaum in den Gürtel eingeschlagen, zogen lange Furchen in den Ackerboden, in die sich Schwärme von Raben
kreischend niederliessen. Ueber den smaragdgrünen Hügeln
erhob sich, einer gewaltigen Springflut gleich, das Meer der
Berggipfel mit blendenden Schneeflächen, blauschimmernden
Gletschern und zackigen Felsspitzen.
Karmas Knie berührten leicht die Flanken Digums. Eine

kaum wahrnehmbare Liebkosung, aber der Hengst wieherte vor nicht mehr zu bändigender Ungeduld auf. Die Nüstern weiteten sich in ungestümem Schnauben, die Ohren legten sich glatt an den Kopf, und einer Sprungfeder gleich schnellte das Tier in einem wilden Satz vorwärts. Seine Mähne flatterte im Wind, erbarmungslos hämmerten die glatten Hufe den Boden. Der nichtsahnenden Carrie spritze eine Sandfontäne mitten ins Gesicht. «He, wart' auf mich!» wollte sie rufen, aber sie sah, dass dies nichts mehr genutzt hätte. Lady war ein wohlerzogenes Pferd und daran gewöhnt, nur von vornehmen Damen geritten zu werden. Sein eher bedächtiger, regelmässiger Galopp zeigte eine ruhig-ausgewogene Selbstbeherrschung, die ohne Zweifel der Maharani sehr gefiel, für Carrie jedoch nicht das Richtige war. ‹Sollte der General mir dieses lammfromme Tier zugeschanzt haben›, dachte sie argwöhnisch, ‹weil er an meinen reiterlichen Fähigkeiten zweifelte?›

Auf dem Weg ins Tal sah man Karma in schwindelndem Galopp dahinrasen. Ross und Reiterin schienen miteinander verwachsen; ein unsichtbarer Sturmwind, der im mächtigen Wehen den herben Geruch von Schnee, feuchter Erde und tausend duftenden Kräutern mitbrachte, trieb sie vor sich her.

9

Der Monsun hatte begonnen. Darjeeling erstickte unter bleierner Schwüle; klebrig-dichter Dunst lag über den Bergen. Der Himmel war mit fahlen, schmutzig-braunen Wolken bedeckt, die manchmal wegen der Schwaden aufgewirbelten Sandes eine kupferrote Färbung annahmen. Anfangs erhellten die knatternden Blitze trockener Gewitter das Tal mit grünlichem Licht, und Windböen zausten die Aeste der Bäume, fegten durch die Strassen und wirbelten gelben Sandstaub hoch, der durch alle Fugen und Ritzen in die Häuser drang. Alles nahm eine gelbliche Färbung an: Betten, Leintücher und Kleider. Staub klebte, vermengt mit Schweiss, am feuchten Körper; die Haare wurden strähnig und wie mit Pech verklebt ...

Dann kam der Regen: Schwer trommelten die dicken Tropfen auf die Dächer und gurgelten in den Regenrinnen. Wie alljährlich um diese Zeit verwandelten sich die Strassen in einen sumpfigen Morast, und an den Strassenrändern häufte sich der Unrat. Ein ekelerregender Gestank breitete sich aus. Im Salon und im Speisesaal war der Geruch der verstopften Kanalisation kaum mehr zu ertragen. Die Mehrzahl der Lehrerinnen war schwer erkältet; in Mäntel gehüllt tauschten sie hüstelnd trübsinnige Betrachtungen über moderne Hygiene aus, die leider hierzulande nirgends zu finden war, über Seuchengefahren und über die Unannehmlichkeiten des Monsun im allgemeinen.

Im Tiefland von Sikkim moderten die Dschungelwälder im feuchtwarmen Dunst der Regengüsse. Gierige Blutegel fielen auf Menschen und Tiere, auf alle Lebewesen herab, die in ihren Bereich kamen. Die Flüsse traten über die Ufer und setzten die Pflanzungen unter Wasser. Verwesende Tierleichen trieben an der Oberfläche. Alljährlich wurden durch die Ueberschwemmungen Hunderte von Menschen obdachlos, die — halbverhungert — bettelnd im Regen durch die Strassen irrten. Kinder mit aufgetriebenen Bäuchen wühlten im Abfall, um etwas Essbares zu finden. Des Nachts heulten wilde Stürme um die Bergwände und jagten tosende Schneewirbel die Felshänge empor

Die Monsunperiode war für das College eine Zeit des Nichtstuns, der Reizbarkeit und Langeweile. Die Schülerinnen blieben zu Hause; die zugig-feuchten, eiskalten Räume waren mit vorsintflutlichen Eisenöfen mehr schlecht als recht geheizt, und im Salon drängten sich die Lehrerinnen schlotternd auf den Plüschsofas zusammen, gleich frierenden Vögeln auf der Stange, und versuchten die Zeit totzuschlagen: Man las, strickte und spielte endlose Partien Bridge. Das Zusammenleben auf engem Raum führte immer wieder zu nervös-gereizten Auseinandersetzungen, denn man lästerte und klatschte, entwickelte Vermutungen und gebar daraus Gerüchte, worauf alte Feindschaften wieder aufflackerten. Aber auch die Natur stand im Widerspruch zu sich selbst: Leder und Papier rochen moderig, die Konfitüre setzte Schimmel an, das Brot wurde

68

feucht und klebrig, die Butter ranzig, Früchte und Gemüse waren nirgends mehr aufzutreiben. Kein Wunder, selbst der Morgenkaffee schmeckte schal wie Papiermaché.

Im Zimmer der Tibeterin hatten sich Carrie und Karma ihre eigene kleine Welt eingerichtet, in der sie vollkommen glücklich waren. Das Kohlenbecken strömte wohlige Wärme aus; Karma hatte den Koch bestochen, der ihr einen Sack Holzkohlen besorgte. Pelze und gefütterte Seidendecken waren überall im Raum verstreut; sie gaben dem sonst so kahlen Zimmer eine wohnliche, gemütliche Atmosphäre. Karma hatte Räucherstäbchen entzündet, deren Duft den Kloakengestank vertrieb.

Es war eine seltsam-unwirkliche, ausserordentliche Zeit für Carrie: Körperlich wie in einer Art Winterschlaf befangen, geistig aber hellwach, entdeckte sie durch ihre neue Freundin eine fremdartige, erregende Wunderwelt, von der sie bisher nur sehr vage und ungenaue Vorstellungen gehabt hatte. Zwar wusste sie aus den Erzählungen ihres Vaters, dass das wirkliche Tibet in keiner Weise dem Bild entsprach, das sich die meisten Europäer von diesem Land machten: einer strengverschlossenen Nation heiligmässiger Mönche mit kahlrasierten Köpfen. Wenn auch der grösste Teil der Bevölkerung praktisch noch im Mittelalter lebte, so kannte doch die weltliche Aristokratie, der Karma angehörte, alle raffinierten Errungenschaften eines modernen Lebensstils. Man spielte Tennis oder lief Schlittschuh, man ging ins Kino, erst kürzlich war ein Kinosaal neu gebaut worden. Im Sommer veranstaltete man Ausflüge und Picknicks, im Winter gab es Feste und Empfänge. Radio und Plattenspieler verbreiteten die letzten ‹Hits› von Elvis Presley und Perez Prado, man tanzte Cha-Cha-Cha, trank Coca-Cola und aus Kalkutta importierten Whisky.

Karma hatte zwei ältere Schwestern, Metok Lhamo und Chimey Sangmo, und einen kleinen Bruder von fünf Jahren, der Tsering Wang-du hiess und den sie über alles liebte.

«Metok Lhamo wird den Bruder meines Vaters heiraten», sagte sie beiläufig.

Carrie glaubte, falsch gehört zu haben.

«Wen wird sie heiraten?» fragte sie.

«Den Bruder meines Vaters. Denn Metok Lhamo ist meine Halbschwester. Ihr Vater ist der erste Mann meiner Mutter; er hat sich vor 18 Jahren ins Kloster Drepung zurückgezogen; er stellte ihr frei, sich ein zweitesmal zu verheiraten.»

«Ich verstehe», sagte Carrie, «sie sind geschieden.»

«... Keine Spur!» rief Karma entrüstet aus. «Mama hatte ihren ersten Mann sehr gern. Aber da er älter war als sie und Mönch werden wollte, schlug er ihr einfach vor, einen zweiten Mann zu nehmen.»

«Aber ...», begann Carrie verdutzt.

Karma brach in Lachen aus: «Ach ja, ich weiss schon! Unsere Familienverhältnisse sind reichlich kompliziert! Eine Ehefrau kann mehrere Männer haben, ein Mann mehrere Frauen. Das ist ein uralter Brauch; man will damit erreichen, dass der Familienbesitz auf jeden Fall erhalten bleibt.»

«Was würdest du sagen», fragte Carrie verwirrt, «wenn dein Mann später einmal eine zweite Frau nehmen wollte?»

Karmas Augen blitzten angriffslustig: «Da müsste ich zuerst einmal einverstanden sein! Ein Ehemann kann sich nicht ohne das Einverständnis des bisherigen Partners verheiraten. Vergiss nicht, in Tibet ist die persönliche Freiheit unantastbar!»

Sie setzte einen Kupferkessel mit einer Mischung aus Teeblättern und Salz auf das Kohlenbecken und goss unter langsamem Umrühren Wasser dazu. Der Tee musste aufkochen und lange ziehen. Dann mischte Karma Butter dazu, die sie im Basar gekauft hatte. Carrie fand dieses Getränk, das etwa mit Bouillon zu vergleichen wäre, erst abscheulich, aber mit der Zeit konnte sie ihm einigen Geschmack abgewinnen.

Karma hatte aus Lhasa verschiedene Gesellschaftsspiele mitgebracht: Ein Seidensäckchen mit aus Hammelknochen geschnitzten Würfeln und einen grossen Holzwürfel, in dessen sechs Seiten je eine Silbe des rituellen buddhistischen Gebets ‹Om mani padme hum› eingeritzt war. Karma liess diesen Würfel über eine Art topographischer Karte rollen, die mit allerlei komplizierten symbolischen Zeichen bedeckt war. Es gab Felder, die Glück, und andere die Unglück bedeuteten; je nach der gewürfelten Silbe des Gebetes konnte man sie erreichen oder überspringen. Eines der Glücksfelder stellte Lhasa dar. Der Name der Stadt war inmitten eines Lotosblüten-kranzes aufgedruckt; er bedeutet ‹Ort der Götter›. Andere Glücksfelder symbolisierten Pilgerorte; auch Nepal, das Heimatland Buddhas gehörte dazu. Die Unglücksfelder standen für Orte der Hölle, in welchen bald bittere Kälte, bald unerträgliche Hitze herrschten. Wie Karma berichtete, hatten besonders die Schüler in den Lamaklöstern Freude an diesem Spiel, und auch sie selbst war von einer wahren Spiellei-denschaft besessen und verweilte oft während Stunden beim Würfeln. Auch ein chinesisches Mah-Jong-Spiel besass sie, das aus elfenbeinernen Domino-Steinen bestand. Jeder dieser glatten, rechteckigen Steine passte genau in die hohle Hand, und alle waren mit rot eingravierten Symbolen bedeckt. Carrie kannte Mah-Jong, sie hatte es schon mit ihrem Vater gespielt und liebte es sehr. Wie Karma lachend erzählte, war dieses Spiel vor kurzem in Tibet verboten worden:

«Mah-Jong kam so in Mode, dass niemand mehr an etwas anderes dachte. Die Beamten vernachlässigten ihre Pflichten, und die Diener wollten nicht mehr arbeiten. Von morgens bis abends und noch oft bis tief in die Nacht hinein spielte man Mah-Jong und verlor riesige Geldsummen.»

Carrie lächelte und rückte näher an das Kohlenbecken. «Rie-sensummen könnte ich nicht verlieren», sagte sie, «was soll hier unser Spieleinsatz sein?»

«Eine Dose Keks!» schlug Karma vor, denn sie liebte Süssig-keiten über alles. Gewandt begann sie die Spielsteine auszutei-len.

Carrie merkte bald, dass sie der Freundin im Spiel unterlegen war. Karma reihte ihre Steine mit verwirrender Genauigkeit und Geschicklichkeit aneinander und gewann fast jede Runde. Verlor sie jedoch einmal, so murmelte sie Verwün-schungen vor sich hin, aber sie lachte laut und atemlos, ehe sie die nächste Partie begann, in der sie einmal mehr ihre Gegnerin vernichten wollte!

An einem Nachmittag betrat Miss Sullivan unvermutet das Zimmer. Ihr Blick irrte missbilligend über das Durcheinander von Kleidern, Decken, Süssigkeiten und Dörrobst, das überall verstreut lag. Sie starrte auf die glühenden Kohlen im Becken und auf die Mah-Jong-Steine auf dem Teppich.

«Sie spielen doch hoffentlich nicht um Geld?» fragte sie argwöhnisch.

«Oh nein, Madame!» antwortete Karma mit tugendsamem Augenaufschlag, «das würden uns unsere Mittel niemals erlauben!»

Angewidert atmete Miss Sullivan den schweren Duft von Weihrauch und Sandelholz ein. «Wäre es nicht vorteilhaft», sagte sie spitz, «ein paar Stunden täglich einem ... hm ... nützlicheren Zeitvertreib zu widmen? Einer kleinen Stickerei, zum Beispiel, oder auch einer Strickarbeit?»

«Da muss ich Sie leider enttäuschen, Madame», erwiderte Karma, «stricken habe ich nie gelernt. Aber die Seidenstickerei beherrsche ich einigermassen.»

«Wie, Sie sticken mit Seide?» fragte Miss Sullivan mit geringem Interesse. Die Schwaden des Räucherwerks verursachten ihr Kopfschmerzen; sie fand diesen Geruch fast so unerträglich wie den Kanalisationsgestank.

«Jawohl, Madame! Hier, sehen Sie bitte selbst!» erwiderte Karma freundlich.

Sie öffnete einen ihrer Koffer, wühlte in den buntfarbigen Stoffstücken und entfaltete vor Miss Sullivans staunendem Blick einen prächtigen Schal, der mit Pfingstrosen bestickt war.

«Wie, diese Riesenarbeit haben Sie selbst ausgeführt?» fragte die Direktorin ungläubig.

«Jawohl, Madame», wiederholte Karma mit anmutigem Lächeln, «und ich mache mir ein Vergnügen daraus, Ihnen den Schal zu schenken!»

Miss Sullivan erhob Einspruch: Nie würde sie ein so kostbares Geschenk annehmen können! Aber Karma beharrte lächelnd auf ihrem Angebot. Die Direktorin bewunderte mit ehrlichem Staunen die Feinheit der Ausführung und die vollkommene Harmonie der Farben. Nur eine aussergewöhnlich geschickte Stickerin konnte ein solches Meisterwerk schaffen!

«Meinen Glückwunsch», sagte sie schliesslich steif. «Und ich nehme Ihr Geschenk gerne an.»

Vom Stricken wurde nicht mehr gesprochen. Nach ein paar Tagen jedoch entdeckten Karma und Carrie zu ihrer grossen Verblüffung den Schal auf dem Living-Tischchen, an dem Miss Sullivan für gewöhnlich ihren Tee trank. Tassen und

Teller, klebrige Kuchen, leimartige Konfitüre, Butter und eine Tube Kondensmilch lagen auf dem feinen Stoff verstreut.

«Ist das nicht eine entzückende Tischdecke?» rief Miss Sullivan strahlend. «Wieviel Arbeit steckt dahinter, und welche Geduld!»

Die Lehrerinnen umstanden bewundernd das Tischchen und beglückwünschten Karma zu ihrer Geschicklichkeit und ihrem Geschmack. Carrie bemerkte als einzige, wie Zorn in den schwarzen Augen der Tibeterin zu wetterleuchten begann. Aber Karma liess sich nichts anmerken, sie lächelte freundlich, trank ihren Tee mit anmutiger Würde und redete über belanglose Dinge. Erst als sie später mit Carrie allein war, liess sie ihrer Entrüstung freien Lauf:

«Diese Europäerinnen sind völlig instinktlos! Wenn ich denke, welche Arbeit mir der Schal gemacht hat! Zwei Monate lang war ich damit beschäftigt. Ich habe ihn bei Neujahrsempfängen getragen, und da kommt dieses Frauenzimmer und benützt ihn als Tischdecke! Hast du gesehen? Es sind schon Fettflecken darauf!»

Sie war ernstlich böse, und Carrie konnte ihr nur schwer verständlich machen, dass Miss Sullivan sie keineswegs absichtlich hatte beleidigen wollen, sondern dass diese Verwendung als Tischdecke eine zwar nicht sehr taktvolle, aber doch durchaus aufrichtige Anerkennung und Wertschätzung ihrer Arbeit bedeutete.

10

Unter einem bleiernen Himmel zogen sich die Tage langsam hin: Studium, Würfelspiel, Mah-Jong. Vertrauliche Gespräche, unbändiges Gelächter ... — Carrie war keineswegs überrascht, als ihr die Freundin mit viel Geschick einen Rumba vortanzte, und sie wunderte sich auch nicht mehr über die erstaunliche Traditionsverbundenheit der jungen Tibeterin, die im Gespräch immer wieder zum Vorschein kam.

«Ich war acht Jahre alt», so erzählte Karma, «da brachte

meine Mutter mich in den Tempel. Vor dem Standbild Tschenrezis, des Herrn der Barmherzigkeit, dessen erhabene Wiedergeburt der Gyalpo Rimposche ist, den Ihr ‹Dalai-Lama› nennt, musste ich geloben, niemals die Unwahrheit zu sagen und niemals einem lebenden Wesen, ob Mensch oder Tier, Böses zuzufügen. Ich muss jedes Jahr in den Tempel zurückkehren und dieses Gelübde erneuern. Meine Eltern geben den Lamas Geld und sehr viel Butter für die Lampen, damit sie mir mit ihren Gebeten helfen.»

Die Füsse in Decken gehüllt, kauerten die beiden Mädchen vor dem Kohlenbecken, auf dem der Teekessel sang. Carrie rauchte eine Zigarette; Regenschauer fegten über die Scheiben. Es war spät geworden, aber keine der beiden Freundinnen hatte Lust, schlafen zu gehen.

«Der Joklang-Tempel ist das älteste Heiligtum von Lhasa», fuhr Karma fort. «Er wurde von Bhrikuti, der nepalesischen Gattin Songtsen Gampos erbaut.»

Der Name weckte eine Erinnerung.

«Songtsen Gampo, hiess nicht einer eurer Könige so?» fragte Carrie.

«Ja, aber vor 1500 Jahren, als er mit Waffengewalt die Stämme Zentralasiens vereinte, war er nichts weiter als der Anführer einer Gruppe von Pferdehirten. Seine Männer siegten in allen Schlachten, denn sie hatten die treuesten und tapfersten Verbündeten, die man sich denken kann: ihre Streitrosse, die so schnell waren wie der Blitz und es an Wildheit mit den Bären aufnahmen. Kein Tier war stärker, verschlagener und klüger als sie.»

Wenn Karma erst einmal in Fahrt gekommen war, konnte sie fesselnd und eindrucksvoll erzählen; Carrie wurde nicht müde, ihr zuzuhören.

«Die Krieger Songtsen Gampos brachen auf ihren siegreichen Reiterzügen auch in China ein, in der Gegend des Ku-ku-nor-Sees, und erreichten die Hauptstadt Sian. Der Kaiser von China hatte eine Tochter, Wen-tscheng, die schön war wie der Mond. Ihre Klugheit fand selbst die Bewunderung der Weisen des Kaiserreichs. Songtsen sah sie und wurde von Liebe zu ihr ergriffen. Er bat beim Kaiser von China um ihre Hand, aber dieser weigerte sich, seine Tochter einem Barbaren zur Frau zu geben. Songtsen Gampo befahl wutentbrannt seinen Truppen, die Hauptstadt zu belagern. Da ersann die Prinzessin eine List: sie verkündete, sie werde Songtsen Gampo heiraten, wenn er als Sieger aus einer Prüfung hervorgehe, bei der bisher alle anderen Bewerber versagt hatten. Es galt, einen Faden durch ein Loch in einem Edelstein zu ziehen, das so eng war, dass man keine noch so feine Nadel hineinstecken konnte. Songtsen Gampo fand die Lösung: er band den Faden um den Leib einer kleinen Ameise, die durch das Loch kriechen konnte. Wen-tscheng war begeistert ob soviel Klugheit; sie gewährte dem fremden König ihre Hand und willigte ein, ihm nach Lhasa zu folgen. Songtsen Gampo aber wollte seiner Gemahlin einen Gefallen erweisen: er verbot den Tibetern, sich nach altem Brauch Gesicht und Hände mit rotem Lehm zu beschmieren. Er liess auch einen prächtigen Palast für Wen-tscheng errichten. Die neue Königin veranlasste ihren Gatten, junge tibetische Adelige an den chinesischen Hof zu schicken, damit sie dort ihre Erziehung vervollkommnen und die chinesischen klassischen Schriftsteller studieren konnten. Wen-tscheng hatte aus ihrer Heimat Seidenraupen mitgebracht; sie weihte die Tibeter auch in die Geheimnisse der Glasbläserei ein und zeigte ihnen, wie man Papier schöpfen und Tusche mischen konnte. Inzwischen hatten Songtsen Gampos Krieger ihre Feldzüge bis in die Mongolei ausgedehnt; sie bedrohten sogar die allgewaltigen Kalifen von Samarkand. Sie überquerten das Himalaya-Gebirge, gelangten nach Nepal und folgten dem Lauf des Sangpo (der auch Brahmaputra heisst) bis zum Golf von Bengalen . . .»

Karma musste nach diesem Redeschwall einen Augenblick Luft schöpfen, und Carrie bemühte sich unterdessen, das Gehörte mit ihren nicht sehr umfangreichen Geschichtskenntnissen in Zusammenhang zu bringen. Tatsächlich, die Legende von Songtsen Gampo beruhte auf einer historischen Begebenheit: um das Jahr 600 nach Christus hatte Tibet die Länder Indien, Nepal, China, Sibirien und Afghanistan unter seine Herrschaft gebracht und war damit das grösste Reich der Erde geworden! Es war kaum zu glauben!

75 Karma nahm ihre Erzählung wieder auf:

«In Nepal hatte Songtsen Gampo eine zweite Frau genommen, die Prinzessin Bhrikuti. Sie war — so berichten die Legenden — blauäugig und von grosser Schönheit und Gottesfurcht. Sie besass eine Buddha-Statue, die zu Lebzeiten des Religionsstifters angefertigt worden war und seine Züge mit grosser Genauigkeit wiedergab. Buddha selbst hatte das Standbild gesegnet, und Bhrikuti hatte das Gelübde abgelegt, für ihre Statue den schönsten Tempel Asiens erbauen zu lassen. Nach ihrer Ankunft in Lhasa suchte sie einen idealen Standort für den Tempel und fragte Wen-tscheng um Rat. Diese nannte ihr ohne Zögern die Mitte eines Sees, der im Zentrum der Stadt gelegen war. Bhrikuti wurde unsicher und berichtete dem König von dieser seltsamen Anregung. Songt-sen Gampo, der sichergehen wollte, befragte das Orakel. Die Angaben der Prinzessin wurden bestätigt: das Heiligtum sollte in der Mitte des Sees erbaut werden!

Man begann mit den Aufschüttungsarbeiten. Jahrelang brachten Ziegenkolonnen Erde und Steine herbei, um den See aufzufüllen und trockenzulegen. Als Belohnung für den Opfersinn dieser Tiere liess Bhrikuti ihnen später im Tempelhof eine Statue errichten.»

Carrie brach in Lachen aus:

«Das war aber auch das mindeste, was man ihnen zu Ehren tun konnte!» sagte sie.

«Architekten aus Nepal, aus Tibet und China leiteten den Bau des Tempels. Das Gebäude wurde aus Steinen und Edelhölzern errichtet und war drei Stockwerke hoch. Seine Stützbalken und Dächer waren mit prächtigem Schnitzwerk verziert. Im Innern befand sich eine Flucht von Sälen und zahlreichen Gebetsräumen mit sogenannten «Stupas»* aus Gold und Silber. Herrliche Wandmalereien mit Szenen aus dem Leben Buddhas schmückten die Wände. Alle Statuen, ob klein oder gross, waren aus reinem Gold gefertigt, mit Brokatgewändern bekleidet und mit Perlen, Rubinen und Diamanten geschmückt.

Vor dem Tempel breitete sich der ‹Parkhor›, der Marktplatz aus. Tausende von Gebetsmühlen drehten sich hier Tag und Nacht, sie wurden von Gläubigen mit der Hand angetrieben.»

Karma umwand ihre Hand mit einem Seidentuch und hob die Teekanne, um einzuschenken. Carrie seufzte ergeben. Sie war

---

*) Stupa = gemauertes, halbkugeliges Mausoleum, das den Leichnam eines verehrungswürdigen Buddhisten oder eine bedeutsame Reliquie enthält.

bei der dreizehnten Tasse angelangt und empfand eine leichte Uebelkeit. Es kam ihr vor, als seien ihre Magenwände mit Klumpen ranziger Butter bedeckt.

«Nach Songtsen Gampos Tod», so fuhr Karma fort, «teilten seine Nachkommen die Macht unter sich. Aber schon bald wandelten sich die Dynastien in streitende Clans und das Reich zerfiel. Kriege und Einfälle fremder Stämme folgten sich; die Staatsmacht fiel mehr und mehr den Klöstern und den religiösen Orden zu, deren geistiges Oberhaupt noch heute der Dalai-Lama ist. ‹Meer der Weisheit› nennt man ihn, er ist die Wiedergeburt des höchsten Herrn, Tschenrezis.»

«Ich habe mich oft gefragt», warf Carrie ein, «was geschieht, wenn der Dalai-Lama gestorben ist und man einen anderen an seiner Stelle sucht.»

«Das ist kein ‹anderer›», widersprach Karma entrüstet. «Die Seele Tschenrezis geht von einer sterblichen Hülle in die folgende über. Stirbt diese Hülle, so findet die Seele sogleich im Körper eines Neugeborenen ihre neue Wohnung.»

«Was für ein Neugeborenes muss das sein?»

«Das ist völlig unwichtig. Jeder männliche Säugling — ob aus reicher oder armer Familie — kann für diese aussergewöhnliche Bestimmung auserwählt sein.»

«Aber wie findet man ihn heraus?»

Karma gab zu, dass dies oft recht schwierig sei. Die Nachforschungen begannen unmittelbar nach Ablauf der 49tägigen Trauerzeit und konnten sich jahrelang hinziehen. Während dieser Zeit leitete ein vom Parlament in Lhasa gewählter Regent die Geschicke des Landes, bis der neue Dalai-Lama volljährig wurde.

«Der gegenwärtige Dalai-Lama ist zwei Jahre lang von einer Regierungskommission gesucht worden. Er ist die vierzehnte Wiedergeburt oder Reinkarnation Tschenrezis.»

«Wie hat diese Kommission ihn schliesslich gefunden?»

«Man sagt, der dreizehnte Dalai-Lama habe bereits zu Lebzeiten bestimmte Offenbarungen über seine nächste Wiedergeburt verkündet. Seine Leiche wurde für die Totenwache im Potala, der Festung von Lhasa, aufgebahrt, der Ueberlieferung entsprechend in Südrichtung, so wie auch Buddha begraben wurde. Eines Morgens war das Haupt des Toten nach

Westen gerichtet. Kurz darauf unternahm der damalige Regent eine Pilgerfahrt an die Ufer des heiligen Sees Tschö-Khor-Gye, auf dessen Oberfläche man, wie in einem Spiegel, die Zukunft ablesen kann. Im glasklaren Wasser hatte der Regent die Vision eines Klosters mit goldenem Dach, neben dem ein Bauernhaus mit seltsam geformten Dachtraufen stand. Der Regent kehrte sogleich nach Lhasa zurück und befahl der Kommission, das Land bis in den hintersten Winkel zu durchsuchen, um das Kloster mit dem goldenen Dach und das Bauernhaus daneben zu finden. Man fand dann auch tatsächlich diese Oertlichkeit, und zwar in der chinesischen Provinz Amdo, aus der auch die entfernteren Ahnen meiner Familie stammen. Ein Bauer lebte mit Frau und Kindern in dem Haus, das der Regent beschrieben hatte. Unter den Kindern befand sich auch ein hübscher zweijähriger Junge. Natürlich gaben die Lamas sich nicht sogleich zu erkennen; sie liessen auch über das Ziel ihrer Reise nichts verlauten, sondern gaben sich als Kaufleute aus und baten um Obdach für die Nacht. So konnten sie das Kind in aller Ruhe beobachten. Der Anführer der Gruppe war als Diener verkleidet; er hatte einige Gegenstände mitgebracht, die vordem dem dreizehnten Dalai-Lama gehörten: einen Rosenkranz aus Elfenbein, eine kleine Trommel und einen Wanderstab. Er zeigte diese Gegenstände dem Kind, das sogleich mit beiden Händen danach griff.

Zur grossen Verblüffung der Eltern erklärte es, diese Gegenstände gehörten ihm, und es wollte sie nicht mehr hergeben. Aber damit nicht genug, es sagte den verwunderten Mitgliedern der Kommission ins Gesicht, sie seien keine Kaufleute, sondern verkleidete Lamas. Ueberwältigt von soviel Weisheit untersuchten die Lamas nun den Körper des Kindes nach den natürlichen rituellen Zeichen, wie etwa abstehende Ohren oder bestimmte Muttermale in den Achselhöhlen. Und bald zweifelte keiner mehr daran, dass sie die vierzehnte Wiedergeburt von Tschenrezi gefunden hatten.

Von da an lebte das Kind im Potala und wurde in die heiligen Pflichten seines Amtes eingeführt. Seine Familie erhob man in den Adelsstand und überhäufte sie mit Ehren. Die Mutter hatte übrigens bereits zwei anderen Reinkarnationen das Leben geschenkt, und ...»

«Einen Augenblick!» unterbrach sie Carrie, «willst du damit sagen, dass es in Tibet noch andere Reinkarnationen als den Dalai-Lama gibt?»

«Selbstverständlich», erwiderte Karma. «Viele unserer hochgestellten Lamas sind solche Wiedergeburten. Sie tragen den Ehrentitel Rimposche. Sogar eine weibliche Wiedergeburt gab es; sie soll mit magischen Kräften ausgestattet gewesen sein. Die als Reinkarnation erkannten Kinder bleiben in ihrer Familie, bis sie 6- oder 7jährig sind. Dann kommt eine Abordnung der Mönche und holt sie ab, um sie in das entsprechende Kloster zu bringen. Nach Beendigung ihrer Studien erlangen sie die höchsten Aemter. Auch in meiner Familie gibt es eine solche Reinkarnation, es ist mein Vetter Tschensal Tashi, der als Lama in einem Kloster lebt... was übrigens für mich ziemlich ärgerlich ist!» schloss sie mit einem fast verlegenen Lächeln.

«Was ist denn dabei ärgerlich?» wollte Carrie wissen.

Karma schüttelte den Kopf und nahm rasch einen Schluck Tee. Im Licht der Kohlenglut sah Carrie, dass die Freundin über und über rot geworden war. Sie unterdrückte ein Lächeln und fragte mit betonter Gleichgültigkeit:

«Und was geschieht, wenn ein Rimposche sich wieder verheiratet?»

Karma blickte sie an, lachend und verwirrt zugleich:

«Er darf nicht einmal daran denken! Er würde sämtliche Privilegien verlieren. Ein Rimposche muss die traditionellen religiösen und philosophischen Uebungen verrichten. Er muss die ihm von der vorhergehenden Reinkarnation vererbten Güter mehren und fruchtbringend gestalten, und er muss dafür sorgen, dass das Kloster mit seinem Bestand an Mönchen erhalten bleibt.»

«Tatsächlich, das ist recht ärgerlich», gab Carrie zu und trug eine geheuchelt traurige Miene zur Schau.

Karma kicherte hinter der vorgehaltenen Hand.

«Wie hast du nur erraten, dass ich... dass ich in Tschensal Tashi verliebt bin?» sagte sie, «das ist doch eine furchtbare Gotteslästerung!»

«Du hättest eben nicht so rot werden dürfen wie eine Tomate», antwortete Carrie lachend.

Das Gesicht der jungen Tibeterin nahm wieder einen ernsten

Ausdruck an. Auf die Ellbogen gestützt, starrte sie träumerisch in die Kohlenglut.

«Tschensal Tashi's Eltern starben an den Pocken, als er noch ganz klein war. Er hat immer bei uns gelebt; er war mein liebster Spielkamerad. Wir gingen zusammen zur Schule und waren unzertrennlich. Man nannte uns nur die Zwillinge. Ich war 9jährig, als die Lamas ihn abholten. Er sollte in den Genuss der kirchlichen Pfründe des Klosters von Gyantse kommen, die ihm als Rimposche zustanden. Seine Abreise bedeutete einen einschneidenden Riss in unserem Leben: Wir weinten zusammen heimliche Tränen. Fünf Jahre später, als ich nach Darjeeling unterwegs war, wohnte ich als Gast in seinem Kloster. Aber ich hatte ein seltsames Gefühl, als ich Tschensal Tashi nach so langen Jahren der Trennung wiedersah: obwohl sein Leben nun ganz den religiösen Uebungen und der beschaulichen Einkehr gewidmet war, hatte sich zwischen uns nichts geändert. Wir fanden in unseren Gesprächen und Neckereien fast von selbst die herzliche Kameradschaft der früheren Kindertage wieder. Nur, wir waren jetzt erwachsen, und ich begriff, dass das, was uns jetzt zueinander drängte, mehr war als nur Freundschaft. Diese Entdeckung brachte mich völlig aus dem Gleichgewicht. Ich war nicht mehr fähig, seinen Blick auszuhalten, ohne zu erröten oder in unsicheres Stottern zu verfallen. Ich verliess das Kloster in aller Eile, zwei Tage früher als vorgesehen. Ich wollte fliehen, bevor Tschensal Tashi bemerkte, wie es in Wirklichkeit um mich stand . . .»

Carrie warf der Freundin einen liebevoll-spöttischen Blick zu:

«Und du glaubst wirklich, er hat nichts gemerkt?»

«Ich mag gar nicht daran denken!» flüsterte Karma entsetzt. «Für einen Rimposche ist das etwas ganz Schreckliches! Und doch, wir sind als Menschen voller Widersprüche! Heute bedaure ich, dass ich damals so schnell abgereist bin!»

Sie warf angriffslustig die Zöpfe nach hinten:

«Diesen Winter will ich oft ausgehen in Lhasa. Es gibt eine Menge junger Leute dort, die nur darauf warten, mir den Hof zu machen.»

«Das ist aber keine Lösung für dein Problem», wandte Carrie ein. Karma antwortete mit einem tiefen Seufzer. Carrie zündete gemächlich eine Zigarette an und warf das Streichholz in das Kohlenbecken.

«Ganz unter uns», sagte sie nachdenklich, «glaubst du wirklich an all diese Dinge?»

«Ob ich was glaube?»

«An diese Geschichte mit der Wiedergeburt...» — Carrie spürte, dass sie sich jetzt auf einem gefährlichen Gelände bewegte, dennoch fuhr sie fort: «Ich möchte sagen: hast du nie gedacht, das alles könnte nur Aberglaube sein?»

Karma gab sich einen Ruck: «Der Buddhismus lässt keinen Aberglauben zu», erklärte sie feierlich. «Die Reinkarnation ist die Grundlage unseres philosophischen und religiösen Denkgebäudes.»

«Entschuldige bitte», sagte Carrie sanft, «ich wollte dich nicht verletzen.» Praktischer Sinn und logische Argumente halfen hier nichts, das merkte sie nun. Sie hatte immer alles mit verstandesmässigen Ueberlegungen erklären wollen, aber jetzt rannte sie gegen eine Wand und kam nicht weiter!

«Woran denkst du?» fragte Karma, da Carrie in Schweigen verharrte.

Die Freundin stiess eine Rauchwolke aus und antwortete freimütig:

«Ich würde dich so gerne verstehen, aber ich kann's nicht. Und ich hab' zudem Mühe, es zuzugeben.»

Karmas schwarze Augen blickten freundschaftlich:

«Ich weiss schon, du bist überzeugt, dass ich ungereimtes Zeug daherrede», sagte sie, «aber du getraust dich nicht, es mir gegenüber offen zu äussern.»

Als sie sah, dass Carrie weiterhin schwieg, fügte sie voll Wärme hinzu:

«Weisst du wie wir die Nicht-Buddhisten nennen? Wir heissen sie ‹Tschipas›, Leute, die nur nach aussen existieren. Das soll aber keine Kritik sein. Selbst die Chinesen, die ja Asiaten sind wie wir, haben nur einen sehr oberflächlichen Zugang zu der tibetischen Gläubigkeit. Seit der Revolution ist in China die Ausübung der Religion untersagt. Aber die Chinesen achten unsere religiösen Bräuche in Tibet.»

«Habt ihr ein gutes Verhältnis zu den Chinesen?»

Karma zögerte:

«Ich verstehe nicht viel von Politik. Vor 200 Jahren gehörten die Gebiete Kham und Amdo im Osten und Nordosten des Landes bereits zu China. China war in Lhasa durch zwei Minister und eine Garnison vertreten, die angeblich Tibet vor jedem feindlichen Angriff von aussen schützen sollten. In Wirklichkeit waren sie aber dazu da, die Ordnung im Innern aufrechtzuerhalten, denn es gab damals sehr häufig Aufstände. Die chinesische Vorherrschaft belastete die Entscheidungen des Parlaments und behinderte die freie Wahl des Dalai-Lama. Dies war für Tibet ein unerträglicher Zustand, denn schliesslich ist der Dalai-Lama unser Herrscher kraft göttlichen Rechtes. Damals schon bemühten sich die Chinesen, den Pantschen-Lama als Abt des Klosters von Trashilhunpo und als zweite grosse Inkarnation Tibets für ihre Interessen einzuspannen; er stand am kaiserlichen Hof in Peking in grossem Ansehen. Die chinesischen Herrscher waren übrigens der Ausbreitung des tibetischen Lamaismus in China und in der Mongolei von jeher günstig gesinnt; sie errichteten zahlreiche Tempel und Klöster, in denen berühmte Lamas Unterricht erteilten.»

Für eine 16jährige, die behauptete, nichts von Politik zu verstehen, bewies Karma wirklich erstaunliche Kenntnisse! Die Gegenwartsgeschichte Tibets wimmelte nur so von Intrigen, Verschwörungen, Streitigkeiten und Machtkämpfen. Auf der einen Seite standen die reichen Adelsfamilien, auf der anderen die kirchliche Macht. Engländer, Mohammedaner und Mongolen bildeten die Randgruppen, und als starker Kern behaupteten sich die Chinesen. Ein verwirrendes Durcheinander! Karma bombardierte ihre Gesprächspartnerin mit einer Unmenge von Namen, Ereignissen und Daten, sie redete in kurzen, sauber gedrechselten Sätzen, die oft ohne Zusammenhang ineinander übergingen und sich wie auswendig gelernt anhörten.

Carrie fühlte, wie eine angenehme Müdigkeit langsam von ihr Besitz ergriff: die zahlreichen Tassen Tee, die sie pausenlos genossen hatte (es waren bereits 15!), die Zigaretten, der Dunst der Räucherstäbchen und die allgemeine Uebermüdung führten dazu, dass alle Einzelheiten der tibetischen Geschichte in ihrem Kopf langsam in Verwirrung gerieten und durcheinander purzelten. Karma, so sagte sie sich im Halbschlaf voll Ergebenheit, hätte zweifellos eine ausgezeichnete Geschichtslehrerin abgegeben.

«Die Schutzherrschaft Chinas», fuhr Karma fort, «dauerte nach europäischer Zeitrechnung bis 1912. Zu diesem Zeitpunkt erklärte der dreizehnte Dalai-Lama Tibet für unabhängig. Aber China hat die Selbständigkeit Tibets nie anerkannt, und unmittelbar nach der Revolution von 1949 besetzten chinesische Truppen von neuem Lhasa. Im Einverständnis mit Indien wurde ein Vertrag abgeschlossen, wonach Tibet künftig ein Glied der Chinesischen Volksrepublik sein sollte. Wir sind also eine sogenannte ‹ethnische Minderheit mit innerer Unabhängigkeit›. Die Vorrechte des Dalai-Lama und des Pantschen-Lama wurden nicht angetastet, aber die Chinesen möchten das tibetische Volk unter sich uneinig machen, indem sie die Diener gegen ihre adeligen Herren, und die Bauern gegen die Mönche aufwiegeln. Gewiss, die Religion wird geachtet, aber wie lange noch? Die Unzufriedenheit wächst ständig, Aufstände sind an der Tagesordnung. Die Khampas, kriegerische Nomaden der Hochebene, greifen die Militärkolonnen auf dem Weg zur Grenze an und töten chinesische Soldaten. Trotz allem möchte aber die Mehrheit der Tibeter mit den Chinesen in Frieden leben, denn nach unserer Religion sind wir zur Gewaltlosigkeit, zur Toleranz und Achtung des Mitmenschen verpflichtet. Die Chinesen bemühen sich sehr, das Land zu modernisieren; sie bauen Strassen und erschliessen die Erdölvorkommen. In Lhasa ist sogar ein Elektrizitätswerk in Betrieb. Die Chinesen haben auch ein Krankenhaus gebaut und eingerichtet; in Peking ausgebildete Aerzte unterweisen dort das tibetische Personal. Man richtet auch Genossenschaftsläden ein, man schafft Kulturzentren und errichtet Schulen. Jedermann kann Chinesisch und Englisch lernen, sogar die Kinder der Diener und der Nomaden.» Karma hielt inne. Unvermittelt sagte sie: «Ich möchte auf jeden Fall zum Neujahrsfest nach Lhasa zurück; ich schreibe meinem Vater, er soll für dich ein Reitpferd herschicken.»

83   Eine Pause entstand. Karma leerte mit einem Zug ihre Tasse und goss sich die nächste ein. Carrie fuhr aus ihrem Halbschlaf hoch und starrte verblüfft auf die Freundin.
«Was hast du gerade gesagt?»

Die Tibeterin lächelte, und zwei Grübchen zeigten sich auf ihren Wangen:

«Erst stellst du mir eine Unmenge Fragen», sagte sie in gespielter Entrüstung, «ich beantworte sie so gut ich kann, und was geschieht? Das Fräulein schläft einfach ein! Da gibt's nur eine Lösung: selbst hingehen und alles an Ort und Stelle kennenlernen! Das ist am einfachsten. Du siehst alles selbst, und ich kann mir das lange Reden sparen. Nach dem Monsun kehre ich nach Hause zurück. Willst du mitkommen?»

«Nach . . . nach Lhasa?»

«Natürlich nach Lhasa! Nicht nach Peking!»

Carrie richtete sich auf. Mit einem Mal war sie hellwach. Vor Erstaunen wusste sie nichts anderes zu sagen als:

«Meinst du das wirklich ernst?»

«Vollkommen ernst», sagte Karma und stocherte in der Glut des Kohlenbeckens. «Ich würde dir wirklich gerne mein Land zeigen . . .», sagte sie und lächelte gleichsam entschuldigend, «und ich wäre dann nicht allein, wenn ich meinem Vetter in Gyantse unter die Augen treten müsste. Wenn du dabei bist, habe ich mehr Mut und weiss besser, was ich zu tun habe . . .»

Carrie fühlte, wie ihr Herz heftig zu klopfen begann: Ja, das war die Lösung! Fort von allem, von Miss Sullivan mit ihrer geschraubten Redeweise und ihrem gezierten Auftreten, fort von Miss Gopal mit ihren Pickeln im Gesicht und von Miss Hopkins mit den ewigen Magenbeschwerden! Zum Teufel mit ihnen, zum Teufel auch mit dem College und seinen feuchten Korridoren, den schimmeligen Leintüchern und den faden Dampfkartoffeln! Vielleicht würde sie nie Englisch-Lehrerin werden, das schöne Gebäude, das Miss Sullivan bereits in ihrer Phantasie errichtet hatte, würde wie ein Kartenhaus zusammenstürzen! Was hatte das schliesslich zu bedeuten! ‹Ich will gar nicht daran denken›, sagte sich Carrie und drängte alle Vernunftgründe, die sich bei ihren Ueberlegungen gegen den neuen, kühnen Plan bemerkbar machen wollten, in den hintersten Winkel zurück; ‹ich habe viel zu viel Lust, von hier wegzukommen!› gestand sie sich.

84

Lhasa — ein Name voller Geheimnisse! Sie erinnerte sich an die Bilder, die ihr Vater damals dort aufgenommen hatte: eine Stadt mit Lehmziegeldächern, beherrscht vom Potala, einer Riesenfestung aus dem Märchenreich, die sich vor einem Horizont hochaufragender Berggipfel abhob.

«Also, was ist?» fragte Karma, die die Freundin heimlich beobachtete.

«Ich . . . ich muss mir's noch überlegen», antwortete Carrie.

Aber Karma war ihrer Sache sicher. Sie schüttelte lächelnd den Kopf und sagte:

«Wozu denn? Die Entscheidung steht dir ja schon auf dem Gesicht geschrieben! Der Monsun lässt nach. Ich kenne einen Kaufmann, dessen Karawane in diesen Tagen nach Lhasa aufbricht. Ihm will ich einen Brief an meine Eltern mitgeben.»

11

Karma hielt ihr Versprechen. Sie schrieb ihren Eltern einen langen Brief und benützte eine Wetterbesserung, um mit Carrie den Basar aufzusuchen. Der Regen hatte aufgehört, der Himmel war tiefblau. Rings am Horizont ragten schneebedeckte Berggipfel aus dem noch immer drohenden Gewölk. Karma und Carrie durchquerten den Tempelbezirk. An den Bronzegittern der Gebetshäuser hingen verfaulte Blumen. Lachende Frauen wateten mit hochgeschlagenen Saris durch Wasserlachen, Männer kamen mit Einkaufsnetzen aus dem Basar, den Regenschirm am Arm. Da gab es Rudel von Kindern und Hunden und ganze Horden von Affen. Eine völlig mit Schmutz überzogene Kuh, einem Standbild aus feuchtem Lehm gleich, kaute am Boden liegende Orangenschalen.

Die Karawanserei, ein dunkles, vor Schmutz starrendes Gebäude, befand sich in einem engen, abfallenden Gässchen hinter dem Marktplatz. Ein holzgeschnitztes Tor öffnete sich auf einen Innenhof, der nach Moder, Urin und feuchtem Leder roch. Tibeter in den üblichen Schaffellkleidern, mit langen fettigen Haaren, beluden Maultiere und Pferde. Carrie wartete in einer Ecke, während Karma mit einem krummbeinigen Mann verhandelte, der wie ein Seehund aussah. Die schwarzen Schlitzaugen im olivfarbenen Gesicht wanderten unaufhörlich hierhin und dorthin, um die Männer zu überwachen, die prallgefüllte Ledersäcke herbeitrugen und Decken, Wasserschläuche und Warenballen auftürmten.

Karma händigte ihm den Brief aus und fügte allem Anschein nach eine hübsche Summe Geld hinzu, denn der Händler verneigte sich tief und mit allen Zeichen der Ehrerbietung. Er wühlte eifrig in den Falten seines Gewandes, brachte einen mit Banknoten vollgestopften Lederbeutel hervor, und steckte den Brief sorgfältig zwischen die Geldscheine. Dann ordnete er seine Kleider, strich über die Ausbuchtung, die der Beutel bildete und lachte über das ganze Gesicht, als wolle er damit andeuten, dass der Brief sicher untergebracht sei und seinen Empfänger ohne Hindernisse erreichen werde.

Mit der Wetterbesserung hatte der Unterricht im College wieder begonnen. Rada kam aus Neu-Delhi zurück, wo sie stets ihre Ferien verbrachte. Sie war magerer geworden; unter ihrem Sari zeichneten sich deutlich die eckigen Schulterblätter ab. Die hervorspringende Nase und die grossen Brillengläser gaben ihr das Aussehen einer gierigen Spitzmaus auf der Futtersuche. Auch Ah Lee kam zurück, noch immer in den unvermeidlichen Hosen, der Hemdbluse und einer schlampigen Jacke, die wie ein Sack ihre schmale Gestalt umschlotterte.

Zwischen zwei Schulstunden tauschte sie mit Karma ein paar Worte auf chinesisch aus, geistesabwesend und mit beflissener Höflichkeit. Leila, die Pakistanerin, hatte die Schule verlassen, weil sie heiraten wollte. Statt ihrer waren zwei neue Schülerinnen eingetroffen: ein Paar blutjunger indischer Zwillinge, die sich glichen wie ein Ei dem andern. Sie hatten eine goldgelb getönte Hautfarbe, leicht gewelltes Haar und aussergewöhnlich blaue Augen, wohl ein Erbstück afghanischer Blutbeimischung. Ihre Saris waren aus dem gleichen buntfarbigen Tuch geschneidert, sie trugen die gleichen Schmuckstücke, benützten dasselbe Lippenrot, und ihre ebenmässigen Gesichter strahlten beide dieselbe makellose, aber nichtssagend-leere Schönheit wider.

Karma und Carrie waren übereingekommen, Miss Sullivan erst einige Wochen später von ihren Reiseplänen zu unterrichten und die Direktorin damit gleich vor vollendete Tatsachen zu stellen. Gegen Mitte November hielt Karma den Augenblick für gekommen: Carrie sollte mit der Leiterin des Colleges sprechen.

«Die Karawane muss Lhasa inzwischen erreicht haben», meinte Karma. «Die Begleitmannschaft, die meine Eltern auf meinen Brief hin hierher schicken, ist sicher schon bald zur Stelle.»

Carrie seufzte tief. Sie hatte wirklich keine Lust, Miss Sullivan vor den Kopf zu stossen.

«Ich fürchte, sie frisst mich mit Haut und Haar, wie eine Toastscheibe», sagte sie ängstlich.

«Du wirst ihr schwer im Magen liegen», meinte Karma lachend. Sie nahm Carrie beim Arm und führte sie mit sanfter Gewalt bis vor die Tür des Direktorzimmers.

«So, los jetzt, und Hals und Beinbruch!»

Miss Sullivan sass am Schreibtisch und ordnete Karteikarten. Etwas im Gesichtsausdruck des jungen Mädchens, vielleicht ihr Erröten oder auch die Art, wie sie die Hände in den Taschen ihres Rockes zusammenpresste, machten sie stutzig; sie warf Carrie einen scharfen Blick zu. Trotzdem bot sie dem Mädchen freundlich einen Stuhl an, und Carrie setzte sich, immer noch steif wie ein Stock, ohne die Hände aus den Taschen zu nehmen.

«Nun, liebes Kind! Was haben wir denn auf dem Herzen?» fragte die Direktorin fürsorglich.

Carrie fasste sich ein Herz und sprang mitten ins Wasser:

«Miss Sullivan . . . ich möchte weggehen!»

Obwohl Miss Sullivan einen leichten Verdacht gehegt hatte, kam ihr diese Eröffnung doch unerwartet.

«Weggehen?» fragte sie. «Wohin denn?»

«Nach Lhasa. Karma hat mich eingeladen, das Neujahrsfest mit ihr im Familienkreis zu feiern.»

Hätte Carrie eine Fahrt auf den Mond angekündigt, wäre Miss Sullivans Bestürzung wohl schwerlich grösser gewesen.

«Nach Lhasa!» rief sie entsetzt, «grosser Gott, was wollen Sie denn in Lhasa . . .?»

Carrie, die nun das Schlimmste hinter sich gebracht hatte, konnte nun freier sprechen. Sie schlug einen ruhigen, bestimmten Ton an:

«Mein Vater hat mir oft von Tibet erzählt. Ich wollte das Land schon lange einmal kennenlernen. Karma hat mich aufgefordert, sie dorthin zu begleiten, und ich beschloss, ihre Einladung anzunehmen.»

Miss Sullivan rutschte nervös auf dem Stuhl hin und her. Ihre Hand fuhr zum Haarknoten, und mit unruhigen Fingern begann sie die Haarnadeln zu betasten.

«Ich dachte», sagte sie mit Erbitterung, «Ihr nächstes Ziel wäre doch das Diplom als Englisch-Lehrerin.»

«Was liegt schon daran, ob ich es ein wenig früher oder später erhalte?» sagte Carrie achselzuckend. «Etwas Geld für die Reise habe ich noch. Und im übrigen sind wir in zwei Monaten zurück.» Alle Aengstlichkeit, die sie früher immer empfunden hatte, wenn von der Zukunft die Rede war, war von ihr abgefallen. Heiter und fast unbeteiligt ruhig blickte sie der Lehrerin in die Augen.

«Es tut mir weh», klagte Miss Sullivan, «es schmerzt mich wirklich zutiefst, wenn ich Sie so unvernünftig sehe. Das Betreten der Stadt Lhasa ist Europäern nicht erlaubt, wissen Sie denn das nicht?»

«Ich bin Gast der Familie Tethong. Man besorgt mir einen Geleitschein für den Grenzübertritt.»

Auf alles hatte dieses Mädchen eine Antwort! Miss Sullivan ordnete eine Haarnadel, dann eine zweite. Ihr Knoten begann sich zu lösen, und rote Flecken erschienen an ihrem mageren Hals:

«Es ist unerhört», sagte sie frostig, «Sie hätten mich wenigstens über diesen Plan in Kenntnis setzen können!»

Carrie senkte scheinheilig die Augen, und Miss Sullivan hob die Schultern, um der nun folgenden feierlichen Ansprache mehr Gewicht zu verleihen:

«Sie dürfen nicht glauben, ich brächte kein Verständnis für Ihre Wünsche auf. Auch ich war einmal jung und voller Illusionen. Das beweist ja schon die Tatsache, dass ich es in diesem verlassenen Erdenwinkel so lange ausgehalten habe. Sie sehen diese Reise nach Tibet sehr romantisch und ideal. Aber haben Sie überhaupt eine Vorstellung von der Wirklichkeit? Mindestens zwei lange, ermüdende Wochen zu Pferd, zusammen mit Halbwilden, die nach ranziger Butter riechen! Nächte unter freiem Himmel, in mehr als drei- und viertausend Meter Höhe! Lawinen- und Schneesturmgefahr, und ausserdem — wie ja nur zu gut bekannt ist — das Himalaya-Gebiet als Schlupfwinkel von Banditen, die die Karawanen überfallen und ausrauben! Und die politische Lage — haben Sie daran überhaupt gedacht? Die chinesische Armee besetzt Tibet! Die alarmierendsten Gerüchte darüber sind im Umlauf. Offenbar sind Revolten, Massaker und Deportationen an der Tagesordnung. Womöglich werden die Grenzen geschlossen, und kein Mensch weiss, was sonst noch alles passiert .. !»

‹Noch eine Stunde lang wird sie so weiterreden›, dachte Carrie, ‹man könnte meinen, sie sage einen auswendig gelernten Text auf!› Sie benützte die Gelegenheit einer Pause in Miss Sullivans Redeschwall und setzte zu einer Erwiderung an:

«Karmas Vater ist Minister des Dalai-Lama. Im Augenblick sind die Beziehungen zu China höflich und korrekt. Was die Wegelagerer betrifft, so greifen sie nur Einzelreisende an; wir werden jedoch über eine tüchtige Begleitmannschaft verfügen.»

Miss Sullivan stand unvermittelt auf; sie fühlte starke Kopfschmerzen und war ärgerlich und verstimmt. Mit zusammengekniffenen Lippen zog sie den Schlussstrich unter dieses unerfreuliche Gespräch:

«Es steht nicht in meiner Macht, Ihnen diesen überspannten Plan auszureden oder gar zu verbieten. Aber ich möchte doch eine ausdrückliche Warnung aussprechen und mir die Bemerkung erlauben, dass es Ihrem Vater sicher sehr missfallen hätte, Sie in ein solches Abenteuer verstrickt zu sehen.»

«Eben gerade nicht!» Carrie hatte sich nun auch erhoben und stand der Direktorin lächelnd gegenüber. «Ganz im Gegenteil, ich bin sicher, er wäre begeistert gewesen!»

Die Neuigkeit von der bevorstehenden Abreise verbreitete sich wie ein Lauffeuer im College. Die Lehrerinnen, die von Miss Sullivan unterrichtet worden waren, überschütteten Carrie beim Essen mit einer Flut gutgemeinter Ratschläge, sie appellierten immer wieder an ihre Vernunft. Ohne auf die Anwesenheit Karmas Rücksicht zu nehmen, die sich mit spöttischem Lächeln über ihren Teller beugte, redete man immer wieder mit erschreckender Eintönigkeit von ‹chinesischen Banditen›, von ‹Schneestürmen› und von ‹gefährlichen Hinterhalten›. Jemand fügte noch die Schreckensworte ‹Pocken› und ‹Typhus› hinzu, und Miss Well sagte laut und vernehmlich, es sei ‹heller Wahnsinn, sich in ein derart barbarisch-rückständiges Land› zu begeben.

«Das stimmt», sagte Miss Hopkins streng und wandte sich zwischen Bohnen und Hammelbraten an Karma, «Sie hätten Miss Mason niemals in ein derartiges Unternehmen mit hineinziehen dürfen!»

Karma legte ihr Besteck auf den Teller, betupfte sich sorgfältig die Lippen mit der Serviette und lächelte freundlich, aber mit angriffslustigem Blick:

«Miss Hopkins, sehe ich wie eine wilde Kannibalin aus?»

«Gewiss nicht, liebes Kind», stotterte die Angesprochene, völlig aus der Fassung gebracht. «Das wollte ich natürlich nicht sagen. Ich . . .»

Aber Karma bemühte sich überhaupt nicht, ihr zuzuhören.

«Wie Sie jeden Tag feststellen können», fuhr sie fort, «weiss ich, wie man mit Messer und Gabel isst, und rohes Fleisch erscheint mir völlig unverdaulich. In Lhasa wohne ich in einem Haus und nicht in einer Filzjurte, durch die der Wind hindurchpfeift. Was meine persönliche Körperpflege betrifft, so ziehe ich eine fettarme Creme der Firma Elizabeth Arden unbedingt dem Yakfett vor. Ich weiss natürlich sehr gut, dass ich eine bevorzugte Stellung einnehme, und dass — verglichen mit anderen Ländern — Tibet in industrieller, technischer, medizinischer und bildungsmässiger Hinsicht noch etwa fünfhundert Jahre im Rückstand ist. Aber haben die sogenannten fortschrittlichen Länder Armut, Missstände und Elend aus der Welt schaffen können? Ungerechtigkeit und Ungleichheit erscheinen dort genauso, nur in anderer Gestalt; eine rein materialistische Kultur wird immer nur auf Kosten der Seele und der ideellen Güter gross. Unsere Religion und die Regeln unserer Lebenshaltung verbieten uns, vom andern mit Geringschätzung, Spott oder Unhöflichkeit zu sprechen. Was man im Westen gerne als das ‹unergründliche asiatische Lächeln› bezeichnet, ist nichts weiter als der Ausdruck einfachster Höflichkeit . . .»

Ein betretenes Schweigen folgte. Miss Hopkins errötete bis

unter die Haarwurzeln und ordnete nervös ihre Tabletten-packungen.

Das verlegene Hüsteln Miss Sullivans war über den ganzen Tisch zu hören:

«... Was ich sagen wollte: Wünscht vielleicht noch jemand ein wenig Sauce?»

Wie sich bald herausstellte, war Carrie keineswegs für die Wetterunbilden des Himalaya-Gebietes ausgerüstet. Karma machte sich mit der ihr eigenen Energie an die Vorbereitungen der Reise. Zunächst schleppte sie die Freundin zu einem Schuster, der ihr ein Paar mit Lammfell gefütterte Lederstiefel anmessen musste. Als Carrie die schweren Ungetüme das erste Mal anprobierte, schwankte sie durch die kleine Werkstatt und zog ihre Füsse nach wie ein tapsiger Bär. Der Schuster, ein alter Nepalese, rieb sich den Bart und lachte über das ganze Gesicht. Offenbar war er mit seiner Arbeit zufrieden.

«Ich habe das Gefühl, als schleppte ich Zementsäcke!» jammerte Carrie, während Karma sich vor Lachen ausschütten wollte.

«Du gewöhnst dich schon noch daran», sagte sie.

Trotz Carries energischem Sträuben bestand sie darauf, ihr die Stiefel zu schenken.

«Schliesslich habe ich dich — um mit Miss Hopkins zu reden — in dieses Abenteuer hineingezogen», sagte sie. «Es ist also nicht mehr als recht und billig, dass ich auch die Kosten dafür trage!»

Ihre Grosszügigkeit kannte keine Grenzen. Als sie wieder ins College zurückgekehrt waren, erklärte sie, Carrie brauche unbedingt nun auch noch ein zu den neuen Stiefeln passendes Kleid. Sie schenkte ihr eine wollgefütterte, handgestickte Tunika aus elfenbeinfarbener, mattglänzender Seide.

«Jetzt siehst du fast wie eine Tibeterin aus», sagte sie begeistert, während Carrie sich mit vor Freude gerötetem Gesicht im Spiegel betrachtete, «du brauchst nur noch Zöpfe mit entsprechendem Haarschmuck!»

Carrie strich mutlos über ihre ungebärdigen Haarsträhnen, die bis zum Hals reichten.

«Meine Haare sind zu dünn und zu kurz», sagte sie.

«Ich finde das sehr hübsch, kurze Haare, die der Wind zaust», sagte Karma poetisch. Sie wühlte in ihren Schönheitsmitteln, die in malerischer Unordnung auf der Frisierkommode umherlagen.

«... ich muss noch Schminke, Puder und Nagellack bestellen ...»

Aufgetakelt wie eine Filmschauspielerin den Himalaya zu überqueren und dabei in Notunterkünften entlang der Piste zu übernachten, erschien Carrie zunächst völlig abwegig. Dann begriff sie, dass Karma als Tochter des grossen Tsewang Tethong, des Ministers Seiner Heiligkeit, verpflichtet war, unter allen Umständen und bei jeder Gelegenheit tadellos geschminkt und frisiert zu erscheinen.

Das Wetter blieb schön und beständig. Eine freundliche, warme Sonne hatte den Schlamm getrocknet; seidige Wolken glitten federleicht über den blauen Himmel. Die gewaltige Masse des Kantschindschinga funkelte unter einem Schneepanzer, auf dem grüne Lichtreflexe der nahen Gletscher aufblitzten. Im Basar wurden jetzt ganze Arme voll Blumen angeboten: Hibiskus, Rosen, Kamelien, Anemonen und wilde Schwertlilien. Vom Tempelbezirk stiegen Weihrauchdüfte auf. Die Gläubigen drängten sich vor den Gittern der Gebetsräume und brachten Milch und Reis als Opfergaben dar.

Karma und Carrie hatten ihre Spazierritte in die Umgebung wieder aufgenommen. Am ersten Tag machte Karma dem jungen Pferdepfleger Tensing schwere Vorwürfe: er habe nicht genügend auf die richtige Fütterung des Hengstes geachtet. Entrüstet betastete sie Kruppe, Flanken und Widerrist des Pferdes und befühlte das Fell zwischen Daumen und Zeigefinger:

«Der ist ja aufgeblasen und dick wie ein Schlauch! Schau dir nur den Bauch hier an!»

Ein Schwall bitterer Vorwürfe in tibetischer Sprache folgte, gegen die Tensing sich mit allerlei Ausreden zur Wehr setzte. Carrie konnte das Lachen nicht mehr zurückhalten: 92

«Ehrlich gesagt, du übertreibst!» rief sie aus, «das Pferd ist genauso schön wie vorher ..!»

Sie führte die bereits gesattelte Lady an der Hand und

streichelte Digums sametweiche Nüstern. Der Hengst stampf-
te, drängte sich an sie und schüttelte die Mähne. Man sah, er
brannte darauf, sich loszureissen und davonzugaloppieren.
Tensing hatte seine Verteidigungsrede beendet. Karma
stemmte entrüstet die Hände in die Seiten:
«Tensing behauptet, an allem sei nur der General schuld. Er
kam jeden Morgen in den Stall und stopfte Digum mit
Zucker voll. Tensing wagte nicht dagegen etwas zu sagen.»
«Du solltest dem General dankbar dafür sein, dass er dein
Pferd so verwöhnt!» sagte Carrie lachend.
Karma befahl dem Pfleger mürrisch, den Hengst aufzuzäu-
men.
«Warte nur, alter Knabe!» brummte sie Digum ins Ohr, «von
heute an werden wir miteinander exerzieren! Sonst schnaufst
du beim Aufstieg in die Berge wie ein Grossvater!»

Gegen Ende November konnte Karma ihre Ungeduld kaum
mehr verbergen. Jeden Tag musste die Karawane eintreffen,
die ihre Eltern schicken wollten. Das Neujahrsfest, so erklärte
sie Carrie, beginnt am 29. Tag des zweiten Monats des Erde-
Hund-Jahres.
«Erde-Hund?» fragte Carrie erstaunt, «was bedeutet das?»
«Man bezeichnet bei uns die Jahre nach Elementen und
Tieren und kombiniert sie nach verschiedenen Zyklen.» An
den Fingern begann sie aufzuzählen: «Maus, Stier, Tiger,
Hase, Drache, Schlange, Pferd, Schaf, Affe, Vogel, Hund
und Schwein. Parallel dazu», so fuhr sie eifrig fort, «läuft ein
anderer Zyklus von zweimal fünf Jahren: er ist nach den
Elementen Holz, Feuer, Erde, Eisen oder Wasser benannt.
Das erste Symbol ist stets männlich, das zweite weiblich.
Alle zwei Jahre wechseln sie. Jedes dieser Elemente wird im
ersten Jahr unter seiner männlichen, im zweiten unter seiner
weiblichen Bedeutung verwendet. Alle sechzig Jahre endet
ein derartiger Jahreszyklus. So bin ich zum Beispiel 1943, im
Wasser-Schaf-Jahr des tibetischen Kalenders geboren, und
jetzt beginnen wir das Erde-Schwein-Jahr.»
93 «Das reinste Puzzle-Spiel, dieser Kalender!» seufzte Carrie,
«wenn du mich fragst, ich finde unsere Zeitrechnung doch
wesentlich einfacher!»
«Augenblicklich befinden wir uns am Anfang einer Un-

glückszeit», nahm Karma mit besorgter Miene das Gespräch wieder auf. «Seit einigen Jahren häufen sich die schlechten Vorzeichen.»

«Und was sind das für schlechte Vorzeichen?» fragte Carrie.

«Ein Komet zeigt sich am Himmel. Ein Yak-Kalb mit zwei Köpfen wurde geboren. Die Provinz Assam wurde von einem schrecklichen Erdbeben mit nachfolgender Ueberschwemmung heimgesucht. Berggipfel brachen in sich zusammen, ganze Dörfer verschwanden in Erdspalten. Der Tsango-Fluss änderte seinen Lauf. Es gibt Tausende von Toten und Obdachlosen ...»

«Ich kann mich daran erinnern», stimmte Carrie zu. «Auch in Darjeeling haben wir die Auswirkungen jener Katastrophe noch zu spüren bekommen. Aber ein Erdbeben ist doch eine völlig natürliche Erscheinung und hat mit Zauberei oder Dämonen überhaupt nichts zu tun.»

Karma schüttelte den Kopf und blieb hartnäckig bei ihrer Meinung: «Es ist ein sehr schlechtes Vorzeichen. Schon 1932 hatte der dreizehnte Dalai-Lama in seinem Testament die baldige Zerstörung Tibets vorhergesagt. Seither brennen in den Klöstern Tag und Nacht die Votivlampen. Die Mönche drehen die Gebetsmühlen und flehen die zornigen Götter um Versöhnung an ...»

Sie wandte sich ab und presste die Stirn an die Fensterscheibe. Die Nacht tauchte Bäume und Rasen in grauschwarzen Dunst, in dem man Büsche und Rosenstöcke gerade noch erkennen konnte.

Carrie verharrte in Schweigen. Was wollte sie auf all das antworten? Sie fühlte, in diesem Augenblick würden auch die klügsten verstandesmässigen Argumente an der unerschütterlichen Gläubigkeit Karmas abprallen. Es war besser, die Diskussion gar nicht erst zu beginnen.

Sie warf einen Blick auf ihre Armbanduhr und fuhr erschrokken auf: «Schon 5 Minuten vor acht! Höchste Zeit, zum Abendessen zu gehen.»

Karma kehrte sich der Freundin zu. Ihr feierlich-ernstes Gesicht hatte sein Lächeln wiedergefunden. Mit einem Anflug von Ironie sagte sie:

«Vermutlich können wir uns heute abend die Reste des Ragouts vom Mittagessen zu Gemüte führen!»

94

Der Beginn der schönen Jahreszeit hatte geschäftiges Treiben ins College gebracht. Ueberall putzte und schrubbte man; die Diener klopften im Garten die mottenzerfressenen Teppiche und staubten mit Federwischen die Wandbilder in den Goldrahmen und die Glühbirnen ab. Die Lehrerinnen schienen neue Energiereserven in sich zu verspüren: Strickarbeiten und Hustenpastillen wurden durch Rucksack und Wanderschuhe ersetzt. In der Freizeit nach den Unterrichtsstunden unternahm man Picknicks und gesundheitsfördernde Spaziergänge. Jedermann trug eine fröhlich-muntere Miene zur Schau. Miss Well, die nach sehnsüchtigem Warten einen Brief ihres Verlobten erhalten hatte, entwarf einen neuen Pullover mit norwegischem Muster in leuchtenden Farben. Miss Stockwards mattgraue Hautfarbe war einem zarten Rosa gewichen; sie litt unter einem leichten Sonnenbrand. Miss Gopal trug einen knisternden neuen Nylon-Sari; ihre Gesichtspickel waren verschwunden, und eine ins Haar gesteckte Frangipani-Blüte hing ihr kokett über das Ohr. Miss Hopkins allein blieb unverändert und nahm wie eh und je ihre zahlreichen Pillen und Pülverchen zu sich.

Auf dem Tisch lag eine saubere Decke; ein Strauss Anemonen stand vor Miss Sullivan, die würdevoll das Präsidium führte und dann und wann den Kolleginnen allerlei geistvolle Bemerkungen wie Ping-Pongbälle zuspielte, um das Tischgespräch zu beleben. Sie behandelte Carrie mit merkbarer Kühle; offenbar wollte sie ihr zu verstehen geben, dass sie die Abreisepläne des jungen Mädchens als eine persönliche Beleidigung auffasse, die nicht wiedergutzumachen sei.

Das Abendessen bestand tatsächlich aus aufgewärmtem Ragout vom Mittag, das in einer gallertartigen Champignonsauce schwamm und mit gratiniertem Sellerie garniert war. Als Kischa im apfelgrünen Sari, der ihr ein grämlich-verbittertes Aussehen verlieh, geschäftig die Dessert-Teller austeilte, trat der Pförtner ein und flüsterte diskret Miss Sullivan einige Worte ins Ohr. Die Direktorin wandte sich Karma zu:

«Wie es scheint, ist ein Bote für Sie angekommen, Miss Karma.»

Das Gesicht der Tibeterin rötete sich, ihre Augen blitzten freudig auf. Trotzdem bat sie mit völlig beherrschter Stimme um die Erlaubnis, den Abendbrottisch verlassen zu dürfen. Nachdem Miss Sullivan zustimmend genickt hatte, faltete Karma gelassen ihre Serviette zusammen, schob ihren Stuhl unter den Tisch zurück und schenkte Carrie ein strahlendes Lächeln.

«Willst du mitkommen?» fragte sie.

«Ich ...» begann Carrie, die wie auf glühenden Kohlen sass. Miss Sullivan nickte frostig:

«Sie können den Tisch verlassen, Miss Mason.»

Vor dem Tor stand ein untersetzter, breitschultriger Mann mit bräunlich-fettglänzendem Gesicht, glatten Backenknochen und seltsamen, langherabhängenden Ohrläppchen. Er trug einen lampenschirmähnlichen Hut, ein pelzgefüttertes Brokatgewand und bis an die Knie reichende Stiefel. An seiner Schulter hing eine furchterregende, reichverzierte Hakenbüchse. Zwei andere Männer mit Pelzmützen, sichtlich seine Diener, warteten im Hof und hielten schwerbeladene Maultiere am Zügel. Auch sie trugen Gewehre und hatten Dolche im Gürtel stecken. Karma strahlte; sie begrüsste alle mit freundlicher Vertraulichkeit, während Carrie sich vergebens bemühte, etwas von dem hastig auf tibetisch geführten Gespräch zu verstehen. Mitten im lebhaften Wortschwall liess der Mann im gelben Brokatgewand ein sonores Lachen hören, das seinen stattlichen Bauch zum Erzittern brachte.

«Das ist Samdup Nyamgal, der Intendant meines Vaters», stellte Karma den Tibeter vor. «Er ist gekommen, um mir nach Lhasa das Geleit zu geben.»

Samdup Nyamgal entnahm der Ledertasche, die er um den Hals trug, feierlich einen Brief mit grossen roten Siegeln. Karma öffnete eilig den Umschlag und las das Schreiben mit aller Hast. Triumphierend wandte sie ihr Gesicht Carrie zu: «Alles o. k.! Meine Eltern freuen sich, dich kennenzulernen und wünschen dir gute Reise. In Kalimpong stellt dir Onkel Kalsang Gyaltsen — er ist dort Distriktsgouverneur — einen Geleitschein aus, mit dem du nach Tibet einreisen kannst. Meine Eltern senden dir auch ein Pferd und Geschenke.»

«Oh!» sagte Carrie hilflos, «das ist wunderbar!»

Mit stockendem Atem betrachtete sie Samdup Nyamgal, der einen starken Geruch nach Leder, Yakfett und Kölnisch Wasser um sich verbreitete. Seine dunklen Knopfaugen glitzerten fröhlich. Wieder redete Karma tibetisch auf ihn ein, und Carrie verstand soviel, dass die Freundin ihn aufforderte, seinen Leuten ein paar Tage Ruhe zu gönnen und die nötigsten Dinge für die Reise zu besorgen.

Samdup Nyamgal gab den Dienern einen Befehl, und sie befreiten die Maultiere von ihren Traglasten. Unter Führung des Pförtners schleppten sie die Warenballen in Karmas Zimmer und zogen sich dann mit tiefen Verneigungen wieder zurück.

«Schnell, ein Messer!» rief Karma dem Pförtner zu, als der Intendant und seine Männer die beiden Freundinnen allein gelassen hatten.

«Was ist in all diesen Paketen?» fragte Carrie lachend. «Noch ein Kohlenbecken?»

«Du wirst schon sehen!» antwortete Karma geheimnisvoll.

Sie durchschnitt rasch die Umschnürung und öffnete die Packen. Im grellen Licht der Glühbirnen erblickte Carrie die üblichen glänzenden Seidenstoffe: Schals, Röcke, Kittel in Dunkelbraun, in Elfenbeinweiss oder Rosa, vielfarbig gestreift oder mit eingewebten Blumenmustern verziert. Auch Pantoffeln aus weichem Leder waren dabei, mit Edelsteinen und Goldfäden geschmückt, ferner Handschuhe und Gürtel mit Knöpfen aus Silber und Korallen. Schliesslich entfaltete Karma einen langen gelbbraunen Mantel mit Pelzfutter, dessen Oberseite aus handgewobenem Wollstoff bestand. Der innere, prächtig schimmernde Pelz war von tiefschwarzer Farbe. Karma blies hinein und betastete die dichten Haare mit Kennermiene. Dann reichte sie ihn Carrie.

«Mongolisches Otterfell», sagte sie, «in Tibet ist aus religiösen Gründen das Töten von Tieren untersagt. Wir müssen die Pelze deshalb aus dem Ausland einführen. Probier den Mantel, er gehört dir!»

«Aber...», wollte Carrie widersprechen. «Er ist doch viel zu kostbar. Ein solches Geschenk kann ich niemals annehmen!»

Karma brach wegen des verstörten Gesichtsausdruckes der Freundin in lautes Lachen aus:

«Und warum nicht? Es ist ein Geschenk meiner Eltern, damit du nicht mit einem Riesenschnupfen nach Lhasa kommst! Los jetzt, probier ihn ...!»

Rot vor Erregung schlüpfte Carrie in den Mantel. Der aussergewöhnlich weiche und schmiegsame Pelz umhüllte sie wie eine Daunendecke. Noch strömte das Fell einen herben, fast wilden Geruch aus und liess in Carries Vorstellung Bilder von endlosen Ebenen und geheimnisvollen, tiefblauen Seen aufsteigen.

«Die armen Otter!» sagte sie halblaut.

Karma, die auf dem Teppich kniete, hatte inzwischen aus einem zweiten Packen eine grosse Menge feiner Seidentücher mit langen Fransen hervorgeholt.

«Das sind ‹Khatas›», erklärte sie auf Carries fragenden Blick, «Schärpen, Sinnbilder des Respekts und für Heil und Segen. Auf Reisen muss man stets so ein Tuch auf sich tragen. Wenn dir ein Freund begegnet, oder wenn du einem Gast Ehre erweisen willst, dann erfordert die Höflichkeit, dass du ihm einen Kata überreichst.»

Sie legte die Schals sorgfältig zusammen und nahm dann den in schwungvollen tibetischen Schriftzeichen geschriebenen Brief ihrer Eltern nochmals zur Hand.

«Mama hat eine Liste aller Dinge mitgeschickt, die ich ihr nach Lhasa mitbringen soll», sagte sie. Sie übersetzte:

«Zwei Nylon-Nachthemden, mit Spitzen verziert, eine rote oder schwarze Lackleder-Handtasche, einen Bridge-Tisch, eine Lampe mit Schirm, französisches Modell; zwei Tennisschläger und Tennisbälle, zehn Paar Nylon-Strümpfe, einen Badeanzug, Grösse 42.» — Karma hielt inne. Sie warf einen nachdenklichen Blick aus dem Fenster und faltete den Brief wieder zusammen.

«Wegen der Transportschwierigkeiten sind solche Luxus-Artikel in Lhasa sehr teuer», erklärte sie Carrie, die sich vor Lachen ausschütten wollte.

«Das kann ich mir denken! Und wir, wie sollen wir das alles mitschleppen?»

Karma zuckte die Achseln, voller Sorglosigkeit:

«Das ist Sache der Begleitmannschaft. Die kaufen einfach noch ein Maultier dazu, und der Fall ist erledigt.»

12

Mit ihrem neuen Pferd, einem hochgewachsenen, kräftigen
Braunen von gutmütiger Wesensart, den Samdup Nyamgal
aus Tibet mitbrachte, hatte Carrie gleich am folgenden Tag
Freundschaft geschlossen. Das Tier, das einen leichten Trab
hatte und locker angaloppierte, hörte auf den Namen ‹Nagpo›. Sein Zaumzeug schmückten Silberschellen und feuerfarbe-
ne Büschel aus Yakhaaren. Der hohe, kupferbeschlagene und
mit weichen Kissen gepolsterte Sattel war anders als alle
Sättel, die Carrie bisher gekannt hatte, aber man sass in ihm
so bequem wie in einem Polstersessel.

Die Tage vor der Abreise waren allerlei Vorbereitungen ge-
widmet und gingen rasch vorbei. Die Maultierführer kauften
im Basar den nötigen Reiseproviant: Weizenmehl, ‹Tsampa›-
Mehl zur Bereitung des tibetischen Hauptgerichtes, Hammelfleisch, Trockengemüse, Karotten, Zwiebeln, getrocknete
Zuckerrüben und ganze Säcke mit Trockenerbsen für die
Tiere. Sie besorgten auch riesige Buttermengen und unzählige
Pakete Ziegeltee, die in frische Yakhäute eingenäht waren.
Während Samdup Nyamgal die Ausrüstung der Karawane
überprüfte, die aus sechs Pferden und etwa zwanzig Maultieren bestehen sollte, schleppte Karma, mit einer langen Ein-
kaufsliste ausgestattet, die Freundin von Warenhaus zu Warenhaus. Diese Ladenbesuche waren äusserst ermüdend; Karma handelte und feilschte endlos, ihre schwarzen Augen
blickten dabei scharf und unerbittlich. Sie, die soviel Erfahrung im Beurteilen eines feinen Seidenstoffes, eines Pelzes
oder wertvoller Schmuckstücke aus Gold oder Edelsteinen
besass, verlor jeden kritischen Sinn, wenn es darum ging,
einen aus England oder USA stammenden Gegenstand auszu-
wählen. So kaufte sie für ihre Mutter eine abscheuliche rote
Plastikhandtasche und ein paar rosafarbene und himmelblaue
Nylon-Nachthemden, die an Hässlichkeit ihresgleichen suchten. Sie stöberte auch eine Lampe mit zugehörigem Schirm
auf, der mit scheusslichen rotsamtenen Quasten und Volants
verziert war, und erhandelte schliesslich noch einen prunkvollen, aber überaus geschmacklosen Bridge-Spieltisch. Zwei
Diener wurden beauftragt, diese sperrigen Gegenstände ins

College zu bringen und sie dort sorgsam für die Reise zu verpacken. Unterdessen sah Carrie voll Verwunderung der Freundin zu, wie sie ihre Zehen mühsam in ein Paar spitze Schuhe mit hohen Bleistiftabsätzen zwängte.

«Wie findest du die Schuhe?» fragte Karma.

«Ja, ich weiss nicht so recht... bequem sind sie sicher nicht!»

«Das stimmt! Aber sie sind gerade jetzt toll in Mode!» Karma wankte wie auf Stelzen mit vorgerecktem Bauch unsicher auf und ab. «Alle meine Freundinnen in Lhasa möchten jetzt solche Schuhe haben!»

Am Tag vor der Abreise besuchten sie den General, um Abschied zu nehmen. Sri Rahendra und die Maharani im weinroten Sari hiessen sie in ihrer Flucht riesenhafter Prunksalons herzlich willkommen.

«Seit Kamala mit ihrem Mann nach Kalkutta zurückgekehrt ist, kommt uns diese bescheidene Behausung ziemlich leer und verlassen vor», sagte der General in seinem üblichen trocken-ironischen Ton.

Ein Diener brachte Orangensaft, schottischen Whisky für die Maharani, und ein Glas Milch für den General.

Karma bedankte sich mit vollendeter Höflichkeit für die Gastfreundschaft, die ihrem Pferd während des Aufenthaltes in Darjeeling gewährt worden war.

«Mir scheint, Digum hat hier ein wenig Fett angesetzt», schloss sie lächelnd. «Ich glaube, daran ist mein Pferdepfleger schuld, er hat die tägliche Futterration zu hoch bemessen.»

Gelassen erhob der General den Blick zur Decke und seufzte:

«Pferde sind wie Menschen. Auch sie brauchen bisweilen jemanden, der zärtlich zu ihnen ist und sie verwöhnt...»

«Ich bewundere Ihren Mut», sagte die Maharani zu Carrie, «zu Pferd den Himalaya überqueren, das ist eine beachtliche sportliche Leistung.»

«Aber Sie gehen ja sogar auf Tigerjagd!» rief Carrie aus. «Das ist doch noch viel gefährlicher!»

100

Die Maharani lachte herzlich und raffte den Zipfel ihres Sari über der rundlichen Schulter zusammen:

«Nein, das ist etwas ganz anderes! Zur Jagd lässt man sich

auf einem Elefantenrücken tragen und sitzt bequem im Palankin. Nur die Treiber sind bei einem solchen Unternehmen wirklich in Gefahr.»

Karma trank ihren Orangensaft und bat dann um die Erlaubnis, den Stall aufsuchen zu dürfen, um Tensing die letzten Anweisungen zu geben. Digum sollte am anderen Morgen zur Karawanserei gebracht werden. — Als die Tibeterin den Raum verlassen hatte, wandte sich der General Carrie zu. Sein Gesicht hatte einen besorgten Ausdruck angenommen.

«Darf ich ganz offen mit Ihnen sprechen? Die politische Lage in Tibet ist alles andere als erfreulich. An allen strategisch wichtigen Punkten befinden sich chinesische Garnisonen. Die Khampa-Nomaden führen einen erbitterten Kleinkrieg gegen die fremden Eindringlinge, und die Chinesen setzen den Dalai-Lama unter Druck, damit er tibetische Truppen zur Unterdrückung der Rebellen entsendet. Aber der hat sich geweigert und sich mit einer Proklamation begnügt, in welcher die Khampas aufgefordert werden, die Waffen niederzulegen. Selbstverständlich nützt dieser Aufruf überhaupt nichts. Sie sehen also, die Lage ist sehr ernst!»

Carrie war verwirrt. Aus den Warnungen des Generals sprachen Sachkenntnis, echte Zuneigung und viel gesunder Menschenverstand. Irgendwie erinnerten sie an Miss Sullivans Ermahnungen, die Carrie so wenig beachtet hatte. Mit Erschrecken dachte sie an die Tibeter der Begleitmannschaft, die sich völlig sorglos und ohne alle Bedenken anschickten, den Himalaya mit einem Lampenschirm und einem Bridge-Tisch zu überqueren.

«Karma und ihre Leute scheinen sich aber keine grossen Sorgen zu machen», wandte sie unsicher ein.

«Das ist die arglos-glückliche Natur dieser Bergbewohner», sagte Sri Rahendra. «Vergessen Sie nicht, die Tibeter bilden eine zähe Rasse, sie sind eines der widerstandsfähigsten Völker unserer Erde. Sie lachen noch, wenn ihnen das Messer schon an der Kehle sitzt.»

Die Maharani legte ihre gepflegte Hand auf Carries Arm: «Sie sind uns lieb wie unsere eigene Tochter. Bitte seien Sie vorsichtig!»

«Ich verspreche es Ihnen», sagte Carrie bedrückt.

«Wenn Sie ein Ansteigen der Spannung im Land bemerken, so verlangen Sie sofort, dass man Sie mit einem tüchtigen Begleitschutz an die Grenze zurückbringt», fuhr der General fort. «Als Engländerin dürften Sie eigentlich nicht belästigt werden, aber kann man das so sicher wissen? Es ist eine stürmische Zeit, da kann allerlei passieren!»

Carrie nickte mechanisch Zustimmung. Bis zu diesem Augenblick war ihr Lhasa immer als ein abenteuerliches Ziel erschienen: schwer erreichbar und seltsam unwirklich, die Erfüllung eines Traumes. Jetzt verflüchtigte sich dieser Traum mit einem Mal sehr rasch und machte einer rauhen Wirklichkeit ohne alle Beschönigung Platz.

Die Ermahnungen des Generals wirkten noch nach, als Carrie in derselben Nacht im Zimmer ihre Habseligkeiten für die Reise ordnete. Jedermann wusste, dass Tibet seit acht Jahren von den Chinesen besetzt war. Die Khampas waren Rebellen und standen ausserhalb aller Gesetze. Konnte aus ein paar vereinzelten Zusammenstössen gleich ein landesweiter Konflikt entstehen? Wie Karma versicherte, war in Lhasa alles ruhig; in der Hauptstadt wurden Vorbereitungen getroffen, das Neujahrsfest mit der üblichen ausgelassenen Freude zu feiern. Mit Unbehagen musste Carrie an die Worte des Generals denken: ‹Die Tibeter sind eine zähe Rasse ... die lachen noch, wenn ihnen das Messer schon an der Kehle sitzt ...›

Sie zündete eine Zigarette an und versuchte die trüben Gedanken zu verjagen. In einen handfesten kleinen Koffer packte sie einige Wäschestücke, ein paar Kleider und Schuhe. Die Toiletten-Gegenstände, ein Pyjama, ein dicker Pullover und eine Hemdbluse zum Wechseln kamen in den Rucksack. Der Mantel aus Otterfell hing über einem Bügel. Carrie schlüpfte mit Wohlbehagen hinein und stellte den Kragen hoch. Das Fell schmiegte sich wie eine weiche Daunendecke an ihre Wangen. Ihr Spiegel, der an einem Nagel an der Wand hing, war zu klein, als dass sie sich in ihrer ganzen Grösse darin hätte betrachten können. Carrie trat näher hinzu und musterte nachdenklich ihr glattes, braungebranntes Gesicht. In diesen letzten Monaten hatte sie sich kaum mehr gefragt, ob sie nun eigentlich hübsch sei oder nicht. Die Haare hatte sie mit der Schere gleichmässig kurzgeschnitten; die Stirnfransen in Höhe der Brauen liessen ihre mandelförmigen Augen besser hervortreten, und die dichten Wimpern erschienen schwarz und samten, als hätte man sie mit Kohle eingefärbt.

Der Teufel sollte diesen Krieg holen! Sie war siebzehn, sie sah nicht allzu übel aus und sie hatte einfach grosse Lust, nach Tibet zu reisen!

Das Gepäck war bereit. Ein paar Stunden Schlaf konnten nichts schaden; der Tag würde anstrengend werden. Carrie entkleidete sich und ging zu Bett. Karma hatte ihr gesagt, die Lasttiere mit dem Gepäck und den Vorräten würden schon vor Tagesanbruch von Darjeeling aufbrechen; die Reiterkolonne würde sie später einholen. Carrie war viel zu erregt, um schlafen zu können. Sie seufzte und wälzte sich im Bett. Schliesslich fiel sie in einen unruhigen Halbschlaf, aus dem sie der durchdringende Lärm des Weckers aufschreckte, den Miss Stockward ihr geliehen hatte. Rasch stand Carrie auf; im Waschraum putzte sie die Zähne und wusch sich flüchtig Gesicht und Hände. Wieder im Zimmer, schlüpfte sie in ihre Bluejeans und zog eine Flanellbluse und einen dicken Pullover an. Ein letzter Blick in alle Ecken: nichts vergessen? Sie, die sonst nie Ordnung halten konnte, hatte alles peinlich sauber aufgeräumt; das Zimmer erschien jetzt kahl und verlassen. Carries Blick fiel auf die kleine Blechschachtel, in der sie Rama Singhs selbstgedrehte Zigaretten aufbewahrte. Schnell liess sie sie in die Tasche gleiten. Sie nahm den Pelzmantel über den Arm, ergriff Rucksack und Koffer und verliess das Zimmer mit dem seltsamen Gefühl, sie werde es nie mehr wiedersehen.

Der Frühstückstisch war wie stets mustergültig gedeckt. In der Küche bereitete Kischa auf ihrem kleinen Holzofen die üblichen Toasts. Miss Stockward war bereits im Speisesaal; sie stand am Fenster mit dem Rücken zum Zimmer. Als Carrie eintrat, wandte sie sich um und warf ihr einen überglücklichen Blick zu:

«Sie sind schon da!» rief sie aus.

«Wer ist da?» fragte Carrie entgeistert.

«Die Pferde!»

Carrie trat näher. Durch die unsauberen Scheiben sah sie im bleichen Morgenlicht die gesattelten Pferde vor dem Tor warten. Wie am ersten Abend der Ankunft Karmas lagerten die beiden zottigen Hunde mit den dicken Lefzen friedlich auf dem Rasen. Die Tibeter hatten sich im Halbkreis niedergelassen; sie plauderten und rauchten. Carrie entdeckte den gelben Seidenhut des Intendanten Samdup Nyamgal.

«Wie gerne möchte ich mit Ihnen reiten!» sagte Miss Stockward.

Das trübe Licht überzog ihr weisses, faltiges Gesicht mit einem bläulichen Schimmer. Ihre Augen glänzten. Carrie schenkte ihr ein gehemmtes Lächeln und suchte vergeblich nach ein paar passenden Worten.

«Ich . . . ich gebe Ihnen hier Ihren Wecker zurück», stotterte sie schliesslich und empfand, wie nichtssagend diese Worte waren.

«Danke, danke!» erwiderte Miss Stockward mit erzwungener Fröhlichkeit. «Sie haben ihn brauchen können, nicht wahr?» Sie nahm den Wecker an sich und wusste offenbar nichts Rechtes damit anzufangen. Schliesslich steckte sie ihn in die Tasche ihres Morgenrockes, wo er hörbar weitertickte.

Eine nach der andern trafen nun die übrigen Lehrerinnen ein. Carrie betrachtete sie gleichgültig; der Gedanke, dass sie die meisten wohl heute zum letzten Mal sah, bewegte sie nicht allzusehr. Miss Sullivan litt an ihrer Kreislaufstörung, sie war bleich, und ihre Nase wies eine unnatürliche Rötung auf. Miss Gopal, noch den Morgenschlaf in den Augen, stolperte über die Falten ihres Nylonsari. Miss Hopkins stellte wie immer mit glasigem Blick ihre Pillenfläschchen rings um den Teller auf; Miss Well, die als letzte erschien, trug heute zum Faltenrock einen norwegischen Pullover und sandte beim Eintreten ein schallendes «Guten Morgen allerseits!» in die Runde. Miss Sullivan warf einen kurzen Blick durchs Fenster und sagte in bitterem Ton:

«Hoffentlich zertrampeln die Pferde meinen Rasen nicht!»

«Auf keinen Fall!» widersprach Miss Stockward. «Die Pfleger haben die Tiere ja entsprechend sorgfältig angebunden.»

104

Zwei Minuten vor acht öffnete sich die Tür und Karma erschien. Sie trug die Reisejacke vom Abend ihrer Ankunft.

Ihre schwarzen Seidenhosen steckten in buntfarbig bestickten Stiefeln. Ihr Gesicht war stark gepudert; den Mund mit den leicht aufgeworfenen Lippen hatte sie mit Rot nachgezeichnet, und ihre schmalen Schlitzaugen glänzten wie Email. In der Hand hielt sie ihre Silberfuchsmütze.

«Guten Morgen», sagte sie liebenswürdig. «Hoffentlich habe ich mich nicht verspätet. Am Tag meiner Abreise wäre das doch recht unhöflich.»

«Aber liebes Kind», erwiderte Miss Well seufzend, «jedermann weiss doch, dass Sie die Pünktlichkeit in Person sind.»

Man nahm am Frühstückstisch Platz. Kischa brachte das heisse Wasser für den Nescafé. Karma verschlang ein halbes Dutzend Toasts und trank drei Tassen Kaffee mit reichlich Zucker, was sie sonst nie tat. Sie forderte Carrie auf, ihrem Beispiel zu folgen.

«Die beiden ersten Marschtage sind am anstrengendsten. Iss reichlich! Du musst Kräfte sammeln!»

«Ich kann nicht ... wirklich nicht!» wehrte sich Carrie. Vor Aufregung war ihr Magen wie zugeschnürt; sie hatte das Gefühl, man wolle sie wie einen Hamster gewaltsam mästen.

Nach dem Frühstück begaben sich alle in feierlichem Zug in den Garten, um beim Abmarsch dabeizusein. Karma hatte den Grossteil ihres Gepäcks mit den Lasttieren vorausgeschickt, das kleine Handgepäck der beiden Freundinnen wurde auf ein Maultier verladen. Dann kam der Augenblick des Abschiednehmens. Wie in einem gut einstudierten Theaterstück drückte Carrie eine Anzahl schlaffer Hände und stammelte etwas, das nach «Auf Wiedersehen», «Vielen Dank» und «Auf bald!» klang.

«Gute Reise denn», sagte Miss Sullivan kurz und frostig. Ihre Hand fühlte sich feuchtkalt an; auf ihrer Unterlippe wurde ein dünner Streifen Speichel sichtbar. Carrie sah sie zögernd an. Einen Augenblick lang wollte sie ihren Abschiedsworten ein «Bitte um Vergebung» hinzufügen, aber sie fühlte sich dazu nicht fähig. Was gab es überhaupt zu verzeihen? So bestand ihre Antwort nur aus einem kurzen «Dankeschön», und schon drückte sie die Hand von Miss Well, die den üblichen Abschiedsformeln völlig unnötigerweise ein «Seien Sie bitte vorsichtig» nachschickte. Samdup Nyamgal wartete mit dem Steigbügel in der Hand vor Nagpo. Carrie stützte sich auf den Sattelknopf und schwang sich aufs Pferd; Karma sass bereits nach einem eleganten Sprung auf Digums Rücken. Der Hengst strahlte geradezu vor Sauberkeit; sein gebürstetes und gestriegeltes Fell glänzte wie Perlmutter. Ein Büschel rotgefärbter Yakhaare hing auf seine Stirn herab. Miss Stockward verschlang das Tier förmlich mit den Augen. — Tensing, der kleine Pferdebursche, führte das Maultier mit dem Packsattel am Zügel.

Im letzten Augenblick eilte Miss Stockward die Freitreppe herab; ihre schütteren grauen Haare wehten im Wind. In der Hand hielt sie eine Packung Aspirin.

«Ich glaube, dies hier könnte Ihnen noch einmal nützlich sein», sagte sie zu Carrie. «Aspirin ist für alles gut, nicht wahr?»

Sie lächelte tapfer. Ihre blassgrauen Augen waren rot umrändert. Carrie biss sich auf die Lippen und begriff plötzlich, was in der Seele dieses ältlichen Mädchens vor sich gehen mochte, das Pferde so über alles liebte und nur in Träumen die Abenteuer erleben konnte, die ihr zeitlebens versagt geblieben waren. Sie nahm die Aspirinpackung und drückte, einem plötzlichen Impuls folgend, die mageren, brennend heissen Finger der Lehrerin.

«Ich werde Ihnen dann erzählen, wie es gewesen ist, Miss Stockward, alles, das verspreche ich Ihnen!»

Ihr Blick glitt über die Damen hinweg, die sich vor der Tür drängten. Es waren Fremde für sie, weiter nichts! So wenig Raum hatten sie in ihrem Leben eingenommen, dass ihr schon jetzt war, als hätte sie sie nie gekannt. Ihre Augen blieben an den im Morgenlicht rot aufglänzenden Schneehängen des Kantschindschinga haften und ihr Herz klopfte schneller. Unter dem Pullover verspürte sie ein seltsames Frösteln auf der Haut: ‹Etwas wird sich ereignen›, dachte sie, ‹etwas Grosses, Besonderes . . .›

Eine kehlige Stimme rief eine paar Befehle auf tibetisch. Einer nach dem andern reihten die Reiter sich in den Zug ein. Am Schluss folgte das Maultier mit dem Gepäck.

Carrie hob mechanisch die Hand; ihre Lippen formten ein Lächeln. Dann wandte sie die Augen ab und richtete den Blick auf den Weg, der ins Tal hinabführte.

Die Reise hatte begonnen . . .

Zweiter Teil

13

Im weiten Rund erhoben sich die Berge vor dem Horizont. Regenbogenfarbene Wolken umhüllten die hohen Schneegipfel. Soweit das Auge reichte, dehnten sich Nussbaum-Wälder und dunkle Tannenforste; Rhododendron-Büsche und wogende Kornfelder schoben sich dazwischen. Rosarot gestrichene Häuser mit flachen Dächern standen am Wegrand, Rauchsäulen stiegen in die klare Luft. Aus den Tiefen einer Schlucht ertönte das Tosen eines Wildbaches. — Bäuerinnen jäteten auf dem Feld; sie unterbrachen die Arbeit und wandten sich der Strasse zu, als die Karawane vorbeizog. Den unteren Teil des Saris hatten sie nach oben geschlagen und in den Gürtel gesteckt, so dass man ihre nackten, kupferfarbenen Beine sehen konnte. Ein Mädchen mit fettglänzenden Zöpfen wanderte auf der Strasse dahin, einen Säugling auf den Rücken gebunden. Am Rand eines Teiches hütete ein junger Bursche ein paar Wasserbüffel. Eines der Tiere hatte sich im moorigen Schlamm gelagert und schnaubte geräuschvoll; perlende Wassertropfen bedeckten seine weiten Nüstern.

Mit der steigenden Sonne versank die Landschaft mehr und mehr im Dunst; die Hitze wurde immer drückender. Die grossen Hunde schwitzten und trotteten mit heraushängender Zunge weiter. Gegen Mittag folgte der Karawanenweg der Eisenbahnlinie Siliguri-Darjeeling, die als eine der kühnsten Bahnbauten der Welt gilt. Ein schneidender Pfiff ertönte, in einer schwarzen Rauchwolke klomm die Lokomotive schnaufend den Steilhang empor. Die grellfarbig gestrichenen Wagen waren zum Bersten mit Bauersleuten besetzt. Sie führten riesige Warenballen, Ziegen und Federvieh mit sich; die Hühner hatte man mit dem Kopf nach unten bündelweise zusammengeschnürt. Auf allen Wagenpuffern kauerten Männer mit kleinen Kisten, sie streuten Hände voll Sand auf die Schienen, wenn die Räder beim Bergauffahren nicht mehr greifen woll-

107

ten und sich leer drehten. Rauch und Lärm machten die Pferde unruhig; sie schlugen aus und suchten mit Seitensprüngen ihren eigenen Weg. Die Tibeter lachten aus vollem Hals, die Reisenden pressten ihre Nasen gegen die Fensterscheiben, die Hunde kläfften im Chor, und die Lokomotive liess vor jeder Kurve einen Pfiff ertönen.

Dann trat wieder Stille ein. Man vernahm nur noch das Klappern der Hufe und den melodischen Ruf der Hirten. Die Tibeter der Begleitmannschaft erzählten lustige Geschichten und lachten dröhnend. Bisweilen räusperte sich der eine oder andere geräuschvoll und spuckte in weitem Bogen auf die Erde.

«Bist du müde?» fragte Karma gutgelaunt. Sie hielt ihr Pferd zurück und wartete, bis Carrie mit Nagpo auf gleicher Höhe angelangt war.

«Ein wenig schon», gab Carrie zu. «Und du?»

«Noch nicht!» sagte Karma und lachte zufrieden. Ihr rosa gepudertes Gesicht war glatt und frisch wie ein Blütenblatt. Sie ritt locker und gelöst; ihre Pelzmütze hatte sie am Sattel befestigt.

«In einer Stunde sind wir am Fluss. Samdup Nyamgal sagt, er sei wegen des Monsuns stark angeschwollen.» Der Intendant, der auf einem grossen Apfelschimmel ein paar Schritte vorausritt, verstand genügend Englisch, um ihrer Unterhaltung folgen zu können. Er wandte sich um und fügte ein paar Worte auf tibetisch hinzu.

«Flussabwärts gibt es eine Furt», übersetzte Karma. «Nach der Ueberquerung halten wir an einer Schutzhütte und verbringen dort die Nacht. Hoffentlich hat der Koch etwas Gutes zubereitet. Ich sterbe vor Hunger!»

«Ich auch!» gestand Carrie freimütig.

Ein Pilgerzug kam des Weges. Die mit schmutzigen Lumpen bedeckten Wanderer mit ihren kahlrasierten Schädeln näherten sich schwankenden Schrittes und murmelten pausenlos die rituelle buddhistische Anrufung «om mani padme hum».* Dazu drehten sie ihre Gebetsmühlen. Ein hagerer Greis hatte an der Stirn eine klaffende eitrige Wunde, auf der sich die

108

---

*) 'Om' und 'hum' sind mystische Silben. Die Segensformel wird übersetzt in «Om, o du Edelstein im Lotus, hum», wobei mit 'Edelstein' Buddha und mit 'Lotus' die Welt gemeint sind.

Fliegen sammelten. «Om mani padme hum» leierte auch er und blickte ergeben zum Himmel auf.

Der reissende Bach — ein Zufluss der wilden Tista — führte Wolken aufgewühlten dunkelbraunen Schlammes mit sich. In den überschwemmten Feldern, wo sich das stinkende Wasser staute, irrten Büffel umher. Die Reiter zogen nun den Fluss entlang; ihre Pferde wateten im Schlamm. Samdup Nyamgal hatte die Furt rasch gefunden; er trieb sein Pferd als erster in die Fluten. Die übrigen Reiter folgten. Ein starker Geruch nach Humus und Schnee stieg vom Wasser auf. Wirbelnde Wellen umspielten die Beine der Pferde. Das Maultier sträubte sich, bockte und weigerte sich hartnäckig, weiterzugehen. Rasch liess Tensing sich zu Boden gleiten, zog seine Stiefel aus, rollte die Hosenbeine in die Höhe und durchquerte watend den Fluss, das Maultier am Zügel führend.

«Auf dem Herweg haben wir einen Fluss schwimmend durchqueren müssen», berichtete Karma. «Wir hielten uns am Hals der Pferde fest.»

«Donnerwetter», sagte Carrie, «da können wir heute ja noch von Glück sagen!»

«Freu dich nur nicht zu früh», meinte Karma. «Wir müssen noch andere Flüsse durchschreiten! Aber nur Geduld! Die Schutzhütte kann nicht mehr weit weg sein . . .»

Digum erklomm das andere Ufer, schüttelte sich kräftig und trottete einen kleinen Hügel hinauf. Karma zog die Zügel an und liess einen freudigen Ruf hören:

«Wir sind am Ziel! Schau, die Diener haben schon das Lager errichtet!»

Mit frohem Lachen und durchdringenden Pfiffen sprengten die Tibeter den Hang hinab zum Sammelpunkt der Karawane. Abgesattelte Maultiere und Pferde weideten hier mit gefesselten Vorderfüssen im dichten Gras. Die Ankunft der Reiter löste allgemein eine freudige Unruhe aus. Man begrüsste sich, die Hunde bellten wie rasend, die Lasttiere zerrten an ihren Halsstricken.

Diener und Maultierführer, im ganzen etwa zwanzig Mann, lagerten um ein grosses Feuer innerhalb einer geräumigen Umwallung, die man aus aufeinandergetürmten Gepäckstükken und Traglasten gebildet hatte. Wie Carrie feststellte, waren alle Männer mit langen Dolchen, Gewehren und Säbeln bewaffnet. Ein kleineres Kohlenbecken, vor welchem Kissen und Decken aufgehäuft waren, stand für die Neuangekommenen bereit. Ein Diener hielt die Pferde, und die beiden Freundinnen stiegen aus dem Sattel. Carrie ging mit wankenden Knien ein paar Schritte und liess sich dann mit verlegenem Lächeln auf die Decken fallen:

«Ich kann nicht mehr gehen!» gestand sie verwirrt.

«Ruh dich ein wenig aus!» sagte Karma. «Du wirst sehen, bald geht's wieder besser.»

Ihre Augen blitzten, ihr Gesicht hatte ein gesunde Farbe angenommen, sie schien über unerschöpfliche Kraftreserven zu verfügen. Eigenhändig sattelte sie ihr Pferd ab, striegelte es und pflockte es dann unter einem Baum an. Samdup Nyamgal, noch immer mit dem gelben Seidenhut auf dem Kopf, gab mit lauter Stimme einige Anweisungen. Schon brachte Ma-tschen Norbu, der Koch, ein kleiner krummbeiniger Mann mit fettigem Haar, in einem Kupferkessel Wasser zum Kochen und zerkleinerte die Ziegeltee-Pakete. Seine Aeuglein glitzerten zwischen wulstigen Speckfalten; wenn er lachte sah man, dass ihm zwei Vorderzähne fehlten.

Die Hunde lagerten um das Feuer, den Kopf auf die Vorderpfoten gelegt. Carrie streckte die Beine und seufzte vor Wohlbehagen. Es war kalt geworden; sie zog ihren Pullover über. Man hörte das Rauschen des Wildbaches und das Klirren der Halteringe, mit denen die Maultiere am Lagerseil angebunden waren. Die Berghänge waren mit Kiefern und Wacholderbüschen bedeckt. Gegen den Horizont hin öffneten sich die bläulichen Wände des Tistatales zwischen Indien und Sikkim, das die Karawane in zwei bis drei Tagen erreichen wollte.

Die Schutzhütte war ein kleines Betongebäude, das einst von den Engländern als Offiziersunterkunft errichtet worden war. Nur die beiden Mädchen hatten das Vorrecht, hier zu schlafen. Die Männer mussten sich, in Decken und Mäntel gehüllt, um das Feuer lagern und die Nacht im Freien verbringen.

«Zwischen Darjeeling, Kalimpong und Gangtok gibt es einige solcher Unterkünfte», sagte Karma. «Später, wenn wir dann über der Grenze sind, müssen wir im Zelt schlafen.»

Sie hatte sich auf die Kissen hingekauert und schlürfte geräuschvoll den siedend heissen Tee. Dann gab sie einem Diener ein paar Anweisungen. Er brachte einen Eimer mit heissem Wasser, und die beiden Mädchen wuschen sich Gesicht und Hände. Carrie sah, wie der Koch Tee mit Tsampa-Mehl vermischte und daraus in einer Holzschale einen Teig zubereitete. Mit geschickten Bewegungen drehte Ma-tschen Norbu die Holzschale in der linken Hand, während er mit den Fingern der Rechten den Teig umrührte, bis er zähflüssig wurde. Die Teigmasse wurde dann mit stark gepfefferten Hammelfleischstücken und in Butter gebratenen Gemüsewürfeln vermischt. Carrie und Samdup Nyamgal assen zuerst. Dann wurde ein neuer Tsampateig zubereitet, und die Diener und Pferdeführer erhielten ihre Ration. Carrie nahm die sehr fette Mahlzeit erst nur mit Widerwillen zu sich, aber dann begriff sie, dass ihr Organismus nach all den vorausgegangenen Anstrengungen einer reichhaltigen, kräftigen Nahrung bedurfte, und schliesslich ass sie mit gutem Appetit und trank unzählige Becher Tee.

Die Männer sammelten Brennmaterial für das Lagerfeuer: Wacholdergestrüpp, Tannenzweige, getrockneten Yakmist und Buschwerk. Ein Wind war aufgekommen und trieb den Rauch in Schwaden vor sich her. Carries Augen begannen zu tränen. Die Dunkelheit brach rasch herein; der Himmel im Westen flammte in Gold und Purpur. Im Unterholz verdichteten sich die Schatten zu nächtlichem Dunkel. Carrie fühlte sich schlaff und vor Müdigkeit wie gelähmt. Sie hatte zuviel gegessen und zuviel Tee getrunken; in allen Gliedern spürte sie Hitze und Kälte zugleich.

«Es ist Zeit, schlafen zu gehen», sagte Karmas Stimme ihr ins Ohr.

«Schon?» murmelte Carrie, «die Sonne ist doch gerade erst untergegangen . . .»

«Bist du denn gar nicht müde?»

«Doch, ich bin vollkommen erledigt! Aber . . .»

Karma stand rasch auf:

«Also, geh jetzt schlafen! Morgen früh gegen zwei Uhr müssen wir wieder weiter!»

«Warum nicht gleich jetzt?» maulte Carrie wütend.

Karma musste laut auflachen, als sie die erboste Miene der Freundin sah.

«Das ist eben so, wenn man mit einer Karawane reist», sagte sie. «Man muss sich dem Lebensrhythmus der Tiere anpassen und die Morgenstunden ausnutzen. Nur keine Angst, in ein paar Tagen hast du dich daran gewöhnt!»

«Da machst du dir übertriebene Hoffnungen!» brummte Carrie.

Die beiden nahmen ihre Säcke mit den Dingen, die sie für die Nacht brauchten, und folgten einem Diener, der eine brennende Senföl-Lampe trug. In der Schutzhütte gab es nur einen einzigen grossen Raum mit einer Decke aus wurmstichigen Balken. Den Betonboden hatte man kurz zuvor sauber gefegt und gewaschen. Die Mädchen entdeckten im unsicheren Lampenlicht einen Kamin, einen wackeligen Tisch und ein paar eiserne Feldbetten an der Wand. Der Diener schloss die Läden, brachte einen Stoss Kissen und Decken herbei und zog sich dann mit ehrerbietigen Wünschen für eine gute Nachtruhe zurück. Beim flackernden Lampenschein bereiteten Carrie und Karma ihr Lager. Die Fensterläden klapperten, man hörte das Heulen des Windes.

«Zieh deinen Pelzmantel an», riet Karma. «Es wird kalt heute nacht!»

«Aber . . . die Diener?» fragte Carrie, «die erfrieren ja, wenn sie im Freien schlafen müssen!»

Karma zuckte gleichgültig die Achseln:

«Die brauchen nur ein wenig näher an das Feuer zu rücken; schliesslich haben wir ja noch nicht Winter!»

Sie zogen die Stiefel aus und legten sich nieder. Die Federn der Bettroste knarrten und ächzten. Karma löschte das Licht und schlief fast augenblicklich tief und entspannt, als liege sie in einem weichen Federbett. Carrie jedoch blieb noch lange wach und konnte keinen Schlaf finden. Sie horchte auf das Sausen des Windes und das Knacken brechender Zweige. Die Läden schlugen polternd hin und her: bisweilen hörte man den heiseren Schrei eines Maultieres. Ein anderes antwortete, dann noch eines, und der Lärm wollte kein Ende nehmen. Carrie seufzte verzweifelt. Bei jeder Bewegung stöhnten die rostigen Federn des Feldbettes, und trotz Pelzmantel und zwei Paar Socken waren ihre Füsse eiskalt. Sie brauchte lange, bis sie unter den Decken ein wenig Wärme spürte, und noch zwei- oder dreimal während der Nacht erwachte sie, weil

112

ihr wieder kalt geworden war. Als Samdup Nyamgals laute Stimme vor der Tür der Unterkunft sie jäh aus einem Traum schreckte, meinte sie, höchstens ein paar Stunden geschlafen zu haben. Karma erhob sich sofort und war hellwach, während Carrie mit einem schalen Geschmack im Munde fröstelnd tiefer unter die Decke kroch.

«Ach bitte, lass mich noch ein wenig schlafen!» bettelte sie.

«Auf auf, Langschläferin!» rief Karma munter und energisch.

Sie zog ihre Stiefel an und entzündete die Lampe. Carrie streckte sich und blinzelte unsicher ins rötlich-trübe Licht. Schlaftrunken zwängte sie ihre Füsse in die Stiefel, schlug den Kragen ihres Pelzmantels hoch und folgte Karma nach draussen. Die Nacht war eiskalt; riesige milchweisse Sterne blinkten am dunklen Himmel.

Das Lager war bereits abgebrochen; in der Asche der Feuerstelle erlosch die letzte Glut. Man sah in der Dunkelheit seltsame Schatten sich hin und her bewegen und hörte das Klirren der Halteringe und das Stampfen der Pferdehufe. Die Warenladungen wurden auf dem Rücken der Maultiere verstaut und mit Seilen und Riemen festgezurrt. Ein Hund näherte sich den beiden Mädchen und beschnupperte ihre Beine. Carrie streckte noch halb im Schlaf die Hand aus und streichelte eine haarig-feuchtwarme Schnauze. Ein dunkler Schatten näherte sich: Ma-tschen Norbu brachte ihnen zwei Becher Tee, die er in der Glut des Holzkohlenfeuers warmgehalten hatte. Carrie umschloss das Gefäss mit klammen Fingern und trank in kurzen Schlucken das bitter schmeckende, fast ekelerregende Getränk.

Bei Sonnenaufgang zog die Karawane auf Waldboden weiter, der von Moos und Flechten bedeckt war. Die Luft war frisch und kristallklar; man atmete den herben Duft der von den Hufen zerstampften Pflanzen und spürte den erregenden Schneehauch der Berge. Gleich goldenen Lanzenspitzen drangen nun die ersten Sonnenstrahlen durch die hohen Stämme der Tannen.

113

Die Mädchen, der Intendant und die Männer des Begleittrupps legten einen kurzen Halt ein. Man vertrat sich die Beine, ass ein paar gedörrte Früchte und trank einen Schluck

Wasser. Die Maultierkolonne zog ohne Halt weiter. Die Maultiertreiber, so erklärte Karma der Freundin, seien stets in Eile, um zum nächsten Lagerplatz zu kommen. Man lagerte im allgemeinen auf sehr alten und bekannten Plätzen, auf denen schon unzählige Karawanen zuvor gerastet hatten. Es waren immer sichere, windgeschützte Stellen; oft gab es dort auch Schutzhütten, in denen hochgestellte Reisende nächtigen konnten.

Wie Karma vorausgesagt hatte, erwies sich dieser zweite Marschtag für Carrie besonders beschwerlich und mühsam. Zwar war ihr Sattel mit Kissen noch besonders ausgepolstert worden, trotzdem aber hatte sie schon nach kurzer Zeit beim Reiten das Gefühl, die Haut der Innenseite ihrer Schenkel sei aufgeplatzt und das nackte Fleisch trete zutage. Am Abend war sie kaum mehr imstande, im Lager vom Pferd zu steigen; alle Muskeln schienen ihr in Kieselsteine verwandelt, die sich bei der geringsten Bewegung schmerzhaft aneinanderrieben. Die Tibeter lachten nur und nickten spöttisch-verständnisvoll mit dem Kopf.
«Das tut weh, nicht wahr?» sagte Karma, die Digum abgesattelt hatte und zurückkam. «Aber ich gebe dir einen sehr wirksamen tibetischen Balsam, der die Schmerzen lindert. In ein, zwei Tagen hast du dich daran gewöhnt und spürst nichts mehr.»

Die Strasse überquerte einen mit Tamarindensträuchern und Rhododendron-Büschen bewachsenen Hügelzug. Eine kräftige Brise bewegte die tiefgrünen Blätter. Im Tal sprudelte ein Bach und wand sich wie eine schillernde kleine Schlange in seinem sandigen Bett.
Dieses Mal war der Schutzraum nichts weiter als ein roher Steinbau mit Fensterhöhlen, vor die man Bretter genagelt hatte. Der Innenraum war völlig leer: vier nackte Wände, ein Fussboden aus gestampfter Erde. Die Diener häuften Decken und Kissen auf und machten zwei Lager zurecht. Im Schein der flackernden Lampe legte Carrie die Kleider ab, und Karma rieb ihr die schmerzenden Schenkel mit einer bräunlichen Salbe ein, die stark nach Kampfer und Eukalyptus roch. Dann kleidete Carrie sich wieder an, legte sich nieder und

versank sogleich in einen schweren, traumlosen Schlaf, aus dem sie um zwei Uhr morgens Samdup Nyamgals fröhliche Stimme weckte, die den Abmarsch verkündete.

«Geh zum Kuckuck und lass mich schlafen!» knurrte Carrie, Kinn und Nase noch fest im Pelz vergraben. Karma war bereits aufgestanden und hatte beim Verlassen der Schutzhütte die Tür offenstehen lassen, so dass eisige Luft von draussen eindringen konnte. Carrie streckte sich, stiess Verwünschungen aus, zog die Stiefel an und zupfte den Pelzmantel zurecht. Der tibetische Wunderbalsam und acht Stunden Schlaf hatten ihr gutgetan; die Muskelschmerzen waren abgeklungen. Als sie die Hütte verliess, kam ihr Karma entgegen, die Pelzmütze bis über die Nasenspitze herabgezogen. Sie klatschte heftig in die Hände, um sich Wärme zu verschaffen.

«Du hast geschlafen wie ein Stein», sagte sie. «Da hab ich befohlen, dass man dich erst im allerletzten Augenblick vor dem Abmarsch wecken soll. Wie geht's deinem Rücken?»

«Besser», sagte Carrie. «Ich glaube, ich kann zu Pferd weiterreisen und brauche keine Sänfte zu bestellen!»

«Die Sänfte ist etwas für alte Frauen!» lachte Karma, und Carrie lachte erleichtert mit. Ma-tschen Norbu brachte ihr einen Becher mit heissem Tee, den sie gierig trank. Obwohl sie mitten in der Nacht aus dem Schlaf gerissen worden war, fühlte sie sich wohl und sah den neuen Anstrengungen mit Gelassenheit entgegen.

Jetzt erschien Tensing mit Digum und Nagpo. Vom warmen Fell der Tiere stiegen Dampfwolken auf.

«Heute abend sind wir in Kalimpong», sagte Karma beim Aufsitzen. «Dort sind wir die Gäste meines Onkels Kalsang Gyaltsen, des Distriktgouverneurs. Er besorgt dir einen Passierschein für den Grenzübertritt nach Tibet. Zwei Diener haben das Lager schon vor einer Stunde verlassen, um unsere Ankunft mitzuteilen.»

Kurz vor Mittag erreichte die Karawane eine blaugrüne Hügellandschaft, in der Bauern mit Wollmützen in der brennend heissen Sonne arbeiteten. Die zum Greifen nahen schneebedeckten Bergspitzen glänzten vor einem türkisblauen Himmel. Im Norden blieb das Tal des Tista unter den aus Feuchtigkeit und Hitze gewobenen Nebelschleiern verborgen.

Die frischbeschotterte Strasse führte zu einem Vorgebirge aus Schiefergestein. Die Berghänge waren über und über mit Rhododendron-Büschen bedeckt, deren violette und feuerrote Blüten aus dunklem Grün hervorleuchteten. In dichtem Blattwerk hatten winzige Spinnen ihre Netze ausgespannt.

An einer Strassenbiegung tauchte unvermittelt ein Reitertrupp auf. Sofort erhoben die Hunde ein heftiges Gebell und stürzten den Fremden entgegen. Ein schneidender Pfiff rief sie zurück. Carrie warf Karma einen fragenden Blick zu. Die Hände auf den Sattelknopf gestützt, spähte diese aufmerksam zu den Ankömmlingen hinüber. Plötzlich erhellte sich ihr Gesicht:
«Das ist mein Onkel», rief sie, «er ist uns entgegengeritten!»
Die Tibeter liessen ihren Pferden die Zügel und lachten lärmend und fröhlich. Samdup Nyamgal setzte rasch den leicht verrutschten Hut gerade, und Karma zog einen kleinen Spiegel aus der Tasche, um ihr Make-up zu prüfen. Zwei Stunden vorher hatte sie einen kurzen Halt dazu benützt, sich zu pudern und ihre Lippen leicht nachzuziehen. Aus ihrer Plastikhandtasche, die am Sattel hing, zog sie weisse Seidentücher hervor und reichte eines davon Carrie.
«Wir müssen ihm eine Khata schenken!» rief Karma, «das ist hier so Brauch!»
Carrie sah, wie Samdup Nyamgal und die übrigen Männer des Begleittrupps ebenfalls buntfarbige Seidentücher auspackten. Da sie kein Lippenrot aufgelegt hatte und es bei ihr deshalb auch nichts aufzufrischen gab, begnügte sie sich damit, völlig unnötigerweise ihr vom Wind zerzaustes Haar glattzustreichen. Die Reiter waren nun ganz nahe herangekommen. Auf einem prächtigen Paradepferd an der Spitze des Zuges konnte man im silberbeschlagenen Sattel einen kleinen beleibten Mann sitzen sehen. Hinter ihm folgte ein Diener auf einem Maultier, er hatte ein zerfurchtes Galgenvogel-Gesicht und war bis an die Zähne bewaffnet. Mit der einen Hand hielt er einen prächtigen roten Sonnenschirm über den Kopf des vor ihm reitenden Herrn. Karmas Onkel Kalsang Gyaltsen hatte das glatte, zufriedene Milchgesicht eines Säuglings, der sich soeben sattgetrunken hat. Seine von Bril-

lantine glänzenden Haare waren über dem Schädel zu einem winzigen Knoten zusammengebunden, der von einem goldenen Kamm aufrechtgehalten wurde. Der Reiter war in einen gefütterten, mit goldenen Drachen bestickten Kittel aus smaragdgrüner Seide gehüllt und trug bauschige schwarze Satinhosen, die in golddurchwirkten Stiefeln mit aufwärtsgebogenen Spitzen steckten.

«Nichte, liebste kleine Nichte!» rief er pathetisch aus und zeigte dabei ein strahlendes Lächeln. Carrie traute ihren Augen nicht: Der Onkel hatte sich offenbar sämtliche Zähne ausreissen und durch ein Gebiss aus lauterem Gold ersetzen lassen! Er trieb sein Pferd an die Seite der jungen Tibeterin und zog eine Khata mit langen Fransen aus dem Kittel hervor. Mit Mühe hob er die fetten Arme und legte das Tuch um Karmas Schultern, die nun ihrerseits mit vollendeter Anmut ihrem Onkel die mitgebrachte Khata umlegte. Ein Schwall tibetischer Begrüssungsworte folgte; der Onkel nickte mit dem Kopf wie eine aufgezogene Gliederpuppe, seine Goldzähne schimmerten. Dann trieb er sein Pferd schnaufend und schwitzend zu Carrie hin und legte auch ihr ein Seidentuch um den Hals.

«Mein liebes Fräulein», sagte er in feierlich-altmodischem Englisch, «es ist mir eine Ehre und besondere Freude, Sie unter meinem bescheidenen Dach willkommen zu heissen!» Carrie, die sich nicht recht wohl fühlte in ihrer Haut, gab sich Mühe, nicht allzu auffällig immer wieder zu den prächtigen Goldzähnen des Mannes hinzuschielen. Dann legte sie, so gut sie konnte, den Glücksschal um die rundlichen Schultern des Onkels, der seinen Wortschwall fortsetzte:

«Mein ehrenwerter älterer Bruder, Herr Tsewang Tethong, der Vater Karmas, dieser besten aller Nichten, hat mir von Ihrer Ankunft berichtet. Sie dürfen sicher sein, ich werde alles tun, um Ihnen den erforderlichen Passierschein zu verschaffen, damit Sie die Reise fortsetzen können.»

«Vielen Dank, Kusho», stotterte Carrie verlegen, des Gouverneurs Ehrentitel nennend. Die Goldzähne lächelten ihr jetzt geradewegs ins Gesicht. Der Onkel hob gebieterisch die ringgeschmückte Hand, und eine Frau, die Carrie bisher noch nicht bemerkt hatte, näherte sich auf einem bescheiden aufgezäumten Pferd.

«Das ist Nyima», sagte Kalsang Gyaltsen lächelnd, «sie steht während Ihres Aufenthaltes zu Ihrer ständigen Verfügung.»

Nyima lächelte und zeigte dabei ihre viereckig zugeschliffenen Zähne, die allerdings nicht aus Gold waren. In den Ohrläppchen trug sie dicke Kupferringe; sie sass barfuss zu Pferde.

Kalsang Gyaltsen nahm darauf leutselig die wortreiche Begrüssung Samdup Nyamgals und seiner Männer entgegen. Auf seinen Schultern häuften sich die Khatas. Der Diener mit dem Sonnenschirm schwitzte, und Carrie, die sein verkniffenes Gesicht sehen konnte, sagte sich, dass er sicher bald den Krampf im Arm haben würde.

Nach der feierlichen Bewillkommnung machten sich die beiden Reitertrupps gemeinsam auf den Weg nach Kalimpong, dem letzten Ort vor der Grenze. Kalsang Gyaltsen und Karma plauderten angeregt; Carrie verstand kein Wort, weil sie viel zu schnell sprachen. Sie schwieg und überliess sich dem gleichmässig wiegenden Schritt Nagpos.

Alle Leute, die ihnen auf der Strasse begegneten, traten respektvoll zur Seite, um die beiden Reitertrupps vorbeizulassen. Noch sah man Männer in Dhotis und indische Frauen in Saris, aber viele der kleinen untersetzten Bauerngestalten zeigten bereits mongolische Gesichtszüge. Die Frauen trugen glockenförmige Röcke und Blusen mit hochgeschlossenem Kragen und gestreifte Schürzen. Auf dem Rücken trugen sie Körbe, die mit einem über die Stirn laufenden Lederriemen festgehalten wurden.

Die Strasse stieg in terrassenförmig am Berghang angelegten Serpentinen zwischen Feldern hoch. In der Ferne erblickte man, von freundlichem Grün umgeben, Kalimpong, das mitten in einen weiten Garten hineingebaut schien. Man sah schnurgerade Reihen von Pappeln, die sich leise im Windhauch wiegten; dazwischen gab es kleinere Gehölze von Buchen und Tannen. Am Eingang der Stadt kam die Karawane an der ehemaligen englischen Residenz vorbei, die manche Zeichen der Verwitterung zeigte. Die Strassen wimmelten von halbnackten Kindern, schmutzigen Sherpas, Ziegen und heiligen Kühen. Halbwüchsige bahnten sich auf Fahrrädern einen Weg durch das Gewühl und hupten wie wild. Wie in Darjeeling gab es auch hier einen Basar, einige Tempel mit übereinanderliegenden Dächern, die mit Fahnen geschmückt waren, und viele ‹Stupas›, auf denen sich Vögel niederliessen und kreischende Affen herumturnten. Tibetische Häuser mit geschnitzten Türpfosten und überhängenden Balkons wechselten mit englischen Landhäusern, die von Hecken und Zäunen umgeben waren.

Kalsang Gyaltsens Haus, standesgemäss im sogenannten ‹besseren Viertel› gelegen, stellte eine scheussliche Mischung von prunkvoll-pomphaftem Tibetstil und schlechtem englischen Geschmack dar. Ein weiter Rasenplatz mit Rosen, Begonien und Jasmin stieg sanft bis zum Haus hinan, dessen Fassade von unzähligen kleinen Fenstern durchbrochen war.

Kalsang Gyaltsen wandte Carrie sein glattes Kindergesicht zu; die Goldzähne blitzten:

«Shu dèn ja-ro-nang — fühlen Sie sich hier ganz wie zu Hause», sagte er huldvoll.

Schon eilten Diener herbei, um die Pferde zu halten. Carrie und Karma stiegen aus dem Sattel. Ein Bediensteter stellte sich neben des Gouverneurs Reittier und bildete mit seinen hohlen Händen einen Tritt, in den der Onkel beim Absitzen den gestiefelten Fuss setzen konnte. Ein anderer Diener legte die Arme um ihn und half ihm unter tausend Vorsichtsmassnahmen auf die Erde. Wieder auf den Beinen, strich der Onkel seinen Kittel glatt und wölbte majestätisch den Bauch nach vorne. Seine fette, schwarzbehaarte Hand tätschelte Carries Rechte.

«Kommen Sie, liebe Nichte!» sagte er. «Ich darf Sie doch so nennen, nicht wahr? Sie sind schon jetzt ein besonderes Juwel meines Herzens . . .»

Man verabschiedete sich von Samdup Nyamgal und seinen Männern, die in der Karawanserei Unterkunft fanden. In Begleitung der Dienerin Nyima, die das Gepäck trug, folgten Karma und Carrie dem Onkel, der schlingernd durch den Garten schwankte. Die Haustür wurde von einer kleinen Dienerin mit festgeflochtenen Zöpfen geöffnet, die sich sogleich tief und ehrerbietig verbeugte. Am Ende einer Treppe erblickte Carrie verblüfft das genaue Spiegelbild Kalsang

Gyaltsens. Nichts fehlte: das Kindergesicht, die sanften, wässrigen Augen, eingebettet in dicke Speckfalten, der herzförmige Mund und die blitzenden Goldzähne. Der einzige Unterschied bestand darin, dass die neue Erscheinung offensichtlich weiblichen Geschlechtes war, eine gelbseidene Tunika trug und mit einem aussergewöhnlichen, mit Türkisen, Perlen und Korallen geschmückten Kopfputz ausgestattet war.

«Dies ist meine sehr ehrenwerte, liebe Gemahlin Chodon Dolma», sagte der Onkel feierlich.

Ihre Hand mit den karminroten Fingernägeln auf das Geländer gestützt, beugte sich die Tante nach vorne, um die Ankömmlinge besser sehen zu können. Carrie befürchtete einen Augenblick, Chodon Dolma würde das Gleichgewicht verlieren und kopfvoran die Treppe herunterpurzeln.

Wieder zog Karma die unvermeidlichen Schärpen aus ihrer Handtasche, eilte die Treppe empor und legte mit den üblichen Höflichkeitsformeln der Tante die Khatas um den Hals. Chodon Dolmas fettes, rotgepudertes Gesicht bebte vor Freude.

«Nyima führt euch auf euer Zimmer und sorgt für euch», sagte sie in zwitscherndem Englisch. «Nachher erwarten wir euch zum Abendessen.»

Auf dem Linoleumboden des Zimmers waren dicke tibetische Teppiche ausgebreitet. Da stand ein riesiges Himmelbett mit Vorhängen aus violetter Seide. Ueber den faltenlosen, tadellos weissen Laken erhob sich ein zur Pyramide aufgetürmtes Deckbett.

Mit einem Seufzer der Erleichterung legte Karma die Pelzmütze ab, liess sich auf ein Sitzkissen fallen und streckte die Beine von sich. Nyima half ihr aus den Stiefeln. Carrie zögerte einen Augenblick, dann bückte sie sich rasch und zog selbst ihre Stiefel aus, noch ehe die Dienerin ihr zu Hilfe kommen konnte. Karma warf ihr einen raschen Blick zu und sagte dann ein paar Worte zu Nyima. Diese verneigte sich und verliess das Zimmer.

«Ich habe ihr gesagt, sie soll uns ein Bad vorbereiten», sagte Karma und bewegte ihre Zehen mit allen Zeichen der Erleichterung.

«Gute Idee!» Carrie war begeistert.

«Warum hast du dir nicht von Nyima die Stiefel ausziehen lassen?» fuhr Karma fort, «schliesslich ist sie dafür da!»

Carrie spürte, wie sie ohne ersichtlichen Grund errötete.

«Ich ... ich bin's nicht gewohnt, so bedient zu werden», antwortete sie schliesslich beklommen.

Karma zuckte die Achseln und sagte ungeniert:

«Nun, daran wirst du dich gewöhnen müssen. In Lhasa haben wir für alles einen Diener.» Sie wechselte unvermittelt das Thema und fragte in verändertem Ton: «Wie findest du meinen Onkel und die Tante?»

«Sie müssen viel ausgestanden haben mit ihren Zähnen», sagte Carrie. «Wenn ich denke, wie viele sie sich haben ziehen lassen müssen!»

Karma konnte sich kaum halten vor lachen.

«Wo denkst du hin!» rief sie, «ihre Zähne waren vollständig gesund! Vergiss nicht, in Tibet sind Goldzähne ein Zeichen des Reichtums und des Ansehens!»

Carrie glaubte, falsch verstanden zu haben.

«Du willst doch nicht etwa sagen, sie haben sich ihre gesunden Zähne ziehen und an deren Stelle ein Goldgebiss einsetzen lassen?»

«Natürlich, was denn sonst!» antwortete Karma und kämpfte mit einem neuen Lachanfall.

Eine Stunde später, nachdem sie gebadet und die Kleider gewechselt hatten, hielten die beiden Freundinnen ihren Einzug im Speisezimmer, wo Onkel und Tante — dieses Mal in schwarze und rote Seide gekleidet — auf einem mit Kissen belegten Diwan thronten.

«Sind sie nicht reizend, meine beiden Nichten!» rief der Onkel in einer Art poetischer Anwandlung aus, «gleichen sie nicht zwei zarten Blütenknospen?»

Er tätschelte Carries Hand, kniff Karma in die Wange und kicherte fröhlich dazu. Die Tante klatschte in die Hände, und zwei Dienerinnen erschienen mit kleinen Tischchen, die sie vor jedem Gast aufstellten. Auf die Tischchen legte man **121** Servietten, Essbestecke aus massivem Silber und Fingerschalen. In prächtig ziselierten tiefen Tellern und Näpfen wurden dann immer wieder neue tibetische und indische Gerichte angeboten: Suppen, die herrlich dufteten, Reis, Curry, Hühnerfleisch und Hammelbraten, Nudeln, verschiedene Gemüse- und Pilzsorten. Zum ersten Mal trank Carrie hier das tibetische Bier, ‹Tschang› genannt, das aber eher einer säuerlichen, faden milchfarbenen Suppe glich und dessen Gärung — so sagte Karma — von den tibetischen Hausfrauen persönlich überwacht wurde. Jedesmal, wenn der Onkel und die Tante die Gabel zum Munde führten, blitzten ihre Zähne golden auf, und Carrie musste sich Mühe geben, nicht zu auffällig hinzuschielen.

«Ich hoffe, wir können Sie möglichst lange unter unserem bescheidenen Dach beherbergen», sagte die Tante mit milder Stimme und häufte ausgewählte Süssigkeiten auf Carries Teller. Carrie erwiderte heuchlerisch, sie wünsche nichts sehnlicher, aber leider würden sie eben beide zum Neujahrsfest in Lhasa erwartet, was der Onkel und die Tante ja sicher bereits wüssten.

Kalsang Gyaltsen wackelte mit dem Kopf wie eine Kasperlfigur:

«Ah, diese Neujahrsfreuden!» rief er schwärmerisch-sehnsüchtig aus. «Schade, wirklich schade, dass ich durch dringende Geschäfte in Kalimpong zurückgehalten werde! So ein Neujahrsfest in Lhasa ist doch das Schönste, was es gibt!»

Die Dienerinnen schleppten ununterbrochen Platten mit neuen Gerichten heran und nahmen die leeren Teller zurück. Zum Schluss servierte man eine bittere, stark gewürzte Fleischbrühe, von der Carrie nur einen einzigen Schluck hinunterbringen konnte. Sie hatte zuviel ‹Tschang› getrunken, hatte Kopfschmerzen und fühlte sich vom allzu reichlichen und fetten Essen schwer und träge. Onkel und Tante schnatterten unbekümmert und meist beide gleichzeitig auf tibetisch, indisch oder englisch allerlei Belanglosigkeiten, die Carrie nur noch mit halbem Ohr aufnehmen konnte.

Endlich waren die beiden Freundinnen wieder in ihrem Zimmer, wo Nyima inzwischen sorgfältig die Betten für die Nacht vorbereitet hatte. Carrie, die sich nicht mehr auf den Beinen halten konnte, sank willenlos auf ihr Lager.

«Jetzt versteh ich, warum Onkel und Tante so wohlbeleibt sind», sagte Karma lachend, «sie haben die beiden besten Köche von Lhasa in ihren Dienst gestellt!»

«Wenn das ein paar Tage so weitergeht, sind wir noch viel

122

dicker als die beiden!» seufzte Carrie. «Was für ein Festmahl, du lieber Himmel! Wird hier jeden Tag soviel gegessen?»

«Das war nur ein ganz normales Abendbrot», sagte Karma. «In Lhasa wirst du noch ganz andere Feste erleben!»

«Das überlebe ich nicht!» stöhnte Carrie. «Wie lange müssen wir noch in diesem Haus bleiben?»

«Nicht mehr als zwei Tage, du kannst dich darauf verlassen! Der Onkel hat deinen Passierschein bereits vorbereitet; er muss nur noch vom Provinzgouverneur unterschrieben werden.» — Karma lächelte wohlwollend-spöttisch: «Iss ruhig noch ein wenig auf Vorrat, solange wir hier sind. Für den Rest der Reise gibt es sowieso nur noch Tsampa und Trokkenfleisch!»

14

Ein durchdringender Schrei riss Carrie aus ihrem Halbschlaf. Sie öffnete die Augen und fuhr im Bett hoch. Milchiges Halbdunkel sickerte durch die Vorhänge. Im ungewissen Licht sah sie Karma, die an allen Gliedern zitterte und den Kopf unter der Bettdecke verbarg.

«Was hast du?» rief Carrie erschrocken. «Zuviel gegessen? Bist du krank?»

Sie versuchte das Leintuch wegzuziehen, das Karma krampfhaft vor das Gesicht presste, und hörte die halberstickte, kaum vernehmbare Stimme der Freundin.

«Ist sie . . . ist sie fort . . .?»

«Wer soll fort sein?» fragte Carrie verständnislos. «Niemand ist hier, ausser uns beiden . . .» Sie schaltete die Lampe mit dem rotseidenen Schirm ein, und gedämpftes Licht verbreitete sich im Zimmer. Widerwillig tauchte Karma aus ihren Leintüchern und Decken empor. Sie war sehr blass; Schweisstropfen standen auf ihrer Stirn.

123 «Was ist los?» fragte Carrie beunruhigt. «Soll ich dir ein wenig Wasser bringen?»

Karma nickte zustimmend. Aus einer Karaffe auf dem Nachttisch goss Carrie Wasser in ein Glas, stützte Karmas

Kopf und gab ihr zu trinken. Karma trank mit gierigen Zügen und liess sich dann wieder mit verstörtem Blick in die Kissen fallen. Ihr zerbrechlich-schlanker brauner Hals hob sich überdeutlich vom Weiss des Bettzeugs ab; schwarzblaue Haarsträhnen fielen ihr ins Gesicht.

«Ich habe eine ‹Dumo› gesehen», flüsterte sie. «Dort, am Fussende des Bettes!»

Carrie runzelte die Stirn.

«Eine Dumo? Was ist denn das nun schon wieder?»

«Eine böse Zauberin! Die Seele einer Frau, die im Zorn gestorben ist!»

«Ah, so ist das!» rief Carrie aus. Ihre Angst wich einer grossen Erleichterung und dann einem starken Drang, laut aufzulachen. Sie hatte geglaubt, was sich jetzt als Dumo herausstellte, sei irgendein schädliches oder widerliches Insekt.

«Die Dumo-Bilder werden im Tempel des Klosters Sakya unweit der Stadt Schigatse aufbewahrt», sagte Karma, die allmählich ihre Ruhe wieder zurückgewann. «Ein Lama, der über magische Kräfte verfügt, muss sie dauernd überwachen. Manchmal gelingt es der einen oder andern zu entfliehen. Dann irrt sie durch die Strassen und dringt in die Häuser ein. Beim ersten Hahnenschrei verschwindet sie.»

Carrie seufzte auf. Wenn es um gute oder böse Geister ging, wurde die sonst so realistisch und vernünftig denkende Freundin starrköpfig und zog sich in ein Schneckenhaus zurück, das weder Ueberredungskunst, noch logische Einwände aufzubrechen vermochten. Jede Diskussion war dann völlig umsonst; Carrie beobachtete, wie die schwarzfunkelnden Augen der Freundin in solchen Fällen starr und unnachgiebig wurden und sie sagte sich, es sei besser, nicht weiter in sie zu dringen. Aber Karma sah so erschüttert und verzweifelt aus, dass Carrie sich doch nicht enthalten konnte, ihr beruhigend zuzureden:

«Das war nichts weiter als ein Alptraum», sagte sie in besänftigendem Ton. «Dir ist das Abendessen schwer im Magen gelegen, das ist alles. Ich fühle mich ja auch nicht ganz wohl.»

Karma schüttelte hartnäckig den Kopf: «Nein, ich habe die Dumo tatsächlich gesehen. Sie war gekleidet wie eine Frau aus

124

Lhasa. Ihr Gesicht war schneeweiss. Sie stand vor dem Bett und schaute mich scharf an. Das hat bestimmt nichts Gutes zu bedeuten», fügte sie fröstelnd hinzu.

«Wieso?» fragte Carrie.

«Wer durch die Erscheinung einer Dumo geweckt wird, erlebt sehr bald schon den Tod eines nahen Familienangehörigen», murmelte Karma erschrocken.

«Beruhige dich doch!» wiederholte Carrie. «Das alles bildest du dir ja nur ein! Komm, trink noch einen Schluck Wasser!»

Karma gehorchte. Sie legte sich wieder nieder und Carrie löschte das Licht. Noch lange lag sie wach und horchte auf die beklemmten, stossweisen Atemzüge der Freundin. Nach einiger Zeit atmete Karma jedoch regelmässiger, und Carrie begriff, dass sie ihren Schlaf wieder gefunden hatte. Bald darauf schlief auch sie und erwachte erst, als Nyima ihnen gegen sieben Uhr den Morgentee brachte.

Beim Erwachen schien Karma leicht verlegen. Sie erwähnte die Dumo mit keinem Wort, und auch Carrie fand, es sei sicher vernünftiger, nicht davon zu sprechen. Kalsang Gyaltsen hatte sich im Jeep in sein Büro fahren lassen. «Er kümmert sich dort um deinen Passierschein, liebes Kind!» sagte Tante Chodon Dolma, die die beiden Freundinnen in ihrem Zimmer vor einem Spiegel sitzen fanden. Sie hatte eine Gesichtsmaske aus körnigem Lehm aufgelegt, ein ausgezeichnetes Mittel, um einen schönen weissen Teint zu erzielen, und liess sich frisieren. Eine Dienerin in gestreifter Schürze teilte die langen, mit Brillantine eingefetteten Haarsträhnen, glättete sie mit einer Holzspatel und wand sie dann schalenförmig um einen riesigen falschen Haarknoten. Als die Tante schliesslich frisiert, von ihrer Maske befreit und frisch geschminkt war, stieg man feierlich in das Speisezimmer hinab, wo ein reichliches Frühstück bereitstand. In Tibet, so erklärte Chodon Dolma Carrie, nehme man gewöhnlich zwei Mahlzeiten täglich ein: am Morgen gegen 9 Uhr und am Nachmittag gegen 5 Uhr. Während der restlichen Stunden am Tag trank man Tee und naschte Süssigkeiten und Kuchen. Carrie fand sich einmal mehr vor einer vollbesetzten Tafel: da gab es Platten mit starkgewürztem Fleisch, Gemüse und eine köstliche Gersten-Tsampa, die mit Rosinen und süssem Käse serviert wurde. Man ass auch in Oel gebackene kleine Pfannkuchen und trank reichlich Sauermilch dazu.

Sie waren gerade mit Frühstücken fertig, als Kalsang Gyaltsens Jeep lärmend den Garten durchquerte und vor dem Haus anhielt. Schnaufend erklomm der Onkel die Treppenstufen und stolperte dabei fast über den Saum seiner viel zu langen Hosen. Er betrat triumphierend das Speisezimmer und schwenkte einen grossen gelben Umschlag in der Hand.

«Hier ist Ihr Passierschein, liebste Nichte! Damit stehen Ihnen alle Grenzen offen!»

Seine schwärzlichen Finger zogen aus dem Umschlag ein mit schwungvollen tibetischen Schriftzügen und einem grossen roten Stempel bedecktes Papier hervor. Das Dokument war vom Provinzgouverneur, vom englischen Gesandten und von Kalsang Gyaltsen selbst, in seiner Eigenschaft als Distriktsgouverneur, unterschrieben.

«Danke, Kusho!» sagte Carrie gerührt.

Wirklich, der kleine Mann hatte ausserordentliche Eile an den Tag gelegt. Nie hätte Carrie gedacht, dass er solcher Schnelligkeit überhaupt fähig sei!

«Wir müssen Samdup Nyamgal Bescheid sagen, damit er die Abreise vorbereitet», sagte Karma.

«Ach ja, das Haus wird uns leer und ausgestorben vorkommen!» seufzte Chodon Dolma und fächelte sich mit ihrem parfümierten Taschentuch Luft zu.

Der Onkel liess sich auf den Diwan fallen, dessen Federn ächzten und krachten. Die Tante klatschte in die Hände und gab der herbeieilenden Dienerin einen Befehl. Sogleich wurden neue Platten mit Essen aufgetragen, und der Onkel begann geräuschvoll zu kauen. In ihren Kissen, mit übervollem Magen, fühlte sich Carrie ausserstande, für den Rest ihres Lebens jemals auch nur noch das geringste zu sich zu nehmen.

Zwei Tage später brach die Karawane beim Morgengrauen von Kalimpong auf. Zwei Maultiere mit Geschenken für Karmas Eltern waren hinzugekommen, und man hatte zur Verstärkung des Reitertrupps zwei weitere, verwegen aussehende, sehr schmutzige Diener eingestellt, die mit Pistolen und verrosteten Hinterladern bewaffnet waren.

126

«Mit den beiden da braucht Ihr nichts zu befürchten, meine Schönen!» kicherte der Onkel.

Er hatte sich in einen weiten Fuchspelzmantel gehüllt und hastete hierhin und dorthin, prüfte die Ladung der Maultiere, schalt die Diener und erteilte mit schneidender Kommandostimme Befehle, während die Tante im pfirsichfarbenen Morgenrock, das Gesicht noch mit einer weissen Creme bedeckt, sich fröstelnd aus dem Fenster beugte. Sie lächelte zärtlich und winkte mit ihrer kleinen rundlichen Hand den Mädchen ein Lebewohl zu. Als Carrie auf ihr Pferd stieg, fühlte sie, wie ihre Bluejeans-Hose um die Taille bedenklich spannte. ‹Nun›, sagte sie sich, ‹nach allem, was ich mir während dieser drei Tage einverleibt habe, ist dies ja nicht weiter verwunderlich!›

Die Karawane setzte sich in Bewegung. Auf den Fussspitzen stehend, sprach der Onkel feierlich psalmodierend den Reisesegen und rief ihnen gute Wünsche zu. Die Tante am Fenster schwenkte theatralisch ihr Taschentuch.

Im Halbdunkel der Morgendämmerung bot Kalimpong den Anblick einer toten Stadt. Ein paar Bettler schliefen in den Vorhallen der Gebetshäuser, und die herumlungernden abgemagerten Köter ergriffen beim Herannahen der zottig-stolzen tibetischen Doggen schleunigst die Flucht.

Die Karawane nahm ihren Weg durch das Tempelquartier und folgte dann der abschüssigen Strasse ins Tista-Tal. Ueber einer Kette brauner und grüner Hügel stiegen die Berge im Halbkreis zum saphirblauen Himmel auf. Man konnte den Widerschein der Gletscher und die lockeren Schneewehen unterscheiden, die sich wie eine Daunendecke über die felsigen Höhen legten. Mit dem Anstieg der Sonne brandete eine Woge rötlichen Lichtes über die Bergkämme, die steil abfallenden Klippen und die nachtdunklen Schluchten. An die Stelle der hellgrünen Reisfelder traten immer mehr dunkle Wälder; soweit das Auge sehen konnte, schien die Erde aus winzigen Terrassen zu bestehen, auf denen Bauern arbeiteten. Bergbäche stürzten von Fels zu Fels, und da und dort sah man im zitternden Nebel über dem Wasser einen Regenbogen stehen. Der Weg führte an Dörfern vorbei, die an die Felsen geklebt schienen. Schwarze und weisse Häuser mit engen Fenstern drängten sich dicht zusammen. Bienen summten um ausgehöhlte, unter den Dächern aufgehängte Baumstümpfe, die als Bienenstöcke dienten. Auf der abwärts führenden Strasse sah man langhaarige Ziegen, Maultiere, auch tibetische Mönche, die in schmutzigen, dunkelroten Kutten steckten.

Die Luft wurde immer schwerer und drückender; weisslicher Dunst verbarg den Himmel. Auf dem Talgrund war ein fast tropischer Pflanzenwuchs zu sehen; die Felsklippen verschwanden unter glitschig-dichtem Moos, aus dem Orchideen in zarten Farben hervorsprossten. Zottige Lianen hingen von den Zweigen der Bäume und streiften die Schultern der Reiter.

An diesem Abend schlug die Karawane ihr Lager am Rande des Dschungels auf. Die von der englischen Armee erbaute Schutzhütte bot von weitem den Anblick eines reizenden Bungalows mit Veranda. Wenn man aber näher kam, sah man, dass das Ganze eine überaus erbärmliche Behausung war, die nach Urin, Fledermäusen und Moder stank. Karma gab einige Befehle, und die Diener machten sich an die Arbeit. Der Boden wurde mit Wasser gesäubert; nach dem Trocknen breitete man eine grosse Jute-Matte aus, die im benachbarten Dorf gekauft worden war. Obwohl die Aussentemperatur beträchtlich absank, herrschte in der Hütte selbst doch noch immer eine feuchte Wärme. Karma und Carrie legten sich völlig angekleidet auf ihre Strohsäcke, deckten sich jedoch nicht zu und schliefen fast augenblicklich fest und tief.

Mitten in der Nacht erwachte Carrie an einem unerträglichen Jucken. Sie kratzte sich wütend; Gesicht, Hals und Hände brannten wie Feuer, und sie stiess einen Schmerzensschrei aus. Im selben Augenblick erwachte auch Karma und stöhnte: «Das juckt ja fürchterlich!»

«Was ist das nur, um Gotteswillen?» murmelte Carrie verängstigt. «Haben wir irgendeine Krankheit aufgelesen?»

Karma tastete in der Dunkelheit nach der kleinen Oellampe und entzündete sie. Verblüfft betrachteten die beiden Freundinnen ihr Gesicht und die Hände, die mit roten Stichen übersät waren. Karma fluchte halblaut vor sich hin und sprang auf die Füsse. Mit ausgestrecktem Arm leuchtete sie die Decke des Raumes ab, wo sich bereits bräunliche Flecken ausbreiteten.

«Wie abscheulich! Es sind Wanzen! In rauhen Mengen . . .»
Samdup Nyamgal, der durch den ungewohnten Lärm alarmiert worden war, klopfte an die Tür. Karma liess ihn eintreten und zeigte ihm die Wanzen, die in ganzen Rudeln die Wände hinabliefen und sich von der Decke aus mitten auf die Schlafstätten fallen liessen. Der Intendant schnalzte verlegen mit der Zunge und sagte einige Worte zu Karma, die mit hilfloser Geste die Hände ausbreitete.

«Man müsste sie mit Petroleum und kochendem Wasser vertreiben!» sagte sie, «aber das lohnt sich jetzt schon gar nicht mehr.» Sie näherte die Lampe ihrer Armbanduhr. «Es ist bereits ein Uhr; das Lager wird schon bald abgebrochen . . .»

Schlaftrunken schlüpften sie in ihre Stiefel, gingen in die Nacht hinaus und kauerten sich fröstelnd am fast erloschenen Lagerfeuer nieder, das von Samdup Nyamgal fürsorglich neu entfacht wurde. Die Diener schliefen in ihre Decken gehüllt. Der Himmel schien wie aus schwarzem Samt gewoben; zwischen den Baumwipfeln tanzten Sterne. Bisweilen drang das Heulen eines Schakals in die Stille. Die Maultiere wurden unruhig und zerrten an ihren Halteseilen; die Pferde scharrten mit den Hufen am Boden.

Karma und Carrie hatten sich reichlich mit dem tibetischen Balsam eingerieben, der offenbar für alles gut war, aber als Carrie am Morgen in den Spiegel sah, stiess sie einen dumpfen Schreckensruf aus. Auf ihrer Stirn und ihren Wangen zeigten sich grosse dunkelrote, beulenartige Flecken, und auch Karma ging es nicht besser; kaum dass sie noch aus ihren Augen sehen konnte. Die Stiche juckten unerträglich, und das Gesichtspuder blieb an den Beulen kleben. An ein Make-up war nicht mehr zu denken!

«Dauernd muss ich mich kratzen, wie ein Affe!» jammerte Karma und klappte wütend ihre Puderdose zu.

Die Karawane näherte sich jetzt der Grenzbrücke über den Tista-Fluss. Dieser trennt Indien vom Königreich Sikkim, das man durchqueren muss, um nach Tibet zu gelangen. Ein Lastwagen überholte sie in einer Staubwolke; er war mit bärtigen indischen Soldaten besetzt, die Turbane trugen. Vor einer Hütte am Anfang der Brücke war ein kleiner Tisch aufgestellt, hinter dem ein indischer Beamter mit schmutziger Jacke und aufgezwirbeltem Schnurrbart sass. Im Innern der kargen Behausung heulte ein Transistor-Radio in voller Lautstärke.

Karma musste ein endloses Formular ausfüllen, auf dem die Zahl der Personen, Maultiere und Pferde genau anzugeben war. Zwischen Indien und dem kleinen Königreich Sikkim bestehen wohl Staatsgrenzen, aber kein Zoll. Trotzdem macht Indien hin und wieder Erhebungen, um den Umfang des grenzüberschreitenden Verkehrs kennenzulernen. Ein anderer Beamter, der eher mongolische als indische Gesichtszüge aufwies, strich unterdessen zerstreut um die Warenballen und tastete den sorgfältig in Zeitungspapier geschnürten Lampenschirm ab. Der Schnurrbärtige prüfte mit ausdruckslosem Gesicht Carries Passierschein, gab ihn ebenso formlos zurück, wobei er sich unter den Achselhöhlen kratzte. Carrie fragte sich, ob er wohl auch Wanzen hätte!

Nun war man also in Sikkim angelangt. Wasserräder am reissenden Tista-Fluss trieben Gebetsmühlen.* Vor den Häusern und Tempeln flatterten im Wind zahlreiche Gebetsfahnen, Stoffbänder, die mit Gebetstexten oder Gelübden bedruckt waren.

Die in Serpentinen hügelaufsteigende Strasse war der alte Karawanenweg, der heute noch über die Himalaya-Pässe ins Herz Tibets vorstösst. Nach der indischen Landschaft, wo alles ungeordnet-chaotisch wirkte und von Menschen wimmelte, glich Sikkim einem lachenden riesigen Garten der Ruhe und Wohlhabenheit. Auf der gepflasterten Strasse zogen mit leichtem, lebendigem Schritt Bauersleute dahin; auf dem Rücken trugen sie Bambuskiepen mit Früchten, Gemüse und Holz. Die schönen goldbraunen Gesichter der Frauen lächelten zwischen glatten Zöpfen. Silber- und Korallenamulette schmückten ihr Haar. Sie trugen fast alle den ‹Bakku›, ein weites, schwingendes Faltenkleid, dessen Aermel bis zu den Handgelenken reichten, und dazu eine buntfarbig gestreifte Schürze. Am Strassenrand hatten Bäuerinnen auf

130

*) Gebetsmühle = ein mit Stoff überzogener Zylinder von bis zu einem halben Meter Höhe, auf den mit Gold heilige Schriftzeichen und Gebetsformeln geschrieben sind. Bei jeder Drehung des Zylinders gelten die Gebete als einmal gesprochen.

Leinentüchern Berge von Orangen und Bananen aufgehäuft. Als die Karawane vorbeizog, winkten sie fröhlich mit der Hand, wobei ihre Armbänder leise klirrten. Bisweilen tauchte aus Laub und Geäst das mit Schnitzwerk verzierte dunkle Holzdach eines Gebetshauses auf. Alles war hier wunderbar sauber; man sah keine streunenden Hunde und keinen Müll auf den Strassen; es gab keine Fliegen, keinen Auswurf und sicherlich auch keine Wanzen!

Die Strasse führte an den Klippen entlang und folgte den bizarren Windungen der buschumsäumten Tista, dessen Name — so erklärte Karma — ‹Fluss des Glückes› bedeutet. Da und dort stürzten Giessbäche über die Felswände herab, schäumten über die milchweissen glatten Steine und ergossen sich gleich einem funkelnden Perlengewebe in den stürmisch dahinbrausenden Fluss.

Drüben, auf dem anderen Ufer, sah man wogende Bambusfelder und Palmwipfel. Schlingpflanzen tauchten ihre Schlangenarme ins Wasser; aus dem Halbdunkel des Unterholzes leuchteten gelbe und rote Orchideen.

Kurz nach dem kleinen Dorf Rongpo erreichte die Karawane die Stelle, wo der Rogni-Tschu in die Tista mündet. Weiter stromaufwärts teilte sich der vom Monsun angeschwollene Hauptfluss in zwei Arme, zwischen denen man auf einem breiten Hügel Gangtok, die Hauptstadt von Sikkim erblickte, die — anmutig und fremdartig-geheimnisvoll — geradewegs einem Märchenbuch entstiegen schien. Sauber gepflasterte Wege führten in immer höheren Serpentinen zu den Häusern aus weissem Gips oder dunklem Holz, die von Gärten, Bäumen oder Wiesen umgeben waren. Glockengeläute lag in der Luft, dazu der Geruch nach Holzrauch und das dumpfe Dröhnen eines Kloster-Gongs. Auf dem obersten Gipfel des Hügels verschwammen die vergoldeten Kupferdächer des Königstempels mit ihren Fahnen und Glöckchen vor den Blicken der Reiter in einem Lichtmeer aus Grün und Gold. Vom Tempel durch eine Wiese mit Gänseblümchen und Hortensienbüschen getrennt, erhob sich der Königspalast, der 131 Carrie an die Theaterkulissen einer Opernbühne erinnerte. Soldaten in scharlachroter Uniform, einen glockenförmigen schwarzen Filzhut mit Pfauenfedern auf dem Kopf, paradierten stolz vor dem Eingang.

Das ‹Hügelhotel› in Gangtok stellte eine Mischung von schweizerischer und einheimischer Architektur dar und verfügte über jeglichen Komfort. Es gab in dieser Jahreszeit nur wenige Touristen: Da waren die unvermeidlichen Amerikaner in Regenmänteln und Wanderschuhen, den Fotoapparat um den Hals gehängt, man sah auch zwei österreichische Bergsteiger, die eifrig Gebirgs- und Geländekarten studierten, und zwei dunkeläugige, schmachtende Inderinnen im Sari.

Die beiden Fenster des Hotelzimmers gaben den Blick ins Tal frei. Hinter den Hügeln erhob sich der Kantschindschinga wie eine riesige Kuppe aus geschmolzenem Silber. Carrie lächelte bei diesem ihr so vertrauten Anblick. Je tiefer die Sonne sank, desto dichter breiteten sich dampfende Wolken mit unglaublicher Schnelligkeit bis hinab zum Talgrund aus und hüllten alles in einen bläulichen Nebel, aus dem die Spitzen des Berges gleich silbernen Pyramiden herausragten.

Karma, die gerade feierlich in dem Zementbottich Platz nahm, der hier als Badewanne diente, riss Carrie aus ihren Träumen: «Bitte mach das Fenster zu, es zieht!»

Carrie zog Bluejeans und Bluse aus und stellte fest, dass die Spuren der Wanzenstiche fast verschwunden waren. Auch ihr Gesicht hatte wieder ein normales Aussehen angenommen. Sie fühlte sich wohl, spürte überhaupt keine Muskelschmerzen und — oh Wunder — sie hatte sogar wieder Hunger! Einen Augenblick später tauchte Karma, in ein riesiges Frottiertuch gehüllt, aus dem Badezimmer auf, und Carrie konnte nun ihrerseits in die frischgefüllte Zementwanne steigen. Dann folgte das ausgezeichnete Abendessen — auf niedrigen, kunstvoll gedrechselten kleinen Tischen serviert — und schliesslich das weiche Bett mit sauberer Wäsche! Durch das halbgeöffnete Fenster drang die frische, nach Kräutern duftende Bergluft; die Vorhänge bewegten sich leise... So musste das Paradies aussehen! — Aber um zwei Uhr morgens würde alles zu Ende sein; man würde unerbittlich zum Abmarsch rufen, und von neuem hiess es in den Sattel steigen und Abschied nehmen!

In der bläulichen Morgendämmerung zogen in stolzer Höhe Adler ihre Kreise. Die Karawane folgte einem gewundenen Bergpfad; Carrie döste verschlafen vor sich hin, und Karma gähnte aus Leibeskräften. Ein Maultiertreiber begann zu singen; seine volltönende, fröhliche Stimme vermischte sich mit dem Klappern der Hufe und dem Gebimmel der Glöckchen. Allmählich wich der Tropenwald einer Zone von Getreidefeldern: Gerste, Hirse und Reis wurden hier angepflanzt. Dann folgten steilaufragende Berghöhen, gewundene Täler und jähe Abgründe, in die die Sonnenstrahlen wie lange spitze Messer einfielen. Die Wege waren nicht mehr geschottert; unter den Hufen zerbröckelten steinharte Lehmbrocken.

Steiler und steiler stieg die Strasse zum Natu-Là, dem Grenzpass zu Tibet, höher und höher wuchs der Kranz der Berge zum Himmel. Der sonnenbeschienene Schnee sandte immer wieder funkelnde Blitze aus, die den Himmel gleichsam aufrissen. Blaues und gleissend weisses Licht verschmolzen und brachen sich funkelnd in einer unerträglich blendenden Helligkeit, vor der es die Augen zu schützen galt.

Am folgenden Tag, kurz vor zwölf Uhr, war die Karawane am Grenzposten angelangt. Es gab hier nichts weiter als eine kleine Hütte aus roh zusammengefügten Steinen und eine Stange, an der eine Fahne flatterte.

«Schau dort!» rief Karma triumphierend, «die tibetische Flagge!»

Eine bunte Fahne blähte sich im Wind. Carrie betrachtete sie verwundert, noch nie hatte sie ein solch farbenfreudiges Staatswappen gesehen: Die mit gelbem Band eingerahmte Fläche wurde durch die Diagonalen in vier Dreiecke aufgeteilt. Das unterste war in Blau gehalten, es symbolisierte die Berge; es enthielt zwei gegeneinanderstehende Leoparden. Das Zentrum der Fahne wurde von einer gelben Sonne gebildet, die gleichsam aus der blauen Bergspitze herauswuchs, als würde sie frühmorgens aufgehen. Von ihr gingen radial je sechs wechselweise rote und blaue Zungen aus, die sich wie Strahlen gegen den Rand hin verbreiterten.

Carrie wandte den Kopf; sie sah, wie Karma strahlenden Gesichtes auf die Fahne zuging und in einem Anflug von Patriotismus voll Stolz die uralten Symbol-Verse vom heraldischen Wappen des alten Tibet sprach:

133 «Herze der Gletscher,
Quelle der Ströme,
Raum der Weite,
Ort der Reinheit!»

Zwei mit Gewehren bewaffnete Grenzbeamte in Lammfell-
mänteln und bis auf die Augen herabgezogenen Pelzmützen
überprüften die Reisenden und ihr Gepäck. An der Strassen-
seite waren Lastwagen aufgestellt, und Maultiertreiber kam-
pierten im Schatten eines Felsens. Weiter oben, im Geröll,
weidete eine Herde zottiger Ziegen. Carrie zeigte ihren Passierschein. Einer der Beamten drehte ihn misstrauisch zwischen den Fingern und reichte ihn dann seinem Gefährten, der
ihn ebenfalls mit zweifelnder Miene in Augenschein nahm
und dann damit in der Hütte verschwand. Einen Augenblick
später tauchte er wieder auf und liess respektvoll einem
Beamten den Vortritt, der eine Uniform mit vergoldeten
Knöpfen und Wickelgamaschen trug. Der Neuangekommene
wandte sich mit näselnder Stimme an Karma, die ihm, stolz
aufgerichtet, vom Pferd herab mit allen Zeichen der Verachtung antwortete. Schliesslich schien der Zöllner zufrieden. Er
gab Carrie ihren Ausweis zurück und verneigte sich mit
Ehrerbietung. Die Strasse war frei. In einer Staubwolke zogen die Pferde und die Maultiere weiter. Die Karawane ritt
an einem Hügel aus aufgeschichteten Steinen vorbei, auf dem
schmutzige, vom Wind zerfetzte vielfarbene Gebetsfahnen
traurig an Stangen hingen. Carrie schaute Karma an, die
ihren Blick mit einem glücklichen Lächeln erwiderte.
Endlich befanden sie sich auf tibetischem Boden!

15

Bald nach Sonnenaufgang überquerte der Reitertrupp den
Natu-Là-Pass und gelangte auf eine weite, vom Wind ge-
peitschte Hochfläche. Dann begann der Abstieg in das
Tschumbi-Tal, das vom schäumenden Amochu, dem wilden
Himalayafluss, durchzogen wird. Soweit das Auge reichte,
bedeckten Tannenwälder und dichte Rhododendronbüsche
die von tiefen Schluchten durchfurchten Bergflanken. Der
Boden war mit weichem, federndem Moos bedeckt, in das die
Pferdehufe mit schmatzendem Geräusch einsanken. Steinige
Saumpfade wanden sich die Felswände empor; hoch über dem

Tal breitete ein Adler in königlichem Flug seine Schwingen aus. Carrie musste an Rama Singhs grossen Papierdrachen denken . . .

Mehrmals mussten die Reiter zwischen Himmel und Felsen über Wildwassern aufgehängte, schwankende Brücken aus Lianen, Bambushölzern oder Baumstämmen benützen. Der Trupp sass ab, und die Männer führten die Maultiere oder Pferde am Zügel. Der gegen die Mitte hin stark abfallende Steg schwankte und bebte immer wieder gefährlich zwischen den steil aufragenden Felswänden, während tief unten das Wasser mit ohrenbetäubendem Dröhnen über die schlüpfrigen, grünbemoosten Steine des Bachgrundes dahinschäumte.

Gewöhnlich überwanden Digum, Nagpo und die übrigen Pferde solche Hindernisse ruhig und ohne sich zur Wehr zu setzen. Die leicht erregbaren Maultiere dagegen sträubten sich jedesmal mit allen Kräften. Einmal wurde ein Maultier mitten auf der Brücke von panischer Angst ergriffen und schlug nach hinten aus. Sein Huf traf mit voller Wucht den Diener Sonam an der Schläfe, so dass er stürzte und bewusstlos liegenblieb. Sogleich entstand eine heillose Verwirrung. Die Maultiere erfüllten die Luft mit misstönenden Schreien. Die Pferde wieherten, und die tibetischen Pferdebegleiter fluchten und schimpften. Die Brücke zitterte und schwankte hin und her. Die an Felspfeilern befestigten Lianen-Tragseile dehnten sich mit beängstigendem Aechzen und Knarren. Schliesslich gelang es den Maultiertreibern, die verwirrten Tiere zu beruhigen und ans andere Ufer zu bringen. Sonam kam rasch wieder zu sich, aber seine rechte Gesichtshälfte war so stark angeschwollen, dass er kaum mehr ein Auge öffnen konnte. Er war kräftig gebaut, von dunkler Hautfarbe, und Carrie sagte sich, er habe viel Glück und einen harten Schädel; einem anderen, weniger robusten Mann hätte der Hufschlag wohl das Schläfenbein gebrochen. Da sie keine anderen Arzneimittel zur Verfügung hatte, gab sie Sonam eine von Miss Stockwards Aspirin-Tabletten. Er schluckte sie anfangs sehr misstrauisch; als er aber während der folgenden Tage von starken Kopfschmerzen gequält wurde, kam er doch noch öfters zu Carrie und bat um weitere Tabletten.

Je tiefer die Karawane ins Himalaya-Gebiet vorstiess, desto

mehr empfand Carrie eine seltsame Verwandlung ihres eigenen Wesens. Sie fühlte sich als ein Teil der Landschaft, schwebend leicht und beschwingt wie der Wind dieser Berge. Ihr war, als stehe sie nun ungeduldig an der Schwelle eines besonderen, ganz ausserordentlichen und wunderbaren Abenteuers. Aber war dieser Zug übers Gebirge in ein fernes Land nicht schon aberteuerlich und seltsam genug?

Sie hatte sich an das Leben zu Pferd gewöhnt und fand es herrlich. Mit jedem Tag fühlte sie sich kräftiger und ausdauernder. Zu ihrer Verwunderung hatte sie einen starken Sonnenbrand; Stirn und Wangen schälten sich, und eine neue zarte Haut kam zum Vorschein. Karma dagegen wachte sorgfältig darüber, dass ihr Teint stets tadellos weiss blieb und keine Spur der Sonnenstrahlen zeigte. Wenn sie wegen der Hitze die Fuchspelzmütze nicht tragen konnte, band sie sich ein Seidentuch um die Haare und setzte einen leichten Strohhut auf.

Aber auch wenn die Sonne mit aller Kraft herniederbrannte, blieb doch die Luft stets eiskalt. Nachts krachte der hartgefrorene Boden unter den Schritten der Tiere, und weisse Dampfwolken standen vor den Nüstern der Pferde. Die Diener drängten sich eng um die heisse Asche der Feuerstellen, um Schlaf zu finden.

«Sicher ist schon irgendwo Schnee gefallen», sagte Karma. «Wir haben dieses Jahr grosses Glück. Oefters sind Karawanen, die zum Neujahrsfest nach Lhasa aufbrachen, wegen der Schneefälle wochenlang in irgendeinem trostlosen Dorf steckengeblieben!»

Das Gehölz dieser Gegend war ein Paradies der Gazellen. Man sah sie zwischen den Tannen dahineilen; ohne Furcht näherten sie sich der Karawane. Die Männer lachten und griffen nach ihren Waffen. Da Carrie inzwischen immer besser tibetisch verstand, konnte Samdup Nyamgal ihr erklären, dass die Gazellen zwar den Geruch der Maultiere und Pferde witterten, nicht aber den der Menschen. Er spielte mit dem Finger am Abzug seines Gewehrs.

«Sie sind sehr leicht zu jagen», sagte er. «Unsere Religion verbietet uns zwar das Töten von Tieren, aber es gibt viele Leute, die sich an dieses Gesetz nicht halten. Die Khampas zum Beispiel sind sehr gewandte Jäger.»

136

Khampas ... der Name weckte eine Erinnerung in Carrie: sie dachte an ihr letztes Gespräch mit dem General Sri Rahendra. Er hatte von diesen unversöhnlichen kriegerischen Nomaden gesprochen, die die chinesische Besatzung immer wieder unerbittlich bekämpften. Sie wandte sich nach Karma um, die weiter hinten in der Kolonne ritt.

«Was sind das für Leute, die Khampas?» fragte sie.

Die Freundin verzog voll Verachtung den Mund: «Diebe und Räuber! Ihretwegen müssen meine Leute ständig Waffen tragen!»

«Diebe?» fragte Carrie verblüfft zurück. — Soweit sie sich erinnern konnte, hatte der General keineswegs dieses Schimpfwort gebraucht, als er damals von den Khampas sprach.

«Sie bilden einen Stamm in Grosstibet, einem Gebiet, das zwischen Zentraltibet und China liegt und sich bis zur Hochebene von Tschangtang hin erstreckt. Teils gibt es dort eine magere Kümmervegetation, teils ist es eine Sandwüste; keine anderen Menschen können dort leben. Die Khampas waren immer Rebellen, die sich der Autorität der Regierung widersetzten. Wir Einwohner von Lhasa leben mit den Chinesen in gutem Einvernehmen; wir haben uns damit abgefunden, dass sie im Land sind, auch wenn uns dies nicht gefällt. Die Khampas aber, diese sturen, ungehobelten Wilden schaden uns nur, wenn sie auf eigene Faust gegen die Abgesandten Pekings Krieg führen.»

Sie runzelte die Stirn: «Es sind Leute, die einer anderen Rasse angehören als wir, Barbaren, die in Filzjurten geboren und aufgewachsen sind. Sie essen rohes Fleisch und trinken Kamelmilch dazu! ... Pfui Teufel!»

Sie hatte sich in Wut geredet; ihre schwarzen Augen schossen Blitze. Carrie unterdrückte ein Lächeln. Sie wusste, Karmas Worte waren nichts weiter als ein Ausdruck der Denkart ihrer Umgebung, wo man jeder Veränderung der bestehenden Zustände feindlich gesinnt war und Angst hatte, die ererbten Vorrechte zu verlieren.

137

Rund um das Tal erhoben sich majestätisch die silberglänzenden Berge. Karma zeigte der Freundin einen alleinstehenden Gipfel, der in seltsamer Dreiecksform aus allen anderen hervorstach. Er trug den Namen Tschomolhari, ‹Schneekönigin›, und überragte als ‹heiliger Berg› die Stadt Phari, die das nächste Ziel ihrer Reise sein sollte.

Phari erwies sich dann wenig später als die schmutzigste Stadt, die Carrie je in ihrem Leben gesehen hatte. In den abschüssigen Strassen häufte sich ein Durcheinander von Steingeröll, schmutzigen Kramläden, von Hühnern, Ziegen, Abfällen und Yakmist. Die schwarzen und weissen Häuser mit ihren schiessschartenartigen Fenstern, die sich an den Steilhängen übereinandertürmten, besassen zum Schutz gegen Wind und Frost ein in die Erde gebautes Wohngeschoss. Die Einwohner traten beim Durchzug der Karawane ehrfürchtig gegen die Hauswände zurück und musterten Carrie mit misstrauischen oder gar feindseligen Blicken. Die Frauen hatten das Haar zu struppigen Zöpfen geflochten und trugen die üblichen schmutzstarrenden Kleider aus Lammfell. Trotz der bissigen Kälte hing bei einigen der völlig zerlumpte Mantel nur lose über den Schultern, und an den Füssen hatten sie grosse Holzsohlen mit einer Lederschlaufe an den nackten Zehen befestigt. Ein paar Frauen mit platten Nasen und fettglänzenden Gesichtern trugen Tücher um die Schultern, in die in Lumpen gehüllte Kleinkinder mit schmutzverklebten Augen und triefender Nase eingebunden waren.

Man hätte meinen können, es handle sich um das achte Weltwunder, so stolz war Karma auf das Postamt von Phari. Mehrmals zeigte sie Carrie das baufällige Haus, das durch eine kanarienvogelgelbe Tafel mit tibetischer, englischer und chinesischer Aufschrift gekennzeichnet war.

Die Karawanserei von Phari trug den stolzen Namen ‹Hotel des grossen Komforts›. Sie war ein grosses, abstossend hässliches Gebäude und lag in der Mitte des Basars. Die Zimmer glichen kleinen, sehr schmutzigen Mönchszellen und gingen alle auf eine Galerie, die einen Innenhof mit gestampftem Lehmfussboden umschloss. Hier gab es Ställe, Vorratsräume und auch einen raucherfüllten Gemeinschaftsraum mit niederen, wackeligen Tischchen sowie in die Wand eingelassene Kachelöfen, ‹Kangs› genannt, die von der Küche aus geheizt wurden. Man konnte sich dort aber auch bequem zum Schlaf ausstrecken.

Während die Pferdepfleger und die Männer der Begleitmannschaft die Tiere absattelten und striegelten, betraten Samdup Nyamgal, Carrie und Karma den Gemeinschaftsraum, um über den Preis für die Beherbergung zu verhandeln. Der Besitzer, ein kleiner beleibter und abstossend hässlicher Mann mit dickem Hals, stürzte mit vielen Verneigungen auf sie zu, wies ihnen die besten Plätze auf dem Kang an und brachte ein paar unsaubere Becher mit heissem Buttertee herbei.

Samdup Nyamgal begann hart und unnachgiebig mit dem Wirt zu feilschen; Carrie und Karma streckten sich auf dem Kang aus. Als Unterlage dienten einige ausgefranste, aber einigermassen weiche Kissen, und bald umhüllte eine wohlige Wärme die beiden Freundinnen, die sich einem angenehmsanften Halbschlaf überliessen.

Die flackernde Herdflamme und ein wenig Tageslicht, das durch das kleine Fenster sickerte, liessen den Raum im Halbdunkel. Die abgestandene Luft war schwer vom Geruch nach Schweiss, Fett und Holzrauch. Die Maultiertreiber, die zu arm waren, um einen Platz auf dem Kang bezahlen zu können, lagerten sich rund um das Herdfeuer. In einer Ecke sassen drei junge, in schmutzige Kutten gehüllte Mönche mit glatten kahlrasierten Schädeln und leerten mit den Fingern ihre Reisschalen.

Plötzlich öffnete sich die Tür, ein eisiger Windstoss drang in den Raum. Zwei Männer traten ein. Carrie richtete sich erstaunt auf. Fast unmerklich und ohne dass sie sich über den Grund klar wurde, hatte die Atmosphäre im Raum sich verändert und schien wie elektrisch geladen. Die Mönche hatten ihre Reisschalen auf den Tisch gestellt, die Maultiertreiber zogen furchtsam die Schultern ein und rückten noch näher um das Feuer zusammen. Langsam näherten sich die Neuankömmlinge der Mitte des Zimmers, und erst jetzt sah Carrie, dass es Chinesen waren!

Die hochgewachsenen Männer trugen zur Uniform aus dichtgewobener olivgrüner Leinwand Wickelgamaschen und eine Mütze mit dem roten Stern der chinesischen Armee. Ein langer Mantel aus dickem, ebenfalls olivgrünem Stoff hing um ihre breiten Schultern. Im Halbdunkel erschienen ihre Gesichter heller als die der Tibeter, aber vollkommen aus-

druckslos, wenigstens soweit Carrie dies feststellen konnte.
Einer der beiden trat mit lässigem Schritt zum Feuer, kauerte
sich nieder und grüsste die Maultiertreiber mit einem Kopfnicken. Die Tibeter erwiderten den Gruss zurückhaltend. Der
zweite Chinese näherte sich dem Wirt der Herberge und
sprach ihn auf tibetisch an. Soviel Carrie verstehen konnte,
verlangte er einen Becher Tee. Der Wirt beeilte sich, die
Bestellung auszuführen, und der Chinese klaubte aus seiner
Tasche einige Münzen und reichte sie dem Dicken, der das
Geld mit untertänigem Lächeln in Empfang nahm. Mit den
beiden Teebechern in der Hand kam der Chinese, der sich
offenbar zu seinem Kameraden setzen wollte, am Kang vorbei. Im engen Durchgang streifte er die Füsse der beiden
Mädchen, die da in ihre Pelze gehüllt lagen, und murmelte
eine Entschuldigung. Er war so gross, dass er sich bücken
musste, um beim Gehen nicht mit dem Kopf an die Decke zu
stossen. Im Licht des Herdfeuers erschien sein Gesicht mit den
glatten Zügen jugendlich, mit hohen Backenknochen und
einer feingeschnittenen geraden Nase.
Nach einiger Zeit setzten die Mönche geräuschvoll schmat-
zend ihre Mahlzeit fort, und die Maultiertreiber nahmen mit
gedämpfter Stimme ihre unterbrochene Unterhaltung wieder
auf. Die Chinesen tranken schweigend ihren Tee und hielten
die Hände über die Glut des Herdfeuers.
Samdup hatte sich endlich mit dem Wirt einigen können
und verliess den Raum, um die Unterbringung des Gepäcks
zu überwachen und um Wachen für die Nacht zu bestimmen.
Plünderungen, Raub und Diebstahl kamen gerade in solchen
Karawansereien sehr häufig vor.
Die Männer der Begleitmannschaft hatten inzwischen die
Tiere versorgt und kamen einer nach dem anderen herein, um
sich zu wärmen und Tee zu trinken. In kurzer Zeit war der
Raum bis auf den letzten Platz besetzt, und bald war die Luft
dick wie zum Abschneiden. Carrie sah, wie der junge Chinese
sich zu den Maultiertreibern wandte und das Wort an sie
richtete. Die Tibeter musterten ihn misstrauisch und schüttel-
ten dann verneinend den Kopf. Mit dem Teebecher in der
Hand hatte sich der kleine Pferdepfleger Tensing vor dem
Feuer niedergekauert. Der Chinese richtete auch an ihn einige
Worte. Tensing lächelte verlegen und wandte seinen Blick

Karma zu, die die Kissen des Kang beiseite stiess und sich aufrichtete. Der Chinese war Tensings Blick gefolgt; er erhob sich und trat höflich grüssend auf die beiden Mädchen zu. Er sprach das Tibetische ohne jeden Akzent, so dass selbst Carrie ihn verstand.

«Verzeihung, wenn ich Sie störe», sagte er zurückhaltend, «ich bin Dr. Cheng Li, vorübergehend dem Krankenhaus in Lhasa zugeteilt. Mein Assistent und ich unternehmen gegenwärtig eine Informationsreise nach einigen tibetischen Städten, um Näheres über den Gesundheitszustand der Bevölkerung in Erfahrung zu bringen. Wenn einer Ihrer Leute sich krank fühlen sollte oder an den Folgen eines Unfalls leidet, so möchten wir gerne unsere Hilfe anbieten. Selbstverständlich ist die ärztliche Behandlung unentgeltlich.»

«Vielen Dank», erwiderte Karma kalt. «Meine Leute sind alle bei bester Gesundheit. Wir brauchen nichts.»

Carrie schlug die Kapuze ihres Pelzmantels zurück und richtete sich unvermittelt auf. Ihr Gesicht erschien mit einem Mal im vollen Feuerschein, und die schwarzen Augen des Chinesen blickten betroffen und erstaunt auf sie. Carrie fasste sich ein Herz und stotterte in ihrem äusserst mangelhaften Tibetisch: «Da ist aber doch Sonam mit seinen Kopfschmerzen, er hat einen Hufschlag von einem Maultier erlitten!»

«Nicht der Rede wert!» unterbrach sie Karma. «Er ist bereits wieder völlig wohlauf!»

Sie warf dem Arzt einen nicht sehr freundlichen Blick zu und wiederholte: «Wirklich, wir brauchen keine Hilfe.»

Die Züge des Chinesen waren unbeweglich wie zuvor. Er grüsste ebenso höflich wie zu Beginn der kurzen Unterredung und setzte sich wieder zu seinem Kameraden. Carrie starrte die Freundin völlig entgeistert an:

«Also das ist wirklich die Höhe! Jeden Tag kommt Sonam zu mir und verlangt Aspirin gegen seine Kopfschmerzen. An der Schläfe hat er eine Beule so gross wie ein Hühnerei! Der Arzt da hätte ihn untersuchen können. Man sagt, die chinesische Medizin sei besonders gut entwickelt und könne Wunder wirken!»

141 «Sonam hätte sich niemals von ihm behandeln lassen. Die Tibeter sind misstrauisch gegen fremde Heilmittel, besonders gegen chinesische.»

«Dummes Zeug!» rief Carrie gereizt. «Mein Aspirin hat er ja
auch genommen!»

«Das ist etwas ganz anderes. Zu dir hat er Vertrauen, weil du
mein Gast bist.»

Sie sprach mit zusammengezogenen Brauen und trug wieder
jene starre, unbeugsame Miene zur Schau, die Carrie so gut an
ihr kannte. Versöhnlicher fuhr sie fort:

«Die meisten Tibeter sind kräftig und widerstandsfähig! Kinder, die zu schwächlich sind, sterben früh. Wird jemand
krank, so sucht man die Mönche im Kloster auf. In der Nähe
von Lhasa gibt es eine grosse Mönchsschule, wo Medizin nach
den heiligen Vorschriften des Buddhismus gelehrt wird. Man
lernt dort die Heilkräfte der Pflanzen kennen und wird auch
in die Geheimnisse des Gebrauchs von Amuletten und rituellen Beschwörungsformeln eingeweiht, mit denen böse Geister
vertrieben werden.»

«Ich sehe schon», sagte Carrie resigniert, «von Chirurgie hört
man dort selbstverständlich überhaupt nichts!»

«Natürlich nicht!» wich Karma entrüstet aus, «die Ueberlieferung verbietet uns streng, den menschlichen Körper auch
nur anzurühren.»

Carrie seufzte verzweifelt. Wieder tauchte das Bild ihres
Vaters in ihrer Erinnerung auf; sie musste an seine Verbitte-
rung, an seine Enttäuschung, aber auch an seinen manchmal
ausbrechenden Zynismus denken. Wieviel Menschen in Asien
und anderswo blieben auch heute noch Sklaven dieses in all
den Jahrhunderten der Unwissenheit gewachsenen Aberglau-
bens!

«Manchmal wird ein chirurgischer Eingriff aber trotzdem
nicht zu umgehen sein!» erwiderte sie Karma und sprach
dabei lauter als vorgesehen. «Wenn du eines Tages an einem
Kieferabszess leidest oder an einer Blinddarmentzündung,
wirst du dich dann auch nicht operieren lassen, nur weil die
Tradition es verbietet?»

Karma war keineswegs böse und lachte gutmütig:

«Sicher nicht! Aber du darfst nicht vergessen, ich bin eben
schon stark westlich beeinflusst!»

Die beiden Chinesen hatten ihren Tee ausgetrunken. Sie erhoben sich und zogen die Mäntel an. Um zum Ausgang zu

kommen, mussten sie an den beiden Mädchen vorbeigehen. Der eine, der zuvor mit ihnen gesprochen hatte — Carrie war sein Name schon wieder entfallen — deutete beim Vorbeigehen mit einem leichten Kopfnicken einen Abschiedsgruss an. Einen Augenblick lang fiel sein Blick auf Carrie, die in ihren Pelz gehüllt verstohlen zu ihm hinschaute. Sie wurde über und über rot und senkte die Augen. Ohne jeden Grund kam sie sich ziemlich töricht und zudem recht feige vor.

16

Die Reisenden verliessen Phari noch während der Nacht. Es war bitterkalt. Das Geklapper der Pferde- und Maultierhufe tönte hart und trocken durch die winkeligen Gassen; die tiefe Stille ringsum verstärkte den Nachhall. Nebeldunst umflorte die Sterne; vereinzelte Schneeflocken fielen in der Dunkelheit. Gleich unförmigen schwarzen Würfeln duckten sich die Häuser an die Berghänge. Am Ausgang der Stadt peitschte ein eisiger Ostwind die Gesichter der Reiter. Carrie hatte mehrere Pullover übereinander angezogen; sie trug zwei Paar Socken, ihren Pelzmantel, und über der Kapuze noch einen Wollschal, und trotzdem fror sie bis ins innerste Mark. Das Heulen eines Hundes und der durchdringende Geruch nach Fett und Urin in der Herberge hatten sie lange wachgehalten; sie fühlte sich unausgeruht und war schlecht gelaunt. Beim Wecken schien ihr, sie habe kaum einige Minuten geschlafen. Der am Vorabend schon zubereitete Tee war in aller Eile aufgewärmt worden und schmeckte abscheulich. Mit Magenkrämpfen hatte sie sich in einen Winkel hinter dem Stall geflüchtet und das Morgengetränk wieder von sich gegeben.

Zwischen Phari und dem sieben Tagereisen entfernten Gyangtse, dem nächsten Ziel der Karawane, dehnte sich eine riesige Hochebene, die gelegentlich von niedern Hügelzügen unterbrochen wurde. In der Morgenfrühe tasteten sich die ersten zaghaften Sonnenstrahlen über unzählige Bodenwellen hinweg, die an die bewegte Oberfläche eines grenzenlosen Meeres erinnerten. Seltsam tiefhängende Wolken, purpurn und blaugerändert, trieben im Wind dahin; die ins Groteske verzerrten Schatten der Reiter schienen hinter ihnen her über den Boden zu huschen. Immer schneller und schneller bewegte sich die Karawane vorwärts. Die Pferde schwärmten im Halbkreis aus und galoppierten wie rasend mit geweiteten Nüstern. Digum wieherte wild und ungeduldig. Lachend hielt Karma ihn zurück.

«Wenn ich ihm die Zügel schiessen liesse», sagte sie, «hätte er gleich die ganze Karawane auf den Fersen, auch die Lasttiere! Das gäbe ein schönes Durcheinander!»

Am frühen Nachmittag machte Karma die Freundin auf ein paar dunkle Punkte aufmerksam, die sich, weit in der Ferne, langsam fortbewegten. Carrie kniff die Augen zusammen: «Was kann das wohl sein», fragte sie.

«Ganz sicher sind es Yaks! Irgendwo müssen dort Nomaden ihr Lager aufgeschlagen haben.»

Mit der Karawane rückten auch die dunklen Punkte immer weiter in westlicher Richtung vor. Bald waren Filzjurten zu erkennen: zwei oder drei über die rückwärtsliegenden Hügel verstreut. Beim Herannahen der Karawane sammelten sich die Nomaden vor den Zelten und hielten mit Mühe ihre Hunde zurück, die ein wildes Gebell hören liessen. Zwischen den Geländefalten sah man eine Schafherde, die von zwei kleinen, aufgeregten Hirten zusammengetrieben wurde. Offenkundig gehörten die Jurten derselben Familie und dienten jeweils etwa zwölf Personen als Obdach. Aus Yakwolle gewobene Filzbahnen bedeckten die kegelförmig aufgestellten Zeltpfähle; an der Spitze war eine Oeffnung ausgespart, durch die ein dünner Rauchfaden abzog. Ein starker Geruch nach Talg und ranzigem Fett lag über dem ganzen Lager. Die Nomaden trugen Schafspelze, die mit roten oder grünen Stoffstreifen verziert waren. Unzählige, mit Muscheln und Amuletten geschmückte winzige Zöpfchen rahmten die kupferfarbenen Gesichter der Frauen ein. Wie Carrie später von Karma erfuhr, war dieses Zöpfebinden ein ritueller Brauch bei den Nomaden des Nordens: in genau 108 Zöpfe mussten die Haare geflochten werden, wenn man sich des Wohlwollens der Götter erfreuen wollte!

Samdup Nyamgal gab den Männern des Begleittrupps den Befehl, ihren Weg mit Maultieren, Hunden und Ersatzpferden fortzusetzen, während er mit einem Teil der Karawane zurückbleiben und Frischfleisch einhandeln wollte.

Die Nomaden begrüssten die Ankömmlinge lächelnd und ehrerbietig, zeigten aber keine Spur von Unterwürfigkeit. Während Samdup Nyamgal mit einem hageren weissbärtigen Alten verhandelte, der allem Anschein nach der Anführer des Lagers war, lud eine junge Frau die übrigen Reisenden mit freundlichem Lächeln ein, zu ihr ins Zelt zu kommen.

In der Mitte der Jurte brannte in einer Vertiefung ein Feuer, das mit Buschwerk und trockenem Yakmist genährt wurde. Der Rauch war so dicht, dass Carries Augen sofort zu tränen begannen, und der Gestank nach Talg, vermischt mit Resten von Yakfett und einem billigen Parfum, drehte ihr fast den Magen um. In einem Winkel stand ein kleiner, mit rotem Seidenstoff bespannter Altar, auf dem vor einem primitiven Bild des Dalai-Lama eine Votivlampe brannte. Ueberall türmten sich Warenballen, Stofflappen, Yak- und Schafhäute und einfaches, aus Birkenholz gefertigtes Küchengerät.

Die Frau begann sofort Tee für ihre Gäste zu bereiten. Sie war schlank und anmutig, mit roten Wangen und glänzenden Augen. Plötzlich wirbelte ein Luftzug den Rauch zur Seite; ein kräftig gebauter Jüngling mit struppigem Haarschopf betrat die Jurte, gefolgt von einem älteren dunkelhäutigen Mann, der ein Gewehr trug; an seinem linken Ohrläppchen baumelte ein Ring. Die Frau wandte sich lachend an Karma, die ihre Worte für Carrie übersetzte:

«Die Frau heisst Yudon. Und das da sind Gyurmè und Phurbu, ihre beiden Männer!»

«Nicht möglich!» rief Carrie, die auf eine solche Ueberraschung nicht vorbereitet gewesen war.

Sie wusste von Karma, dass in Tibet eine Frau häufig mit mehreren Brüdern aus derselben Familie verheiratet war, um damit eine Zersplitterung des Familienvermögens zu vermeiden und die Einheit der Sippe aufrechtzuerhalten. Manchmal — besonders in begüterten Familien — heiratete auch der Mann zwei oder drei Frauen aus diesem Grunde oder um das Ansehen zu mehren. Karma selbst hatte eine Cousine, die die Gattin zweier Männer war, und ihr alter Onkel nannte sogar vier Frauen sein eigen. Sicher hatten diese Ehebräuche ihren guten Grund, aber auf Carrie wirkten sie doch stets verwirrend!

Noch hatte sie sich von ihrem Staunen nicht erholt, da betraten Samdup Nyamgal und der Anführer des Lagers — wie sich herausstellte, der Vater der jungen Frau — die Jurte, und einige in Lumpen gekleidete, schüchtern blickende Kinder folgten ihnen atemlos. Man trank Tee, und Gyurmè, der jüngere der beiden Männer, brachte zwölf auf einer Schnur aufgereihte Yakkäse herbei, die dicken weisslichen Kugeln glichen. Karma beschnupperte sie mit Kennermiene. Nach einem kurzen Wortwechsel mit seinem Schwiegervater entsicherte Phurbu sein Gewehr und verliess die Jurte. Die Kinder liefen unruhig hin und her und flüsterten untereinander. Einen Augenblick später hörte man einen Schuss fallen.

«Das wäre erledigt!» verkündete Karma freudig. «Heute abend gibt es Lammbraten!»

Carrie war verblüfft: «Ich dachte, der Buddhismus verbietet das Töten von Tieren», fragte sie zweifelnd.

Karmas schwarze Augen funkelten schelmisch.

«Das ist richtig», sagte sie, «aber wie der Schwiegervater uns erklärte, hat sich leider ein Schaf seiner Herde vor ein paar Tagen schwer verletzt, als es vom Felsen stürzte. Die Nomaden rechneten nicht mehr mit seinem Aufkommen und hielten es für besser, das Tier von seinen Qualen zu erlösen...»

Weiter ging der Marsch durch die sonnenüberflutete Herbststeppe, die je nach der Tagesbeleuchtung in gelben, violetten oder tiefbraunen Farbtönen aufflammte. Als man sich dem Kala-See näherte, sickerten unzählige Rinnsale aus der sumpfigen Erde und verlangsamten das Marschtempo der Tiere. Der während der Nacht gefrorene Boden war am frühen Morgen hart und rissig, aber schon während des Vormittags wurde er unter der bleiernen Sonnenhitze weich und blieb als schwammiger Schlamm schwer an den Pferdehufen haften. Am Abend des dritten Tages erreichte die Karawane den Gipfel eines kleineren Hügels. Carrie stiess einen Ruf der Ueberraschung aus. Soweit das Auge reichte, dehnte sich in tiefem Kobaltblau eine riesige glatte Wasserfläche, in der sich die schneebedeckten Berggipfel spiegelten.

146

«Der Kala-See», rief Karma begeistert.

Eine gewundene Strasse führte ins Tal; Pferde und Maultiere zogen nun in schwankend-rüttelndem Zug bergab.

Trugbild der Augen: Die Oberfläche des Sees schien sich gegen die Mitte hin nach oben zu wölben. Ein heller Widerschein überzog die unbewegliche Wasserebene. Manchmal glitten goldene Sonnenstrahlen über das dunkelgeflammte Seidentuch der feuchten Fläche und betupften es mit blitzenden, rot-grünen Sprenkeln. Einen Augenblick lang übergoss feuerfarbenes Leuchten die Berge mit dunklem Purpur, dann erlosch alles Licht; der See bedeckte sich mit Nebeldunst und versank, einer Traumvision gleich, im Halbdunkel.

«Die Durchsichtigkeit der Luft täuscht in bezug auf die Entfernungen», erklärte Karma der staunenden Freundin. «Wir meinten, der See liege zum Greifen nahe, in Wirklichkeit aber ist er noch viele Kilometer entfernt.»

In regelmässigen Abständen, die ziemlich genau einer Tagesreise entsprachen, waren an der Karawanenstrasse Schutzhütten errichtet, die sich als ein wahrer Segen für die Reisenden erwiesen. Manchmal waren die Steinbauten allerdings bereits verfallen, und nichts war übriggeblieben als eine traurige Hütte mit schlechtschliessenden Fenstern und gestampftem Lehmfussboden. Verkohlte Holzstücke und Asche bezeichneten die Feuerstelle. Aber wen störte diese Armseligkeit! Hauptsache, man war von vier Wänden umgeben und hatte ein Dach über dem Kopf, um sich gegen die beissende Nachtkälte zu schützen. Nachdem Karma und Carrie ein paar Mal in solchen Schutzhütten geschlafen hatten, entdeckten sie Läuse in Decken und Kleidern, ja selbst in ihren Haaren. Sie trugen diese Unannehmlichkeit mit Geduld und Humor, und während der Marschpausen lausten sie sich gegenseitig. Zum Glück gab es in der dünnen Luft dieser Hochfläche keine Wanzen!

Im harten Licht des Morgens ritten sie am Ufer des Kala-Sees entlang, der wie ein türkisblaues Meer blitzte und funkelte. Im Uferschilf nisteten Reiher, Enten und Eisvögel. Bisweilen kräuselte ein Windstoss das Wasser: dann erzitterte die Seefläche und wellte sich, als fahre der unsichtbare Kamm eines Riesen darüber hin.

«Die Chinesen bauen jetzt den Teilabschnitt der Strasse

Gyangtse - Phari», sagte Karma. «Bald kommen wir an der Baustelle vorbei.»

Tatsächlich sahen sie wenig später im Gegenlicht die Umrisse von Lastwagen, die am Fuss eines Hügels aufgereiht standen. Das helle Band der Strasse zog sich durch die bräunlich-dunklen Unebenheiten des Geländes.

«Eigentlich hätte die Strasse Phari noch vor dem Winter erreichen sollen», fuhr Karma fort. «Aber die grossen Klöster von Gyangtse sind ganz gegen dieses Projekt eingestellt. Und mit den ersten Schneefällen müssen die Arbeiten ohnedies unterbrochen werden.»

«Arbeiten nur Chinesen an dieser Strasse, oder sind auch einheimische Arbeitskräfte auf den Baustellen beschäftigt?» wollte Carrie wissen.

«Die Chinesen stellen Bauern an und zahlen ihnen einen festen Arbeitslohn», antwortete Karma. «Das ist für uns höchst nachteilig.»

Carrie erinnerte sich jetzt an ihr Gespräch mit dem jungen Ingenieur Sri Zahir, dem Schwiegersohn des Generals. Er hatte vom Tola-System gesprochen, jener unentgeltlichen Fronarbeit, die die tibetischen Leibeigenen traditionsgemäss den Klöstern zu leisten haben. Natürlich, mit der Zahlung fester Löhne an die Arbeiter brachten die Chinesen das ganze feudalistische System des Landes ins Wanken! Carrie verstand nun auch die Unruhe der Mönche und der Grossgrundbesitzer von Lhasa, deren hohe Einkünfte zum grössten Teil aus der Arbeit dieser Leibeigenen stammten. Die Chinesen erbauten und unterhielten aber auch Schulen und Krankenhäuser und führten ein Schulungsprogramm für die Bevölkerung durch, das mit den überlieferten Begriffen der tibetischen Wirtschaftsstruktur endgültig brach. Der Adel und die Geistlichkeit des Landes kannten die Macht Pekings; sie wagten nicht, ihre Unzufriedenheit offen zu äussern, weil sie Massnahmen befürchten mussten, die ihre Vorrechte in Gefahr bringen konnten.

Die Lastwagen waren in der Nähe einiger Zelte und Bauhütten aufgestellt. Arbeiter am Strassenrand zerkleinerten Steine und häuften sie zu niederen Hügeln auf. Andere versahen die Strasse mit einem Schotterbelag. Die Vorarbeiter, offensichtlich alles Chinesen, trugen die olivgrüne Uniform und die Mütze mit dem roten Stern. Wie Carrie überrascht feststellte, waren die meisten von ihnen überdurchschnittlich gross und überragten die kurzgewachsenen, untersetzten Tibeter um Haupteslänge. Sie dachte an die Cliché-Vorstellung vom ‹kleinen Chinesen› und musste lachen. In ihrer Erinnerung stieg das Bild jenes Arztes auf, dem sie in der Karawanserei von Phari begegnet war, und sie bedauerte, dass sie damals das begonnene Gespräch nicht fortgesetzt hatte.

Der Karawanenweg entfernte sich nun wieder von der neuen Strasse und stieg in regelmässigen Kehren aufwärts. Runde Bergkuppen erhoben sich in der Steppe; vor dem blaugrün leuchtenden Himmel zitterte die weisse Helle der Gletscher. Schneeflocken tanzten in der trockenen Luft. Unter dem eisigen Hauch des Windes kroch die lange Reihe der Maultiere und Pferde wie eine träge sich windende Schlange langsam bergwärts.

Gegen Abend kam die Karawane durch eine von Geländefalten durchzogene endlose Steinwüste. Wolkenfetzen zogen dicht am Boden hin und änderten ständig Gestalt und Färbung. Die Unterkunft, die sie mit Einbruch der Dunkelheit erreichten, war nichts weiter als eine Lehmhütte, die sich selbst schutzsuchend an eine Felswand anlehnte. Zwei schmutzig-zerrissene Gebetsfahnen flatterten gleich aufgehängten Wäschestücken im scharfen Wind.

Karma verlangte vom Koch für sich und die Freundin einen Eimer mit heissem Wasser, um Gesicht und Hände zu waschen. Carries Wangen brannten bei der ersten Berührung mit der Flüssigkeit wie Feuer. Eine seltsame Mattigkeit befiel sie und lähmte ihre Bewegungen. Ihr Magen revoltierte, die Zunge lag dick und schwer am Gaumen und eine spürbare Blutleere im Gehirn verursachte ihr Uebelkeit. Karma bemerkte als erste den Zustand der Freundin:

«Du spürst die Höhenkrankheit! Wir sind hier ja fast 3000 Meter hoch!»

149 «Mir ist ganz sonderbar . . .» stammelte Carrie verzweifelt.

Karma schüttelte den Kopf.

«Manche Tibeter glauben heute noch, den Bergen würden giftige Dämpfe entströmen. Natürlich sind diese Störungen

durch die Einwirkung der dünnen Höhenluft auf den Organismus zu erklären. Du musst einfach tief atmen und alle
heftigen Bewegungen meiden. In ein paar Tagen hast du dich
daran gewöhnt und spürst nichts mehr.»

‹Ganz gewiss spüre ich nichts mehr›, dachte Carrie mutlos
und einer Ohnmacht nahe, ‹denn dann bin ich längst tot.›

Sie sass kraftlos auf den Decken und beobachtete trübsinnig
die Freundin, die sich offenkundig sehr wohl fühlte. Karma
löste ihre Zöpfe, um sich gründlich zu kämmen. Im gelben
Licht der Oellampe glichen die lang auf die Schultern fallenden Haare einem prächtig glänzenden Federkleid. Ihre geschickten Finger betasteten einen Augenblick lang den Hin-
terkopf, dann zog sie mit triumphierendem Brummen die
Hand zurück und zerknickte ein kleines Etwas zwischen
Daumen und Zeigefinger.

«Wieder eine weniger!» sagte sie befriedigt.

Alle beide hatten sie nun Läuse als dauernde Begleiter. Schon
seit geraumer Zeit verzichtete Carrie darauf, ihre Schlafdek-
ken zu kontrollieren, und nachts wachte sie öfters auf, um
sich wie rasend zu kratzen.

Karma wurde beim Kämmen gesprächig und redete ununterbrochen. Einmal mehr bewunderte Carrie die Vitalität und
überbordende Energie der Freundin, der auch die schlimmste
Müdigkeit nichts anhaben konnte.

«Von jetzt an gibt es keine Schutzhütten mehr», sagte Karma.
«Die nächste Station ist das Kloster Gyangtse; dort sind wir
Gäste des Tschensal Tashi Rimposche.»

Karmas Stimme schien bei diesen Worten seltsam verändert;
Carrie bemerkte es trotz ihrer Mattigkeit und horchte auf. Sie
musste an bestimmte Gespräche denken, die sie im College in
Darjeeling mit der Freundin geführt hatte. Tschensal Tashi?
Der Name kam ihr bekannt vor. Mit einem Mal erinnerte sie
sich: Tschensal Tashi war der Vetter Karmas und galt als
Wiedergeburt eines heiligmässigen Lamas, der Jahrhunderte
zuvor gestorben war. Man hatte Tschensal von seiner Familie
getrennt, als er 8 Jahre alt war, und er war im Kloster
erzogen worden. Dort würden ihm später die von der vorhergehenden Reinkarnation ererbten kirchlichen Pfründe als
rechtmässigem Besitzer gehören. Es war dies kein ausserge-
wöhnliches Schicksal in Tibet, und gleichgültig ob der Rimpo-

150

sche von armen oder reichen Eltern abstammte, ob er Sohn eines Herrn oder eines Bauern war: immer gereichte seine Würde der Familie, aus der er stammte, zu hohen Ehren.

Carrie erinnerte sich aber auch all dessen, was Karma ihr sonst noch über den Vetter und über ihr Verhältnis zu ihm anvertraut hatte. Vieles war unausgesprochen geblieben, Carrie konnte es nur ahnen ...

«Aber haben wir denn das Recht, in einem Männerkloster zu schlafen?» fragte sie ausser sich vor Staunen.

«Es gibt dort einen eigenen Gästeflügel», sagte Karma. «Im übrigen kann niemand einem Rimposche verbieten, Mitglieder seiner Familie bei sich zu Besuch zu empfangen.»

Sie wandte das Gesicht ab und fuhr mit fast mechanischen Bewegungen fort, ihr Haar zu kämmen. Carrie kannte Karma nun schon so gut, dass sie aus dem seltsamen Verhalten der Freundin auf eine starke innere Erregung und Unsicherheit schliessen konnte. Vielleicht war Karma sogar rot geworden, aber im Halbdunkel konnte man es nicht sehen. — Einen Augenblick später klopfte man an die Tür, und ein Diener brachte eine Schüssel mit gerösteter Tsampa und stark gewürztem Hammelfleisch, dazu in Oel gebackene Kuchen und den unvermeidlichen ranzig schmeckenden Buttertee.

Der orkanartige Sturm hatte sich während der Nacht gelegt, aber mit Tagesanbruch erhob er sich wieder mit voller Stärke. Carrie hatte das Gefühl, sie würde durch die Urgewalt des Windes aus dem Sattel gehoben und wie eine Strohpuppe weit fortgetragen. Im eisigen Halbdunkel stemmten sich Pferde und Maultiere mit angelegten Ohren schräg gegen den Sturm, der mit seinem Dröhnen und Heulen jedes Wort unverständlich machte.

Der Karawanenweg stieg nun höher und höher, schnurgerade, soweit das Auge reichte; man hätte meinen können, er münde unmittelbar in den Himmel. Schon färbte Helligkeit den Horizont safrangelb und absinthgrün. Eine widerlich-weissliche Sonne schob sich unaufhaltsam zwischen die Gipfel; das Halbrund der Berge glänzte und funkelte wie flüssiges Glas. Die Karawane stieg weiter, Stufe um Stufe. Neue Bergmassen türmten sich auf: Mauern aus Glut und Granit, unüberschreitbare Ströme aus Gletschereis und Wände aus ewigem

Schnee. Je höher die Sonne sich erhob, desto mehr verringerte sich offensichtlich ihre Leuchtkraft und Helligkeit, während der tiefblaue, fast schwarze Himmel in dunklem, schreckenerregendem Glanz erstrahlte.

Die Furcht vor den entfesselten Naturgewalten machte die Tiere fromm und gehorsam. Die Maultiere liessen sich mit ihren schwankenden Lasten ohne Mühe vorantreiben, und die vorsichtigeren Pferde wählten aufgerauhte, unebene Stellen im Gelände, auf denen ihre Hufe nicht ausgleiten konnten. Halb betäubt, mit stockendem Atem ritt Carrie blindlings dahin und liess die Zügel schleifen. Die Karawane klomm langsam und mühevoll einen schmalen Saumpfad zwischen schwindelnd hohen Granitwänden empor, in denen sich der Sturmwind orgelnd verfing. In zahlreichen Windungen quälte sich der halsbrecherische Weg zwischen den Klippen hindurch, verbreiterte sich manchmal, um kurz darauf wieder um so enger zusammenzuschrumpfen. Bisweilen erschien, wie aus Silber gemeisselt, ein funkelnder Gletscher vor dem dunklen Himmel... Kein Baum ringsum, kein Grashalm, kein Vogel und kein Insekt: öde Wüstenei toter Steine und kläglich heulender Winde! Aus unsichtbaren Höhen stürzten Giessbäche auf glattes Gestein. Das Brausen des Orkans übertönte das Geräusch der fallenden Gischt: man glaubte einen langherabfallenden Seidenschleier stumm über die Felsen gleiten zu sehen.

Schon lag die östliche Wand im Dunkel, als sich die Berge mit einem Mal weiteten und der Weg sanft gegen einen mit Geröll bedeckten Abhang hin abfiel. Die Maultiere und Pferde beschleunigten den Schritt; Carrie fühlte trotz ihrer Erstarrung, wie Nagpo zitterte und plötzlich eine raschere Gangart anschlug. Sie richtete sich auf und ergriff die Zügel. Zwischen den Granitfelsen, die am Ausgang des Engpasses aufragten, erschien eine endlose Hochfläche, die weit, weit hinten von einer kaum sichtbaren Bergkette begrenzt wurde. Mitten in der Ebene erhob sich auf einem Hügel in Dreiecksform eine Art Spielzeugstadt mit wabenartig zusammengebauten Häusern, durchsetzt von frischgekalkten Tschorten,* aufragenden Tempeln und Kupferdächern.

---

*) Turmbauten bis 15 Meter Höhe, wie die 'Stupa' eine Reliquie enthaltend.

Karma hatte ihr Pferd neben das Reittier der Freundin gelenkt. Das Gesicht der jungen Tibeterin schien seltsam verändert. War es die Kälte oder die allgemeine Erschöpfung, die ihre sonst so gleichmässig ruhigen Züge mit einem Mal sorgenvoll-düster erscheinen liessen? Karmas Lippen formten einen Namen, aber im Lärm des Sturmwindes konnte Carrie ihn nicht verstehen. Sie beugte sich zur Freundin hinüber und rief so laut sie konnte:

«Was sagst du?»

«Gyangtse!» antwortete Karma ebenso laut. «Wir sind da!» Sie gab dem Pferd die Sporen und trieb es den Abhang hinab.

17

Die Karawane bewegte sich weiter und weiter in der Ebene vorwärts; der Hügel, der die Stadt überragte, wuchs vor den Augen der Reiter immer höher empor. Auf seinem Gipfel trug er eine mehrstöckige Festung, die gleich einem riesigen Vogelnest an der Bergwand zu kleben schien. Die Mauern — nach Carries Schätzung mussten sie mindestens 150 bis 200 Meter hoch sein — waren von winzigen schiessschartenartigen Fenstern durchbrochen. Dem Kamm des Hügels entlang lief ein zinnenbewehrter Wall, der in regelmässigen Abständen von wachturmähnlichen Gebäuden mit schrägem Dach unterbrochen wurde und die Stadt im Halbkreis schützend umgab.

In Gyangtse war Markttag: obwohl die Dämmerung gerade erst anbrach, erfüllte eine dichte Menschenmenge die engen Strassen. Ins allgemeine Gedränge mischten sich die roten Kutten der Mönche mit den Lasttieren, mit Hunden, Kindern und Erwachsenen, mit Arm und Reich. Freundlich lächelnd schritten sie mit kahlrasierten Köpfen, barfuss trotz der Kälte, unter der Menge auf und ab, drehten ihre Gebetsmühlen und nahmen die Schalen mit Reis entgegen, die ihnen die Händler anboten.

153

In den engen rechtwinkligen Strassen öffnete die dichtgedrängte Menge der durchziehenden Karawane bereitwillig einen Durchgang. Die Leute erkannten die einzelnen Mitglieder des Begleittrupps aus Lhasa und begannen zu flüstern. Ein schwitzender, schmutziger Hufschmied, der gerade ein Pferd beschlug, unterbrach seine Arbeit, stiess das Tier zur Seite und machte den Weg frei. Eine Frau stapelte die lackierten Steinguttöpfe, die sie eben erst zum Verkauf aufgestellt hatte, eiligst wieder aufeinander und machte lachend den schwerbeladenen Maultieren Platz. Unter dem aus Zweigen geflochtenen Dach einer Krämerbude erblickte Carrie einen Chinesen in grüner Uniform. Eine kleine untersetzte Frau mit kurzgeschnittenem Haar und runden Brillengläsern war bei ihm. Wie alle anderen Einwohner traten auch die fremden Soldaten an die Hauswand zurück, um die Karawane durchzulassen.

Zum Kloster führte ein Serpentinenweg hinauf, der in seiner gesamten Länge von weissen Steinen gesäumt war. Carrie fragte nach der Bedeutung dieser Steine, und Karma erklärte ihr, sie begrenzten einen heiligen Bezirk, den die bösen Geister nicht betreten konnten. Sie gab diese Erklärung kurz angebunden und fast widerwillig; man sah, sie war verwirrt und innerlich unruhig. Carrie beharrte nicht weiter auf ihren Fragen.

Die Karawane war jetzt am Fuss der Mauer angelangt, die den ersten Absatz des stufenförmigen Gebäudes bildete. Die eng ineinander gefugten Mauerblöcke schienen aus demselben Granitgestein geschnitten wie die rückwärtige Felswand, mit der sie fest verbunden waren, und deren altersgraue Farbe sie im Laufe der Jahrhunderte angenommen hatten.

Ein eisenbeschlagenes Portal öffnete sich in einen unterirdischen Gang, in dem im Gegenlicht ein rötliches Gewimmel seltsamer Gestalten zu erkennen war. Durchdringender Weihrauchdunst schnürte Carries Kehle zu. Hüsteln, Räuspern, unterdrücktes Rascheln: auf beiden Seiten des Ganges bildeten Mönche eine wispernde und flüsternde Ehrengasse. Der Widerschein der Butterlampen glänzte auf der mit einer phosphoreszierenden Moderschicht bedeckten Steinfliesen.

Die Reiter gelangten in Einerkolonne in einen weiten, nach oben offenen Innenhof, der auf allen vier Seiten von Galerien umsäumt war. Von einem Stockwerk zum andern gab es keine Treppen, sondern nur Holzleitern, auf denen die in

Kutten gehüllten Mönche mit affenartiger Gewandtheit hinauf und herabkletterten. Karma, Carrie und Samdup Nyamgal stiegen von ihren Reittieren. Wenn man die Augen erhob, konnte man nun im Halbdunkel die aufeinanderfolgenden Stockwerke der Gebäude sehen. Der Eindruck war überwältigend!

Ein Mönch mit schütterem Spitzbart näherte sich den Ankömmlingen unter vielen Verbeugungen, er bat sie mit Gesten, ihm zu folgen. Samdup Nyamgal rückte mit feierlicher Miene seinen Hut zurecht und begleitete die beiden Mädchen in einen zweiten, kleineren Hof, der offenbar vor kurzem mit Kalk frisch geweisselt worden war. Der alte Mönch gab einige Befehle, und drei junge Novizen in schmutzigen Gewändern näherten sich zaghaft. Sie trugen in ihren Händen Zinngefässe mit einer dicken weisslichen Flüssigkeit.

«Gezuckerte Yakmilch», sagte Karma, die Carries fragenden Blick aufgefangen hatte. «Trink, sie schmeckt wunderbar!»

Carrie nahm das Gefäss, das ihr der junge Mönch, er konnte höchstens 12 oder 13 Jahre alt sein, entgegenhielt. Beim Darreichen öffnete er den Mund, seufzte und zeigte seine rosige Zungenspitze. Carrie wusste, dass er mit dieser Geste seine Ergebenheit gegenüber den Gästen bezeugen wollte. Der Alte hatte sich inzwischen entfernt. Ohne mit der Wimper zu zucken, trank Carrie das dickflüssige, eklige Getränk, das nach ranzigem Fett schmeckte. Die jungen Mönche beobachteten sie aus ihrer Ecke, flüsterten miteinander und kicherten. Karma und Samdup Nyamgal, die inzwischen ebenfalls ihre Trinkgefässe feierlich geleert hatten, zogen aus ihren Kitteltaschen die ziemlich zerdrückten Khatas hervor. Karma reichte eines davon Carrie; ihre Miene war düster und ihre Züge wirkten verkrampft; sie blickte der Freundin nicht in die Augen.

Nun öffnete sich auf der gegenüberliegenden Seite des Hofes eine knarrende Holztür, ein hochgewachsener junger Mann trat heraus, gefolgt von dem alten Mönch, der sich in respektvollem Abstand hielt. Der Neuangekommene ging mit raschen Schritten auf die Reisenden zu. Er trug einen weiten braunroten Mantel und hohe Stiefel aus weichem Leder. Ein spitzer Hut aus gelber Wolle, der in seiner seltsamen Form einem Hahnenkamm glich, hing an einem Band von seiner linken Schulter herab. Mit glücklichem Lächeln grüsste Tschensal Tashi — denn er war es — Karma und segnete sie, indem er ihr beide Hände auf die Stirn legte. Dann verneigte er sich leicht und liess sich die Khatas um die Schultern legen. Auch Samdup Nyamgal näherte sich nun und legte dem Mönch ebenfalls eine Khata um. Tschensal Tashi begrüsste den Intendanten herzlich, er segnete auch ihn und wandte sich dann Carrie zu. Für einen Tibeter hatte er aussergewöhnlich grosse, nur wenig geschlitzte Augen; seine Gesichtsfarbe zeigte den matten, ein wenig kränklichen Ton eines Stubengelehrten, der wenig an die frische Luft kommt. Carrie musste vor sich selbst zugeben, dass er trotz der kurzgeschorenen Haare recht gut aussah. Er hatte ein edles, feingeschnittenes Gesicht und zeigte eine würdige, bescheidene Haltung. Sein ganzes Wesen strahlte natürliche Anmut und friedvolle Heiterkeit aus. Man spürte, wie das beschauliche Leben und die strenge religiöse Zucht, der er sich unterworfen hatte, seine Persönlichkeit prägten und ihn gleichzeitig doch auch lebendig-naiv und jungenhaft bleiben liessen. Bei der Vorstellung ihrer Freundin bediente sich Karma des Tibetischen, wie es in der Hauptstadt gesprochen wird, das Carrie mühelos verstand. Mit der Umgangssprache der Maultiertreiber und Landleute hatte sie dagegen oft Schwierigkeiten.

«Bitte entschuldigen Sie», sagte Tschensal Tashi und lächelte liebenswürdig, «ich hatte nie Gelegenheit Englisch zu lernen. Aber meine Kusine sagte mir, Sie sprächen sehr gut tibetisch.»

«Sie übertreibt», wehrte Carrie ab, «ich spreche und verstehe ein paar Worte, das ist alles.»

«Aber ich verstehe sehr gut, was Sie sagen; das wäre nicht möglich, wenn Sie nur ein paar Worte sprechen könnten!» antwortete Tschensal Tashi und lachte so spontan und herzlich, dass Carrie verblüfft war und nun selbst das Lachen nicht zurückhalten konnte. Dieser Mönch entsprach keineswegs dem Bild, das sie sich in ihrer Vorstellung von Tschensal Tashi gemacht hatte. ‹Allmählich kann ich Karma verstehen›, dachte sie mit einer Mischung von Heiterkeit und Bedrückung, ‹die sitzt mit ihrem Rimposche jetzt ganz schön in der Klemme!›

«Es ist mir eine grosse Ehre, Sie im Kloster empfangen zu können», fuhr der junge Mann fort. «Sicher sind Sie müde und hungrig. Ich lasse Sie jetzt auf Ihr Zimmer bringen. Selbstverständlich sind Sie heute abend meine Gäste. — Ich brenne darauf», schloss er zu Karma gewandt, «Einzelheiten über Ihren Aufenthalt in Darjeeling und über die verschiedenen Ereignisse auf Ihrer Reise zu erfahren.»

Er rief den jungen Mönchen einen Befehl zu, und sogleich verschwanden sie durch alle Türen und Tore. Wenig später durchwanderten Carrie und Karma unter Führung des alten Mönches, gefolgt von etwa zwölf Männern des Begleittrupps, die Decken, Kleiderbündel und Eimer mit heissem Wasser trugen, die gewundenen dunklen Klostergänge, in die ab und zu durch kleine Schiessscharten ein wenig Tageslicht fiel. Schliesslich stiess einer der Diener eine Holztür auf. Sie traten in ein Zimmer, das allem Anschein nach unmittelbar in den Fels gehauen worden war. Den Boden bedeckten Teppiche aus Yakfell; die beiden kleinen Fenster gingen auf einen Innenhof, in dem Mönche hin und her wandelten. Es gab keine Glasscheiben; ein eisiger Luftzug fegte durch die Zelle, weil die Fensterläden geöffnet waren. Der Alte schloss sie hastig und entzündete eine kleine Lampe. Dann richtete er ein paar Worte an Karma, die in unterdrücktes Kichern ausbrach.

«Ich soll dir sagen, man habe am Ende des Ganges für die ausländischen Gäste sanitäre Anlagen eingerichtet», flüsterte sie der Freundin zu.

«Ich möchte nicht indiskret sein», antwortete Carrie, «aber kannst du ihn einmal fragen, was in dieser Beziehung für die Einwohner vorgesehen ist?»

Sie blickte sich neugierig um, während die Diener Decken und Kissen ausbreiteten.

«Hast du schon einmal hier gewohnt, ehe du nach Darjeeling gekommen bist?» fragte sie.

«Ja», sagte Karma verlegen. «Du weisst es doch. Aber ich bin nur ein paar Tage hier geblieben.»

157 Die Diener hatten das Zimmer verlassen. Karma seufzte erleichtert auf und legte ihr Ueberkleid ab. Sie trug darunter ein nicht mehr ganz sauberes Hemd, das sie stirnrunzelnd betrachtete. Dann kniete sie sich nieder, ohne die im Raum

herrschende Kälte zu beachten, und holte frische Kleider aus einem der grossen Bündel.

«Er sieht schlecht aus, nicht wahr?» fragte sie beiläufig.

«Ich kann es nicht beurteilen», meinte Carrie, «ich hab ihn ja heute zum erstenmal gesehen. Sicher ist das Leben hier im Kloster sehr hart.»

«Das kann man sagen», bestätigte Karma. «Sommers wie Winters werden die Mönche um vier Uhr früh geweckt. Die Zeit verbringen sie mit Gebetsübungen, dem Studium der Logik, der Philosophie und der Dialektik. Eines Tages wird Tschensal Tashi dann zum Abt gewählt. Dieses Amt erfordert eine lange, schwierige Vorbereitung. Sie dauert mehrere Jahre.»

«Im übrigen ist dieses Kloster miserabel geheizt!» stellte Carrie fest. Sie schlotterte und konnte sich nicht entschliessen, die Kleider abzulegen. Zaghaft hielt sie ihre Hände ins warme Wasser. «Tschensal Tashi hat mir gesagt, die Mönche hätten im Winter vom Umlegen der Gebetsblätter Schrunden an den Fingern. Jeden Morgen müssen die Diener mit dem Hammer die Eisschicht einschlagen, die sich auf dem Wasser der Brunnentröge bildet.» Sie zog ein wollgefüttertes Kleid aus blauer Seide über den Kopf und fuhr fort: «Tschensal Tashi war immer von schwacher Gesundheit. Schon als Kind hatte er oft Asthmaanfälle.»

Sie sprach sehr vorsichtig, als befürchte sie, selbst mit den einfachsten Worten mehr zu sagen, als eigentlich ihre Absicht war, und schien wie von einer seltsamen inneren Angst erfüllt. Carrie, die sie noch nie in diesem Zustand gesehen hatte, war verlegen und wusste nicht, was sie antworten sollte. Schliesslich legte sie Pelzmantel und Pullover ab, um sich zu waschen und die Kleider zu wechseln. Kaum hatte sie damit begonnen, als ein sonderbarer Lärm in allen Winkeln des Klosters gleichzeitig losbrach: es klang wie ein tiefes dröhnendes Brüllen, das von einem Stockwerk zum andern widerhallte.

«Man bläst die Muschelhörner», sagte Karma, «das ist der Ruf zum Abendgebet. Mein Vetter muss die Gebetsfeier leiten. Nachher essen die Mönche das Abendbrot.»

«Hoffentlich beten sie nicht allzu lange», versuchte Carrie zu scherzen, «ich komme um vor Hunger. Du nicht?»

«Ich . . . ich weiss nicht recht . . .», murmelte Karma geistesabwesend.

Etwa eine Stunde später erschien ein junger Mönch schüchtern unter der Tür und meldete, der Rimposche erwarte seine
Gäste in seinen Privatgemächern. Die beiden Freundinnen
wanderten einmal mehr durch zahllose zugige Gänge, die im
Halbdunkel lagen, und wurden in einen weiten, vornehm
ausgestatteten Raum geführt, dessen Decke und Wände aus
bemaltem Holztäfer bestand. Es gab hier sogar ein Fenster
mit einer richtigen Glasscheibe, die allerdings an einer Ecke
zerbrochen und mit einem Stoffetzen notdürftig geflickt worden war. Auch wäre übertrieben gewesen, die Temperatur im
Zimmer als warm oder auch nur als lauwarm zu bezeichnen;
sie war gerade noch erträglich. Zu Carrie's grosser Verwunderung fiel das Licht der überall aufgestellten Oellampen nicht
nur auf eine Reihe prächtiger ‹Tankas›, auf Seide gemalter
Bilder mit leuchtenden Farben, sondern auch auf eine
grosse, mit Enzian und Edelweiss verzierte Kuckucksuhr, die
an einem Ehrenplatz hing. Tschensal Tashi sah ihr Erstaunen
und lachte herzlich:
«Meine vorige Inkarnation, der bedeutende Lama Ganden
Gyalpo Rimposche hat diese Uhr aus Hongkong mitgebracht.
Auch ein Grammophon brachte er mit. Ich will Ihnen dann
noch einige Platten vorspielen. In meinem vorigen Leben
muss ich die Musik offenbar sehr geliebt haben.»
Carrie schaute ihn entgeistert an. In die Falten seines Mantels
gehüllt, thronte er mit angezogenen Beinen auf einem Stoss
Kissen. Sagte er das wirklich im Ernst? Man musste es annehmen; Carrie erinnerte sich an Karma's Erklärungen über die
verschiedenen Formen der Inkarnation und nahm sich vor,
keine törichten Fragen auf diesem Gebiet zu stellen.
«Man sollte die Uhr wieder einmal aufziehen», sagte sie,
nachdem sie sich von ihrem Staunen erholt hatte.
«Glauben Sie wirklich, dass sie geht?» fragte Tschensal Tashi
mit jungenhaftem Lachen. «Ich habe nie gewagt, sie anzurüh-
159 ren.»
«So eine Kuckucksuhr hält gewöhnlich hundert Jahre und
länger », erwiderte Carrie.
«Wenn das so ist, können Sie es ja einmal versuchen», meinte

der Rimposche. Carrie untersuchte die Kuckucksuhr sorgfältig. Das Werk schien noch in tadellosem Zustand zu sein. Sie zog an der Kette und hoffte inständig, dass sie nicht plötzlich abriss und ihr in den Händen blieb. Man hörte ein schwaches Ticken: Das Pendel schwang hin und her. Carrie schaute auf ihre Armbanduhr und stellte dann die Zeiger der Kuckucksuhr auf die genaue Zeit ein.

«Schon erledigt», sagte sie sachlich. «Es genügt, sie alle zwei oder drei Tage wieder aufzuziehen.»

«Wunderbar, einfach wunderbar!»

Tschensal Tashi war von seinen Kissen aufgesprungen und schaute Carrie mit freudestrahlenden Augen an, als habe sie eine besondere Leistung vollbracht. Zwei andere Mönche, die an der Tür standen, konnten vor Staunen kaum an sich halten und liessen ein unterdrücktes Lachen hören.

«Kommen Sie, bitte setzen Sie sich», sagte Tschensal Tashi und führte die beiden Mädchen zu den rings um den niedrigen Tisch aufgestellten Sesseln. «Sicher haben Sie Hunger!»

Samdup Nyamgal trat ein und grüsste seinen Gastgeber mit jener liebenswürdig-vertraulichen Ehrfurcht, die den Tibetern eigen ist. Tschensal Tashi bot ihm einen Sessel an, Samdup Nyamgal liess sich aufatmend nieder und rieb sich die Hände. Wie Carrie bemerkte, waren die Kissen so angeordnet, dass der Rimposche stets höher sass als seine Gäste.

Auf einen Wink Tschensal Tashis trugen zwei Mönche einen am Holzkohlenfeuer gebratenen Hammel herein, der noch unzerlegt auf einer silbernen Platte lag. Sie brachten ausserdem Schüsseln mit dampfender Suppe und verschiedene Gemüseplatten. Tschensal Tashi ergriff ein Tranchiermesser, zerlegte das Fleisch geschickt und gab jedem Gast ein dickes Stück auf den Teller. Zum Essen benützte man die Finger oder geschnitzte Holzlöffel. Während der Mahlzeit sprach man zunächst über das Leben im College, und Tschensal Tashi drängte seine Cousine, ihm von ihren Erfahrungen zu berichten. Dann begann Samdup Nyamgal, sichtlich angeregt durch das gute Essen, endlose Anekdoten und Geschichten zu erzählen, die zweifellos alle sehr lustig sein mussten, denn der Rimposche lachte dazu aus vollem Halse. Carrie aber war viel zu müde, um dem unaufhörlichen Gerede des Intendanten noch mit Aufmerksamkeit folgen zu können. Sie hörte

160

nur mit halbem Ohr zu und ass unterdessen so viel sie konnte. Karma hatte nur ein wenig Suppe zu sich genommen; das Lammkotelett auf ihrem Teller blieb fast unberührt.

Plötzlich spitzte Carrie die Ohren: der Rimposche sprach von seinem Gesundheitszustand. Während der letzten Monate hatten die Asthma-Anfälle wieder stark zugenommen; er beabsichtigte, nach Lhasa zu reisen, um dort einen Arzt aufzusuchen. Carrie warf Karma einen raschen Blick zu und sah, dass ihr Gesicht stark gerötet war. War sie erschrocken über die schlechte Nachricht oder war die Nähe Tschensal Tashis und das Essen Schuld an ihrer sichtbaren Erregung?

«Reisen Sie in diesem Fall zusammen mit uns nach Lhasa?» fragte sie.

Tschensal Tashi hob die Hände mit einer Geste des Bedauerns:

«Leider ist das nicht möglich. In zehn Tagen erwarten wir hier in Gyangtse den Besuch einer hohen Persönlichkeit. Es ist Lama Rabten Yudon Rimposche, der Abt des bedeutenden Klosters Sakya, der das Neujahrsfest mit uns hier feiern will. Ich muss ihn mit allen gebührenden Ehren empfangen. Aber zum Lichterfest, am 15. des ersten Monats, hoffe ich in Lhasa zu sein. Sie reisen mir also voraus, aber Sie können meiner Familie gleich nach Ihrem Eintreffen meine baldige Rückkehr mitteilen.»

Karma senkte den Kopf.

«Es wird uns eine grosse Ehre und Freude sein», sagte sie feierlich.

Während man als Nachtisch eine Platte mit ‹Chitkang Kotse›, einen köstlichen Auflauf aus süssen, in Butter gerösteter Nudeln auftrug, wandte sich der Rimposche an Carrie:

«Wohnen Sie zum erstenmal in einem tibetischen Kloster?»

Als sie bejahte, schloss er mit der herzlichen Liebenswürdigkeit, die ihm eigen war:

«In diesem Fall mache ich mir ein Vergnügen daraus, Sie morgen vormittag durch unsere Klosteranlage zu führen.»

161 Spät am Abend führte der kleine Mönch die beiden todmüden Mädchen auf ihr Zimmer zurück. Nach dem Aufenthalt in Tschensal Tashis Behausung erschien ihnen ihre Zelle eisig und unfreundlich. Schlotternd kleideten sie sich aus und legten sich aufs Schlaflager. Carrie hatte zuviel gegessen; mit schwerem Magen und belegter Zunge kuschelte sie sich zähneklappernd in ihre Decken.

«Es muss ihm wirklich sehr schlecht gehen, wenn er vom Chengo, dem Richter des Klosters, die Erlaubnis erhalten hat, nach Lhasa zurückzukehren», sagte Karma nachdenklich.

«Ich meinte immer», antwortete Carrie, die schon halb eingeschlafen war, «ein Rimposche hätte die höchste Autorität im Kloster inne?»

«Denkst du? Sein heiliges Amt verleiht ihm zwar einige wichtige Privilegien, aber er bleibt doch während der gesamten Dauer seines Studiums der strengen Regel des Ordens unterworfen. Zu allererst schuldet er dem Abt unbedingten Gehorsam, dann aber auch dem Chengo und sogar seinen Professoren, die berechtigt sind, ihn mit Stockschlägen zu traktieren ... allerdings erst, wenn sie sich vorher dreimal vor ihm verneigt und ihm so ihre Hochachtung versichert haben!»

«Wenn dieses Ritual jedesmal von einer Tracht Prügel begleitet ist, würde ein Rimposche vermutlich ganz gern darauf verzichten», sagte Carrie kichernd.

Sie war erschöpft und schlief deshalb trotz der beissenden Kälte im Raum ein. Das laute Dröhnen, das sie schon am Vorabend vernommen hatte, riss sie unvermittelt aus dem Schlaf. Carrie richtete sich erschreckt auf. Im Zimmer herrschte noch tiefe Dunkelheit, während der Ton der Muschelhörner von einem Stockwerk zum andern widerhallte. Das Leuchtzifferblatt ihrer Armbanduhr zeigte vier Uhr morgens. Karma schlief tief und fest. Mit wütendem Brummen bettete Carrie ihren Kopf auf das Kissen, bald hatte auch sie wieder ihren Schlaf gefunden.

Als sie erwachte, war es heller Tag. Karma war bereits aufgestanden und öffnete die Fensterläden. Ein Strom von Sonnenlicht überflutete die Zelle. Als habe er vor der Tür auf ihr Erwachen gewartet, erschien sogleich der junge Mönch und schleppte zwei Eimer heisses Wasser herbei.

162

Er sagte ein paar Worte zu Karma, welche übersetzte: «Tschensal Tashi Rimposche hat unser Frühstück in seinem Zimmer bereitstellen lassen.»

Sie wuschen sich rasch und kleideten sich an. Carrie bürstete ihr vom Sand glanzlos und strähnig gewordenes Haar und cremte ihr Gesicht ein. Der kleine Mönch, der immer noch geduldig an der Tür wartete, führte sie zur Wohnung des Rimposche. Sie betraten den Raum, und Carrie, die sich dem Fenster genähert hatte, konnte einen Ausruf bewundernden Staunens nicht zurückhalten: die Mauern des riesigen Bauwerks schienen senkrecht ins Tal hinabzustürzen, wo die hellen Bänder der mit Tschorten gesäumten Strassen zusammenliefen. In ruhig-harmonischem Flug glitten zwei Raben mit blauschwarzen Schwingen über dem Abgrund dahin.

Auf dem Tisch erwartete sie ein Frühstück nach tibetischer Art: da gab es Tsampa mit Zucker und geriebenem Käse, eine dicke Suppe, harte Eier und natürlich auch Buttertee. Die Freundinnen hatten gerade das Essen beendet, als Tschensal Tashi eintrat. Wie am Vortag trug er seinen braunroten Mantel, den seltsamen Spitzhut über die Schulter gehängt. Er fragte höflich, ob die beiden Mädchen eine gute Nacht verbracht hätten und entschuldigte sich dann, weil er ihnen beim Frühstück nicht Gesellschaft hatte leisten können:

«Wie Sie sicher schon wissen», sagte er zu Carrie, «fängt im Kloster der Tag schon sehr früh an. Seit dem Morgengrauen erfülle ich die täglichen Verpflichtungen, die zu meinem Amt gehören.»

«Ich hörte die Muschelhörner schon vor Tagesanbruch», sagte Carrie.

Der Rimposche nickte: «Bei bestimmten wichtigen Anlässen schlägt man auch die grosse Trommel oder bläst eine Trompete, die länger ist als ein erwachsener Mensch. Das ist immer ein recht eindrückliches Schauspiel.»

Mit einer schwungvollen Bewegung legte er seinen weiten Mantel um und ordnete den Faltenwurf.

«Kommen Sie mit», sagte er, «ich will Ihnen jetzt das Kloster zeigen.»

Sie durchquerten den Hof, stiegen eine der zahlreichen Leitern hoch und gelangten durch eine Falltür auf eine freistehende rechteckige Terrasse. Ein Mönch, der gerade mit einem Besen die Fliesen reinigte, verbeugte sich und streckte respektvoll die Zunge heraus. Windstösse fegten daher und nahmen den Gästen den Atem, während die wärmende Sonne sie bis ins Innerste wohltuend durchdrang.

«Der älteste Teil des Klosters ist vor etwa fünfhundert Jahren erbaut worden», erklärte Tschensal Tashi. «Einige Teile des Gebäudes mussten restauriert werden, damit man sie bewohnen konnte. Der Flügel, in dem ich jetzt hause, wurde erst kürzlich angebaut. Die Empfangshöfe und die Stallungen haben Sie bereits gesehen. Wir beginnen unsere Besichtigung mit den Lagerhäusern, wo wir die Produkte aufbewahren, welche die Pächter unserer landwirtschaftlichen Domänen uns abliefern müssen.»*

Sie gelangten in einen weiten Raum, der mit Säcken, Krügen und Bottichen angefüllt war und nach den Worten des Rimposche eine Art Vorratsspeicher darstellte. An seinem hintersten Ende befand sich eine Luke. Tschensal Tashi ergriff eine kleine Lampe und bedeutete den beiden Mädchen, ihm zu folgen. Sie zwängten sich in den schlauchartigen Durchgang, der in eine riesige Höhle mündete, die direkt in den Berg gehauen war. Eine feuchte Kälte herrschte hier, und ein ekelhafter, säuerlich-ranziger Geruch nahm Carrie den Atem. Im Halbdunkel entdeckte sie Stapel von Fässern, die sich bis zur gewölbten Decke türmten.

«Das hier sind unsere Butter-Vorräte», sagte der Rimposche stolz.

«So viel Butter!» rief Carrie verblüfft aus.

«Sie müssen wissen, dass Butter unsere Grundnahrung darstellt», erklärte Tschensal Tashi und lachte über Carries Erstaunen. «Hier im Kloster leben mehr als fünfhundert Mönche, die täglich ernährt sein wollen. Ein grosser Teil der Butter wird ferner für die Votiv-Lampen verwendet; vergessen Sie nicht das grosse Lichterfest zu Ehren unseres heiligen Patrons Tsong Khapa. Zu diesem Fest backen die Mönche Kuchen aus Mehl, Tsampa und Butter. ‹Torma› nennt man dieses Gebäck; die grössten Exemplare sind mehrere Meter hoch.»

«Und was macht man nach dem Fest mit diesen Riesenkuchen?» wollte Carrie wissen. «Ich vermute, man verteilt sie an die Bevökerung ...»

164

*) Zwei Drittel des Ackerlandes und ein grosser Teil der Weiden waren in Klosterbesitz.

Karma begann zu kichern und Tschensal Tashi lächelte nachsichtig.

«Das wäre ein schlimmes Sakrileg», sagte er. «Die Kuchen wurden ja den Göttern geopfert! Die kleinsten gibt man den Hunden und Vögeln zum Frass, die grösseren werden im Klosterhof feierlich verbrannt.»

Mit ihrer abendländisch-rationalistischen Denkweise hätte Carrie ihm gerne erwidert, dass sie eine derartige Vergeudung von Lebensmitteln als im höchsten Grade abstossend und völlig unverständlich empfinde. Aber sie wollte nicht taktlos erscheinen und schwieg lieber. Trotz Pelzmantel, Schal und warmer Mütze fror sie bis ins Mark: ‹Noch eine Minute länger in diesem Eiskeller›, dachte sie, ‹und ich hole mir die schönste Lungenentzündung!›

Zu ihrer grossen Erleichterung bückte sich der Rimposche, verliess durch den engen Ausgang den Raum und löschte die Lampe. Sie gingen nun denselben Weg wieder zurück. Beim Betreten der Terrasse schloss Carrie geblendet die Augen, so hell überflutete hier das Sonnenlicht die altehrwürdigen Mauern. Einer nach dem andern kletterten sie die Leiter zum nächsthöheren Stockwerk empor. Carrie bemerkte, dass nur der untere Teil des Klostergebäudes mit dem Fels verbunden war; nach oben hin nahm die jeweilige Grundfläche der einzelnen Stockwerke mehr und mehr ab. Am Ende eines Korridors mit Holzbalkendecke führte eine eisenbeschlagene Tür in einen niedrigen, sehr weitläufigen Saal. Als Carrie's Augen sich an das Halbdunkel gewöhnt hatten, vermochte sie an den Wänden Fresken in zarten Pastelltönen zu erkennen, die offenbar allesamt Szenen aus dem Leben Buddhas darstellten.

«Diese Wandmalereien sind so alt wie das Kloster», erklärte Tschensal Tashi. «Da der Raum stets im Halbdunkel liegt, sind die Fresken sehr gut erhalten geblieben. Wir lassen hier auch nur an ganz besonderen Festen Lampen entzünden. Wie Sie sehen, haben die Farben ihre Frische und ihren Schmelz bewahrt, als hätte der Künstler die Bilder erst gestern und nicht schon vor Jahrhunderten geschaffen.»

165

Gefesselt von der Schönheit und Farbenpracht der Bilder trat Carrie dicht an die Fresken heran und betrachtete sie eingehend. ‹Wieviel derartige Schätze, auf die jedes Museum der

Welt stolz sein könnte, werden wohl noch anderswo in tibetischen Klöstern verborgen gehalten?› fragte sie sich, ‹ohne dass auch nur jemand etwas davon ahnt?›

Tschensal Tashi erklomm nun eine enge, in die Felsen gehauene Treppe mit sehr hohen Stufen. Sie mündete unvermittelt in ein mit grellroten Säulen abgestütztes, nischenartiges Gelass. Dort standen auf einem Altar drei goldene Buddha-Statuen, reich mit Perlen und Edelsteinen verziert.
«Die Statuen, die Sie hier sehen», sagte Tschensal Tashi, «verkörpern die Dreieinigkeit des Buddha: Tschenrezi, Dschambajang und Tschagtor. Tschenrezi ist der Gott der Barmherzigkeit; er erfährt seine ewige Wiedergeburt in der Gestalt Seiner Heiligkeit, des Gyalpo-Rimposche.»
«Des Dalai-Lama also!» flüsterte Karma erklärend ihrer Freundin ins Ohr.
«Dschambajang», fuhr der Rimposche fort, «ist der Schutzherr der Astronomie. In seiner rechten Hand sehen Sie das Schwert der Wissenschaft, in seiner Linken, auf einer Lotosblüte ruhend, das Buch der Weisheit. Tschagtor endlich ist der heilige Beschützer unserer Religion.»
Carrie senkte tief beeindruckt den Kopf. Die Luft im Raum war schwer von Weihrauch und Moschusduft und vom Geruch verbrannter Butter. Der Widerschein unzähliger Votiv-Lampen zeichnete seltsam-geisterhafte, bizarre Schatten auf Decke und Wände.
Der Rimposche stieg einige weitere Stufen hinab; sein roter Mantel wallte über die Steinfliesen. Der Korridor verbreiterte sich und führte zu einem Grabmal aus goldverziertem Stuck, das — so erklärte der Mönch mit gedämpfter Stimme — die Gebeine eines Gründers des Klosters barg. Riesenhafte kupferne Gebetsmühlen, in die man die heiligen Worte «om mani padme hum» eingraviert hatte, drehten sich mit leisem Klirren. Dann folgten der Reihe nach mehrere Gebetsnischen, alle in den Fels gehauen und durch rotbemalte Säulen abgestützt. Hunderte von Butterlampen brannten. Tschensal Tashi zog einen rotseidenen, mit Goldfiligran bestickten Vorhang zur Seite: Auf einem gewaltigen Felsaltar thronte auf kostbaren Kissen eine weitere Buddha-Figur. Mit gekreuzten Beinen verharrte der Gott in einer Haltung tiefernster Medi-

tation. Die Statue war mindestens fünf Meter hoch; die linke Seite des ebenmässigen Gesichtes mit den langgezogenen Ohrläppchen verschwamm im Dämmerlicht der Krypta. Auf der Stirn des Götterbildes funkelte ein hühnereigrosser Rubin.

Ringsum standen mit Yakfell bespannte Trommeln; als weitere Musikinstrumente sah man gewundene Widderhörner mit Silbermundstück und langgezogene Kupfertrompeten. Mönche in rötlichen Kutten wandelten in ihre Gebete vertieft mit unhörbaren Schritten im Raum auf und ab. Einige hatten Zinnkrüge in der Hand; sie gossen flüssige Butter in die Lampen und sorgten, dass sie nie ausgingen. Andere liessen mit geschlossenen Augen die Perlen ihrer Gebetsschnur durch die Finger gleiten. Karma entfaltete die Hände und führte sie an Stirn, Mund und Brust. Dann kniete sie nieder, berührte mit der Stirn den Fussboden und verharrte so lange Zeit. Auf ein Zeichen Tschensal Tashi's näherte sich ein junger Mönch und reichte ihm eine Lampe. Der Rimposche entzündete sie mit feierlicher Bewegung, hielt sie zur Buddha-Statue empor, sprach ein Gebet und stellte die Lampe auf den Altar. Carrie stand steif wie ein Stock, sie hatte Mühe, Luft zu holen, und fühlte, wie sich ihr Magen zusammenkrampfte. Die seltsamunheimliche Feierlichkeit des Ortes bedrückte sie.

Endlich erhob sich Karma, und die Besucher setzten ihren Weg fort. Rings an den Wänden des Saales tauchten im flackernden Lampenlicht groteske Darstellungen von Göttern und Dämonen mit mehreren Armen und mehreren Köpfen auf, die sich in seltsamen Verschlingungen und Verrenkungen zu winden schienen. Tschensal Tashi führte seine Gäste durch einen Gang mit gemauerten Wänden in einen Innenhof im höher gelegenen Teil des Klosters, der als Garten angelegt war: Pappeln, Trauerweiden und einige entlaubte Obstbäume standen um ein Wasserbecken, das mit einer dünnen Eisschicht bedeckt war. Eine kleine Steinbank stand da, und Tschensal Tashi bat sie höflich, Platz zu nehmen. Durch die hohen Mauern war der Garten windgeschützt; die einfallenden Sonnenstrahlen spendeten wohltuende Wärme.

167 Carrie horchte auf: aus den unteren Stockwerken stieg ein eigentümliches Geräusch zu ihnen empor, ein monotoner Singsang, der wie Windesrauschen auf- und abschwoll.

«Das sind die jungen Mönche im Exerzitiensaal; sie sagen ihre

Gebete auf», erklärte Tschensal Tashi auf Carrie's erstaunten Blick. «Alle Gebetstexte müssen auswendig gelernt werden.» Er liess seinen Blick umherschweifen, während die beiden Mädchen schweigend verharrten, und sagte dann in nachdenklichem Ton:

«Wir leben hier in einer völlig abgeschlossenen Welt. Manchmal fällt es schwer, sich innerhalb eines derartig starr geregelten Systems die Entspannung zu verschaffen, die man so nötig braucht, um zur inneren Ausgeglichenheit zu kommen.» Er hatte diese Worte mit leiser Stimme wie zu sich selbst gesprochen. Karma machte eine Bewegung, bewahrte aber dann ihr Schweigen. ‹Eigentlich hat sie, seit wir hier im Kloster sind, noch kaum ein Wort gesagt›, dachte Carrie.

«Aber wie ist das nun . . .», setzte sie zu einer Frage an und hielt dann verwirrt inne. Der Rimposche ermunterte sie mit einem Blick, fortzufahren, und sie sagte zögernd:

«Wer dieses Leben in der Zurückgezogenheit des Klosters wählt, muss doch irgendwie das Bedürfnis oder mindestens ein entsprechendes Verlangen danach verspürt haben. Wer einmal die Entscheidung vor den anderen und vor sich selbst getroffen hat, der muss doch wohl . . .»

Sie hatte den Faden verloren und begann zu stottern. Ihre mangelhafte Kenntnis des Tibetischen machte die Sache nicht besser.

«Sie meinen, man müsse zum Klosterleben berufen sein, nicht wahr?» half ihr Tschensal Tashi gelassen weiter.

«In Ihrem Fall ist das natürlich anders», stammelte Carrie unsicher und befürchtete, eine Ungeschicklichkeit zu begehen, die ihr Karmas Spott eintragen könnte — Karma schien allerdings im Augenblick eher niedergeschlagen und wenig zu spöttischen Bemerkungen aufgelegt. Mutig fuhr sie fort: «Ihre Laufbahn war vorherbestimmt. Aber längst nicht alle Mönche sind Reinkarnationen . . .»

«Es stimmt schon», bestätigte Tschensal Tashi, «die wirklichen Berufungen sind selten. Einige Kinder werden schon bei der Geburt von den Eltern für das geistliche Leben bestimmt. Wenn ein solches Leben im Kloster auch sehr hart sein mag, so bringt es doch all denen tiefe Befriedigung, die sich vom beschaulichen Leben, von der Theologie, den Naturwissenschaften, der Philosophie, der Dialektik und den gemeinsamen Gebetsübungen angezogen fühlen. Den weniger Begünstigten aber bietet das Kloster Unterkunft, Nahrung und Kleidung. Und die theologische Laufbahn ermöglicht doch auch bestimmten Mönchen, selbst bescheidener Herkunft, zu den höchsten Aemtern aufzusteigen, wenn es ihre Bestimmung ist. Wir glauben ja, dass alles, was uns dieses Leben vorbehält, immer in Beziehung steht zu Handlungen, die wir in unserer früheren Existenz bereits vollbringen durften.»

Er lächelte mit liebenswürdiger Heiterkeit. Im hellen Sonnenlicht erschien sein jugendliches Gesicht abgezehrt und von vorzeitigen Falten durchzogen. Das Weiss seiner Augen war bläulich und glanzlos, die Iris wie mit einem leichten Schleier überzogen. Sein kurzsichtiger Blick, der eigentümlich fest und zugleich mild sein konnte, ruhte einen Augenblick lang auf Karma und wandte sich dann schnell wieder ab. Aber dieser kurze, fast verstohlene Blick offenbarte Carrie, was sie schon immer geahnt hatte: Tschensal Tashi erwiderte die Gefühle seiner Kusine mit derselben hoffnungslos-verzweifelten Liebe.

18

Die fahle Dämmerung verblasste langsam und eine zarte Röte färbte die Wolken. Die Schleifen der Strasse folgten der Gletscherzunge, aus der weiter unten ein brodelnder Fluss entsprang. Das Brausen des fernen Wassers verhallte im Schweigen. Die ersten Sonnenstrahlen blitzten in einer tiefdunklen Felsspalte auf, als die Karawane den beinahe 4000 Meter hohen Kharola-Pass erreichte. Der Gletscher lohte und sprühte tausend Funken. Bis zum Fusse der schwarzen, reptilglatten Felsen dehnten sich die Dünen. Morgenröte spielte auf dem Gold des Sandes, während die Gletschermauer wie aus einem Guss in den Himmel zu wachsen schien. Seltsame Welt eines toten Gestirns, ohne Baum, ohne Pflanzen; Reich aus Schnee, Sand und Granit.

Die Karawane hatte Gyangtse am vorhergehenden Morgen verlassen. Zwei Tage lang war man im Kloster geblieben, ge-

169

rade lange genug, damit die Männer der Eskorte sich erholen und die Vorräte erneuern konnten, während Pferde und Maulesel sich in den grossen Ställen ausruhten.

Tschensal Tashi hatten sie nur während den Mahlzeiten gesehen, die der junge Rimposche ihnen immer in seiner Wohnung auftragen liess. Der Rest seiner Zeit galt ganz den Anforderungen seines Amtes und seinem strengen Studienprogramm. Carrie sagte sich, es sei vielleicht besser so. In Samdup Nyamgals Gegenwart spielte Karma die Rolle des oberflächlich-unbekümmerten jungen Mädchens perfekt weiter; sie lachte lebhaft und plauderte. Sie erzählte alles mögliche, nur um ihre Verwirrung zu verbergen, und auch Tschensal Tashi lachte herzlich darüber. Er nahm alles mit entwaffnender Einfachheit hin und zeigte keine spürbare Bitterkeit. Wenigstens erschien es Carrie so.

Am Morgen der Abreise riss sie der dröhnende Ruf der Muschelhörner aus dem Schlaf; sie fanden die marschbereite Karawane im grossen Hof des Klosters versammelt. Schon eine Stunde früher hatte sich ein Teil der Diener mit den Lasttieren auf den Weg gemacht. Die dunkelroten Silhouetten der Mönche glitten durch die Gänge; die Flammen der Butterlampen flackerten im eiskalten Wind. Unter dem noch schwarzen, mit bleichen Sternen gesprenkelten Himmel stampften die Pferde ungeduldig. Als die beiden Mädchen den Hof betraten, erwartete Tschensal Tashi sie bereits. Er liess ihnen starken heissen Buttertee vorsetzen und klebriges Gebäck, das an den Fingern hängen blieb. Dann umarmte er Karma zärtlich und segnete sie. Er segnete auch Samdup Nyamgal.

Im Lichte der Fackeln sah er ihnen beim Besteigen der Pferde zu. Er hatte die Hand mit einem lebhaften, warmen Lächeln erhoben. Karma sass aufrecht im Sattel. Der von den Pferdeleibern aufsteigende weisse Dunst umhüllte sie; auch sie erhob die Hand und versuchte zu lächeln. Dann trieb sie Digum in den Tunnel, der zum Ausgang des Klosters führte. Sie ritt hinein, ohne sich umzusehen, und Carrie folgte ihr. Einer nach dem anderen betraten nun auch die Männer der Eskorte den engen Durchgang, während ein Diener die aufgeregten

Hunde losband, die mit heiserem Bellen den Pferden nach-
rannten.

Die Karawane folgte zuerst der neuen, von den Chinesen
gebauten Strasse. Ein- oder zweimal sahen sie Jeeps vorbei-
fahren, dann einen Militärlastwagen und etwas später eine
Yakherde mit schellenbesetztem Geschirr, die von Bauern in
fettigen Schaffellmänteln angetrieben wurde.
Gegen Mittag machte man einen ersten Halt, um sich zu
erfrischen. Tschensal Tashi hatte eine Menge Süssigkeiten
einpacken lassen: noch warme, in Senföl gebackene Brötchen;
‹Dresi›, ein Gemisch von Reis, Butter, gebranntem Zucker
und schwarzen Rosinen; ‹Khabse›, ein fettes, süsses Gebäck,
und schliesslich ‹Bhuram karma›, ausgezeichnet schmeckende Karamellen. Die beiden Mädchen assen mit gutem Appetit.
Karma hatte ihre ganze Lebhaftigkeit wieder gefunden. Ohne
dass es ihr bewusst war, dämpfte die Aussicht auf Tschensal
Tashi's baldige Ankunft in Lhasa ihren Trennungsschmerz.

Im Laufe des Nachmittages erreichte die Karawane das am
Fusse eines Granitfelsens gelegene Dorf Kapsi. Die steinigen
Strassen rochen nach ranzigem Fett und Urin. Zerfetzte Ge-
betsfahnen flatterten an windgekrümmten Stangen über bau-
fälligen, an den Hängen sich zusammendrängenden Häusern.
Man sah Hühner, schwarze Schweine, Widder mit dichtem
Fell. Eine Menge schmutziger Kinder spielte inmitten des
Unrates.
An diesem Abend wurde zum ersten Mal das Zelt aufgeschla-
gen. Da die Gegend unsicher war, mussten Diener abwechs-
lungsweise Wache halten, die Waffen griffbereit. Aber kein
Zwischenfall störte die Nachtruhe. Das Zelt roch nach saurer
Wolle, nach Fett und Russ, aber man fühlte sich darin wohlig
warm. Karma schlief sogleich ein, aber Carrie lauschte noch
lange dem Pfeifen des Windes und dem Seufzen und Scharren
der ruhenden Tiere, während der Schein des Feuers in roten
Reflexen an den Wänden spielte.

171

Der Ritt über den Kharola-Pass am nächsten Morgen war
einer der härtesten Abschnitte der Reise. Unter der Wirkung
der stark dünnen Höhenluft spürte Carrie ihr Blut wild an

den Schläfen hämmern. Sie klammerte sich keuchend an die Zügel und musste immer wieder gegen Uebelkeit und Schwindel ankämpfen. In wütenden Stössen fiel der Wind über die Karawane her. Selbst die berggewohnten Männer des Begleittrupps litten unter dem Sauerstoffmangel. Wie Carrie aus Karmas Erzählungen wusste, glaubten die Tibeter, die ‹giftigen Gase der Berge› würden den Geist eines jeden verwirren, der sich dem Aufenthaltsort der Götter zu nähern wagte. Deshalb hatten einige der Männer Knoblauchzwiebeln aus der Tasche gezogen und rieben sich damit Mund und Nasenlöcher ein.

Der Aufstieg durch die engen, felsigen Schluchten wollte kein Ende nehmen. Der in vollem Licht sich dehnende Gletscher funkelte in unerträglichem Glanz; die Sonne erfüllte die Luft mit diamantenen Feuern. Alles glänzte, schillerte, blendete. Der Wind führte Sand mit, der sich in beständigem Ansturm wie tausend Nadelstiche in die Haut bohrte.

Endlich war der höchste Punkt überschritten, und der Abstieg begann. Im Laufe der Jahrhunderte hatte der Wind die Steine des Pfades poliert, bis sie glatt und schlüpfrig waren wie Eis. Pferde und Maultiere kamen nur mühsam voran und glitten oft aus. Zwischen den Bergkämmen quoll der Gletscher hervor wie ein Strom aus durchsichtigem Metall. Zuweilen lösten sich Steine und schossen donnernd die Abhänge hinunter.

Erst als die Schatten länger wurden, erreichte der Zug die ersten Weiden. Die Vorhut der Diener hatte den Lagerplatz vorbereitet, Feuer gemacht und das Zelt aufgeschlagen. Mit fröhlichem Gebell sprangen die Hunde den Kommenden entgegen. Man sattelte die erschöpften Pferde ab und begann sie zu striegeln. Aus ihrem von Schweiss und Schaum verklebten Fell stiegen Dunstwolken auf. In dieser Nacht wurde das Lager von kläglichem Winseln und Heulen geweckt. Rund um das Zelt wieherten die unruhig gewordenen Pferde und Maultiere mit ohrenbetäubendem Lärm, der vom wütenden, heiseren Bellen der Hunde noch übertönt wurde.

Carrie fuhr erschrocken auf. Die Diener brüllten und rannten mit brennenden Fackeln hierhin und dorthin. Der Widerschein der Flammen fuhr in bizarrem rotglühendem Lichtspiel über die Wände. Karma schlief tief und fest, der Lärm und die Unruhe konnten sie nicht stören. Aengstlich schüttelte Carrie die Schultern der Freundin. Dunkle Geschichten von Hinterhalten und nächtlichen Angriffen kamen ihr in den Sinn. Sie befürchtete das Schlimmste.

«Karma! Wach auf! Irgend etwas ist passiert . . .!»

Karma bewegte sich und blinzelte verständnislos der Freundin ins Gesicht.

«Was gibt es denn?»

Ein langgezogenes Heulen hallte durch die Luft; es klang wie ein durchdringender, fast menschlicher Klageschrei.

«Wölfe!» sagte Karma nur.

Sie schlug die Decken zurück und kroch zum Ausgang des Zeltes. Carrie, deren Herz wild pochte, hörte sie einige Worte rufen, auf die Samdup Nyamgals beruhigende Stimme antwortete. Karma liess die Zeltplanen zurückfallen und kroch wieder fröstelnd unter die Decken.

«Es ist nichts. Die Wölfe schleichen am Waldrand entlang, wagen sich aber nicht heran. Sie fürchten sich vor den Hunden und vor dem Feuer . . .»

Carrie schaute auf die Leuchtziffern ihrer Armbanduhr: Ein Uhr früh!

«Schlaf», sagte Karma, «es besteht überhaupt keine Gefahr!»

Sie kehrte ihr den Rücken zu, und bald wurde ihr Atem wieder ruhig. Carrie seufzte. Wieder einmal bewunderte sie die Freundin, die ohne Uebergang vom Zustand des Wachseins in den Schlaf hinüberwechseln konnte. Niemals würde sie selbst hierzu fähig sein! Sie horchte auf das furchterregende, hungrige Kläffen, das aus der Dunkelheit drang. Endlich wurde alles wieder still. Man hörte nurmehr das Knistern der Glut, die Seufzer der schlafenden Tiere und zuweilen das zornige Knurren der Hunde. Der Schein des Feuers tauchte das Zelt in ein mild-goldenes Halbdunkel. Man fühlte sich warm und gesichert wie im Innern einer Muschel. Carries Augenlider fielen zu; sie schlief ein.

Bei Sonnenaufgang zog die Karawane dem Ufer des Yamdok-Sees entlang. Schneeberge spiegelten sich anmutig und erschreckend zugleich im türkisblauen Wasser. Viele kleine Gersten- und Weizenfelder drängten sich auf den Berghängen. Bauern mit roten Ohrenkappen führten dickfellige Yaks am Zügel, deren Geschirre mit vielfarbigen Wollbüscheln und kleinen funkelnden Spiegeln geschmückt waren. Die Strasse stieg steil an zum Kamba-Pass, der wegen seiner Wildheit und wegen der Steinschlaggefahr gefürchtet war. Samdup Nyamgal entschloss sich daher, den zwar entfernteren, aber flacheren Nyapsola-Pass zu benützen. Sie verliessen deshalb die übliche Route der Karawanen und wandten sich ostwärts. Ein steilwandiges Tal nahm sie auf, das sich gelegentlich zu saftigen Alpweiden weitete, die von Kümmerwald gesäumt waren. Sprudelnde Bäche hüpften der Tiefe zu, hin und wieder stiebende Wasserfälle bildend. Man brauchte ungefähr zwölf Stunden, um den Nyapsola-Pass zu überqueren, wohl an die vier Stunden mehr als über den Kamba. Man erreichte aber in geringerer Höhe die Quelle des Kongka-chu, dem die Karawane auf schmalem Pfad nordwärts folgte, bis sich die vielen Rinnsale zum schäumenden Bach vereinigten, der sich ein breites Bett durch die Felsen genagt hatte.

«Der Brahmaputra ist angeschwollen, wie immer im Herbst», erklärte Karma. «Die Tiere werden ihn durchschwimmen müssen.»

«Und wir wahrscheinlich auch?» fragte Carrie. In stoischer Ruhe war sie auf ein eisiges Bad gefasst.

Karma beruhigte sie lachend: «Nur keine Angst, wir kommen trocken hinüber. Fährleute bringen uns in ihren Booten aus Yakleder ans andere Ufer.»

Reiten, Reiten, Reiten ... immerzu, mit eisigen Füssen, das Gesicht von der Sonne verbrannt, rissig vor Kälte. Gewundene Pfade am Rande des Abgrundes. Schritt für Schritt voran: am Fuss granitener Säulen, im Schatten von Felsen, höher als Türme. Den Hauch der über den Hängen erstarrten Gletscher atmen, während die Stunden vergehen und die glutrote Sonne bereits die Nacht in ihrem Herzen trägt.

Im Schutze eines Gebirgskessels, umgeben von Gestrüpp und Gebüsch, schlug man das Zelt auf: Wohltat des warmen Tees, beruhigendes Knistern der Glut, Weichheit der Kissen, tiefer, allzu kurzer Schlaf! Und wieder das eiskalte, aschfarbene Morgengrauen und das blendende Leuchten des in der Sonne aufglühenden Schnees! Langsam nur kam die Karawane am Steilhang voran. Die Holzschuhe glitten auf den schlüpfrigen Steinen und den gefrorenen Schneeflächen aus. Die zur Schlucht hin abstürzende Berglehne war so schwindelerregend steil, dass ein Teil der Männer lieber zu Fuss ging, um die Tiere zu schonen. Obschon Digum und Nagpo sehr sicher auftraten, führte ein Diener sie am Zügel. An der Spitze des Zuges schritten die Maultiere trotz ihren schweren Lasten ruhig und mühelos voran. Dann begann der Abstieg, steil, steinig und voller Geröll. Am äussersten Ende des langen Hanges dehnte sich unübersehbar eine dunstig-grüne Hochebene, durch die der Kongka-chu sich wie ein gelbes Reptil hindurchwand. Sie folgten ihm bis zu seiner Einmündung in den Brahmaputra unweit des Dorfes Kong-ka.

Gegen Mittag hatte die Karawane den Brahmaputra erreicht. Die nach Fäule und Schlamm riechende Luft war erfüllt vom Brüllen der Stromschnellen. Dem Fluss entlang weideten ‹Drongs›, schwerfellige wilde Yaks, im frostgelben Gras. Wie Karma angekündigt hatte, war der Fluss durch die ersten Schneefälle stark angeschwollen. Schlammige Wassermassen führten Steine, Baumstrünke, Erdschollen mit. Mit saugendem Geräusch sanken die Holzschuhe im nassen Boden ein. — Flussaufwärts beruhigte sich das Gewässer und weitete sich in eine Bucht, an der sich eine Hütte aus Lehm erhob. Auf einer Bambusstange flatterten auch hier die Gebetsfahnen im Wind. Zwei Maultiere waren in einem Gehege angepflockt. Ein langhaariger schmutziger Hund stürzte wildbellend heran. Eine alte, in einen zerfetzten Schal gewickelte Frau kam rasch aus der Hütte, fing den Hund ein und sperrte ihn in das Gehege. Hinter der Frau traten zwei Männer auf die Schwelle: gedrungene, kräftige Gestalten, mit einer Haut wie glänzend gegerbtes Leder. Zwei Pistolen und der ‹Kukri›, ein nepalesisches Haumesser, steckten in ihren Gürteln.

Karma neigte sich zur Freundin hinüber, damit diese sie im Lärm des Wassers verstehen konnte.

«Das sind die Fährleute. Wir werden markten müssen; sie verlangen das Blaue vom Himmel!»

Sie stiegen ab. Die beiden Männer begrüssten sie ehrerbietig und liessen dabei die Zungenspitze sehen. Während Samdup Nyamgal den Preis für den Flussübergang aushandelte, luden die Diener die zerbrechlicheren Ausrüstungsgegenstände, die der Fähre anvertraut werden sollten, vom Rücken der Maulesel ab. Das wasserfeste, solide Gepäck dagegen wurde für die Ueberquerung auf den Tieren belassen.

«Die Männer hängen sich einfach an die Maulesel und Pferde an und kommen so über den Fluss», schrie Karma Carrie ins Ohr.

«Aber du sagtest doch, niemand könne schwimmen?»

«Sie haben Vertrauen in die Tiere», sagte Karma. «Alle Treiber sind es gewohnt, so über Flüsse zu setzen, und die Tiere wissen genau, was man von ihnen erwartet.»

Die Diener zogen die Kleider aus und banden sie sich als Bündel auf den Rücken. Sie lockerten die Sattelgurte, um den Tieren mehr Bewegungsfreiheit zu lassen, und trieben sie ins Wasser. Nur widerstrebend gingen die Maultiere voran; die Diener stiessen und zogen sie mit aufmunternden Rufen und liessen die Peitschen knallen, ohne jedoch die Tiere zu schlagen. Das Wasser schäumte und spritzte. Die Hufe wirbelten Schlamm auf; grosse gelbe Wellen verbreiteten sich flussabwärts. Als das Wasser die Schultern der Tiere erreichte, streckten sie den Kopf nach vorne und begannen zu schwimmen, während die Männer sich krampfhaft an ihren Mähnen festhielten. Die leichteren Hunde hatten inzwischen schon die Mitte des Stromes erreicht. Carrie betrachtete gebannt die glitzernde Oberfläche des Wassers, aus dem, eng aneinandergeschmiegt, die Köpfe der Menschen und Tiere herausragten. Ueber das Brausen der Fluten hinweg erklangen die fröhlichen Rufe der Treiber.

Digum und Nagpo bildeten die Nachhut. Tensing, der kleine Stallknecht, hatte ihnen die Sättel und die kostbaren Verzierungen des Zaumzeuges abgenommen. Die beiden Pferde wagten sich vorsichtig, aber ohne Widerstreben ins Wasser: auch sie überquerten nicht zum ersten Mal einen Fluss!

Die älteren Diener waren zur Ueberwachung des Gepäcks am Ufer geblieben. Ihr Rang verlieh ihnen das Vorrecht, den Strom auf der Fähre zu überqueren. Inzwischen war Samdup Nyamgal endlich mit den Fährleuten ins reine gekommen. Sie trugen ohne jede Anstrengung ein geschmeidiges, leichtes Boot aus Yakleder auf den Schultern herbei. Ein Mann trat mit nackten Füssen ins Wasser, zog das Boot in den Fluss und schlang das Haltetau um einen Felsen. Das leichte Boot tänzelte und schwankte gefährlich auf den Wellenkämmen. Carrie verzog das Gesicht und warf einen fragenden Blick auf Karma.

176

«Keine Angst!» sagte die Tibeterin lachend. «Das Boot ist sehr stark; es kann zehn Personen aufnehmen.»

Auch der zweite Fährmann brachte nun eine Barke heran, in der die Diener das Gepäck verstauten. Danach wateten die Passagiere durch die niederen Wasser der Bucht. Hinter Karma schritt Carrie wie auf Eiern über die glatten, schlüpfrigen Steine. Das Wasser gurgelte um ihre Stiefel; sie fühlte, wie die eisige Kälte das Leder durchdrang. Die Fährleute halfen den Mädchen beim Einsteigen. Das elastisch-weiche Yakleder war über ein sinnvolles Gerippe aus Holzlatten gespannt, das mit Stäben verstärkt war. Als das Gepäck verladen und alle sich im Boot befanden, banden die Fährleute die Schiffe los, sprangen hinein und stiessen sie mit einer langen Stange vom Ufer ab. Die geschmeidigen Bootswände bogen sich unter dem Druck der Wellen, und Carrie hatte das ängstliche Gefühl, eine einzige falsche Bewegung könnte das Fahrzeug zum Kentern bringen. Die Tibeter schienen sich jedoch ganz wohl zu fühlen; sie neckten sich und lachten, die Fährleute scherzten noch lauter als alle andern. Gutgelaunt wussten sie mit einigen kräftigen Ruderschlägen die gefährlichen Felsklippen zu vermeiden, die die Strömung ihnen immer wieder entgegenstellte. Das Boot kam nur langsam voran, es drehte sich öfters um sich selbst oder wich von der Richtung ab. Schon hatten die ersten Maultiere das gegenüberliegende Ufer erreicht; man hörte sie prusten und schnauben und sah ihr nasses Fell in der Sonne glänzen. Die Diener schlüpften rasch in ihre Kleider und prüften das Gepäck, um festzustellen, ob kein Wasser in die Lebensmittelvorräte gedrungen war. Samdup Nyamgal hatte befohlen, das Zelt in kurzer Entfernung vom Fluss aufzustellen: So würde man Zeit haben, die beschädigten Bündel zu trocknen und neu zu verpacken.

Als die Boote anlegten, waren die zuerst Angekommenen bereits mit dem Trocknen und Abreiben der Pferde beschäftigt, während das Zelt in einer Höhlung des Felsens aufgeschlagen wurde. Ma-tschen Norbu, der Koch, stellte seine nassen Töpfe in die Sonne, und die jungen Treiber suchten im Gebüsch nach Brennholz.

Die Reisenden wateten ans Ufer. Samdup Nyamgal bezahlte den Preis der Ueberfahrt; sogleich bestiegen die beiden Fähr-

leute wieder ihre Fahrzeuge, um ans andere Ufer zurückzukehren.

Bis zum Einbruch der Nacht brachten die Männer Säcke,
Ballen und Kisten wieder in Ordnung und kontrollierten
Geschirre und Seile. Alles Gepäck war unversehrt, selbst der
Lampenschirm, den Karmas Mutter bestellt hatte, wies nur
ein paar unbedeutende Schrammen auf.

Die erschöpften Tiere wurden ans Zeltseil gebunden und mit
der gewohnten Ration trockener Erbsen gefüttert, die man
ihnen in einem Sack vor das Maul hing. Tensing hatte Digum
und Nagpo sorgfältig abgerieben und ihnen zum Schutz gegen die Kälte eine Decke auf den Rücken gelegt.

19

Die Hochebene, die zur tibetischen Hauptstadt führte, war
rings von Bergen umgeben, die in dieser beträchtlichen Höhe
fast niedrig erschienen. Soweit man sehen konnte, bewahrten
das Buschwerk, die Staudengehölze und die Krüppelwälder
noch die bunten Farben des Herbstes: rot, safrangelb, violett.
Der Himmel leuchtete in zartem Vergissmeinnichtblau, und
der eisige Wind hatte sich in eine kleine trockene Brise verwandelt, die flüsternd durch das Dickicht raschelte. Einmal
sah man in der Ferne Nomadenzelte. Eine dünne Rauchspur
stieg in den Himmel. Später zog in vorsichtigem Abstand ein
Trupp Drongs, wilde Yaks, die jeder Annäherung auswichen,
in einer Staubwolke vorüber.

Parallel zum Karawanenweg wand sich die Strasse Chushul-
Lhasa entlang den Niederungen des Kyi-chu-Flusses. Lastwagen wurden sichtbar.

«Ein chinesischer Geleitzug», sagte Karma, «sie führen Männer und Material herbei, um die Strassen mit Rücksicht auf
den kommenden Schnee zu verstärken.»

Die Strasse verschwand wieder zwischen den Hügeln; der
Karawanenweg nahm in gerader Linie eine Abkürzung durch
den Wald. Kalte Sonnenstrahlen drangen schräg durch das

Dickicht. Flechten und Moose bildeten einen grün-violetten elastischen Teppich. Die Reiter kamen nun rasch voran. Wie bei Karawanen üblich, hatten sich die Treiber und der Koch mehrere Stunden vor den anderen auf den Weg gemacht, um das nächste Lager für die Nacht vorzubereiten.

Der Weg führte im Zick-Zack durch dichtes Unterholz, über dem sich das Geäst der Föhren wie ein Kuppeldach wölbte. Nach einiger Zeit verspürte Carrie mit einemmal eine seltsame Spannung in der Luft. Die Vögel schwiegen; eine wachsende Aufregung bemächtigte sich der Tiere. Die Hunde knurrten mit aufgeworfenen, speicheltriefenden Lefzen, wagten sich jedoch nicht in das Dickicht. Sie schienen wie gelähmt, von einer Angst, die stärker war als ihre gewohnte Angriffslust. Die Pferde gingen widerstrebend und mit flachgedrückten Ohren voran, sie kauten nervös auf ihrem Gebiss. Carrie sah Schauer über Nagpo's Haut fahren und fühlte, wie seine Muskeln sich spannten. Plötzlich tat Digum einen Sprung zur Seite, so scharf und unerwartet, dass er seine Reiterin beinahe abgeworfen hätte. Karma fing sich auf, zog die Zügel enger und streichelte dem Tier beruhigend die Stirn. Die Männer wechselten einige Worte und entsicherten die Gewehre.

«Was gibt es?» fragte Carrie ängstlich.

«Ich weiss nicht», erwiderte Karma mit zusammengezogenen Brauen. «Wahrscheinlich irgend ein wildes Tier.»

«Wölfe?»

«Nein. Wölfe greifen immer nur in Rudeln an. Ich glaube eher . . .»

Ein durchdringender Schrei drang aus dem Unterholz und schnitt ihr das Wort ab. Das war nicht der Angstlaut eines Tieres, sondern der Schrei eines Menschen in höchster Todesnot. Nun hörte man auch brummende Kehllaute, die die entsetzten Reiter in höchste Erregung versetzten.

«Ein Bär!» schrie Karma ausser sich.

Die Pferde wichen in wirrem Durcheinander zurück, stampften und schlugen aus; die Hunde heulten misstönend, als wären sie vom Wahnsinn befallen. Mit aller Kraft suchte Carrie ihren Nagpo zu meistern, der, wild vor Angst, sich an Bäumen stiess und im Gestrüpp verfing. Die Männer fingerten zögernd an ihren Gewehren. Der Bär ist in Tibet ein heiliges Tier, bekannt durch seine Schlauheit, seine Kraft und seine Intelligenz. Kein Tibeter würde wagen, ihn zu jagen oder gar zu töten.

Noch einmal ertönte der Schrei, voll Schmerz und wahnsinnigem Entsetzen. Im selben Augenblick krachte in unmittelbarer Nähe ein Schuss. Plötzlich sah Carrie eine dunkle Masse, die sich bewegte. Ein Mann lag zusammengekrümmt auf dem Boden, den Arm zum Schutz des Gesichtes erhoben. Ueber ihm stand ein struppiger, schlammbedeckter Bär auf den Hinterbeinen. Er wankte mit stierem Blick hin und her: ein blutiger Fleck rötete seine Brust. Ein zweiter Schuss peitschte durch das lähmende Entsetzen, und ein Blutstrom entquoll dem Rachen des riesigen Tieres, das röchelnd zu Boden stürzte. Die Tatzen schlugen blindlings in die Luft, der Körper erschlaffte, rollte sich unter dem Krachen dürrer geknickter Aeste zusammen und erstarrte im Todeskampf. Das Heulen der Hunde wurde stärker und stärker. Durch den Blutgeruch rasend geworden, stürzten sich die Doggen über den toten Bären, schlugen die Zähne in das noch warme Fleisch und rissen blutige Stücke heraus.

Das Opfer des Bären suchte vergebens, sich auf die Knie zu erheben und wegzukriechen. Die fettigen Lumpen seiner Bekleidung waren vom Blut gerötet. War es sein eigenes oder das des Bären? Carrie nahm sich keine Zeit zum Ueberlegen. Sie zog die Füsse aus den Steigbügeln und sprang vom Pferd. In zwei Sätzen war sie bei dem Verwundeten. Es war kein Mann, sondern ein ganz junger Bursche, fast noch ein Kind. Sein rechter Arm, den er mit schmerzverzerrtem Gesicht stützte, hing in seltsamer Verrenkung schlaff herab. Carrie stiess einen entsetzten Schrei aus: ein tiefer Biss, genau am Schultergelenk, hatte die Muskeln zerrissen und die Knochen entblösst. Blutige Stoffetzen klebten an der zerschundenen Haut.

‹Er wird alles Blut verlieren und sterben!› dachte Carrie mit Schrecken. Als sie die Augen erhob, fiel ihr Blick auf einen Mann, der schweigend aus dem Dickicht aufgetaucht war. Er war jung, muskulös und breitschultrig; die dichten schwarzen Haare hingen ihm in Zöpfen auf die Brust. Er trug ein Hemd mit chinesischem Kragen, eine Pluderhose und Reitstiefel; ein dunkelblauer, schlammbefleckter Mantel bedeckte seine Schultern. In der Hand hielt er ein fremdartiges Gewehr mit einem zweischneidigen, mit Antilopenhorn besetzten Bajonett. Das tiefbraune Gesicht des Unbekannten zeigte einen Anflug spöttischer Anmassung; die schwarzen Augen funkelten höhnisch.

Er wandte sich als erster an die Tibeter und sprach sehr schnell, in einem Dialekt, den Carrie nur mit Mühe verstand:

«Natürlich, die Leute von Lhasa haben den Abzug ihrer Gewehre einrosten lassen! Ohne mich wäre dieser Junge längst tot!»

Sein verächtliches Mienenspiel unterstrich die beissende Ironie dieser Worte. Karma sass stolz und aufrecht im Sattel und gab den Dienern ein Zeichen. Sie näherten sich den Hunden, die den Körper des Bären zerbissen, und knallten mit den Peitschen. Die Doggen verliessen den toten Bären gehorsam und drängten sich um ihre Herren. Mit einem Mal lag ein beklemmendes Schweigen über dem Wald, hinter dem die Sonne rotgolden versank.

Jetzt erst antwortete Karma dem Unbekannten:

«Wer bist du, der du es wagst, mit mir in diesem Ton zu sprechen?»

Der Mann grinste höhnisch, wobei er seine blendend weissen Zähne zeigte.

«Wenn du mich nicht kennst, so wird vielleicht der Name meines Vaters deinem Gedächtnis auf die Spur helfen. Ich bin Wang-chen, der Sohn des Lhasam Rapgyal. Mein Vater ist der Anführer der Khampas.»

Die Khampas! Trotz ihrer Ueberraschung erinnerte sich Carrie: ein halbwilder Nomadenstamm, der sich von Yakmilch und rohem Fleisch ernährte und von dessen Mut und Stolz man sich Wunderdinge erzählte.

Karma hatte nicht mit der Wimper gezuckt. Sie erwiderte kalt:

«Wenn es so ist, dann verbinde die Höflichkeit mit den Vorzügen deiner Geburt.»

Wang-chen schwenkte anzüglich sein Gewehr:

«Meine Höflichkeit ist die der grossen Zelte. Sie ist immer noch soviel wert wie die der weichlichen Salons in der Stadt.

Und du, wer bist du, dass du mir derartige Fragen zu stellen wagst?»

Die junge Tibeterin machte die Schultern steif und sagte in schroffem Ton:

«Ich heisse Yangtschen Karma Tethong. Mein Vater ist Ministerpräsident im Kabinett Seiner Heiligkeit. Ich bin edel und frei geboren.»

«Edel — kann sein!» kicherte Wang-chen. «Frei, das wird man ja sehen!»

Er zog ein Messer aus der Tasche und kniete vor dem Kadaver des Bären nieder. Dann hob er eine der riesigen Tatzen des Tieres in die Höhe und begann ruhig, das Fell um die Krallen aufzuschneiden. Carrie fuhr auf, von Ekel und Erregung gepackt. Der Khampa spürte es, er wandte ihr sein völlig ausdrucksloses Gesicht zu. Kein Erstaunen zeigte sich auf seinen Zügen, als er eine Fremde erkannte.

«Der Bär gehört mir», sagte er gelassen. «Du hast wohl nichts dagegen, wenn ich nehme, was mir zusteht?»

Mit keinem Blick beachtete er den halb bewusstlosen Jungen, den Carrie so gut es ging stützte, während sie vergebens versuchte, das Blut der Wunde zu stillen. Heftig wandte sie sich an die Tibeter, die mit törichten Gesichtern herumstanden.

«Schnell, saubere Tücher! Man muss die Wunde abbinden.»

Karma war abgestiegen und hatte ihr Pferd Tensing's Obhut überlassen. Sie beugte sich über den Jungen.

«Aus welchem Dorf kommst du? Wo sind deine Eltern?»

Der Knabe konnte nur mit Mühe seine verkrampften Kiefer bewegen. Seine Antwort war so schwach und undeutlich, dass Carrie sie nicht verstand.

«Er sagt, er sei Waise», übersetzte Karma. «Sein Dorf befindet sich auf der anderen Seite des Flusses. Er hütete die Herde seines Onkels, da verirrte sich eine Ziege. Als er ihr im Walde nachspürte, muss er den Bären aufgestöbert haben, der dort auf Nahrungssuche war.»

Ein Diener rannte mit einer Decke und schmutzigen Stofffetzen herbei. Aber Carrie wies die unappetitlichen Lappen wütend zurück. Was war zu tun? Die Medikamentenschachtel mit dem Verbandstoff befand sich beim grossen Gepäck, das die Saumtiere trugen. Carrie hatte nur ein oder zwei

Stücke Leukoplast und ihr lächerliches Aspirin bei sich. Sie dachte nach und rief unvermittelt:

«Schnell, Karma! Gib mir eine deiner Khatas!»

Die glatten Brauen der Tibeterin zogen sich vor Bestürzung zusammen:

«Eine Khata? Aber das sind doch unsere . . .»

«Eure Glücksschärpen, ich weiss!» unterbrach sie Carrie ausser sich. «In dringenden Fällen können die ja wohl auch einmal als Verband dienen!»

Karma steckte zögernd die Hand in die Falte ihres Kleides und zog einen ihrer weissen, tadellos sauberen Schals heraus. Carrie riss ihn ihr aus den Händen und band ihn eilends um die Wunde. Das Blut tränkte die aufeinanderliegenden Stoffschichten; Carrie stöhnte verzweifelt auf.

«Ein Arzt muss her, so schnell wie möglich!» rief sie.

Ein höhnisches Gelächter ertönte.

«Ein Arzt? Da kannst du lange suchen!»

Der Khampa hatte sich aufgerichtet. In den Fingern hielt er eine der abgetrennten Bärentatzen: seine Hände waren mit Blut beschmiert. Carrie fühlte, wie Ekel ihren Magen zusammenzog, und wandte die Augen ab. All das war so völlig unsinnig! Das unbewegt-wächserne Gesicht des Jungen glänzte im Schweiss. Er schien aber jetzt nicht mehr sonderlich zu leiden; der Schock und der Blutverlust hatten ihn offenbar betäubt.

«Beruhige dich», sagte der Khampa voll Hohn. «Die Bauern hierzulande sind gesund und kräftig. Auch der da kommt wieder auf und kann in sein Dorf zurückkehren.»

«Zurückkehren, ganz allein, mit einer solchen Wunde!» Carrie war entrüstet. «Keine zehn Meter weit könnte er gehen, ohne ohnmächtig zu werden!»

Wang-chen zuckte unberührt die Schultern.

«In diesem Fall stirbt er eben, wenn es sein Schicksal ist.»

Samdup Nyamgal, der bescheiden im Hintergrund gestanden hatte, drängte jetzt entschlossen seine Leute zur Seite und trat vor. Auf seinem runden Gesicht erschien ein leeres, leicht verlegenes Lächeln.

183

«Vier Reitstunden von hier entfernt befindet sich ein Kloster, wo ein heilkundiger Lama wohnt. Urin und Speichel dieses heiligen Mannes besitzen, so sagt man, grosse Heilkraft.»

«Urin und Speichel», stotterte Carrie entsetzt. «Aber . . .»

«Mit Lehm vermischt», fügte Karma hinzu. «Das ist ein Mittel, das die Bauern hier vielfach benützen.»

Carrie fühlte, wie ihr der Schweiss über den Rücken rann. Das Bild ihres Vaters, sein müdes, mutloses Lächeln drängten sich in ihre Erinnerung. Natürlich, es war wirklich so, wie er immer gesagt hatte: Urin, Speichel, Kuhmist, Wolfszähne und Schlangenhäute, die ewigen Heilmittel der Unwissenheit!

Der Verwundete bewegte sich. Sein fieberverschleierter Blick ruhte teilnahmslos auf den Umstehenden. Mehr als alles andere entfachte diese dumpfe Ergebung in das angeblich zum voraus bestimmte Schicksal den Zorn Carries.

«Das kommt überhaupt nicht in Frage!» rief sie wütend. «Der Junge hier braucht fachgemässe Pflege. Wir nehmen ihn nach Lhasa mit und bringen ihn ins Krankenhaus.»

«Nach Lhasa?» rief Karma bestürzt. «Aber er wird uns niemals dorthin folgen wollen!»

«Wir fragen ihn nicht um seine Meinung. In vierundzwanzig Stunden sind wir in Lhasa. Wenn ich den Verband stark anziehe, kann ich die Blutung vielleicht abschnüren.»

«Er ist aber doch unfähig, sich im Sattel zu halten», widersprach Karma, immer verlegener werdend.

«Er ist mager und wiegt nicht viel. Ich nehme ihn mit auf mein Pferd und stütze ihn unterwegs.»

Samdup Nyamgal und Karma tauschten einen Blick. Dieselbe gezwungene Höflichkeit lag auf ihren Zügen. Carrie schaute von einem zum anderen, ohne zu begreifen.

«Also, was ist los? Worauf wartet ihr?» drängte sie verärgert.

Karma senkte die Augen.

«Der Junge da ist ein Bauer. Ein Leibeigener.»

«Na und?» fuhr Carrie wütend auf. «Willst du ihm deine Hilfe verweigern, nur weil er von niederem Stand ist?»

Karma seufzte:

«Du kannst das eben nicht verstehen», sagte sie. «Es handelt sich ja gar nicht um uns. Dieser Leibeigene gehört zum Gut von Lobsang Tschoné, dem Distriktsgouverneur. Wie du gehört hast, ist der Junge arm und verwaist. Sein Herr muss unbedingt einverstanden sein, wenn wir ihn mit nach Lhasa nehmen wollen. Schliesslich muss er ja die Kosten für die

Behandlung und das Krankenhaus übernehmen. Wir . . .»
Wang-chens höhnisches Lachen schnitt ihr das Wort ab. Es
war ein hässliches, unmenschliches Lachen, voll Sarkasmus
und Verachtung. Karma wandte sich ungeduldig zu ihm
hin:
«Was hast du zu lachen wie ein Schakal?»
Lässig warf der Khampa seine Bärentatze in die Luft und fing
sie mit der Hand wieder auf.
«Gar nicht so leicht, den Kusho Lobsang Tschoné jetzt zu
finden», sagte er.
«Warum? Ist er auf Reisen?»
«Nein, er sitzt im Gefängnis!»
Ein Beben lief durch die Gruppe der Tibeter. Ihre Augen
starrten ungläubig auf den Khampa. Dann begannen alle
durcheinander zu reden:
«Im Gefängnis? Wie ist das möglich? Wer hat das gewagt?»
Ungerührt spuckte Wang-chen in weitem Bogen aus. Er wartete, bis sich die Bestürzung der Männer gelegt hatte, und
sagte dann mit gleichmütiger Stimme:
«Die von Peking ausgehaltenen Behörden in Lhasa haben ihn
angeklagt. Er soll eine Verschwörung angezettelt haben, um
die Chinesen zu vertreiben. Er ist eingesperrt und erwartet
seinen Prozess. Seine Familie steht unter Bewachung, und
seine Güter sind eingezogen worden.»
«Das ist sicher nur ein Missverständnis», sagte Karma mit
farbloser Stimme. «Der Kusho wird seine Unschuld beweisen.
Wahrscheinlich wird er eine Busse bezahlen müssen, aber die
Chinesen werden ihn wieder freilassen. Peking hat die tibetischen Beamten stets als die legitimen Vertreter Seiner Heiligkeit anerkannt.»
Die schmalen Augen des Nomaden sprühten vor Zorn:
«Bist du wirklich so dumm, dass du Verbrechen mit rechtmässigem Aufstand verwechselst? Ihr Leute von Lhasa spielt das
Spiel der Unterdrücker, weil Ihr für Euer Geld und Eure
gefüllten Bäuche fürchtet. Habt wenigstens Ehrfurcht vor
denen, die sich für die gerechte Sache opfern!»
185 Karma wollte antworten, aber Wang-chen liess ihr keine Zeit
dazu. Er führte zwei Finger an den Mund und liess einen
kurzen, durchdringenden Pfiff ertönen. Aeste knackten hinter ihnen, ein stämmiges schwarzes Pferd trottete aus dem

Dickicht hervor. Es schnaubte geräuschvoll, ging ohne zu zögern auf Wang-chen zu und lehnte den Kopf an seine Schulter.

«Denkt an meine Worte!» sagte der Nomade hart. Er liess seinen Blick über die wie versteinert dastehenden Tibeter streifen. «Wir wissen, aus welchem Erz Rotchina geschmiedet ist. Ueberall rüstet man zum Kampf. Die Khampas werden Tibet noch verteidigen, wenn die Leute von Lhasa in ihren Klöstern weinen und auf den Wegen der Verbannung umherirren. Es wird die längste, härteste und elendeste Strasse sein, die Ihr in Eurem Leben je gegangen seid!»

Er setzte den Fuss in den Steigbügel und schwang sich gewandt in den Sattel. Ohne ein Abschiedswort wendete er das Pferd und verschwand im Galopp zwischen den Bäumen.

Während die Männer die Pferde für den Aufbruch bereit machten und fieberhaft die Ereignisse besprachen, blieb Karma mit hängenden Armen unbeweglich stehen. Ihr Gesicht war sehr blass geworden. Plötzlich rief sie laut:

«Haben die Khampas das letzte bisschen Verstand verloren? Die buddhistische Religion predigt Gewaltlosigkeit und Verzeihung. In ihrem Starrsinn werden diese Fanatiker das Land noch in Flammen aufgehen lassen! Sicher hat Lobsang Tschoné unter dem Einfluss dieser Nomaden-Häuptlinge an der Verschwörung teilgenommen!»

Carrie zog den Verband des Verwundeten enger und schwieg. Was sollte sie auch darauf antworten? Der junge Hirte atmete stossweise. Seine Augen waren eingefallen, seine Nase wachsbleich. Der scharfe Geruch des toten Bären verwirrte und erregte die Pferde. Sie scharrten ungeduldig, während die Männer aufsassen.

Auf ein Zeichen Karma's hatte Tensing Digum herbeigeführt. Der Hengst legte die Ohren flach und weigerte sich, heftig gegen die Erde gestemmt, sich dem Kadaver des Bären zu nähern. Karma sprach besänftigend auf ihn ein und tätschelte seinen Hals.

«Was fangen wir mit dem Jungen an?» fragte Carrie.

186

«Wir strecken ihm das Geld für die Behandlung vor», entschied Karma. «Er zahlt es uns dann in bar oder in Naturalien wieder zurück, sobald er kann.»

«Aber ich will sein Geld nicht!» verwahrte sich Carrie empört. «Er besitzt ja nichts als seine Lumpen!»

«Der Leibeigene ist verpflichtet, seinem Herrn alle Unkosten, die er ihm verursacht, wieder zu vergüten», sagte Karma in amtlich-strengem Ton, «so will es seit jeher der Brauch.»

«Ich bin nicht seine Herrin», erwiderte Carrie.

Sie zog den Verband fester und schenkte der Freundin ein verlegenes Lächeln.

«Verzeih, wenn ich dich verletzt habe. Ich war eben einfach wütend!»

Auch Karma lächelte und ihre schwarzen Augen strahlten wieder, obwohl die Unruhe sie nicht verlassen hatte.

«Wir sind müde», sagte sie freundlich, «der Tag war hart.»

Sie gab einen Befehl. Gyatso Dorje, einer der Diener, kam eilig herbei. Er war hochgewachsen und kräftig, er trug einen Ueberwurf aus Ziegenfell.

«Du hast nicht Kraft genug, um den Verwundeten während der ganzen Reise festzuhalten», sagte Karma zur Freundin. «Gyatso Dorje nimmt ihn auf sein Pferd.»

Der Diener senkte den Kopf und schnalzte nachdenklich mit der Zunge. Der Junge rührte sich nicht; er war wohl bewusstlos oder aus Entkräftung eingeschlafen. Gyatso Dorje bückte sich und hob ihn wie eine Feder auf. Das Blut begann zu fliessen und tropfte auf Ueberwurf und Stiefel des Dieners, während er den kleinen Hirten mit Tensing's Hilfe auf sein Reittier hob. Carrie seufzte, starrte auf ihre beschmutzten Hände und wischte sie entmutigt an den Nähten ihrer Bluejeans ab. Immerhin, es war ihr gelungen, ihren Willen durchzusetzen! Dieser Wang-chen hatte ihr geholfen, ohne dass er es wollte. Zum Teufel mit den abscheulichen Salben und ekligen Einreibemitteln aus dem Bettelsack eines verlausten Lamas! Der Junge würde nun in einem Spital, das hoffentlich einigermassen sauber war, die nötige Pflege erhalten. Aber würden sie es rechtzeitig erreichen können?

20

Wirbelstürme jagten über die Hochfläche. Am leuchtend blauen Himmel flammte die Sonne. Ein Lämmergeier schwebte in der Höhe und lauerte auf die kleinen Nager der Steppe. Carrie folgte ihm mit den Augen. Das Bild Rama Singh's und seines Drachens wurde in ihrem Gedächtnis lebendig; sie lächelte.

Rund um die Steppe erhoben sich die Berge in wilder Pracht und stiessen bis zum Rande der Wolken vor. Hinter Bergen und Wolken lag Lhasa, die heilige Stadt, kaum noch einige Wegstunden entfernt!

Es schien, als fühlten die Pferde und Maultiere das Ziel der Reise nahen. Ihr Schritt wurde lebendig und weitausgreifend. Am vorhergehenden Abend hatte Tensing Digums und Nagpos Zaumzeug sorgfältig poliert und ihre Mähnen mit roten Bändern und mit Glöckchen verziert. Karma hatte ein Maultier abladen lassen und aus ihrem Gepäck frische Kleider genommen. Der Kragen eines faltenlosen duftigen Seidenhemdes fiel auf den Ausschnitt einer langen kirschroten Tunika, die auf den Seiten geschlitzt war, so dass man die weiten Hosen aus weisser Atlasseide sehen konnte. Mit ihrer Kette aus Perlen und Korallen, ihren Ringen aus Gold und Rubinen, ihren wie Lack glänzenden Haaren, glich Karma jenen feierlich-freundlichen juwelengeschmückten Prinzessinnen auf den Miniaturbildern vergangener Zeiten. Auf ihrem lieblichen, gepuderten Gesicht war nicht die geringste Spur von Sorge oder Müdigkeit zu erkennen. ‹Sie hat Wang-chen und seine schlimmen Nachrichten schon vergessen›, dachte Carrie, immer wieder erstaunt über die unsentimental-robuste Wesensart der Tibeter. Sie selbst würde keinen sehr ehrenvollen Einzug in Lhasa halten können. Wohl hatte sie andere Hosen und einen sauberen Pullover angezogen, aber ihre Haut war rot und rissig, ihre Fingernägel schmutzig und ihre Haare voll Staub. Ueberdies hatte sie die letzte Nacht kaum ein Auge zugetan. Sie fühlte sich dumpf und apathisch, wie immer, wenn sie an Schlafmangel litt. Am Abend hatte sie den kleinen Hirten in die Jurte legen lassen; die Diener brachten saubere Kleider und Decken. Mit dem im Gepäck vorhande-

nen Verbandsstoff hatte Carrie die Wunde abschnüren können, und das Blut hatte aufgehört zu fliessen. Aber der Junge
war sehr geschwächt, zeigte nur noch Haut und Knochen
und brannte vor Fieber. Bisweilen schüttelten Hustenstösse
seine magere Brust. Bestimmt hatte er bisher nicht alle Tage
genug zu Essen gehabt und wahrscheinlich litt er an Tuberkulose.

Als Carrie im Halbdunkel des Zeltes seinen Kopf hob, um ihn
trinken zu lassen, hatte er sie zum ersten Mal mit klarem
Bewusstsein erstaunt angesehen.

«Wohin führt man mich?» fragte er in seinem rauhen Berg-
dialekt.

«Nach Lhasa», antwortete Carrie. «Ins Krankenhaus.»

Der Junge setzte den Becher von den Lippen.

«In die Heilige Stadt?»

Ein furchtsam-ungläubiges Staunen liess ihn erröten. Er flüsterte nur noch: «Aber ich habe ja kein Geld . . .»

«Mach dir deshalb keine Sorgen», sagte Carrie. Sie lächelte
ihm freundschaftlich zu.

«Wie heisst du?»

«Thargyay», hauchte der Junge völlig erschöpft.

Auf dem Reittier festgebunden, von Gyatso Dorje gestützt,
schien Thargyay jetzt in einen der Bewusstlosigkeit nahen
Schlaf versunken. Obschon der Diener sein Bestes tat, um den
Jungen aufrecht zu halten, baumelte dessen Kopf im Trab des
Pferdes doch immer wieder heftig hin und her. Durch die
Erschütterung war seine Wunde wohl von neuem aufgebro-
chen; der Verband war durch und durch mit Blut getränkt.

Die Strasse nach Lhasa verlief schnurgerade, sie durchquerte
die Steppe genau in deren Mitte. Ein herber Geruch von Baum-
rinde, bitteren Kräutern und Schnee erfüllte die Luft. Steile
Hügel erhoben sich da und dort aus der Hochebene. Einige
zeigten nackte Felswände, andere waren mit Buschwerk und
Tannenwäldern bedeckt. Unfreundlich blickende Klöster
klebten am Fels: eng zusammengedrängte, hohe Mauern unter
189 halb zerfallenen Dächern. Karma wies auf eine runde, schneebedeckte Bergkuppe, die wie ein riesiger Kuchen mit Schlag-
sahne aussah.

«Das ist der heilige Berg Bumpari. Man kann ihn von Lhasa

aus sehr gut sehen. Die Leute lassen dort Weihrauch brennen, um Frieden und langes Leben zu erlangen.»

Die Karawane kreuzte lange Züge von Yaks, die mit Ballen und Getreidesäcken beladen waren. Die Bauern trugen Röcke aus Ziegenfell und winkten fröhlich mit der Hand. Lachen und Spässe gingen hin und her. Die erregten Hunde umsprangen bellend die Tiere; Ziegen meckerten. Ein graubrauner Jeep fuhr hupend inmitten einer Staubwolke vorbei, bebrillte chinesische Offiziere sassen mit unbewegten Gesichtern darin. Andere Chinesen in olivgrüner Uniform, den roten Stern auf Mütze und Aermeln, kreuzten auf Fahrrädern die Karawane. Einige sahen starr und teilnahmslos vor sich hin, andere aber grüssten höflich. Sie alle aber wichen einer Gruppe Pilger aus, die mitten auf der Strasse in Verzückung gefallen waren und offenbar nichts mehr von dem wahrnahmen, das sie umgab. Die einen drehten ihre Gebetsmühlen, andere liessen Gebetsschnüre aus Knöchelchen durch die Finger gleiten. Die Leute einer anderen Gruppe warfen sich zu Boden, standen wieder auf, machten einen Schritt vorwärts und wiederholten diese Gebetsübung immer wieder von neuem. In Lumpen gehüllt, als einziges Gepäck und Besitztum den Tsampasack am Gürtel, mussten sie ihrem Gelübde entsprechend mit ihrem Leib die Hunderte von Kilometern abmessen, die ihr Dorf von Lhasa, dem Ziel ihrer Wallfahrt, trennten.

Plötzlich glaubte Carrie, sie sei das Opfer einer seltsamen Sinnestäuschung geworden:
Unmittelbar am Horizont, zwischen kristallenen Schneegipfeln, erzitterte ein grosser Gebäudekomplex in goldenem Strahlenkranz. Im selben Augenblick stieg ein vielfacher freudiger Ruf aus den Kehlen der Tibeter:
«Lhasa! Der Potala..!»
Karma wandte ihr strahlend verklärtes Gesicht der Freundin zu:
«Der Potala!» sagte sie mit vor Erregung zitternder Stimme.
«Der Winterpalast Seiner Heiligkeit...!»

Einige Männer hatten sich vom Pferd gleiten lassen. Sie warfen sich mit gefalteten Händen auf die Erde und berührten mit der Stirn den Boden. Auf beiden Seiten der Strasse erhoben sich zahllose Steinhaufen mit windgebeugten Fahnenstangen, an denen Tausende von Gebetsfahnen flatterten.

«Schau nur», sagte Gyatso Dorje zu Thargyay mit vor Begeisterung heiserer Stimme: «Lhasa, die Stadt der Götter!»

Er stemmte sich gegen den Sattel und hob den Hirten in die Höhe, um ihm das goldene Flammen am Horizont zu zeigen.

Carrie war gerührt, als sie den Ausdruck bewundernder Inbrunst auf dem bleichen, schmerzverzerrten Antlitz des Jungen gewahrte.

Die sonst so breite, bis vor kurzem fast menschenleere Strasse schien jetzt fast zu schmal, um den Strom der Vorübergehenden aufnehmen zu können: da gab es Yaks, Esel, Ziegen, Fahrräder, Lastwagen und Jeeps. Verworrener Lärm der verschiedensten Stimmen und Geräusche erfüllte die Luft: Wiehern, Stampfen, Rufe, Hupen, Achsenknarren und immer wieder Motorenlärm. Der von Hufen und Rädern aufgewirbelte Staub bildete rotbraune Schleier, in denen die Sonne spielte. An den Rändern der Strasse hatte man zahllose Zelte aufgeschlagen. Vor Holzkohlenöfen hockten Bauern und verkauften in Oel gebackene Kuchen, Zuckerwaren, gesalzenes Yakfleisch und Tsampakügelchen.

Jenseits der Strasse mit ihrem wirren Durcheinander dehnte sich die weite Steppe mit den wellenförmigen Hügeln, über die der Wind dahinstrich. Die im Neuschnee weissleuchtenden Berge, die den Hintergrund des Potala bildeten, liessen an einen kostbaren Schrein denken, in dessen Mitte ein Kleinod aus reinem Gold geborgen lag.

Carrie war überwältigt von diesem Anblick. Sie wusste nicht, worauf zuerst sie den Blick richten sollte: zum fernen Potala, der zugleich die Lage Lhasas anzeigte und damit die Endstation ihrer Reise, oder hin zur nahen Stadt, die sich, Haus an Haus wie ängstliche Kücken um die Henne geschart, in buntem Wirrwar zusammendrängte.

«Der kegelförmige Berg dort ist der Tschagpori», sagte Karma, die den staunenden Blick ihrer Freundin bemerkt hatte. «Er trägt eine unserer berühmten Medizinschulen. Und dort, am Fuss jenes Hügels, steht Drepung, das grösste Kloster der Welt, in dem mehr als zehntausend Mönche wohnen. In meiner Heimat gibt es dreihunderttausend Mönche, die in dreitausend Klöstern leben. Doch keines gleicht auch nur entfernt dem wundervollen Drepung!»

Jeder Schritt der Pferde führte sie näher zum märchenhaften Aufbau der verworrenen, ineinandergeschachtelten Klosterstadt Drepung, aus der Dutzende von Dächern aus vergoldetem Kupfer oder reinem Gold herausleuchteten. Sie warfen ihre bizarren Schatten auf die steilen Fassaden mit den winzigen Fensterchen. Schwindelerregende Treppen, Stege und Hängebrücken folgten sich gleich Wasserstürzen und gingen ineinander über. Ein verworrenes Getöse stieg von der festungsartigen Stadt auf: Glockengebimmel, Hahnenschreie, Ziegenmeckern, alles vermischt mit dumpfem, aus der Ferne heranbrandendem Psalmodieren der Mönche. Ein riesiges Bollwerk aus Ringmauern, Türmen, Zinnen und Toren umgab den Klosterkomplex und erklomm mit ihm Stufe um Stufe die überbauten Hänge. Selbst im Trab benötigten die Pferde auf der nach Lhasa führenden Ausfallstrasse mehr als eine Stunde, ehe das prächtige Bauwerk, das wie eine Bienenwabe am Felsen klebte, den Blicken der Reiter entschwand.

Nach und nach blieb die unbebaute Steppe zurück. An ihrer Stelle erschienen wintertrockene Wiesen, auf denen Pappeln und Weiden standen. Dann säumte lange Zeit eine hohe Lehmmauer die Strasse.

«Das ist die Umfriedung des Norbulinka, des Sommerpalastes Seiner Heiligkeit», erklärte Karma.

Der Potala, dem sie sich nun rasch näherten, erschien nicht mehr als nur unbestimmt leuchtender, goldener Strahlenkranz: Immer deutlicher traten die Einzelheiten des seltsamen Gebäudekomplexes hervor. Die hohen Mauern ruhten auf einem Granitsockel, dessen Umrisse und Formen sich gleichsam nach oben himmelwärts fortsetzten — ein Werk, das nicht von Menschenhand, sondern von gewalttätigen Giganten geschaffen schien. Der mittlere Teil war leicht erhöht und grellrot bemalt; zwei riesige weissgetünchte Flügel rahmten ihn ein. In der durchsichtigen Abendluft traten die Fundamente, die Säulen mit den Goldkapitellen und die hohen Terrassen überdeutlich hervor und fügten sich vor dem staunenden Auge der Besucher zu Stufen einer zyklopenhaften Riesentreppe. Nie hätte Carrie ein so gewaltiges Bauwerk für möglich gehalten; sie verstand nun die fast ängstliche Ehrfurcht, die selbst fortschrittlich-aufgeklärte Tibeter der Heiligen Stadt entgegenbrachten. Sagte man nicht, der Potala sei in einer einzigen Nacht von den Göttern erbaut worden?

Von der Stadt selbst war noch nichts zu sehen. Die parallel gelegenen Hügel des Potala und des Tschagpori verbargen sie vollständig. Die Karawane kam im Gedränge nur schrittweise vorwärts. Im allgemeinen Durcheinander sah Carrie die bunten Trachten der Bergfrauen in ihren mit Korallen-Amuletten geschmückten Halstüchern und gestreiften Schürzen, die purpurnen Kutten der Mönche, die Schaffellmäntel der Bauern, die Lumpen der Pilger. Das rötliche Licht, das sich mit den Staubwolken mischte, verklärte Schmutz und Armseligkeit und liess die nussbraunen Gesichter wie Kupfer und Gold aufglänzen.

Die schnurgerade Strasse mündete in ein grosses Tor, das den Eingang zur Stadt bildete. Dann teilte sich die Strasse rechtwinklig in zwei Wege, deren jeder in entgegengesetzter Richtung weiterführte.

«Das hier ist der Lingkor, der Pilgerweg; er führt an den Ringmauern von Lhasa entlang», erklärte Karma.

Carrie's erster Eindruck von der Stadt wurde geprägt durch eine Menge zerlumpter Bettler voller Pusteln und Läuse. Am Boden kauernd oder auf Stöcke gestützt, bedrängten sie die Vorübergehenden, die das Tor durchschritten. Herrenlose Hunde, schmutzig und ausgehungert wie die Pilger, scharrten im Unrat. Lhasa war zweifellos eine sehr heilige, aber bestimmt auch eine sehr schmutzige Stadt! Die schmalen Strassen säumten halbzerfallene, eigenartig übereinander stehende Häuser aus Strohlehm, deren Innenhöfe zugleich als Wasserabfluss und als Kloake dienten. Wegen der Trockenheit war der Boden mit sandfeinem Staub bedeckt, der in kleinen Wirbeln aufstieg.

193 Samdup Nyamgal ritt an der Spitze der Karawane; sein gelber Hut war weithin sichtbar. Zwei Diener neben ihm mussten die Menschenmenge abwehren. Carrie bemerkte inmitten der Tibeter zahlreiche Chinesen, aber auch turbantra-

gende Hindus und einige Nepalesen mit ihren handgewobe-
nen Wollmützen. Verstohlen überwachte sie immer wieder
den Verband des Jungen, der völlig apathisch in den kräftigen Armen Gyatso Dorje's ruhte. Karma hatte vorgeschlagen,
Thargyay ihm anzuvertrauen, damit er ihn geradewegs ins
Krankenhaus bringe, aber Carrie beharrte darauf, ihn selbst
zu begleiten. Sie wollte sich persönlich vergewissern, dass der
verletzte Junge gut untergebracht sei und die nötige Pflege
erhielt. Man war dann übereingekommen, dass alle sich zuerst
zu Karmas Elternhaus begeben würden, um, wie es sich gehörte, ihre Gastgeber zu begrüssen. Danach erst würden sie
Thargyay ins Krankenhaus begleiten.
«Vaters Chauffeur führt dich im Jeep dorthin», hatte die
Freundin ihr versprochen.

Hinter baufälligen Häuschen glänzten Tempeltürme bern-
stein- und rotgoldfarben. Die vielgestaltigen Dächer waren
mit Fahnen geschmückt und mit buddhistischen Glocken
behängt, sie warfen wie ein Facettenspiegel die Sonnenstrahlen zurück. Jede Säule, jeder geschnitzte Pfeiler erglühte in
Purpur und Granat.
«Der Yokhang!» sagte Karma mit vor Ergriffenheit bebender
Stimme. «Der grosse Tempel von Lhasa! Und das hier ist der
Parkhor, der Platz und die Strasse der Grosshändler.»
Das Gässchen mündete plötzlich auf einen sehr weiten, mit
glatten Steinplatten belegten Vorplatz. Ehe sie sich's versah,
fand sich Carrie auf ihrem Reittier mitten in einer Menschenmenge, die sie wie ein Meer umbrandete. Obwohl noch heller
Tag war, sah man bereits viele Fackelträger unterwegs. Jeeps
mit eingeschalteten Scheinwerfern hupten ohrenzerreissend,
während der Rhythmus einer Trommel und das Dröhnen der
Hörner aus dem Innern des Tempels drangen. Am Fuss der
mit einem Wirrwarr vergoldeter Säulen und hervorstehender
Gesimse verzierten Ringmauern drängten sich die Pilger. Sie
warfen sich auf die Erde nieder, psalmodierten, liessen beiner-
ne Gebetsschnüre durch die Finger gleiten und drehten ihre
Gebetsmühlen. Unerschütterlich bahnten sich die Pferde
einen Weg durch den Tumult, gefolgt vom Schreien und
Gelächter einer Schar zerlumpter Kinder.
Beidseits des Parkhor erhoben sich die Häuser der Reichen:

194

Fassaden aus aufgemauerten Backsteinen, mit Kalk geweisselt; dunkle Massen von Pfeilern, sorgfältig bearbeitete Balken.

«Wir sind da!» rief Karma. Mit ausgestrecktem Arm bezeichnete sie ein zweistöckiges Haus mit geschnitzten Fensterrahmen und einer imponierenden Anzahl von Balkonen mit vorspringendem Gitterwerk. Ein massives, eisenbeschlagenes Holzportal drehte sich majestätisch in seinen Angeln. Hinter Karma und Samdup Nyamgal ritt Carrie in einen weiten Innenhof unter offenem Himmel, der von nackten elektrischen Glühbirnen beleuchtet wurde. Rund um den Hof reihten sich Stallungen, Nebengebäude und Silos. In einer Art Schuppen mit Wellblechdach stand ein Jeep. In der Mitte des Hofes erhob sich ein auffälliger Granitsockel. Carrie fragte sich noch, wozu er wohl dienen könnte, als bereits ein Stallknecht ausser Atem herbeistürzte, um just vor diesem Steinklotz einen Teppich aus roter Atlasseide auszubreiten. Ohne Befehl trottete Digum zum Sockel hin: Karma setzte zierlich den Fuss auf den Stein und liess sich zur Erde gleiten, während der Stallknecht die Zügel hielt. Das Mädchen lachte herzlich und streichelte zärtlich den Hals des erschöpften Hengstes.

«Bravo, Digum! Du hast nichts vergessen. Jetzt ist die Reihe an dir, Carrie! Das hier ist der Empfangsteppich; er wird nur für Familienmitglieder und hohe Gäste ausgebreitet.»

Carrie lenkte Nagpo vor den Sockel. Sie hob das Bein über den Sattel, stützte den Fuss auf den Stein und verzog das Gesicht, als sie mit ihren schmutzigen Stiefeln auf den Teppich trat.

Ein fröhlicher Tumult erfüllte den Hof. Türen schlugen, Fenster wurden geräuschvoll aufgerissen und schlossen sich wieder. Pferde und Maultiere durchschritten in geordneter Kolonne das Tor und trotteten zu den Ställen. Man hörte Rufe, Aufforderungen und Fragen, während die Diener abstiegen und das Gepäck abzuladen begannen.

195   Von allen Seiten eilten nun Diener herbei und umdrängten Karma. Die Begrüssungskhatas häuften sich auf ihren Schultern. Wie Carrie feststellte, waren die Leute hier allesamt warm und sauber gekleidet. Die Frauen trugen Armbänder

und Ohrringe aus Silber und Türkis. Viele zeigten die groben Züge, roten Wangen und stark geschlitzten Augen der Landleute. Eine alte Frau, deren Gelenke von Gicht verkrümmt waren und deren faltige Haut an eine getrocknete Zitronenschale erinnerte, drängte sich mit der Hartnäckigkeit der Greise durch das Gewimmel. Sie trug ein gestepptes Kleid und gefütterte Schuhe. Ihre glatten, in der Mitte gescheitelten grauen Haare klebten eng an ihrem Kopf.

Als Karma sie sah, leuchtete ihr Gesicht vor Rührung auf. «Ani-La!» rief sie und warf sich in die ausgebreiteten Arme der Alten, die lauthals lachte und hernach herzzerbrechend schluchzte.

«Ani-La! Wie hast du mir gefehlt!»

Ihr Blick begegnete Carrie's Augen. Sanft entzog sie sich der Umarmung der Alten und nahm sie bei der Hand wie ein Kind.

«Das ist Ani-La Pema, meine Amme. Sie hat mitgeholfen, mich zur Welt zu bringen.»

Mit dem Aermel wischte Ani Pema ihre tränenüberströmten Wangen und lachte herzlich mit zahnlosem Mund. Alle lachten mit ihr. Eine Frau näherte sich Carrie, legte ihr eine Khata um den Hals und begann zu ihrem grössten Erstaunen, kräftig ihre Arme und Schultern zu betasten. In einem unverständlichen Dialekt rief sie einige Worte, was die allgemeine Heiterkeit noch erhöhte.

«Die Diener heissen dich willkommen!» sagte Karma. «Sie finden dich sehr mager und schlecht ernährt und hoffen, dass du hier rasch zunehmen wirst. Komm jetzt! Wir wollen meine Mutter begrüssen. Hier ist die Khata, die du ihr übergeben wirst.» Sie drückte ihr eine sorgsam zusammengefaltete Schärpe in die Hand.

Es war unmöglich, sich diesen Verpflichtungen als Eingeladene zu entziehen! Carrie suchte Gyatso Dorje über das Gedränge hinweg und sah, wie er den Verwundeten mit Hilfe eines Stallknechtes sorgfältig vom Pferd hob. Vorläufig über Thargyay's Los beruhigt, liess Carrie sich ins Haus führen.

Ani Pema ging geschäftig voran. Sie stiess einen Türflügel auf und eilte so rasch sie konnte, um einen zweiten zu öffnen. Karma und Carrie durchquerten einen mit glatten Steinplatten belegten Gang und stiegen dann eine Treppe mit geschnitztem Geländer hinauf. Oben angekommen stand Karma still und bedeutete ihrer Freundin, sie solle ihre Stiefel ausziehen. Carrie gehorchte verlegen. Seit einer Woche hatte sie ihre Strümpfe nicht gewechselt!

Ani Pema trat ehrfurchtsvoll beiseite, um sie in einen Salon eintreten zu lassen, dessen Parkettboden zum Teil mit Linoleum belegt war und mit mehreren pastellfarbenen Teppichen aus Wolle und Seide. An den Wänden standen mit Brokat bedeckte Diwane. Die Holztäfelung war mit kunstvollen ‹Tankas› geschmückt, auf denen religiöse Motive dargestellt waren. Die klaren Farben schimmerten im Glanz eines prunkvollen Lüsters mit Kristallgehängen.

Yangzom Dolma, Karma's Mutter, hatte sich in einem Sessel niedergelassen, der wie die Diwane mit Brokatkissen überladen war. Ihre Füsse steckten in gestickten Pantoffeln und ruhten zierlich auf einem Fussbänkchen. Weissgepudert, mit perlmuttfarbenen Wangen, sehr fett, aber mit noch glatter, schöner Haut, schien sie Karma's um vierzig Jahre älteres Ebenbild, unförmig und schwer geworden durch Untätigkeit und allzu gutes und reichliches Essen. Auf ihrem Gewand aus dicker Seide trug sie einen gestickten Schal und eine wahre Rüstung aus Geschmeide: Amulettketten, Anhänger aus Gold, Jade und Türkis. Eine breitgestreifte Seidenschürze vervollständigte ihre Tracht. Das Bemerkenswerteste aber war ihre Frisur; Carrie konnte die Augen nicht davon abwenden: Ein ausserordentlicher, pechschwarzer Turmbau, einem riesigen Zweispitz nicht unähnlich, aufgeputzt mit Perlennetzen und Korallenringen.

Schwerfällig erhob sich Yangzom Dolma aus dem Sessel, küsste Karma mit gelassener Gutmütigkeit auf Stirn und Wangen und verneigte sich, um die rituelle Glücksschärpe zu empfangen. Dann fiel sie, von der Anstrengung sichtlich erschöpft, schweratmend in die Kissen zurück. Auch Carrie legte eine Khata um die Schultern ihrer Gastgeberin, die sich mit freundlichem Lächeln bedankte.

«Meine Tochter hat in ihren Briefen viel von Ihnen geschrieben», sagte sie mit warmer, musikalischer Stimme. «Sie haben dazu beigetragen, ihren Aufenthalt im College in Darjeeling so angenehm wie möglich zu gestalten. Wir haben daher Ihre Ankunft mit Ungeduld erwartet. Betrachten Sie von jetzt an dieses bescheidene Haus als das Ihrige. Wir hoffen, dass Sie sich hier wohl fühlen, und dass es Ihnen an nichts fehlen wird.»

Ihre Höflichkeit war so vollendet, ihre Stimme klang so überzeugend freundschaftlich und heiter, dass Carrie nicht zu unterscheiden vermochte, ob ihr Wohlwollen ehrlich oder nur vollendet gespielt war. Sie versuchte mühsam, sich an die ausgewählten Formeln tibetischer Höflichkeit zu erinnern, aber sie brachte nur stotternd ein paar verworrene Sätze zustande. Obwohl der Salon stark nach Ambra und Sandelholz duftete, glaubte sie immer wieder auch einen verdächtigen Geruch nach schmutzigen Socken zu erkennen und schämte sich.

Yangzom Dolma richtete das Wort an Karma. Verblüfft sah Carrie, wie diese einen ziselierten silbernen Spucknapf vom Tisch nahm und ihn an die Lippen ihrer Mutter hielt, die mit Anmut hineinspuckte. Yangzom Dolma bat sie, Platz zu nehmen, und Carrie setzte sich verlegen auf einen Diwan, während Ani Pema Kissen zurechttätschelte und Kästchen aus Perlmutt und Elfenbein voller Nüsse, Zuckerwerk und scharfen Gewürzen herbeitrug. Karma blieb bei der Mutter sitzen, den Spucknapf griffbereit in der Hand. Yangzom Dolma lächelte Carrie zu und ergriff von neuem das Wort:

«Erst heute abend wird mein Gemahl das Vergnügen haben, Sie willkommen zu heissen. Sein Amt hält ihn oft noch lange im Ministerrat zurück. Augenblicklich nehmen die Vorbereitungen auf das Neujahrsfest den grössten Teil seiner Zeit in Anspruch.»

Carrie krümmte verlegen die Zehen auf dem Teppich. «Ja, gewiss», murmelte sie, «selbstverständlich!» und suchte nach einem Vorwand, sich zu entfernen. Sie wollte Thargyay ins Spital bringen und erst wiederkommen, wenn sie sich die Füsse gewaschen hatte!

Yangzom Dolma begann nun ihre Tochter über die verschiedenen Ereignisse der Reise auszufragen. Von Zeit zu Zeit hielt Karma ihr den Spucknapf hin. Mit ihrer bestimmten, ruhigen Stimme, die keine Spur von innerer Erregung erkennen liess, teilte sie ihrer Mutter die baldige Rückkehr Tschensal Tashi Rimposche's mit.

Yangzom Dolma gab lächelnd ihr Wohlgefallen kund und

neigte den Kopf unter der Last ihrer Haartracht leicht seitwärts. Wenn sie sich bewegte, blitzte ihr Schmuck funkelnd auf.

«Welch eine glückliche Nachricht!» rief sie zu Carrie gewandt aus. «Dass diese hohe Persönlichkeit unsere Familie mit ihrer Gegenwart zu beehren geruht, ist ein sehr gutes Vorzeichen für das neue Jahr!»

Sie sagte einige Worte zu Ani Pema. Die Amme gluckerte wie ein geschäftiges Huhn und eilte aus dem Gemach. Eine Dienerin mit olivfarbenem Gesicht trat ein, in den Händen ein Tablett mit Schalen voll Tschang, dem tibetischen Bier.

«Das ist der Willkommenstrunk», sagte Karma, während die Dienerin ihr das Servierbrett anbot. Carrie hatte den faden, süssen Geschmack des Tschang nie gemocht. Aber der erste Schluck, den sie widerwillig nahm, überraschte sie: Das Bier schmeckte frisch und angenehm säuerlich.

«Es ist ausgezeichnet!» rief sie erstaunt.

«Wir brauen es selbst im Hause», sagte Karma stolz. «Einige Diener sind speziell mit seiner Zubereitung beauftragt.»

Die Türe öffnete sich, schloss sich wieder und öffnete sich von neuem. Von Ani Pema gestossen, die ihm eindringlich etwas ins Ohr flüsterte, erschien der entzückendste kleine Junge, den Carrie je gesehen hatte. Seine nicht ganz schwarzen, eher dunkelbraunen Haare fielen in Fransen über die gewölbte, ein wenig eigensinnige Stirn. Seine Lippen waren wie die eines kleinen Buddhas geschwungen; er hatte aussergewöhnlich grosse Augenwimpern und Brauen wie Flaum. Der Kleine trug ein tibetisches Gewand und rote mit Troddeln geschmückte Filzstiefel. Wie festgenagelt blieb er mit offenem Mund im Zimmer stehen und sah Carrie so völlig verblüfft an, als hätte sie drei Arme und vier Beine.

«Tsering Wang-du!» rief Karma aus, «wie gross du geworden bist!»

Sie eilte durch den Salon und schloss das Kind in die Arme. Es liess alles starr vor Staunen mit sich geschehen.

«Das ist mein kleiner Bruder», sagte Karma lachend. «Verzeih sein Erstaunen. Er hat noch niemals eine Fremde gesehen .. !»

«Du lieber Himmel!» rief Carrie. «Sag ihm doch, dass ich keine kleinen Kinder fresse!»

«Wo sind meine Schwestern?» fragte Karma jetzt die Mutter.

«Chimey Sangmo hat Metok Lhamo zum nepalesischen Schneider begleitet, damit sie sich neue Kleider auswählen kann. Sie werden bald zurück sein. Wie Sie wahrscheinlich wissen», fuhr sie zu Carrie gewandt fort, «wird meine älteste Tochter Metok Lhamo bald heiraten.»

«Wann denn?» fragte Carrie höflich.

«Zu Beginn des Frühjahrs. Die Astrologen haben den genauen Zeitpunkt noch nicht festgelegt. Er wird nach Geburtstag und Geburtsstunde der Vermählten berechnet.»

Yangzom Dolma pickte Kardamom-Kerne aus dem Perlmutterkästchen. Ihre langen Fingernägel glänzten wie Rubine. Von Zeit zu Zeit hielt Ani Pema ihr den Spucknapf hin. Carrie dachte an Thargyay und wurde immer unruhiger. Sie fragte sich gerade, wie sie die Angelegenheit ins Gespräch bringen könnte, da schlug Yangzom Dolma zu ihrer Erleichterung vor, die beiden Mädchen könnten sich jetzt auf ihre Zimmer begeben:

«Alles ist zu Ihrem Empfang bereit. Sie werden Zeit haben, sich auszuruhen und vor dem Abendessen ein Bad zu nehmen.»

«Entschuldigung . . .», stammelte Carrie, «ich sollte . . .»

Sie warf einen verlegenen Blick auf ihre Freundin. Karma begriff sogleich. Sie übergab Tsering Wang-du der Amme und erzählte ihrer Mutter kurz die Geschichte des kleinen verwundeten Bauern. Yangzom Dolma suchte ihre Verblüffung nicht zu verbergen.

«Gyatso Dorje hätte ihn ins Krankenhaus bringen können. Warum habt ihr keinen Befehl gegeben?»

«Carrie möchte mit dabeisein, wenn er im Krankenhaus eingeliefert wird», sagte Karma. «Ihr Vater war Arzt, und sie interessiert sich für alles, was mit Medizin zusammenhängt.»

Das war zwar nicht die genaue Wahrheit, aber Carrie war Karma im stillen dafür dankbar, dass sie die Angelegenheit auf diese Weise erklärte.

«In diesem Fall wird der Chauffeur meines Mannes Sie hinfahren», entschied Yangzom Dolma.

Sie läutete mit einem Silberglöckchen, und sofort erschien ein

Diener, als hätte er hinter der Tür gewartet. Yangzom Dolma gab ihm einige Anweisungen. Der Diener verbeugte sich und eilte davon.

«Willst du, dass ich dich ins Spital begleite?» fragte Karma. Diese Frage war reine Höflichkeit, denn Karma hatte offensichtlich nur den einen Wunsch, in ihr Zimmer zu gehen, zu baden und die Kleider zu wechseln. Plötzlich spürte Carrie schmerzhaft ihre eigene Müdigkeit; die steifen Glieder schienen ihr mit einem Male tonnenschwer.

«Das ist sicher nicht nötig», sagte sie, «Gyatso Dorje und der Chauffeur deiner Eltern werden als Garantie genügen. Wenn es nötig ist, kann ja auch der Diener als Dolmetscher dienen.»

In den Stallungen beschäftigten sich die Knechte bei elektrischem Licht mit dem Striegeln und Füttern der Tiere. Das Gepäck häufte sich auf den Fliesen, und die Diener waren dabei, es zu ordnen. Mit brennenden Scheinwerfern stand der Jeep zur Abfahrt bereit. Im Halbdunkel erkannte Carrie den steif auf den Hinterpolstern sitzenden Gyatso Dorje, der den in eine Decke gehüllten Thargyay stützte. Die Diener, welche den Jeep umstanden, zogen sich flüsternd zurück, als Carrie sich in das Fahrzeug neigte, um des Verletzten Gesicht und Hände zu berühren. Der Junge lächelte mühsam. Seine Haut war trocken und fieberheiss.

Der Chauffeur wartete, die Mütze in der Hand. Er trug eine Uniform mit Epauletten und grossen vergoldeten Knöpfen, wie ein Operetten-Admiral.

Carrie stieg in den Wagen, der lärmend ansprang, wendete und holpernd unter der dunklen Wölbung des Portals hinausfuhr. Zu Carrie's Erstaunen lag der Platz, der vor einer Stunde noch schwarz von Menschen gewesen war, jetzt still und verlassen da. Nur eine Prozession von fackeltragenden Mönchen stieg die grosse Tempeltreppe hinauf. Ihre doppelten Schatten geisterten über die Mauern: sie sahen aus wie Ballettänzer, die sich vor den Kulissen eines Theaters bewegten.

201   Mit leisem Brummen flitzte der Jeep dahin. Die Scheinwerfer fegten über Mauern und Pforten und liessen hier und dort aus dem Dunkel einen zerlumpten Bettler oder die Umrisse eines streunenden Hundes hervortreten. Einmal leuchteten Gold

und Rot auf: ein in Brokat gehüllter Reiter auf gepanzertem Pferd, von einem schwerbewaffneten Diener geführt, tauchte wie eine Erscheinung aus dem Mittelalter in der Finsternis auf.

Der Mond war noch nicht aufgegangen. Von Zeit zu Zeit blinkte irgendwo eine elektrische Birne an schwankendem Kabel. Mattes, rauchiges Licht drang aus halbzerfallenen Türen. Carrie war, als irre sie durch eine ungewöhnliche, seltsam-bizarre Welt, die sich weder räumlich noch zeitlich festlegen liess.

Sie erwachte aus ihren Träumen, als der Jeep langsamer fuhr. «Wir sind angekommen, hier ist das Krankenhaus», sagte der Chauffeur.

Carrie erblickte in der Dunkelheit die verschwommenen Umrisse eines massiven Gebäudes, das von hohen Mauern umgeben war. Ein Tibeter mit einer Taschenlampe, wohl der Wächter, trat aus einem Diensteingang. Carrie verliess den Wagen. Die kalte, trockene Luft roch nach Staub und Benzin. Nun stieg auch Gyatso Dorje mit Thargyay in den Armen aus dem Jeep. Sie folgten dem Wächter, der einen offenen Hof durchquerte, einige Stufen erklomm und sie in ein Zimmer mit getünchten Wänden führte, das mit den offen an einem Draht befestigten Glühbirnen beleuchtet war. Hinter einem mit Papieren bedeckten Schreibtisch sass eine chinesische Krankenpflegerin mit kurzgeschnittenem Haar. Durch ihre Brille warf sie einen durchdringenden Blick auf Carrie und sprach sie sofort auf Englisch an:

«Worum handelt es sich? Ein Notfall?»

Carrie bejahte, und die Pflegerin erhob sich und erklärte, sie werde den diensttuenden Arzt benachrichtigen. Eine kurze Weile verstrich. Der Chauffeur spielte mit seiner Mütze. Gyatso Dorje hatte Thargyay auf einen Stuhl gesetzt, wo er zusammengesunken, stumm und zähneklappernd wartete. Carrie lächelte ihm ermutigend zu.

«Jetzt wird alles gut. Der Arzt kommt.»

Sie war so müde, dass sie sich kaum auf den Füssen halten konnte. Sie liess sich auf einen Stuhl nieder, lehnte den Kopf an die Wand und schloss die Augen. Erst als sie Schritte nahen hörte, erhob sie sich: die Pflegerin kam zurück. Carrie suchte mühsam ihrer Schläfrigkeit Herr zu werden und sah nach der Schwester den Arzt ins Zimmer treten. Es war Cheng Li, der Chinese, den sie damals in der Karawanserei von Phari getroffen hatten ...

21

Sein Gesicht war ihr sofort vertraut; sie wunderte sich einen kurzen Augenblick darüber, dass sie sich sogleich, als er die Schwelle überschritt, seines Namens erinnert hatte. Ueber der Uniform trug er den weissen Aerztemantel; seine Gesichtsfarbe erschien dunkler. Der Blick, den er auf sie warf, drückte ebenfalls Ueberraschung aus. Gleichzeitig fühlte sie, dass er sie ohne das geringste Zögern erkannt hatte.

«Hallo», sagte er mit freundlichem Lächeln, und Carrie fühlte sich sogleich erleichtert und von blindem Vertrauen erfüllt. Sie erwiderte sein Lächeln.

«Guten Abend, Doktor, ich bringe Ihnen einen Verwundeten.»

Cheng Li schlug die Decke, die den jungen Bauern umhüllte, zurück und warf einen kurzen Blick auf den mit Blut und Staub verklebten Verband.

«Das müssen wir uns näher ansehen.»

Er richtete einige chinesische Worte an die Pflegerin, die das Mädchen durch ein Zeichen aufforderte, ihr zu folgen. Carrie bedeutete dem Chauffeur, er solle warten. Die Schwester führte sie in ein kleines, sauberes, vollständig ausgerüstetes Konsultationszimmer. Mit ängstlichem Misstrauen schaute Thargyay auf die Chinesin, die geschickt den Verband löste. Cheng Li, der sich inzwischen die Hände gewaschen hatte, sah Carrie zustimmend an:

«Ausgezeichnete Arbeit, dieser Verband!»

Ohne jeden Grund fühlte Carrie sich tief erröten.

«Mein Vater war Arzt», antwortete sie, und leise fügte sie hinzu: «Er ist kürzlich gestorben.»

Sie schwieg, während Cheng Li die geschwollene, entzündete Wunde untersuchte, an der die Haut in eiternden Fetzen klebte.

«Sieht böse aus», sagte er endlich. «Das Schlüsselbein ist völlig zerschmettert. Auch eine beginnende Infektion ist vorhanden. Sie haben gut daran getan, ihn ins Krankenhaus zu bringen.»

«Wird er seinen Arm wieder gebrauchen können?»

«Ich hoffe es. Ich will ihn sofort operieren und den Bruch fixieren. Dann wird man seine Reaktion auf die Antibiotika abwarten müssen.»

Sie musste wohl sehr besorgt aussehen, denn er beruhigte sie mit einem Lächeln:

«Wir werden unser Bestes tun.»

«Davon bin ich überzeugt», antwortete sie mit grosser Aufrichtigkeit.

Cheng Li wandte sich ab, um der Krankenschwester seine Anweisungen zu geben. Carrie beugte sich zu Thargyay, der ganz steif dalag, den Blick unverwandt auf die Wunde gerichtet.

«Hab keine Angst. Der Arzt hilft dir. Du wirst schnell wieder gesund.»

Sie fand die konventionellen tibetischen Worte ohne jede Anstrengung. Der Junge bewegte sich und fuhr mit der Zunge über die ausgetrockneten Lippen.

«Das kostet viel Geld, nicht wahr?» fragte er flüsternd.

Cheng Li antwortete an Carrie's Stelle und zeigte so, dass er den Berglerdialekt verstand.

«Für alle Bauern ist die Pflege kostenlos.»

Carrie erzählte kurz die Umstände des Unfalls und die Schwierigkeiten, auf die sie gestossen war, als sie den Verwundeten ins Krankenhaus bringen wollte. Als sie die Gefangennahme des Gouverneurs Lobsang Tschoné erwähnte, nickte Cheng Li kurz, um anzudeuten, dass er auf dem laufenden sei. Er betrachtete sie mit einem ruhig-nachdenklichen Blick, der sehr verschieden war von dem lebhaften Augenspiel der Tibeter. Man merkte, er schenkte ihrem Gesichtsausdruck dieselbe Aufmerksamkeit wie ihren Worten.

«Wir müssen uns oft mit solchen Problemen auseinandersetzen», sagte er, als sie schwieg. «Das Feudalsystem und die Allmacht der Lamas bedingen hierzulande die Reaktionen des einzelnen.»

Carrie stimmte lebhaft zu.

204

«Nicht nur in Tibet. Ueberall, wo Elend, Aberglaube und Unwissenheit herrschen, sind Menschen wie Thargyay die ersten Opfer. Die jahrhundertealte Unterdrückung macht sie zu jeder Initiative unfähig, und niemand ergreift sie an ihrer Stelle.»

Sie lächelte gezwungen:

«Oft wenn mein Vater nach seiner Arbeit im Krankenhaus zum Mittagessen nach Hause kam, war er so wütend, dass er keinen Bissen hinunterbrachte.» So lange schon hatte sie ihren Vater nicht mehr erwähnt, und nun fand sie es ganz selbstverständlich, mit diesem Fremden, den sie kaum kannte, über ihn zu sprechen. ‹Wahrscheinlich, weil auch er Arzt ist›, dachte sie bei sich.

Die Krankenpflegerin war hinausgegangen und kam nun wieder zurück, um dem Arzt etwas zu melden. Cheng Li nickte.

«Der Operationssaal ist bereit. Ich kann gleich beginnen.»

Gyatso Dorje bewegte sich auf seinem Stuhl und spuckte geräuschvoll in den auch hier bereitstehenden Napf.

«Das ist ein Diener der Tethongs, nicht wahr?» fragte Cheng Li. «Sind Sie bei ihnen eingeladen?»

«Ja. Ihre Tochter Karma ist meine Freundin. Wir haben zusammen das College in Darjeeling besucht.»

«Es ist eine der einflussreichsten Familien der Stadt», sagte Cheng Li. Dann schwieg er, während die Krankenpflegerin eine Spritze vorbereitete. Carrie hatte den Eindruck, dass er sie gerne gebeten hätte, wieder zu kommen, dass er es aber nicht wagte, diese Bitte an sie zu richten. So fragte sie ihn mit einer Kopfbewegung in Richtung des Verwundeten:

«Wann kann ich wiederkommen, um Nachricht von ihm zu erhalten?»

Der freudige Ausdruck auf Cheng Li's Gesicht gab Carrie die Gewissheit, dass sie richtig geraten hatte.

«Sie können mich täglich im Krankenhaus erreichen», sagte er. «Ausgenommen Dienstagnachmittag, da habe ich frei. Fragen Sie einfach nach Cheng Li.»

205 «Ich kenne Ihren Namen», sagte Carrie. «Sie haben ihn mir in Phari genannt.» Sein Lächeln liess ihn plötzlich sehr jung erscheinen.

«Sie erinnern sich daran? Im allgemeinen haben die Europäer

Mühe, chinesische Namen im Gedächtnis zu behalten.»
Carrie steckte die Hände in die Taschen und lachte. Ihr
Gesicht war mit einem Mal ganz heiss, ihre Fingerspitzen
dagegen eiskalt.
«Ich nicht!» sagte sie. «Ich habe ein gutes Gedächtnis.»

Einen Augenblick später sass sie wieder neben dem Chauffeur
und fuhr durch die dunklen Strassen zurück. Der Diener
räkelte sich auf dem Hintersitz. Sein Geruch nach Kalk und
ranzigem Fett erfüllte den Jeep. Eigenartigerweise empfand
Carrie nicht mehr die geringste Müdigkeit. Sie fühlte sich in
bester Form und war über Thargyay's Los beruhigt. ‹Ganz
als hätte ich ihn meinem Vater anvertraut›, dachte sie. Wieder fiel ihr diese merkwürdige Aehnlichkeit auf, ohne dass sie
sie zu erklären wusste.
‹Morgen›, sann sie, ‹werde ich ins Krankenhaus gehen, um
mich zu erkundigen.› Aber dann kam ihr eine solche Eile
doch verfrüht vor, und sie beschloss, einen Tag länger zu
warten. ‹Das sieht natürlicher aus!› dachte sie. Ihre Ueberle-
gung bestürzte sie. Vor wem hatte sie sich hier eigentlich zu
rechtfertigen? Und weshalb?
Sie hatte keine Zeit, eine Antwort zu finden. Der Jeep nahm
eine Kurve und fuhr lärmend in den Innenhof des Tethong'
schen Hauses ein. Als sie den Wagen verliess, eilte ein Diener
herbei und führte sie zum Hauptgebäude. Ani Pema, die wohl
das Geräusch des Motors abgewartet hatte, stand vor dem
Tor; ihr altes, ausgemergeltes Gesicht voll fröhlicher Runzeln...
«Kommen Sie, kommen Sie schnell! Die jungen Herrinnen
erwarten Sie ungeduldig!»
Carrie fand sich plötzlich in die Wirklichkeit zurückversetzt.
Die Müdigkeit übermannte sie wieder, aber es war eine andere
Müdigkeit. Sie hatte überhaupt keine Lust, neue Gesichter zu
sehen, leere Worte zu wechseln und Höflichkeiten auszutau-
schen. Nicht einmal Hunger hatte sie mehr, nur noch den
Wunsch, sich zu waschen, andere Strümpfe anzuziehen und
danach ruhig in einer Ecke zu bleiben, allein mit ihren Gedanken. Aber selbstverständlich hiess dies Unmögliches verlangen!
Ergeben folgte sie Ani Pema durch eine weite Vorhalle, wo

die gewichsten Steinplatten wie Spiegel glänzten. Danach stieg sie eine nicht endenwollende Treppe hinauf, deren Stufen so steil waren, dass es schien, die atemlos keuchende Dienerin könne nicht mehr weiter. Im zweiten Stock, eine Hand auf das pochende Herz gepresst, gab Ani Pema Carrie ein Zeichen, sie solle ihre Stiefel ausziehen. Ein Durcheinander von Stimmen und Gelächter drang durch die Tür. Ani Pema öffnete ohne zu klopfen, und Carrie betrat eine Wohnung, die aus einer Folge von zwei oder drei kleineren Zimmern bestand. Einige Lampen mit altmodischen, staubigen Schirmen beleuchteten Schränke in verschiedenen Grössen, eine Truhe und kleine, mit Türkisen und lackierten Blumen verzierte Tischchen. Ein Feuer brannte in einem grossen Eisenofen. Ueberall in den Zimmern häufte sich auf den Teppichen ein unbeschreibliches Durcheinander von sauberen und schmutzigen Kleidern, von Kisten, Ballen und Packpapieren. Inmitten dieser Unordnung, die sie überhaupt nicht zur Kenntnis nahm, thronte Karma in einem riesigen, mit grüner Seide bezogenen Himmelbett, auf dem eine Pyramide von Federdecken aufgeschichtet war. Sie trug eine weite Tunika in Lila und Gold, welche die engeren Aermel eines Unterkleides sehen liessen. Eine Dienerin mit kupferfarbenem Gesicht, den Mund voller Haarnadeln, war eben dabei, sie zu frisieren. Sie flocht ihre Haare zu einem zierlich im Nacken zusammengerollten Zopf.

Am Fuss des Bettes bemühte sich ein Mädchen von etwa fünfzehn Jahren in zitronengelbem Kleid, seine Füsse in kleine, spitze Schuhe mit mindestens zwölf Zentimeter hohen Absätzen zu zwängen. Ein anderes, kaum älteres Mädchen stolzierte sehr damenhaft vor dem Spiegel auf und ab und trug die scheussliche, im Basar von Darjeeling erstandene rote Plastik-Handtasche am Arm.

«Ah, da bist du endlich!» rief Karma. «Komm schnell: ich will dich meinen Schwestern vorstellen...»

Ungezwungen zeigte sie erst auf die jüngere, die ihre Schuhe anprobierte, und dann auf die ältere vor dem Spiegel.

207 «Das ist Chimey Sangmo und das hier Metok Lhamo.»

Chimey Sangmo zog die Schuhe, die ihr entschieden zu klein waren, von den Füssen und liess ihr Gewand mit verlegenem Kichern über die Waden herunterfallen. Unter Augenbrauen, deren Bogen zart mit dem Pinsel nachgezogen waren, betrachtete sie aus schrägen Augen Carrie von der Seite. Die Aeltere hatte ausgeprägtere Züge, eine kleine, kaum gebogene Nase und eine ausserordentlich durchsichtige Haut. Ihre geölten Haare waren in Muschelform frisiert; sie trug eine Korallenkette, an der ein grosser, silberner Talisman in der Form einer kleinen Kassette hing. Erst schwiegen beide, brachen dann in ein kleines, rührend-höfliches Kichern aus. Um ihrer Verlegenheit abzuhelfen, begrüsste Carrie die erstere, indem sie auf tibetisch die gewohnten Höflichkeitsformeln hersagte. Die erste Antwort war ein verblüfftes Schweigen, auf das plötzlich unbändiges Gelächter folgte. Alle, auch Ani Pema und die Dienerin stimmten ein und wollten sich ausschütten vor Heiterkeit. Carries bestürzter Blick suchte Karmas Augen. Sie kam sich ziemlich komisch vor. Aber die Reaktion folgte unvermittelt: Karma stiess die sie frisierende Dienerin von sich und verliess das Bett mit einem wenig eleganten Sprung, unter dem der Boden erzitterte.

«Hört endlich auf wie Gänse zu schnattern! Welche Schande, so dumme Schwestern mit so wenig westlichen Manieren zu haben!»

Der Lachsturm beruhigte sich. Die jungen Mädchen spielten verlegen mit ihren Armbändern und bissen sich auf die Lippen.

«Ich bin vielleicht nicht so hübsch wie meine Schwestern, aber auf jeden Fall viel intelligenter», sagte Karma verachtungsvoll. «Deshalb hat man mich auch zum Studium nach Darjeeling geschickt, während die beiden da hierbleiben und auf einen Mann warten mussten.»

Sie gab der sichtlich verängstigten Dienerin einen Befehl, worauf diese hinausrannte, während Ani Pema schnaufend und seufzend die Packpapiere einzusammeln begann.

«Man macht dir jetzt sofort ein Bad zurecht», fuhr Karma fort und wandte Carrie den Rücken zu, um sich die Nase vor dem Spiegel zu pudern. «Du hast gerade noch Zeit, dich vorzubereiten. Mein Vater ist vom Potala zurückgekommen und freut sich sehr, dich kennenzulernen.»

Die Puderquaste in der Hand, wandte sie sich zu der Freundin hin:

«Ach! Beinahe hätte ich es vergessen! Wie ist es gegangen im Krankenhaus?»

208

«Sehr gut», sagte Carrie. «Ich habe Dr. Cheng Li wiedergesehen.»

«Wen?»

Verlegen fühlte sich Carrie unter dem neugierigen Blick der Freundin heftig erröten und wurde darob wütend.

«Dr. Cheng Li, den chinesischen Arzt, den wir in Phari gesehen haben.»

«Ach den?» sagte Karma gleichgültig. «Ist er schon nach Lhasa zurückgekehrt? Nun, er wird die Reise im Wagen gemacht haben.»

«Es gibt mehrere chinesische Aerzte im Krankenhaus», sagte Metok Lhamo scheu. «Sie benützen moderne Apparate und pflegen die Leute sehr gut.»

Sie hatte ihre Beschämung überwunden und bemühte sich, in natürlichem Ton zu sprechen. Das Eis war gebrochen. Chimey Sangmo fuhr unvermittelt dazwischen:

«Schau! Karma hat ihr eigenes Radio!»

Ihre helle Stimme tönte wie ein Silberglöckchen. Triumphierend wies sie auf den Apparat, der sich auf einer Kommode mit Häkeldeckchen befand, und sie begann mit den Knöpfen zu spielen.

«Rühr ihn nicht an!» donnerte Karma. «Du kennst dich nicht aus und machst ihn mir kaputt!»

Sie schob ihre Schwester beiseite und drehte an den Knöpfen des Radioapparates. Die rhythmischen Klänge eines Samba ertönten in voller Lautstärke.

«Dank der Höhenlage der Stadt empfangen wir die Sendungen der ganzen Welt», sagte Karma stolz. «Uebrigens ist unser Haus sehr modern. Komm und schau dir's an!»

Sie öffnete eine Tür, und Carrie sah eine blitzblanke moderne WC-Schüssel und einen gefüllten Wasserkrug.

«Mein Vater hat in allen Wohnungen Toiletten einrichten lassen. Man hat die Schüsseln aus Indien auf Maultieren hergebracht. Auch die Pläne für die Kanalisation hat mein Vater selbst gezeichnet.»

Die Dienerin war zurückgekehrt, gefolgt von zwei kräftigen Mädchen, die ein grosses Holzbecken trugen. Sie rollten die Teppiche zusammen und stellten den Bottich mitten ins Zimmer. Danach kamen und gingen sie mit grossen gusseisernen Kesseln und schütteten abwechselnd kaltes und heisses

Wasser in das Becken. Chimey Sangmo und Metok Lhamo flüsterten und schnatterten miteinander. Ein scharfes Wort Karma's verscheuchte sie schliesslich aus dem Zimmer. Nun gab sie Carrie ein Zeichen, dass das Bad bereit sei.

«Zieh dich aus und lass die Dienerinnen machen.»

Carrie gehorchte. Das Wasser war sehr heiss und verbrühte sie fast. Sie kauerte sich langsam hinein und seufzte vor Wohlbehagen. Die Dienerinnen lachten und zeigten ihre blendendweissen Zähne. Mit stark duftender amerikanischer Seife begannen sie Carrie abzureiben, die sich wohlig entspannt wie ein Baby waschen liess. Dann spülten die Dienerinnen mit lauwarmem Wasser nach und hielten ihr ein molliges Badetuch hin. Sie nahm gerne die Kleider entgegen, die Karma ihr vorschlug: eine topasfarbene Seidentunika, die über einem leichten Untergewand getragen wurde, und einen dazupassenden, mit silbernen Blumen bestickten Schal. Ihre feuchten Haare wellten sich auf dem Nacken; Gesicht und Hände waren von der Reise stark gebräunt, und sie stellte fest, dass sie wirklich sehr mager geworden war.

Das erste, was Carrie beim Betreten des Speisezimmers erblickte, war der berühmte rosa Lampenschirm, der mitten im Raum wie ein seltenes Siegeszeichen aufgestellt war. Die ganze Familie umstand ihn bewundernd und lobte in Tönen höchster Anerkennung Farbe und Form. Das Esszimmer selbst war ein grosser, rechteckiger Raum mit geschnitzter Holztäfelung. Kostbares fand sich hier neben Groteskem: inmitten der jahrhundertealten ‹Tankas›, von denen schon eine allein jeden Sammler zu Begeisterungsstürmen hingerissen hätte, hingen ein Wandkalender mit Schweizer Bergbildern und ein Oelbild des Potala in schreienden Farben, es gab auch mit Reissnägeln an der Wand befestigte Postkarten, ein mit Vergoldungen verziertes Bildnis Seiner Heiligkeit und eine prunkvoll eingerahmte Fotografie, auf der mit Säbeln und Gewehren bewaffnete Tibeter zu sehen waren. Der riesige Tisch in westlichem Stil besass eine Platte aus rosafarbenem Marmor. Carrie bemerkte darauf eine fein ziselierte Silberglocke, die wohl dazu diente, die Diener herbeizurufen, sowie entzückende Teetassen aus Jade, und an jedem Ende die unvermeidlichen Spucknäpfe. Auf einem kleinen, seitwärts

210

aufgestellten Podium thronte ein Buddha aus massivem Gold, mit Perlen und Rubinen geschmückt und etwa fünfzig Zentimeter hoch. Davor brannten Butterlampen.

«Und hier ist mein Vater Tsewang Tethong, Minister im Kabinett Seiner Heiligkeit», verkündete Karma stolz.
Carrie sah verdutzt auf den Mann, der mit ausgestreckter Hand auf sie zutrat: wie ein Bischof war er in ein violettes, mit Gold besetztes Gewand gehüllt. Im bartlosen Gesicht glänzten die mongolischen Augen wie kleine lackierte Knöpfe. Tsewang Tethong trug auf dem Kopf einen eigenartigen Haarknoten in Form einer Acht, der von einer Amethystbrosche zusammengehalten wurde. Freundlich lächelnd drückte er Carrie's Hand mit aller Kraft, so wie es im Westen üblich ist.
«Welche Freude für mich, Sie inmitten unserer Familie begrüssen zu dürfen!» begann er in feierlichem Englisch, das er offensichtlich gerne sprach. «Ich hoffe, dass Ihnen nach dieser langen, unbequemen Reise unser armes Haus gefallen wird, und dass Sie von der Bescheidenheit unserer Gastfreundschaft nicht allzu sehr enttäuscht sind.»
«Ich bin wirklich beschämt», stammelte Carrie und versuchte vergeblich, sich darüber klarzuwerden, ob Karma's Vater ernsthaft sprach oder sie nur mit Ironie behandelte. «Jedermann überhäuft mich hier mit Grosszügigkeit und Wohlwollen!» fügte sie hinzu.
«Das ist doch der Freundin unserer Tochter gegenüber selbstverständlich», sagte der Minister galant. «Ich wage den Wunsch auszusprechen, dass Sie unter unserem Dach glückliche Tage verbringen mögen.»
«Danke, Kusho», stotterte Carrie. Der Rauch von Ambra und Sandelholz, der von den in allen vier Ecken des Raumes aufgestellten Räucherpfannen aufstieg, machte die Luft schwer und verwirrend. Wie ein Taschenspieler zog Tsewang Tethong einen kleinen papierenen Fächer aus der Tasche, öffnete ihn und bewegte ihn mit surrendem Geräusch gewandt unter Carries Nase hin und her.
211 Chimey Sangmo und Metok Lhamo kauerten auf dem grünseidenen Teppich und bemühten sich, ihren kleinen Bruder unter dem Tisch hervorzuziehen, wo sich der Kleine wie ein

Häschen versteckt hatte. Yangzom Dolma war offenbar am Ende ihrer Geduld. Sie setzte das Glöckchen in Bewegung, und eine kleine erschreckte Dienerin rannte herein, kroch auf allen Vieren unter den Tisch und brachte nach kurzem Kampf das hochrote, zappelnde Kind zum Vorschein.

Man nahm Platz zum Nachtessen. Ein Diener war Yangzom Dolma behilflich, sich vornehm in einem Sessel mit purpurnen Kissen und goldenen Quasten niederzulassen, der einem Thron glich. Ihre wunderbare Haartracht glänzte im Schein der Lampen wie Lack. Tsering Wang-du bewegte sich auf einem Stoss Kissen lebhaft hin und her. Chimey Sangmo und Metok Lhamo stiessen kleine Seufzer aus und spielten mit ihren Ketten, Armbändern und Ringen. Mit entzückender Ritterlichkeit bewegte Tsewang Tethong den Fächer und neigte sich mit den abgemessen-zeremoniellen Gesten eines Monsignore zu Carrie, um sie über ihre Familie, ihre Studien und Reisen zu befragen. Er schien ziemlich enttäuscht, als er vernahm, dass sie in Darjeeling geboren und noch nie in Europa gewesen war. Er selbst hatte vor fünfzehn Jahren eine Reise nach London, Paris, Rom und New York unternommen. «Ich war sicher der erste Tibeter, der die grossen Hauptstädte der Welt besuchte», behauptete er stolz.

Diener stellten Schalen aus chinesischem Porzellan und grosse Teller aus massivem Silber auf den Tisch. Man ass nach westlicher Art mit Messer und Gabel. Carrie hatte geglaubt, in Kalimpong alle Raffinessen der tibetischen Küche kennengelernt zu haben: Hier aber erfuhr sie, dass ihr noch immer einige Ueberraschungen bevorstanden. Es gab mindestens fünfzehn verschiedene Gänge: drei oder vier Sorten Suppen, Hühnerfleisch in vielen Varianten, Honigwachteln, gebratenes Schweinefleisch, Schaffleisch mit Gewürzen, verschiedene Gemüse, Pilze, Nudeln in Butter, mit Käse oder mit Zucker. Als Getränke wurden geronnene Milch, ‹Tschang› und Buttertee gereicht. Carries Magen schien wie ein Ballon aufgebläht; sie fühlte sich übersättigt. Tsewang Tethongs Reden flossen in salbungsvollen Strömen zwischen reichlich genossenem ‹Tschang›, und Karma äusserte kauend ihre Zustimmung durch Kopfnicken.

«Ich bin überzeugt, dass Ihnen unsere Neujahrszeremonien

212

sehr gefallen werden. Den Festen in Lhasa ist immer ein besonderer Glanz eigen. Dieses Jahr droht jedoch die betrübliche politische Lage unsere schönen Lustbarkeiten gleich einer Wolke zu verdunkeln.»

Und man begann über die Gefangennahme des Gouverneurs Lobsang Tschoné zu sprechen.

«Wie Sie zweifellos wissen», sagte der Vater Karmas zwischen zwei Bissen Honigwachteln, «wurde die Verschwörung von den Khampas angezettelt. Diese mächtigen und äusserst gut bewaffneten Nomaden kontrollieren riesige Gebiete. In gotteslästerlicher Starrköpfigkeit lehnen sie sich gegen die Sanftmut des Allerhöchsten Gyalpo Rimposche auf, der seine Zustimmung zu einer Vereinbarung gab, die China erlaubt, zur wirtschaftlichen Entwicklung unseres Landes beizutragen. 1954 hat sich Seine Heiligkeit übrigens zu einem offiziellen Besuch nach Peking begeben, und es wurde mir das hervorragende Privileg zuteil, ihn zu begleiten. Indem er die Sache der Rebellen unterstützte, hat Lobsang Tschoné einen unseligen Irrtum begangen, der schwere Folgen nach sich ziehen kann. An mehreren Stellen des Landes forderten Zusammenstösse zwischen der chinesischen Armee und Truppenabteilungen der Nomaden bereits zahlreiche Opfer. Die Lage verschlechtert sich zusehends. Auch Lhasa ist nicht vor einem Aufstand sicher.»

Ein sorgenschweres Schweigen verbreitete sich. Auf ein Zeichen der Hausfrau hatten die Diener die Teller fortgetragen und brachten nun grosse Körbe mit Haselnüssen und Früchte herbei.

«Die Aepfel und Aprikosen sind aus unserem Garten», sagte Karma stolz. «Die Orangen kommen aus Sikkim.»

Mit der liebenswürdigen Unbeständigkeit, die den Tibetern eigen ist, hatte Tsewang Tethong rasch sein fröhliches Aussehen wieder gefunden. Man brachte englischen und amerikanischen Whisky, und er bestand darauf, Carrie's Glas zu füllen. Aber sie nahm ihren letzten Rest Energie zusammen, um ihm eine abschlägige Antwort zu geben. Selbst ohne Whisky fühlte sie sich wie betrunken und schwebte in einer Art seltsamer angenehm-lässiger Benommenheit. Worum ging es überhaupt? ‹Ich werde ins Krankenhaus zurückkehren müssen . . .› dachte sie mit einemmal.

Alle fuhren fort, tüchtig zu essen und zu trinken. Die Hitze wurde immer unerträglicher. «In ein paar Tagen», sagte der Hausherr, «werde ich das Vergnügen haben, eine Abendgesellschaft zu geben, um die Rückkehr meiner Tochter zu feiern und Sie unseren Freunden vorzustellen. Sie tanzen sicher gern?»

«Ein wenig schon, aber ...»

«Wir veranstalten oft Parties, und wir haben Schallplatten mit vielen modernen Tänzen», sagte Metok Lhamo, die längst schon etwas zum Gespräch beizusteuern suchte. «Sie müssen uns Rumba tanzen lehren.»

«Rumba, ja natürlich, selbstverständlich!» stammelte Carrie. Ganz plötzlich schien es ihr, als hörte sie deutlich Samdup Nyamgals Stimme: ‹Urin und Speichel des heiligen Lama besitzen grosse Heilkräfte ...› Zu ihrer eigenen Verwunderung lachte sie laut auf. Sie war nun viel zu müde, um sich zusammenzunehmen. Ihr einziger Wunsch war, sich irgendwo in einem Bett, auf einer Strohmatte oder einfach am Boden niederzulegen, die Augen zu schliessen und zu schlafen.

22

«Ich möchte wieder ins Krankenhaus gehen», sagte Carrie. Karma sass mit gekreuzten Beinen vor einem Stoss Schallplatten. Erstaunt blickte sie auf:

«Ins Krankenhaus? Wozu denn?»

«Mich nach Thargyay erkundigen», antwortete Carrie und bemühte sich, ungezwungen zu sprechen. «Und ich möchte auch erfahren, wie die Operation verlaufen ist.»

Auf Kissen kauernd, hörten Metok Lhamo und Chimey Sangmo Elvis Presley zu, wie er ‹Love me tender› sang. Die Jüngere reihte Perlen auf einen Goldfaden, und zwar echte, wie Carrie festgestellt hatte, und nicht etwa die gewohnten Imitationen. Die Aeltere überzog ihre Nägel mit rosa Lack. Bäuchlings auf dem Teppich liegend, war Tsering Wang-du eifrig damit beschäftigt, den Miniatur-Cadillac, den ihm Karma aus Darjeeling mitgebracht hatte, auseinanderzunehmen.

Carrie hatte sich vorgenommen, mit ihrer Bitte zwei Tage zu warten. Es war der zweite Tag, gerade nach dem Mittagessen, und ihre Ungeduld war zu gross, als dass sie sie noch länger hätte meistern können.

Sie hatte noch nichts von Lhasa gesehen. Karma gab sich ganz der Freude des Wiedersehens mit ihrer Familie hin und hatte es nicht eilig, auszugehen. Sie hatte ihre überschüssige Kraft während der Reise verausgabt und fand sich ohne Mühe wieder mit der liebenswürdigen Untätigkeit der Frauen von Lhasa ab. Ihre Hände, die so gut die Zügel eines Reitpferdes zu halten wussten, waren weich und zart, wenn sie mit Geschmeide umgehen und Brokat und Seidenstoff zusammenfalten mussten. Ihren Schwestern gegenüber blieb sie hart und autoritär und scheute sich nicht, sie gehörig auszuzanken; an ihre Mutter dagegen wandte sie sich stets mit Ehrfurcht, sie hielt deren Spucknapf und bereitete selbst den Tee, den Yangzom Dolma auf englische Art, mit Zucker und Kondensmilch, zu trinken beliebte.

«Ich verstehe überhaupt nichts mehr», sagte Metok Lhamo, und hielt ihre Finger zum Trocknen des Nagellacks in die Höhe. «Nach wem will sie sich erkundigen?»

«Nach Thargyay. Du weisst doch: der kleine Bauernjunge, der von einem Bären angefallen wurde», antwortete Karma. «Es ist langweilig im Krankenhaus», fuhr sie fort, sich an Carrie wendend. «Warum schickst du nicht einen Diener?»

«Ich gehe eben lieber selbst hin», sagte Carrie hartnäckig. Wieder errötete sie, es war wirklich zu dumm! Sie nahm ihren Pelzmantel und schlüpfte hinein, um ihre Verwirrung zu verbergen.

«Ich will ihm auch ein paar Kleider kaufen. Der arme Junge besitzt nur die Lumpen, die er damals auf dem Leib trug, und die sind ganz zerfetzt und blutgetränkt.»

«Aber der Jeep ist nicht hier», sagte Karma. «Mein Vater hat ihn genommen, um sich in den Ministerrat zu begeben. Ich werde Gyatso Dorje befehlen, dich zu begleiten und zum Markt zu führen. Alle wissen, dass er einer unserer Diener ist; er ist stark genug, um dich zu beschützen.»

«Mich beschützen?» fragte Carrie verdutzt. «Vor wem denn?»

«Niemand geht hier je ohne Begleitung aus», sagte Metok

Lhamo. «Oft nähern sich Diebe den Frauen, um ihnen ihren Schmuck zu entreissen; an gewissen Tagen sind die Bettler wirklich unerträglich!»

Als Carrie einen Augenblick später in den Hof hinab ging, fand sie Gyatso Dorje, der sie mit breitem Lächeln erwartete. Auf seinem Ueberwurf aus Ziegenfell trug er gut sichtbar ein grosses Messer und im Gürtel einen Revolver. Mit seiner hohen Gestalt und seinem wilden Aussehen war er ein eindrucksvoller Leibwächter, von dessen Nützlichkeit Carrie sich bald selbst überzeugen konnte. Er schritt mit grossen Schritten voran, bahnte ihr einen Weg durch die Menschenmenge, schob die Kinder beiseite und stiess die schmutzigen Bettler zurück, die hinter ihnen her plapperten. Auf dem Parkhor, der Strasse der Händler, die um den grossen Tempelplatz herumführt, warfen sich die Bettler nieder, die Stirn auf die Fliesen schlagend, um Mitleid zu erwecken. Mönche putzten Glocken, Gebetsmühlen und vergoldete oder zinnoberrot bemalte Statuen blank. Einige Lamas schritten feierlich vorbei. Carrie sah zahlreiche Tibeter in der Nationaltracht. Sie trugen dazu seltsamerweise einen schwarzen europäischen Filzhut, was ihnen ein groteskes Aussehen verlieh. Im Herzen der Stadt, wo sich der Basar befand, gewahrte Carrie eine Riesenmenge solcher Filzhüte, die in Türmen und Pyramiden aufeinandergeschichtet waren. Vermutlich handelte es sich um den ‹letzten Schrei› der Mode von Lhasa!
Die Kaufläden hatten keine Schaufenster, man trat direkt ins Haus ein. In buntestem Durcheinander lagen auf den Ladentischen die verschiedensten Dinge: Konservenbüchsen, Wasch- und Schönheitsmittel, getrocknetes Fleisch, Krüge mit Senföl, Schallplatten, Früchte, Radios, Schuhe, Haushaltapparate in mehr oder weniger gutem Zustand. In Schafmägen eingenähte Butterballen fanden sich neben amerikanischen Kleidungsstücken, die in Haufen geschichtet oder an Bügeln aufgehängt waren. Die Händler, meist Nepalesen, hielten Wache, im Halbdunkel versteckt, genau wie jene orientalischen Basarbesitzer, die auf ein Wort aus ihrem dunklen Schlupfwinkel springen, sich zungenfertig auf den Besucher stürzen und Grimassen schneiden.
Eine lärmende Menschenmenge drängte sich hier und trat sich

gegenseitig auf die Füsse. Man redete, feilschte und marktete, betastete Stoffe, Früchte und Lebensmittel. An der Mauer angebundene Esel und Pferde schnaubten unter dem Angriff der Fliegen. Die Luft war durchsichtig und eisig kalt. An den Strassenecken wirbelte der Wind Wolken von Staub und trockenem Ziegen- und Yakmist in die Höhe.

Bei einem Kleiderhändler wählte Carrie eine Hose, einen Pullover und ein Stück ‹Nambu›, handgewobener Wollstoff, wie ihn die Bauern tragen. Der Verkäufer hatte sie als Fremde erkannt und verlangte sofort einen stark übersetzten Preis. Aber da stiess er auf Gyatso Dorjes Widerstand, der als schlauer Tibeter eine halbe Stunde lang hart feilschte, während Carrie Mühe hatte, Geduld zu wahren. Sie kannte jedoch die asiatische Mentalität und hütete sich, Ungeduld oder auch nur Interesse zu zeigen. Endlich schloss Gyatso Dorje den Handel ab. Der Verkäufer rollte die Kleider zusammen und erging sich in Segenssprüchen und Verbeugungen. Carrie erstand noch einige Stücke ‹Kabse›, einen Butterballen und einige Pakete Ziegeltee.

An einer Strassenwendung stiess sie einen bewundernden Ruf des Erstaunens aus: Auf seinem Granitsockel beherrschte der Potala die Stadt, die sich wimmelnd zu seinen Füssen ausbreitete.

«Auf dem höchsten Punkt der Terrasse unter den goldenen Dächern befindet sich die Wohnung Seiner Heiligkeit», flüsterte der Diener mit vor Ehrfurcht gedämpfter Stimme.

Kurz danach erreichten sie das Krankenhaus. Bei Tageslicht erschien es als ein hässlich-nüchternes, von einer Backsteinmauer umgebenes Gebäude. Ihren Leibwächter zur Seite, ging Carrie an der leeren Loge der Aufsicht vorbei und betrat eine kleine Empfangshalle, die nach Formaldehyd roch. Die Pflegerin sass nicht an ihrem Pult. Carrie liess ihren Blick unentschlossen umherschweifen, als eine breitgesichtige Tibeterin in einer weissen Berufsschürze eintrat. Carrie wandte sich erleichtert an sie.

217 «Ich möchte mit Doktor Cheng Li sprechen.»

«Er muss im Laboratorium sein», sagte die Tibeterin. «Wen soll ich melden?»

«Carrie Mason.»

Als sie ihren Namen aussprach, kam es Carrie zum Bewusstsein, dass Cheng Li ihn niemals gehört hatte. ‹Wird er wenigstens wissen, dass ich es bin?› Gleich danach schalt sie sich töricht. Es gab sicher nicht viele Engländerinnen in Lhasa! Gyatso Dorje hatte sich friedlich niedergekauert, den Rücken an die Mauer gelehnt. Carrie blieb mit hängenden Armen stehen, ohne auch nur daran zu denken, dass sie sich setzen könnte. Ihr Mund war trocken.

Man hörte Schritte. Die Tür öffnete sich, und Cheng Li erschien. Wieder war Carrie überrascht, ihn so gross, so ruhig und selbstbewusst zu finden. Wie das letzte Mal trug er den weissen Aerztemantel, darunter einen Rollkragenpullover. Er lächelte freundlich und streckte ihr die Hand auf westliche Art entgegen. «Ich bin froh, Sie zu sehen. Ich kann Ihnen gute Nachrichten geben: Ihr Schützling geht der Genesung entgegen.»

«Das ist wunderbar!» rief Carrie mit brennenden Wangen.

«Die Behandlung des Bruches war schwierig; zudem habe ich ziemlich viel nähen müssen», fuhr Cheng Li fort. «Um die Wahrheit zu sagen: die Entzündung hat mir am meisten Sorge bereitet, aber die Antibiotika haben das Fieber zum Sinken gebracht. Wollen Sie ihn sehen?»

«Sehr gerne! Ich habe einige Kleider für ihn gekauft.»

Carrie sagte dem Diener, er solle auf sie warten, und folgte dem Arzt, der sich zur Seite stellte, um ihr den Vortritt zu lassen. Ein Gang, in dem einige Tragbahren standen und beschmutzte Wäsche in Haufen lag, führte zu einem schlechtgelüfteten, aber sauberen Saal, der ein Dutzend Eisenbetten enthielt.

«Das ist eine unserer Abteilungen für nichtansteckende Kranke», sagte Cheng Li. Die sitzenden oder ausgestreckten Patienten, fast alles Bauern, folgten Carrie mit neugierigen Blicken, während sie durch den Saal schritt. Thargyays Bett befand sich in einer Ecke beim Fenster. Der Junge machte eine freudige Bewegung, als er seine Besucherin erkannte. Der eingegipste Arm ruhte auf seiner Brust. Sein bleiches, gelbliches Gesicht zeigte freimütige Offenheit.

«Er sieht besser aus, nicht wahr?» sagte Cheng Li auf tibetisch. Und er fügte auf englisch hinzu: «Er leidet an den

218

Folgen von Unterernährung und Tuberkulose. Ich muss mich später damit beschäftigen.»

«Ich hatte dir ja versprochen, du würdest bald gesund werden», sagte Carrie zu dem Jungen, der lächelnd seine Zähne sehen liess. «Hast du noch Schmerzen?»

«Ein wenig», antwortete er mit seiner rauhen Stimme.

«Ich habe dir ein Geschenk mitgebracht», fuhr Carrie fort. Auf der Bettdecke löste sie die Hülle des Paketes. Mit vor Staunen geweiteten Augen versuchte Thargyay unter grosser Anstrengung aufzusitzen.

«Für . . . für mich?»

«Du kannst doch das Krankenhaus nicht im Hemd verlassen!» sagte Carrie lachend. «Ich hoffe, die Kleider da werden dir passen.»

Sie strich den Pullover glatt und hielt ihn vor Thargyay hin, um die Breite der Schultern zu messen.

«Es sollte gehen», sagte sie, «und da: hast du Kabse gern?» Sie legte das Gebäck, die Butter und den Tee neben das Bett. «Da hast du etwas, um dich zu stärken!»

Der Junge war sprachlos; ihm war noch nie etwas geschenkt worden. Vor Ergebenheit hatte er brennende Augen, er konnte nur noch den Mund öffnen und die Zunge als Zeichen der Demut und der Ehrfurcht herausstrecken.

«Ruh dich jetzt aus», sagte Carrie. «Ich komme wieder um nach dir zu sehen. Und mach dir nur ja keine Sorgen; ich lasse dich nicht im Stich.»

Thargyay schien nicht zu hören. Entzückt liess er seine schwieligen Hände über die Kleidungsstücke gleiten. Carrie und Cheng Li überliessen ihn seiner Freude. Die Abteilung schien nur von Stummen bewohnt zu sein: alle Mitpatienten verhielten sich ganz still in ihren Betten und machten grosse Augen. Kaum aber hatten Carrie und der Arzt den Saal verlassen, da erhob sich von allen Seiten ein aufgeregtes Stimmengewirr. Cheng Li lächelte:

«Jetzt ist Ihr Schützling zum Mittelpunkt des allgemeinen Interesses geworden! Er ist mit einemmal eine wichtige Persönlichkeit. Ich werde die Pflegerin bitten, seine Kleider und Mundvorräte aufzubewahren, sonst könnte man sie ihm während der Nacht entwenden.»

Er stand still, die Hand auf die Türklinke gelegt:

«Möchten Sie etwas trinken? Ich kann Ihnen chinesischen, englischen und tibetischen Tee anbieten, je nach Geschmack.»

«Ich möchte gern ein wenig englischen Tee», sagte Carrie.

«Gehen wir in mein Dienstzimmer.»

Es war ein kleiner Raum mit weissgetünchten Wänden, in dem sich nur ein Tisch, zwei Stühle und ein Büchergestell mit Akten befanden. Auf einer Truhe stand ein kleiner Gaskocher. Cheng Li entzündete die Flamme und stellte einen mit Wasser gefüllten Kessel auf.

«Wie Sie sehen, ist unsere Einrichtung sehr einfach. Ich bitte Sie dafür um Entschuldigung. Nehmen Sie Platz.»

Carrie nahm ihren Pelzmantel ab, setzte sich auf den Stuhl und rieb mechanisch die eiskalten Hände. «Ich . . .», stammelte sie, «ich habe vergessen, mich vorzustellen. Mein Name ist Carrie Mason, und . . .»

Er zwinkerte schalkhaft mit den Augen.

«Ich kenne Ihren Namen. Die Schwester hat ihn mir eben mitgeteilt. Und ich habe ein gutes Gedächtnis.» Sie lachten beide. Carrie beobachtete ihn, während er zwei Tassen, eine Zuckerdose und eine Tube Kondensmilch aus einer Schublade nahm. Sein Gesicht war fest, feingeschnitten, mit breiter Stirn, einer Adlernase und langen braunen Augenwimpern. Der Eindruck von Ungezwungenheit und ruhiger Kraft ging von ihm aus. ‹Ein solcher Mann ist unfähig zu schreien oder seine Selbstbeherrschung zu verlieren›, dachte Carrie.

«Was haben Sie für einen Eindruck von Lhasa?» fragte er, da sie schwieg. Carrie zögerte.

«Alles ist ziemlich verwirrend. Ich fühle mich fünfhundert Jahre in die Vergangenheit zurückversetzt.»

«Ja, so ist es», bestätigte er. «Das lebendige Mittelalter. Bis heute ist Tibet von den Errungenschaften des zwanzigsten Jahrhunderts ferngehalten worden, sowohl in sozialer, medizinischer, wie auch in bildungsmässiger Hinsicht. Es ist ein streng auf sich selbst bezogenes System. Indien, auch ein unterentwickeltes Land, hat eine ganz andere Mentalität. Haben Sie lange dort gelebt?»

«Seit meiner Geburt», sagte Carrie lächelnd. «Ich stamme aus Darjeeling.»

Er konnte eine überraschte Bewegung nicht unterdrücken.

«Darjeeling? Mein Onkel, der älteste Bruder meines Vaters, wohnt seit fünfzehn Jahren dort. Er führt einen kleinen Handel mit chinesischen Büchern und handwerklichen Erzeugnissen. Sein Name ist Cheng Wang. Kennen Sie ihn zufällig?»

Zu gerne hätte Carrie seine Frage bejaht, aber sie konnte nur den Kopf schütteln.

«Leider nicht. Waren Sie schon in Darjeeling?»

«Ich habe zwei Jahre lang in Neu-Delhi praktiziert. Oft ging ich nach Darjeeling, um meinen Onkel zu besuchen. Mein Vater und meine Mutter sind tot; er ist jetzt mein einziger Verwandter.» Der Arzt schüttelte den Kopf:

«Es gibt im Leben eigenartige Begegnungen . . .»

Das Wasser kochte. Cheng Li brühte den Tee an. Carrie schaute auf seine ruhigen, feingliedrigen Hände. Plötzlich sagte er:

«Mir ist, als kenne ich Sie schon sehr lange.»

«Und mir geht es ebenso», antwortete Carrie gepresst. Ihr Mund war trocken als hätte sie Sand geschluckt. Atemlos nahm sie die Tasse, die ihr der Arzt hinhielt, liess zwei Stück Zucker hineinfallen und trank dann rasch einen Schluck.

«Vielleicht haben sich in Darjeeling einmal unsere Wege gekreuzt?» sagte er mit leisem Lächeln.

«Oh nein!» antwortete Carrie. «Daran würde ich mich erinnern . . .!»

Plötzlich wurde ihr bewusst, was in den eben ausgesprochenen Worten hintergründig enthalten war. Sie führte ihre Tasse so hastig zum Mund, dass der Rand an die Zähne stiess. Sie stammelte:

«Ich . . . ich hätte so gern mit Ihnen gesprochen, damals in Phari. Aber ich habe es nicht gewagt.»

«Auch ich hätte gerne mit Ihnen sprechen wollen», sagte Cheng Li ruhig. «Aber es war nicht möglich.»

Schweigen. Die Stille wurde endlos, es brauste in Carrie's Ohren. Sie trank ihren Tee, ohne den Blick zu erheben. Sie suchte krampfhaft nach einem Gesprächsthema, sie rang nach Worten, um die lastende Stille zu unterbrechen.

221

«Stossen Sie oft auf dieses . . . dieses Misstrauen?» fragte sie endlich, dabei mit aller Kraft bemüht, ungezwungen zu erscheinen.

Cheng Li zog ein Päckchen Zigaretten aus der Tasche.

«Rauchen Sie?»

Sie nahm erleichtert eine Zigarette. Er neigte sich über den Tisch, um ihr Feuer zu geben, und sie sah, wie seine Hände zitterten.

«Ja, wir haben bisweilen Probleme», sagte er, ihre Frage beantwortend. «Wir haben Weisung, nie weiter darauf einzugehen. Was mich betrifft, so ist mir die Mentalität der Bauern vertraut. Meine Mutter war vom Land. Mein Vater war Lehrer, und als er mit ihr während des ‹Langen Marsches› zusammentraf, hatte sie noch sogenannte ‹Lilienfüsse›, wie das früher üblich war. Er hat sie davon befreit, indem er jeden Tag die Binden, die ihre Zehen zusammenpressten, etwas lockerer band. Meine Mutter hat mir oft erzählt, wie sie ganze Nächte lang auf einem Schemel sitzenblieb, wenn sie vor Schmerzen nicht schlafen konnte. Dennoch hat sie nie gelernt, normal zu gehen; ihre Knochen waren während des Wachstums verkümmert.»

Seine verhaltene Stimme drückte Bitterkeit aus über ein längst vergangenes Ereignis, das aber in seinem Geist noch sehr lebendig und gegenwärtig war.

«Mein Vater ist während des Mandschurischen Krieges getötet worden, und meine Mutter hat mich allein erzogen. Sie war eine bewundernswerte, aber völlig ungebildete Frau, die weder lesen noch schreiben konnte. Zu dieser Zeit gab es keine Schulen für die Bauern.»

Er stellte ein Untertellerchen für die Zigarettenasche auf den Tisch.

«Die Revolution hat all dies verändert. Meine Generation war die erste, die obligatorische Schulen besuchte. Da ich mich ausser für Medizin auch noch für Fremdsprachen interessierte, lernte ich Englisch, Tibetisch und Hindi. Das ist der Grund, warum ich im Rahmen unserer Entwicklungshilfe eingesetzt wurde. Ich habe zwei Jahre in der Mongolei verbracht, zwei Jahre in der staatlichen Klinik in Neu-Delhi, und seit bald einem Jahr bin ich nun in Tibet.»

Er lächelte, wie um sich zu entschuldigen.

222

«Schliesslich eine alltägliche Geschichte», fuhr er nach einer kurzen Pause fort. «Es gibt nicht sehr viele Ereignisse in meinem Leben, die mir in diesem Augenblick erwähnenswert

scheinen. Erzählen Sie besser jetzt ein wenig von sich.»
Carrie legte die Zigarette beiseite und umfasste ihre Tasse mit beiden Händen. Die Hitze des Tees wärmte ihre Handflächen, während sie von ihrer Kindheit in Darjeeling sprach, von ihrer frühverstorbenen Mutter und von dem Unfall, der ihrem Vater das Leben gekostet hatte.

«Von einem Augenblick zum andern stand ich vor dem Nichts. Ich musste daran denken, meinen Lebensunterhalt zu verdienen. Man hat mir geraten, zu studieren, Englischlehrerin zu werden. Ich habe mich überreden lassen und damit angefangen. Aber bald begriff ich, dass dies zu nichts führte. Ich wartete auf einen Vorwand, um wegzugehen. Da traf ich Karma Tethong, die mir vorschlug, sie nach Tibet zu begleiten. Ich nahm kurzerhand an; alles habe ich liegen lassen und bin abgereist. Auf dem ganzen Weg wartete ich immer auf irgend etwas. Und jetzt ...», sie schwieg, unfähig ein Wort hinzuzufügen. Ihr Herz schlug zum Zerspringen.

«Und jetzt?» wiederholte Cheng Li's tiefe Stimme. Mit einem Mal wagte sie den Kopf zu heben und seinem Blick standzuhalten.

«Es ist alles so unerwartet gekommen!» flüsterte sie verwirrt.

«Auch für mich ist es unerwartet», sagte Cheng Li leise.
Sie sahen sich an. Carrie schien es, als umgebe die mit Spannung geladene Luft sie alle beide wie mit einem lebendigen, leuchtenden Netz. Man klopfte. Carrie fuhr auf, so plötzlich, dass sie beinahe die Tasse fallen liess.

«Ja?» sagte Cheng Li mit ruhiger Stimme.
Die Tür öffnete sich, und das strenge Gesicht der chinesischen Krankenschwester erschien. Ihre Brille blitzte, während sie rasch einige Worte sprach. Cheng Li nickte mit dem Kopf. Die Tür schloss sich wieder.

«Man ruft mich in den Operationssaal», sagte Cheng Li.
Er löschte seine Zigarette aus und erhob sich. Carrie stand ebenfalls auf. Sie schauten sich wieder in die Augen, diesmal aber ohne Staunen, sondern mit einem klaren, bestimmten Ja. Der trennende Raum über den Tisch hinweg wurde zu einem Band, das so stark war wie eine Berührung.

«Sie kommen wieder, nicht wahr?» fragte Cheng Li. Es war eigentlich keine Frage, sondern die einfache Bestätigung einer Tatsache.

«Sobald ich kann!» erwiderte Carrie.
Sie nahm ihren Pelzmantel über den Arm und trat stumm in den Gang hinaus. Der Arzt folgte ihr.

23

«Such dir etwas aus!» sagte Karma ungeduldig. «Welches Kleid willst du anziehen, das dunkelgelbe oder das türkisfarbene? Wenn du mich fragst, so rate ich dir zum dunkelgelben. Es steht dir am besten.»
«Ach weisst du, es ist mir ziemlich gleichgültig», antwortete Carrie.
Ihre Hand ruhte auf der grünseidenen Bettdecke und spielte mit den Fransen. Das Zimmer roch nach Sandelholz, nach Chanel Nr. 5 und nach Wasserdampf.
In ein Gewand von Goldbrokat gekleidet, wühlte Karma aufgeregt in dem Durcheinander von Lippenstiften, Schminke und Pinseln, die auf ihrem Frisiertisch verstreut lagen. Sie warf der Freundin einen Blick des Misstrauens zu.
«Aber es s o l l dir nicht gleichgültig sein! Die vornehmsten Familien von Lhasa kommen heute abend hierher. Alle haben den brennenden Wunsch, dich kennenzulernen!»
Carrie wollte antworten, dass sie überhaupt keine Lust habe, Menschen zu sehen — aber sie schwieg. Sie fühlte sich apathisch und geistesabwesend, und dabei doch voller Leben und Unruhe.
«Seit gestern lebst du völlig auf dem Mond!» sagte Karma ausser sich. «Was ist denn passiert im Krankenhaus?»
«Nichts», sagte Carrie errötend. «Ueberhaupt nichts ist geschehen. Ich bin einfach ein wenig müde.»
«Müde?» Karma sah entsetzt aus. «Aber du d a r f s t nicht müde sein! In Tibet dauern die Parties bis zum Morgengrauen. Viele Leute werden bei uns übernachten. Die Dienerinnen haben die Zimmer schon vorbereitet . . .»
Ani Pema trat atemlos ein, nachdem sie mühsam die beiden Stockwerke erklommen hatte. Auf ihrem dunkelbraunen Seidenkleid trug sie einen Ohrlöffel aus Jade an einer Goldkette.

224

«So, meine Schönen, seid Ihr bereit? Aber Fräulein Carrie, Sie sind ja noch nicht einmal angekleidet! Schnell, schnell! Die ersten Gäste kommen schon.»

Carrie stand ergeben auf. Sie zog Pullover und Jeans aus und schlüpfte in das dunkelgelbe Gewand, wie Karma entschieden hatte. Als der Seidenstoff ihre Haut berührte, erschauerte sie. Ani Pema ging murmelnd um sie herum, bauschte hier Falten auf und verbesserte dort das Fallen eines Aermels. Karma, ihren Lippenstift in der Hand, betrachtete die Freundin aufmerksam und erstaunt.

«Du hast dich verändert», sagte sie.

«Findest du wirklich?» fragte Carrie scheu.

Ihre Augen begegneten ihrem Bild im Spiegel. Ja, sie hatte sich verändert. Ihr Teint war zart und samtweich, ihre Wangen hatten sich gerundet. Die frischgewaschenen Haare wellten sich sanft um ihr Gesicht. Karma nickte zufrieden.

«Du bist sehr hübsch. Ich leihe dir meine Topaskette. Sie passt wunderbar zu der orangegelben Seide. Schau her!»

Ani Pema hob sich auf die Zehenspitzen und schloss die Kette um den Hals des Mädchens. Carrie berührte zart die honigfarbenen Steine und dachte an ein Zimmer mit gekalkten Wänden, einem Tisch, zwei Stühlen und einem Gaskocher. ‹Ich bin eigentlich gar nicht hier›, sagte sie sich. ‹Ich bin immer dort, in jenem Zimmer. Ich hab es keinen Augenblick mehr verlassen . . .›

Vier Tage hatten den Tethongs genügt, um die Party zu Ehren ihrer Tochter vorzubereiten. Man hatte in aller Eile Einladungen versandt und Köche, Metzger, Zuckerbäcker zusammengerufen. Das Geschirr war geputzt, und Kissen, Diwane und festliche Teppiche waren hervorgeholt worden.

«Komm jetzt!» sagte Karma. «Komm, ich stelle dich vor . . !»

Namen, Namen, Namen . . . schöne, freundliche und neugierige Gesichter.

225 Mongolische oder auch indische Züge. Turbane, Haarknoten, Schnurrbärte. Mit Schmuckstücken und Orden bedeckte Gewänder. Einfarbige oder geblumte Seidenstoffe, gleissende Brokate, Gold- und Silberblumen. Die Gesichter der Frauen

waren gepudert, ihre Augenlider mit geschicktem Pinselzug beschattet. Viele trugen die prächtige, halbmondförmige Haartracht dieses Landes, glänzend gelackt und mit Korallen und Perlen geschmückt.

Man hatte die mit Kissen bedeckten Diwane zu beiden Seiten des Empfangssalons in zwei Reihen aufgestellt, damit die Mitte freibleiben konnte. Im Hintergrund des Raumes öffnete sich eine Tür ins Speisezimmer, wo die Lampen auf dem Buddha-Altar brannten. Die Geladenen verneigten sich im Vorbeigehen mit gefalteten Händen.

Yangzom Dolma hielt sich unter einem Leuchter mühsam aufrecht. Tsewang Tethong trug bei dieser Gelegenheit einen über der Hüfte engen schwarz-weiss gestreiften Massanzug mit dazu passender Weste. Mit seinem öligen Haarknoten und dem freundlichen Gesicht über dem steifen Kragen sah er nicht mehr wie ein Bischof, sondern eher wie ein riesiger gurrender Täuberich aus. Beide Ehegatten lächelten und verbeugten sich. Die Khatas häuften sich auf ihren Schultern. Von Zeit zu Zeit glitt eine auf den Teppich, und sogleich stürzte ein Diener dienstbeflissen herbei, um sie aufzuheben. Carrie irrte mit starrem Lächeln durch das Gedränge. Vorstellungen, Verneigungen, Lachen und Gerede. Wohl um ihr eine Freundlichkeit zu erweisen, drückten ihr einige Tibeter die Finger mit aller Kraft. Hübsche junge Männer mit Backenbart tranken Whisky und unterhielten sich fröhlich. Metok Lhamo, eine entzückende Puppe in purpurner Seide, suchte Schallplatten aus. Die betörende Stimme von Frank Sinatra wurde auf der anderen Seite des Raumes von Radio Kalkutta übertönt, wo gerade ein Militärkonzert mit Dudelsack, Trommeln und Blasinstrumenten auf dem Programm stand.

«Das ist die letzte, wirklich nette Party des Jahres», sagte ein junger Mann mit funkelnden Augen zu Carrie. «Während der grossen Festlichkeiten sind dann die Aebte und Rimposches an allen Empfängen zugegen, und sie sehen es sehr ungern, wenn man in ihrer Gegenwart tanzt.»

«Carrie lehrt uns den Rumba!» rief Chimey Sangmo begeistert.

«Aber ich kann ja gar nicht tanzen!» wehrte sich Carrie entsetzt.

«Oh doch!» Karma war gut gelaunt und lachte schallend. «Im College haben wir oft Rumba getanzt. Alle hier tanzen fürs Leben gern!»

«Geht und trinkt etwas!» sagte der Hausherr, dem ein Diener mit einem Servierbrett folgte. — «Hier habt Ihr ein wenig Johnny Walker! Einer meiner englischen Freunde hat mir gerade eine ganze Kiste geschickt!»

«Es gibt hier in Lhasa so wenig Zerstreuungen», sagte eine zierliche junge Frau, die in einen leichten Schal gehüllt war. «Kein Kino, kein Theater, kein feines Restaurant und keine elegante Boutique. Ich gehe so gerne in Kalkutta einkaufen! Hier muss man alles nach Katalogen bestellen und monatelang warten, bis die Kisten kommen . . .»

«Ah!» rief Tsewang Tethong fröhlich, «meine Gattin gibt mir ein Zeichen: das Essen ist bereit. Kommen Sie und stärken Sie sich für den Ball!»

Vor den Diwanen hatte man kleine Tischchen aufgestellt. Die Geladenen nahmen lachend und plaudernd Platz. Die Gänge folgten sich, in Schalen von Jade und vergoldetem Silber serviert. Schmackhafte Suppen, zartes Fleisch, Gebäck, Brötchen mit Weinbeeren und Ingwer, gebratene Lammviertel, hochgetürmte Reisplatten, heisse oder süsse Sossen. Ein süsslich-betäubender Geruch stieg von den Räucherpfannen auf. Alle stopften sich voll, tranken und redeten durcheinander. Die Frauen fächerten sich Luft zu und puderten sich die Nase. Schweiss perlte auf ihren Stirnen. Schallendes Gelächter schüttelte die Männer. Junge Dienerinnen in gestreiften Wollkleidern schenkten geronnene Milch und ‹Tschang› ein, wieder und wieder. Carrie's Mund schmerzte vom vielen Lächeln. Die Gewürze brannten wie Feuer in ihrem Hals.

‹. . . auf dem Meer der Nacht treiben die Mauern des Krankenhauses wie der Rumpf eines einsamen Schiffes. Ein paar Fenster sind noch hell. Die Pflegerin macht die Runde. Ein Kranker verlangt zu trinken. Ein anderer, der vor Schmerzen nicht schlafen kann, wälzt sich in seinem Bett. Zu dieser Stunde hat Thargyay sicher ein wenig Fieber. Man hat ihm eine Spritze gegeben, und er träumt, den Blick an die Decke geheftet. Auf der chirurgischen Abteilung hat ein Arzt soeben einen Greis operiert, den man jetzt auf der Bahre hinausträgt. Der Mann hat seinen weissen Mantel abgelegt und eine Zigarette angezündet. Er raucht, er wartet, er schaut hinaus in die Nacht . . .»

Hinausgehen in den dunklen Korridor! Ein, zweimal mit vollen Lungen die frische Nachtluft atmen, und dann erschauernd die Arme kreuzen! Ein Fenster auf den Innenhof: Jeeps reihten sich aneinander. Pferde waren an den Mauerringen angebunden. Man hatte Decken über sie geworfen, um sie gegen die Kälte zu schützen. Diener hockten eng zusammengedrängt auf den Fliesen, assen ihre Ration Tsampa und tranken Tee unter lautem Gelächter. Carrie lehnte die Stirn an die eisige, dunstbeschlagene Fensterscheibe. Sie atmete schwer, ihr Magen krampfte sich zusammen, eine Gänsehaut überlief sie . . .

«Ich habe Sie erwartet», sagte er, «die Zeit wollte nicht vorbeigehen!»

Sie sass sehr aufrecht und rauchte langsam, in tiefen Zügen, mit einem herben, warmen Geschmack im Munde.

«Ich bin eigentlich gar nicht weggegangen», sagte sie. «Ich bin immer hier geblieben, hier in diesem Raum . . .»

Sie sah den Kessel mit siedendem Wasser, die Tassen, die Zuckerdose und die Tube Kondensmilch. Schon hatten Gewohnheiten sich zwischen ihnen eingebürgert. Cheng Li bereitete den Tee. Seine Art, die Tassen hinzustellen, die Kanne zu schütteln, bevor er den Tee anbrühte, all diese Bewegungen glaubte Carrie seit jeher zu kennen. Sie erzählte ihm von dem Empfang, der erst um 6 Uhr morgens zu Ende gegangen war.

«Viele sind zum Schlafen dageblieben und erst beim Einbruch der darauffolgenden Nacht sehr fröhlich und guter Laune wieder heimgekehrt. Ich allein gähnte vor Erschöpfung!»

Cheng Li lachte herzlich.

«So ist es immer in Lhasa. Lustbarkeiten sind selten; man lebt in einer völlig geschlossenen Gesellschaft. Die Vornehmen laden sich untereinander ein und zerstreuen sich, wie sie eben können. Während der Neujahrszeremonien verlangen die religiösen Würdenträger dann mehr Strenge, was nicht dem Geschmack aller Leute entspricht.»

«Was geschieht während der Feste?»

«In ganz Lhasa geht es drunter und drüber. Die Stadt hat ungefähr fünfundzwanzigtausend Einwohner. Mit den aus

228

allen Gegenden Tibets kommenden Pilgern steigt diese Zahl auf hunderttausend an. Die Vorsteher der tibetischen Kommission in der chinesischen Armee sowie die anderen in Lhasa befindlichen Beamten nehmen selbstverständlich an den öffentlichen und privaten Feierlichkeiten teil. Was mich betrifft, so werde ich ein Feldbett in meinem Zimmer aufschlagen. Meine Gegenwart im Krankenhaus ist dann vierundzwanzig Stunden am Tag notwendig. Wir sind nur zwei Chirurgen. Wenn ich meine beiden tibetischen Assistenten und Miss Yuang Ling, die Oberschwester, hinzuzähle, sind wir im ganzen fünf. Sie sehen, wir werden genug Arbeit haben . . .» Plötzlich sah er müde und verbittert aus: «Wissen Sie, wie hoch die mittlere Lebenserwartung eines Tibeters geschätzt wird? Auf ungefähr dreissig Jahre! Die Kindersterblichkeit ist erschreckend. Mangel an Hygiene, Unterernährung und alles, was daraus folgt. Die tibetische Medizin kennt nur die Pflanzenheilkunde, die für leichtere Uebel wirksam ist. Für die schwereren setzt man das Vertrauen in Amulette, in die Gebete der Lamas und die magischen Formeln der Heilkünstler. Die Chirurgie ist unbekannt. Die Religion erlaubt überhaupt keinen Eingriff in den menschlichen Leib. Hierzulande werden nur die Vornehmen eingeäschert. Die einfachen Leute wirft man den Geiern zum Frass vor. Ich habe einmal einer dieser Feierlichkeiten von weitem mit einem Fernglas beigewohnt. Während sich der Leichenzug zum rituellen Ort begab, sammelten sich schon Hunderte von Geiern am Berghang.»

«Das ist ja entsetzlich!» rief Carrie schaudernd aus.

«Die ‹Domden› zerstückeln die Leichen. Die Geier säubern die Knochen vom Fleisch. Danach übergibt man die Gebeine und Totenschädel den Lamas, die sie für kultische Zeremonien benützen.»

Er nahm einen Schluck Tee, den er auf orientalische Art ohne Zucker und Milch trank.

«Unsere Arbeit wirkt hier nur wie ein Tropfen auf einen heissen Stein. Bisweilen frage ich mich . . .»

229 Er brach ab und zuckte die Achseln.

«Wozu das alles? Ist es wirklich der Mühe wert?» vollendete Carrie an seiner Stelle den Satz. «Ja, ich weiss! Mein Vater redete genau wie Sie.»

«Das ist wohl die Frage, die sich alle Aerzte in solchen Ländern stellen.»

Carrie blies den Rauch aus und klopfte die Asche von ihrer Zigarette. Ihre eigene Ruhe erschreckte sie. Sie fühlte sich bei klarem Kopf, entspannt und völlig ausser Raum und Zeit. Aber plötzlich durchfuhr es sie wie ein Dolchstich; sie erkannte, dass all das ja nicht wahr war, dass es nicht dauern würde. Nach Neujahr musste sie nach Darjeeling zurückkehren! Tibet verlassen? Cheng Li verlassen? Welch ein absurder, unbegreiflicher Gedanke!

«Woran denken Sie?» fragte Cheng Li. Er beobachtete sie eindringlich und wachsam-erschreckt, als hätte er auf ihrem Gesicht oder in ihrem Blick das verstohlene Auftauchen von Angst oder Bestürzung gelesen.

Mit Mühe stammelte sie:

«Ich denke an den Tag, an dem... an dem ich von hier weggehen muss.»

Er antwortete nicht sogleich. Er nahm sich Zeit, zündete eine Zigarette an und rauchte in Gedanken versunken einige Züge. Carrie hielt den Atem zurück. In diesem unheimlichen Schweigen fühlte sie ihr Herz schwer und schmerzlich klopfen.

«Ich habe auch schon daran gedacht», sagte Cheng Li endlich. Er machte eine Bewegung und entspannte die Schultern ein wenig.

Sie flüsterte:

«Werden Sie es ertragen können?»

Er schüttelte den Kopf. Als er seine Selbstbeherrschung wiedergefunden hatte, sagte er ruhig:

«Jetzt nicht mehr! Es handelt sich nun nur noch darum, eine Lösung zu finden. Gib mir noch ein wenig Zeit, willst du?»

24

Die Tibeter reinigten Strassen, Häuser und Tempel und setzten Fenster, Gitter und Fassaden unter Wasser. Man schrubbte die Fliesen, kehrte den Unrat weg und jagte die unzähligen streunenden Hunde vor die Ringmauern der Stadt hinaus.

Mönche, mit nassen Besen bewaffnet, bestiegen Gerüste, um Fassaden, Wasserspeier, Balkone und Kuppeln blank zu putzen.

Seit einigen Tagen hatte sich der Himmel mit Wolken bedeckt. Die Temperatur war ausserordentlich tief gesunken, obschon der Frühlingsanfang vor der Tür stand. Pilgerzüge näherten sich der Stadt, Tag und Nacht, ununterbrochen. Von allen Seiten kamen sie: Menschen, Tiere und Wagen drängten und stiessen sich, rollten in einem Tumult von Rufen, Geblök, Geschrei und Pfiffen dahin. Aber all dies wurde noch vom Murmeln der Gebete und dem Klappern der Gebetsmühlen übertönt. Gleich Wassern eines purpurnen Flusses drangen Delegationen von Mönchen aus den entlegensten Provinzen Tibets in die Stadt ein. Die Strassen schienen zu eng, um die menschliche Flut zu fassen. Karma, welche die Herkunft all dieser unbekannten Gesichter an einer Besonderheit ihrer Züge, an einer Einzelheit ihrer Gewänder erkennen konnte, flüsterte Carrie die Namen der grossen Klöster zu:

«Sera, Drepung, Ganden, Kumbum . . .»

Soldaten in Wickelgamaschen und Tropenhelmen, mit Gewehren und Bajonetten bewaffnet, bewachten den geschlossenen Raum des Yokhang. In der Dämmerung wurden die Innenhöfe mit Fackeln beleuchtet, und die auf ihren Sockeln stehenden Statuen schimmerten und glänzten im Licht. Immer wieder ertönten Trommelwirbel, dumpfes Dröhnen riesiger Gongs, vermischt mit kristallhellen Zitherklängen; man hörte die durchdringenden Rufe der Trompeten und die Schalmeientöne der Oboen.

Sehr viele chinesische Soldaten lagen in Lhasa in Garnison. Militärfahrzeuge standen vor den Kasernen; auf den Dächern und Balkonen des Hauptquartiers der Armee im Zentrum der Stadt flatterten die roten Fahnen im Wind. Bisweilen bahnte sich ein Offiziers-Jeep hupend einen Weg durch die Menschenmenge. Carrie sah die kalten, ausdruckslosen Gesichter und die grünen Uniformen. Niemals stellte sie im Geist eine Verbindung her zwischen Cheng Li und diesen Abgesandten Pekings. Er gehörte für Carrie zu keiner Rasse, zu keiner Partei, zu keiner Religion. Er war so eng und endgültig ein Teil ihrer selbst, dass es ihr zuweilen schien, als spüre sie in Herz und Blut das Gewicht seiner Gegenwart.

Wie Karma erklärte, wurden die Feiern der beiden ersten Neujahrstage in Lhasa vom Gouverneur und von der weltlichen Bevölkerung begangen. Am dritten Tag begann dann ‹Mönlam Tschenmo›, das Grosse Gebet. Die Mönche vereinigten sich in den Tempeln zu theologischen Wortgefechten und gemeinsamen Fürbitten. Dann fand, vierzehn Tage später, das Lichterfest statt, in dessen Verlauf sich der Dalai-Lama in einer Prozession vom Potala zum Tempel des Yokhang begab. Zehn Tage später endlich schloss ‹Tsongtschö Mönlam›, das Kleine Fest des Gebets, die Feierlichkeiten ab.

«Tschensal Tashi Rimposche kommt zum Lichterfest nach Lhasa», sagte Karma, «er nimmt an der Prozession und den theologischen Streitgesprächen teil.»

Vom Balkon aus betrachteten sie besorgt den drohend grauen Himmel.

«Man sagt, in den Bergen herrschten schreckliche Stürme. Hoffentlich kann die Karawane die Pässe noch rechtzeitig überqueren!»

Am ersten Festtag begaben sich die beiden Mädchen, vom Diener Gyatso Dorje als Leibwache begleitet, zum Potala, um den Tänzen des Torgja beizuwohnen. Karma hatte darauf bestanden, die Freundin hinzuführen, und Carrie hatte den Eindruck, sie wünschte eher sich selbst zu zerstreuen, als ihr Freude zu bereiten. Auf jede nur mögliche Weise musste sie offenbar die Angst des Wartens bekämpfen.

Eine vielfarbene Menschenmenge näherte sich dem Hügel des Potala. An Karmas Arm geklammert, vom Gestank nach Tschang und ranzigem Fett umgeben, fühlte Carrie sich vom Wirbel der Schreie, Gesänge und Anrufungen mitgerissen. Mit seinen ausgebreiteten Armen bildete Gyatso Dorje einen Schild, um die jungen Mädchen zu beschützen und sie vor einem Sturz zu bewahren. Um aus der Stadt zu kommen, mussten sie in der Nähe des Krankenhauses vorbeigehen. Immer, wenn Carrie an Cheng Li dachte, empfand sie ein süsses und zugleich bitteres Gefühl, das dem Schmerz sehr nahe verwandt war. — Einige Minuten später kamen sie zum Lingkor, den ‹Weg der Pilger›, der rund um die Stadt führte. Andere Umzüge strömten herbei. Jenseits der Ringmauern rauschte heulend und pfeifend in wilden Stössen der Wind. Ausser Atem, mit klopfendem Herzen, erklommen sie den steilen Weg, der zum Potala hinaufführte. Beim Steigen traten die Stufen des befestigten Palastes immer deutlicher zutage: Pfeiler, Säulenhallen, Stege, schwindelnde Treppenkaskaden. Die riesigen, blutfarbigen Mauern schienen sich zugleich in die Höhe und Breite zu dehnen, als suchten sie die Wolken zu erreichen.

Plötzlich schreckte Carrie zurück. Ein ‹Ungeheuer› war vor ihnen aufgetaucht und vertrat ihnen den Weg, ein abstossendes Geschöpf mit russgeschwärztem Gesicht, das in einer beschmutzten, an den Schultern mit Leder gefütterten Kutte steckte. Gebetsschnüre waren um seine nackten Arme gewikkelt. Der Mann war mit einem Bogen, einem mit Pfeilen gefüllten Köcher und einem mächtigen Stock bewaffnet, mit dem er wild, mit verzerrtem Gesicht und rollenden Augen auf die Erde schlug. Mit erschreckten Schreien liefen die Leute auseinander.

«Mein Gott!» rief Carrie erschrocken, «was ist denn das nun schon wieder?»

«Hab keine Angst!» schrie ihr Karma ins Ohr. «Es ist ein ›Dopdop‹, ein Polizistenmönch, der für Ordnung sorgen soll.»

Schritt für Schritt erklommen sie die unzähligen Stufen, und Carrie hob halb betäubt und ausser Atem den Kopf und schaute auf die sich in unbegreiflichen Höhen erhebenden Ringmauern. Einen Augenblick lang schwindelte ihr; sie glaubte zu sehen, wie sich das riesenhafte Gemäuer auf seiner Basis neigte, wie es wankte und zusammenstürzte... Plötzlich aber kam alles wieder ins Gleichgewicht. Von der Menge nach vorne gestossen, gelangten sie in einen riesigen offenen Hof am Fusse der Ringmauern.

«Hier ist es!» verkündete Karma, atemschöpfend. «Wir haben Glück gehabt, dass wir noch eintreten konnten. Es gibt nicht für alle Leute Platz.» Sie streckte den Arm aus und bezeichnete auf der Höhe der mittleren Fassade einen weit vorstehenden Balkon, der mit gelber Seide drapiert war.

«Seine Heiligkeit wird dem Schauspiel beiwohnen. Aber wir sehen den Dalai-Lama nicht; seine Gegenwart muss uns verborgen bleiben . . .»

Die gelbe Seide blähte sich im Wind wie ein riesengrosses Blütenblatt. Gyatso Dorje schrie, das sei ein glückliches Vorzeichen. Alle stimmten bei und klatschten lärmend Beifall.

Eine Stunde oder etwas mehr war vergangen. Karma und Carrie hatten sich in ihre Pelzmäntel gehüllt und stampften mit den Füssen, um sich zu erwärmen. Ein Menschengewimmel drängte sich auf den Dächern der benachbarten Gebäude; viele hingen in dichten Trauben an den Treppen.

Plötzlich erhob sich ein dumpfes Gemurmel, auf das sogleich tiefes, gespanntes Schweigen folgte. Langsam und schwerfällig schritten Tänzer rücklings eine steile Holztreppe hinab. Sie trugen helmförmige, teils bemalte, teils vergoldete Masken. Ueber ihre Kutte hingen ein gestickter Umhang und ein netzartiger Rock aus elfenbeinfarbenen Ketten, die sich bei jedem Schritt klappernd bewegten.

«Die Ketten sind aus Menschenknochen gemacht», sagte Karma, als handle es sich um etwas Selbstverständliches. Carrie rümpfte die Nase und schwieg; sie dachte an Cheng Li's Worte über die Bestattungsbräuche.

Angewidert und fasziniert zugleich sah sie, wie die Tänzer sich in der Mitte des Hofes in einer Reihe aufstellten und sich feierlich gegen den Balkon des Dalai-Lama hin verneigten. Alle hielten einen gezackten Speer und eine Glocke in den Händen. Zum Schall der Trommeln und der Oboen begannen sie zu tanzen, führten gewandte Sprünge aus und wirbelten wie Kreise! umher. Eine zweite Gruppe mit scheusslich verzerrten Masken, an denen Stosszähne und Hörner befestigt waren, erschien plötzlich. Die Menge stiess Schreie gespielten Schreckens aus.

«Das sind die Teufel!» rief Karma. «Der erste dort mit der schwarzen Maske ist ihr König!»

Die Teufel bewegten sich hin und her, mit grotesken Verrenkungen ihrer Glieder, und ihre Ketten klapperten in wildem Stakkato. Andere Masken gesellten sich zu den ersten: ihr Auftauchen entfesselte Lachstürme bei den Zuschauern. Carrie erschienen sie so unheimlich wie die vorhergehenden; sie waren mit Rot, Ocker und Schwarz bemalt, trugen auf jeder

234

Seite einen menschlichen Totenschädel und stellten offenbar allerlei Tiere dar: Bären, Wölfe, Hunde und Hirsche. Die Tänzer hüpften und wirbelten umher, ihre holzbesohlten Stiefel stampften schwer auf den Fliesen. Die Trommeln dröhnten wie rasend. Mönche, die gleich Affen auf einer Mauer hockten, stiessen durchdringende Schreie aus.

Zwei Schauspieler brachten nun ein grosses Blatt Reispapier herbei, auf dem in groben Zügen die Umrisse einer menschlichen Gestalt gezeichnet waren. Das im Winde flatternde Blatt wurde mitten im Hof ausgebreitet und festgehalten. Die Trommeln und Pfeifen liessen einen durchdringend-misstönenden Lärm hören, während die Tänzer unter der Führung des ‹Königs der Teufel› rund um das Papier einen wilden Tanz aufführten.

«Sie laden damit alle Uebel des vergangenen Jahres auf die gezeichnete Gestalt ab», erklärte Karma.

Ein Feuer war unter den Ringmauern entfacht worden. Mönche brachten schwankend einen riesigen Kochkessel voll Oel heran. Vom Winde geschürt, züngelten die Flammen höher und höher; Funken sprühten. Als das Oel kochte, ergriffen die Tänzer das Papier und warfen es in den Kessel, wo es sich mit einem dumpfen Pfeifton zusammenkrümmte. Aus einer als Gefäss benützten Schädelkalotte goss ein Mönch Alkohol in die Flammen. Ein Zischen, eine neue Flammengarbe! In schwarzen Schwaden stieg der Rauch auf. Die Menge schrie und klatschte unbändig.

«Jetzt ist es soweit!» rief Karma fröhlich. «Alle Uebel des Jahres sind vernichtet worden!»

Im allgemeinen Durcheinander fühlte Carrie plötzlich einen eindringlich-durchbohrenden Blick auf sich geheftet. Verwirrt suchte sie unter all den fremden Gesichtern den Menschen zu entdecken, der sie da so beharrlich fixierte. Ihr Blick kreuzte sich mit den Augen eines Mannes mit flachen Backenknochen und messerscharfem Lächeln, der sie frech und höhnisch anstarrte. Sie kannte dieses Gesicht, dieses Lächeln! Sie erinnerte sich: der Bär ... der Khampa, das Gewehr mit dem zweischneidigen Bajonett!

235

«Karma, schau, dort ...», rief sie, «das ist Wang-chen!»

«Wang-chen? Wo denn?»

«Dort!» wiederholte sie beharrlich und liess ihren Blick über die Stelle schweifen, wo sie den Nomaden gesehen hatte. Wenigstens geglaubt hatte, ihn zu sehen! Jetzt waren unter den Hüten, Mützen, Turbanen und Kalotten nur noch unzählige verzerrte, lustige oder bewegte Gesichter zu erkennen, die sich alle derselben Freude hingaben.

«Du hast geträumt!» sagte Karma. «Es war jemand anders, der ihm glich. Die chinesische Armee hält ja die Khampas unter ihrer Kontrolle. Keiner von ihnen würde es wagen, sich offen in die Stadt zu begeben.»

Carrie schüttelte den Kopf.

«Aber ich habe ihn wiedererkannt. Ich bin ganz sicher!»

Ein Schauer fuhr ihr über den Rücken. War es die Kälte?... Ein Unwohlsein vielleicht, sie wusste es nicht. Betäubt und zitternd zog sie ihren Pelzmantel enger um die Schultern. Die Trommeln wirbelten.

Es begann zu schneien. Zuerst fielen nur einzelne Flocken, dann folgten sich dichter und dichter die weissen Wellen. Ein Wolkenberg verbarg den Potala. Der Wind heulte in den Strassen, riss die Votivbanner von den Dächern und den Stangen los. Niemals hatte man in Lhasa zum Neujahr einen so mächtigen Sturm gesehen! Die reichen Familien, deren Festzelte für die Reiterspiele und die Tage der Gartenparty bereits aufgestellt worden waren, wurden mutlos und niedergeschlagen: es würde schlimmer kommen, man würde auf die traditionellen Wettkämpfe verzichten und die Einladungen absagen müssen. Mit einem Wort, eine Katastrophe! Aber die Strassen leerten sich nicht, unerschütterlich wateten die Mönche mit angehobener Kutte zu den Tempeln, und die Pilger schleppten sich bäuchlings um den Parkhor und hinterliessen Spuren im Schnee.

An den darauffolgenden Tagen sprach man an allen Empfängen, Banketten und Trinkfesten, die wegen der Gegenwart der Aebte sehr gemässigt waren, nur von der durch das Wetter gefährdeten Gartenparty. Einmal gaben auch die Tethongs einen offiziellen Empfang, und Carrie befand sich an diesem Abend plötzlich zwei Beamten vom Stab der chinesischen Armee gegenüber, die in Lhasa stationiert waren. Steif und höflich, in Uniformen aus dickem Stoff, der ohne einen Flecken und ohne jede Falte war, tranken sie Fruchtsaft und Granatapfelsirup. Man stellte sich vor. Die Chinesen lächelten und verbeugten sich. Sie sprachen kein Englisch. Carrie wusste ihnen nichts zu sagen, trotz oder vielleicht wegen ihrer Gefühle für Cheng Li. Seit dem Beginn der Festlichkeiten hatte sie den Eindruck, hier ihre Zeit zu verlieren und in den Wolken zu schweben. Sie ging hierhin und dorthin, wohin sie der Strom der Geladenen gerade mitriss, murmelte konventionelle Worte, lächelte und knabberte Zuckerwerk. Von Zeit zu Zeit erschien Tsewang Tethong, in ein Gewand aus gelber Seide gekleidet, auf das sein Rang ihm Anspruch gab. Auf dem Kopf trug er einen erstaunlichen, ebenfalls gelben, tellerförmigen Hut. In dieser Zeit religiöser Festlichkeiten trank auch er nur Fruchtsaft, um ein Beispiel asketischer Strenge zu geben.

Am Tag vor der Gartenparty hörte der Schneefall plötzlich auf. Der Himmel klarte zwar noch nicht auf, aber er wurde doch heller. Dunkelrot leuchtete der Potala in der durchsichtigen, eisigen Luft. Ganz Lhasa wurde vom Freudentaumel erfasst. Ein Heer von Dienern arbeitete auf dem Gelände neben den Mauern. Man schleppte Fahnenstangen, eine Bühne, Sonnenschirme herbei, die Händler stellten ihre Buden auf, und bald herrschte ein wirres Durcheinander von Säcken, Ballen, Kisten, Holzkohlenöfen, Eseln, Schafen und Hunden.

Einige Stunden später reihte sich eine Unzahl reich ausgestatteter Zelte im Schnee aneinander. Baldachine aus besticktem Brokat, prächtige Seidendraperien zierten die Zelteingänge. Auf Schnüre gereiht flatterten Votivfähnchen in allen Farben wie Vogelgewimmel. Das Innere der Zelte war mit Strohmatten ausgelegt, auf denen sich Teppiche, Diwane, Sessel, Kissen und wattierte Steppdecken häuften.

Das Fest begann mit einer Parade tibetischer Soldaten in Rüstungen und mongolischen Helmen; sie waren mit Lanzen, Säbeln und alten Gewehren bewaffnet. In martialischem Schritt marschierten sie zu den Klängen einer Blasmusikkapelle an den Zelten vorbei. In weiten Brokatmänteln ritten ‹Jasos›, die Befehlshaber, auf Pferden, die wie Schachfiguren aufgezäumt und geschmückt waren. Eine Reihe vorsintflutlicher Mörser wurde mit Krachen und Getöse abgefeuert, um die bösen Geister zu verjagen. Der herbe Pulvergeruch brachte viele Leute zum Husten; manch einem liefen sogar die Tränen aus den Augen ... Die Menschenmenge, die den Salven beigewohnt hatte, drängte sich nun zum Gelände, auf dem die Reiterwettkämpfe stattfinden sollten. Der erste Wettlauf wurde, zu Carries grösstem Erstaunen, von Pferden ohne Reiter ausgetragen. Sie hatten weder Gebiss noch Zaum; auf ihrem Rücken war ein Stück Stoff befestigt, worauf der Name des Besitzers gestickt stand. Durch Stallknechte angespornt, schlugen sie wild aus, bäumten sich auf und galoppierten dann wie rasend durch den Schnee, zur grossen Begeisterung der Zuschauer.

Rund um die Zelte machte sich fieberhafte Tätigkeit bemerkbar. Alle Menschentypen des Himalaya begegneten sich hier in ihren schönen vielfarbigen Trachten: Bhutaner in Seidengewändern, behelmte, gestiefelte Mongolen, Nepalesen in weissen, schmutzbespritzten Jodhpurs, Inderinnen in Saris, steife Chinesen in Uniform. Mit leisen Lachausbrüchen stolperten die Tibeterinnen durch den Schnee und hoben vorsichtig den Saum ihrer Gewänder hoch. Darunter trugen sie Pullover, handgestrickte Strümpfe und Schuhe mit hohen Absätzen. Ihre wunderbaren Haartrachten wippten auf und nieder, ihr Geschmeide funkelte. Ganz Lhasa wohnte dieser Gartenparty bei. Immer wieder sah sich Carrie Menschen gegenüber, die sie schon kannte, die mit ihr sprachen, ihr die Hand drückten und ihr Granatapfelsirup, allerlei Fruchtsäfte, klebriges Gebäck und Stückchen gesalzenen Yakfleisches anboten.

Trotz Schnee und eisiger Kälte war die Atmosphäre ausgesprochen fröhlich. Sie wurde auch kaum durch die spätere Ankunft einiger in Mäntel gehüllter Aebte gestört, deren merkwürdige gelben Hüte wie Hahnenkämme aussahen und majestätisch über dem Gedränge schwebten.

Soldaten und Polizistenmönche hatten die Aufgabe übernommen, die Menge der Neugierigen in einiger Entfernung zu halten. Die ‹Dopdops› hantierten mit ihren Stöcken, eilten hierhin und dorthin und rammten mit ihren ausgestopften Schultern allzu Neugierige. Wenn der Menschenstrom zu weit vordrang, verteilten sie zu Carries Entsetzen Knüppelschläge, die, wie sie meinte, einen Ochsen hätten töten können.

238

«Hab keine Angst!» sagte Karma. «Das gehört hier mit zu den Riten. Manchmal gibt es einige Beulen, aber niemals ist wirklich ein Unglück geschehen ...»

Sie war in gelbgrüne Seide gekleidet, trug Perlenschnüre auf der Brust und Ringe an den Fingern. Aber sie erschien unruhig und bedrückt, und Carrie glaubte den Grund hierfür zu kennen: das Lichterfest war nahe, und Tschensal Tashi Rimposche war noch nicht eingetroffen. Plötzlich empfand Carrie Reue: egoistisch nur mit ihren eigenen Gefühlen beschäftigt, hatte sie die angstvolle Sorge ihrer Freundin völlig vergessen. Mit vollkommenem Gleichmut plauderte und scherzte Karma. Aber Carrie sah die Angst in ihren Augen und legte impulsiv die Hand auf den Arm der Freundin:

«Quäl dich nicht», flüsterte sie, «alles wird gut gehen!»

Karma warf ihr einen eigentümlichen Blick zu, und Carrie fühlte, wie unsinnig ihre Bemerkung gewesen war. Tschensal Tashi Rimposche war eine geheiligte Persönlichkeit und hatte sich den höchsten mönchischen Aemtern geweiht. Karma wusste dies genau, sie wusste auch, dass all ihre Illusionen einem Kartenhaus glichen, das ein Luftzug zunichte machen konnte.

Das Wetter wurde ruhig und schön. Mit den Reiterwettkämpfen, die den Adeligen vorbehalten waren, erreichten die drei Gartenparties den Höhepunkt. Alle Teilnehmer am Turnier trugen schimmernde mittelalterliche Rüstungen und juwelengeschmückte Helme. In der kühlen Morgenfrühe lag über dem glänzenden Fell der Pferde ein weisslicher Dunst; die Reiter auf ihren Rücken glichen Riesenkäfern. Trompeten und Oboen erklangen. Votivbanner flatterten im Wind. In einer Schneewolke setzte sich die Reiterschar feierlich-langsam in Bewegung und entfaltete sich in langer Reihe im Gelände vor den Zelten. Der Gouverneur schwenkte ein weisses Taschentuch, und schon stürzte die Kavalkade laut schreiend in tollem Wirbel voran. Die Reiter standen aufrecht in den Steigbügeln, sie galoppierten mit grösstmöglicher Schnelligkeit und schossen ihre Gewehre ab. Die Generale riefen ihnen Ermunterungen zu, die Damen winkten mit Schärpen und Taschentüchern, die Diener rannten wie eine geschäftige Hühnerschar hierhin und dorthin, und die Mönche lachten aus vollem Hals.

Den Glanzpunkt des Festes bildete das Bogenwettschiessen. Auf einem rotgelben, in der Mitte des Geländes aufgespannten Leinentuch wurde eine Zielscheibe aus schwarzem Leder befestigt, die einen Durchmesser von etwa fünfzehn Zentimetern aufwies. Man musste sie aus einer Entfernung von dreissig Schritten treffen. Die Geschicklichkeit der Bogenschützen grenzte ans Wunderbare. Selten verfehlten die Pfeile das Ziel. Wenn sie die Luft durchschnitten, entstand ein durchdringender, auf- und abschwellender Ton, der Carrie's Neugierde weckte.

«Was ist das?» fragte sie.

Karma liess sich einen Pfeil bringen und reichte ihn Carrie zur näheren Untersuchung. Die Spitze bestand aus einem durchbohrten Zapfen. Wenn die Luft durch die Löcher fuhr, entstanden melodische Schwingungen, die wie Vogelgezwitscher klangen.

Nach den 3 Tage dauernden Gartenparties mit ihrem tollen Treiben fiel eine schläfrige Benommenheit auf die Stadt. Das erschöpfte, übersatte Lhasa zog sich zurück, um neue Kräfte für das Lichterfest zu sammeln. Während des Bogenwettschiessens war wieder reichlich Schnee gefallen. Mit Regenschirmen bewaffnet, barfuss in mit Stroh ausgestopften Holzpantoffeln standen die Pilger in stoischer Ruhe vor den Tempeln und Gebetsstätten Schlange, und in der eisigen Bise psalmodierten in den Innenhöfen die Mönche ihre Gebete. Diener rannten hin und her, um sie mit heissem Tee, mit Butter und Fleisch zu versorgen. Die Mönche vermischten alles in einem kleinen Holznapf mit Tsampamehl, ohne ihre Gebete deshalb zu unterbrechen.

In Yangzom Dolma's mit Ambra parfümierter und angenehm geheizter Wohnung tranken Karma und Carrie englischen Tee, rauchten indische Zigaretten und langweilten sich. Karma hielt den Spucknapf ihrer Mutter, die gleich einer friedlich-dicken Göttin in ihrem Sessel döste. Carrie sass wie auf Kohlen. Wie konnte sie entwischen, um Cheng Li zu besuchen? Aber an diesen Feiertagen die Zeit in dem mit Kranken vollgestopften Spital zu verbringen, wäre völlig ungehörig gewesen! Es gab nichts anderes: man musste warten

240

und seine Ungeduld zügeln. Es war zum Verrücktwerden!

Plötzlich hörte Carrie ein aufgeregtes Stimmengewirr und ein Getrampel von Holzpantoffeln aus dem Innenhof herauftönen. Ihre Blicke begegneten Karma's beobachtenden Augen. Eilig rannte sie zum Fenster und drückte ihre Nase an die Scheibe.

«Eine Karawane ist gerade angekommen!»

«Das ist Tschensal Tashi Rimposche!» rief Karma.

Auf ihrem Gesicht leuchtete ein solches Strahlen auf, dass Carrie befürchtete, die Freundin könnte sich verraten. Aber Yangzom Dolma hatte nichts bemerkt. Sie läutete heftig mit dem Silberglöckchen, das auf dem Tisch neben dem Spucknapf stand.

«Man bringe Tee und Gebäck!» rief sie den herbeieilenden Dienerinnen zu. «Man lasse Weihrauch brennen! Tschensal Tashi Rimposche ist gekommen!»

Einen Augenblick später erschien der junge Mann zwischen den spalierstehenden, sich tief verneigenden Dienern und brachte einen eiskalten Luftstrom mit ins Zimmer. Ueber dem braunroten Mantel trug er einen schneenassen Pelz; ein kegelförmiger Hut aus Seide und Pelzwerk umgab sein Gesicht. Carrie fielen sogleich seine veränderten Züge auf: Tschensal Tashi war leichenblass, sein sonst so ausdrucksvoller Blick erschien glasig, seine Wangen waren eingefallen wie die eines Toten. Sein Atem ging schwer und beklommen. Mit zögernden Schritten durchquerte er ohne Schuhe den Raum. Yangzom Dolma wollte sich erheben, aber Tschensal Tashi liess es nicht zu. Er segnete sie liebevoll, legte beide Hände auf ihre Stirn und liess eine Khata um ihre Schultern gleiten. Danach wandte er sich Karma zu, die niedergekniet war, hob sie auf und segnete sie ebenfalls. Eilige Schritte auf der Treppe waren zu hören: Von den Dienern gerufen, betraten Chimey Sangmo, Metok Lhamo und Ani Pema mit dem kleinen Tsering Wang-du, der sich an ihren Rock klammerte, den Salon. Tschensal Tashi begrüsste und segnete alle Familienmitglieder, eines nach dem andern, und streichelte zärtlich die Wangen des Kindes. Endlich war Carrie an der Reihe und murmelte den für die Rimposche's reservierten rituellen Willkommensgruss. Der Mönch lächelte mühsam. Sie begriff: er war der Erschöpfung nahe.

«Einen Sessel, Tee, schnell, schnell!» befahl Yangzom Dolma ängstlich.

Ein Diener nahm ihm den feuchten Pelz ab, ein anderer wischte auf allen Vieren den nassen Boden auf. Tschensal Tashi liess sich heiser keuchend in einen Sessel fallen. Jetzt wurden Fragen von allen Seiten laut. Die Reise wäre beinahe durch den Sturm verhindert worden, erzählte Tschensal Tashi. Zum Glück hatte der Schneefall aufgehört, so dass sie den Kharola-Pass rechtzeitig überqueren konnten.

«Wir sind Tag und Nacht geritten, um Lhasa vor dem Lichterfest zu erreichen.»

«Sicher sind Sie völlig erschöpft», sagte Karma.

Seit der Begrüssung öffnete sie zum ersten Mal den Mund. Er erhob Einspruch, indem er die Hände mit matter Lebhaftigkeit ausstreckte:

«Ich wollte um keinen Preis verfehlen, Seiner Heiligkeit meine Ergebenheit zu bezeugen. Im übrigen ist meine Studienzeit jetzt abgeschlossen; ich muss die Ehre meines Klosters verteidigen, indem ich an höchst wichtigen theologischen Streitgesprächen teilnehme. Was meine Gesundheit betrifft, so bin ich voller Hoffnung. Vor meiner Abreise hat mir der heilige Lama Rapden Yudon Rimposche, der Abt des Klosters von Sakya, einen mächtigen Talisman übergeben, eine zweihundert Jahre alte Buddha-Figur. Sie wird hinfort meine Schutzgottheit sein.»

Karma erklärte Carrie, es gebe in den tibetischen Klöstern zweiundzwanzig hierarchische Stufen, von denen nur die fünf ersten Anrecht auf den Titel eines Abtes hatten. Wenn Tschensal Tashi seinen theologischen Wortstreit gewann, konnte er um eine weitere Stufe in der Klosterhierarchie aufsteigen.

Der Rimposche trank seinen Tee und stimmte Karmas Worten lächelnd bei. Sein pfeifender Atem erfüllte den Raum. Carrie wusste, wie schwierig die Behandlung asthmatischer Krankheiten war. ‹Tschensal Tashi hat keine Ahnung vom Ernst seines Zustandes›, dachte sie, ‹zum Teufel mit dem Talisman! Hier kann nur Cheng Li helfen. Ich muss unbedingt mit Karma darüber sprechen!›

Tschensal Tashi keuchte. Sein schlanker Oberkörper hob sich ruckweise. Er sah den entsetzten Blick des kleinen Tse-

ring Wang-du und streckte schweigend seine schöne fein-
gliedrige Hand aus, um dem Kind beruhigend über das Haar
zu streichen.

25

Seit dem frühen Morgen widerhallte Lhasa vom Lärm der
Hammer und Sägen. Man baute Gerüste auf, die zum Teil
mehr als zehn Meter hoch waren und die ‹Tormas› abstützen
sollten, jene seltsamen Türme aus Butter und Tsampamehl,
die zu Ehren der Götter modelliert wurden. Wie Carrie
erfuhr, waren die ‹Tormas› ein Werk der Mönche, sie wurden aber durch private Gaben finanziert. Die Türme durften
erst nach Einbruch der Nacht an ihren Ort gestellt werden;
man musste sie vor dem Morgengrauen wieder zerstören,
denn sie durften das Tageslicht nicht sehen.
Mit Einbruch der Dämmerung erfüllte eine dichte Menschenmenge die Strassen. Unzählige Kerzen, Fackeln und Butterlampen beleuchteten Gebetsstätten und Statuen, den Innenraum des Parkhor, die Höfe und die Strassen. Ganz Lhasa
schimmerte im goldenen Licht wie ein zwischen Schnee und
Himmel schwebendes Himmelsboot. Auf der glatten Eisflä-
che glitzerten bläuliche Lichter, zwischen denen die Schatten
der Pilger sich wie feines Filigranwerk bewegten. Weihrauchgeruch schwebte über der Stadt. Vor den Altären verbrannten
die Gläubigen Hunderte von Räucherstäbchen; Berge von
Khatas wurden zu Füssen der Statuen angehäuft. Man brachte auch Opfergaben dar: Reis, Milch, Butter und Kuchen.
Bei den Tethongs hatte man ein Fenster des Erdgeschosses,
über dem ein Baldachin aus purpurnem Samt ausgespannt
war, mit kostbaren Kissen und reichen Seidenteppichen ausgelegt. Die Prozession des Dalai-Lama würde auf dem Weg
zum Jokhang vor dem Haus vorbeikommen. Es war streng-
stens verboten, sich auf den Balkonen der oberen Geschosse
aufzuhalten: keiner hatte das Recht in Gegenwart des lebenden Gottes höher als der Gott selbst zu stehen oder zu sitzen.
Nur die weiblichen Mitglieder der Familie konnten der Pro-

zession als Zuschauer beiwohnen. Tschensal Tashi, der seit dem Morgengrauen an den Gebeten der Mönchsgemeinschaft teilgenommen hatte, würde zum Gefolge Seiner Heiligkeit gehören. Tsewang Tethong hatte als Minister im Umzug einen Ehrenplatz.

Bei Einbruch der Dunkelheit schleppten Mönche die ‹Tormas› herbei. Erwachsene und Kinder schauten mit offenem Munde zu, wie sie ihre Kutten aufschürzten und auf Leitern stiegen, um mit höchster Vorsicht die zarten Bauwerke aus Gebäck an ihren Platz zu bringen: Kegel und Pyramiden mit Arabesken und Blumen verziert, auf denen sich modellierte, bunt bemalte Gestalten abhoben: Buddha-Statuen, zierliche Frauenfigürchen, reich aufgezäumte Pferde. Es gab auch Masken von Tieren und Teufeln, und unheimlich grinsende Totenschädel.

Als die Tormas alle aufgestellt waren und man die Butterlampen angezündet hatte, erschien Yangzom Dolma, in einen Blaufuchspelz gehüllt und mit Perlen im Haar, am Fenster, wo sie, eingerahmt von ihren Töchtern und Carrie, majestätisch Platz nahm. Ani Pema hob mit breitem Lächeln Tsering Wang-du in die Höhe, der mit weit aufgerissenen Augen an seinem Daumen lutschte. Unter Tuscheln und Gelächter versammelten sich die Dienerinnen hinter ihnen im Halbdunkel, und die Diener des Hauses hielten rücksichtslos die sich vor dem Fenster drängelnden Schaulustigen fern. Auf dem ganzen Prozessionsweg herrschte ein unbeschreibliches Durcheinander. Da die Mitte der Strasse freibleiben musste, teilten die Dopdops aufs Geratewohl Stockschläge aus, um die Menge zurückzudrängen. Kinder und junge Leute schlüpften unter ihren Beinen hindurch und gerieten bisweilen fast unter die hupenden Jeeps, die sich mit Mühe einen Weg zum Parkhor bahnten. Einen Augenblick lang glaubte Carrie ein ihr bekanntes, schmales Gesicht mit kohlschwarzen Augen zu erkennen ... aber schon war die Erscheinung wieder in der Menge untergetaucht. Carrie erstarrte im unheimlichen Vorgefühl einer drohenden Gefahr. ‹Ich bin dumm und überängstlich!› dachte sie und war wütend auf sich selbst. 244 ‹Karma hat recht: Kein Khampa würde es wagen, sich in dieser Stadt voll chinesischer Soldaten zu zeigen!›

Die Chinesen waren tatsächlich überall zu sehen. Sie spazierten gelassen und streng diszipliniert in Gruppen zu zweit oder zu dritt hin und her. Auf dem Parkhor, genau gegenüber dem Haus der Tethongs, waren scharf bewachte Plätze für die Vertreter Pekings und anderer Persönlichkeiten reserviert. Gerade entstieg der Oberbefehlshaber der chinesischen Armee einem Jeep. Er war gross und schlank, hielt sich kerzengerade und trug eine Pelzmütze und eine gefütterte Uniform. Die tibetischen Notabeln in ihren Brokatmänteln, und der Aussenminister, ein kleines Männchen mit Backenbart und einem viel zu engen Tweedmantel, begrüssten ihn lächelnd.

Fackeln und offene Feuer verbreiteten einen roten Schein, darin sich die unzähligen Schatten hin und her bewegten und in dem die purpurnen Kutten der Mönche wie Rubine aufleuchteten. Unzählige Butterlampen brannten nun auf den Tormas. In der durchsichtig-kalten Luft zeichneten sich die vom Licht überstrahlten Arabesken klar und deutlich ab, und die goldenen, grünen und roten Farben gewannen ein geisterhaft-unwirkliches Leben. Dort schien eine Maske Grimassen zu schneiden, dort eine andere zu lächeln. Aus wächsernem Teig modelliert, erglühte ein Frauengesicht in sanftem, lebendigem Rot.

Plötzlich ertönte schmetternd ein Trompetenstoss. Im rhythmischen Klang der Zimbeln stellte sich eine Abteilung tibetischen Militärs zu beiden Seiten der Strasse auf. Die Menge drängte sich an die Mauern. Die Trompeten hallten in grellen Tönen, die plötzlich abbrachen — ein tiefes Schweigen legte sich über die Menge. Am Ende der Strasse tauchte ein Licht auf aus der Dunkelheit und kam in feierlicher Langsamkeit näher. Diener tauchten mit erhobenen Kerzenfackeln auf. Es folgten Mönche in weiten roten Mänteln, die Augen gesenkt. Sie trugen die goldgelben Brokatbanner der verschiedenen religiösen Bruderschaften. Danach kam ein Musikzug mit Flöten und Oboen, von Trommeln dumpf untermalt. Als die Musik nur noch schwach zu hören war, ertönte verworrenes Hufgetrappel. Man erkannte die persönlichen Reitpferde des Dalai-Lama, die tanzend und stampfend herankamen. Sie waren mit Mänteln aus Seide und Samt bedeckt, ihre Sättel waren aus feinstem Leder, ihr Zaumzeug aus Gold. Die Menge hielt schweigend den Atem an. Langsam und feierlich zog die Prozession in Windungen vorbei. Jetzt kam die persönli-

che Umgebung des Dalai-Lama: der Kämmerer, der Mund-
schenk, die Intendanten, die Professoren. Sie waren von
einem Trupp hochgewachsener, breitschultriger Soldaten umgeben, die drohend ihre langen Peitschen schwangen.
«Die Leibgarde Seiner Heiligkeit!» flüsterte Karma.

Carries Augen glitten über die tranceartig-verzückten Gesichter der Zuschauer. Plötzlich erstarrte ihr Blick, ungläubig,
verblüfft: auf dem dunklen Hintergrund bewegte sich auf-
glänzend eine jadegrüne, rot-gelbe Riesenblüte. Sie glitt langsam durch die Nacht heran und liess den Schnee in goldigem
Schimmer aufglühen. Es war eine Sänfte, grösser als Carrie je
eine gesehen hatte. Zweiundzwanzig junge Männer in grünen
Seidengewändern und mit orangefarbenen Hüten trugen sie.
Ein dicker Mönch ging voran und hielt einen riesigen Schirm
aus Pfauenfedern, der im Licht erzitterte und hin und her
schwankte. Wo er vorbeiging, erschauerte die Menschenmenge. Die Leute standen tief gebeugt und unbeweglich, als hätte
sie der Blitz getroffen. Carries Blick glitt über Yangzom
Dolma, die sich niedergeworfen hatte und mit ihrer Haartracht den Fensterrahmen berührte. Sie sah, wie die Schultern
der jungen Mädchen zitterten, und wie Ani Pema den Kopf
des kleinen Tsering Wang-du in die Hände nahm und ihn
sanft, aber unerbittlich gegen den Boden drückte. Carrie tat
wie alle anderen, beugte den Kopf und schielte von unten her
schräg gegen die Sänfte. Durch die Scheibe erkannte sie ein
fein lächelndes Antlitz und eine Hand, so zart wie die eines
jungen Mädchens. Die Sänfte zog vorüber. Ein Murmeln ging
durch die Menge. Die Köpfe erhoben sich. Die Prozession
nahm ihren Fortgang. Auf prächtig aufgezäumten Hengsten,
deren Hals mit einem zinnoberrot gefärbten Yakschwanz
geschmückt war, folgten die vier Minister des lebendigen
Gottes. Sie trugen Gewänder aus gelber Seide und als Wahr-
zeichen ihres Amtes eine eigenartige, ebenfalls gelbe, tellerför-
mige Kopfbedeckung. Minister Tethong sass auf einem kohlschwarzen Reitpferd, dessen Mähne mit Seidenbändern verziert war. Sein kunstvoll ausgebreiteter Mantel bauschte sich
in prächtigen Falten. Als er vorbeizog, lächelte Yangzom
Dolma treuherzig und stolz. Chimey Sangmo und Metok
Lhamo kicherten. Tsering Wang-du aber begann zu hüpfen

246

und zu klatschen und schrie mit durchdringender Stimme:
«Tala! Tala!» («Vater! Vater!»). Ernst wie ein Buddha hob
Tsewang Tethong seine fette, mit Ringen bedeckte Hand zu
einem kurzen Gruss.

Weihrauchschwaden umschwebten den Rest des Zuges. Die
Rimposches und Aebte der verschiedenen Klöster verschwanden im bläulichen Nebel, der den goldenen Weihrauchfässern
entströmte. Schneekristalle glitzerten wie Edelsteine auf den
Rändern ihrer riesigen Hüte. Als die Rimposches vorbeizo-
gen, spielte Karma mit ihren Perlen und wurde immer aufge-
regter.

«Tschensal Tashi sollte mit dabei sein! Warum nimmt er nicht
am Zug teil . . .?»

Die Sänfte des Dalai-Lama hatte den Parkhor überquert und
stand vor dem Tor des Tempels still. Mit grösster Vorsicht
wurde sie in den Schnee gestellt, und man entrollte hastig
einen Teppich aus gelber Seide. Auf zwei Aebte gestützt, stieg
der junge Gott aus der Sänfte. Wieder neigten sich alle Köpfe.
Auch die Notabeln standen unbeweglich, in einer Haltung,
die Ehrfurcht und Verehrung ausdrückten. In dem schweren,
gesammelten Schweigen hörte man nur das Knistern der
Fackeln und zuweilen einen Seufzer oder einen erstickten
Ruf. Im durch das Ritual vorgeschriebenen gemessenen und
zögernden Schritt betrat der Dalai-Lama den Tempel. Im
Augenblick, da sich die schweren Bronzegitter schlossen, ge-
riet die Menge in einen wilden Taumel. Ein freudetrunkenes
Geschrei erfüllte die Strassen. Im feierlichen Helldunkel der
Fackeln rannten Tausende von Menschen durcheinander, stie-
sen sich und brüllten. Frauen stürzten in den Schnee, Kinder
schluchzten. Im Gedränge schlugen die Stöcke der Dopdops
auf Köpfe, Rücken und Schultern ein. Irgendwo erklang ein
Trommelwirbel. Mönche psalmodierten unaufhörlich im
Chor.

Karma neigte sich zu ihrer Mutter hin. Sie konnte ihr Entsetzen nicht mehr verbergen:
«Hast du bemerkt? Tschensal Tashi Rimposche war nicht bei
der Prozession dabei!»
Yangzom Dolma neigte den juwelenbesetzten Kopf.

«In der Tat, das ist befremdend. Ich werde mich erkundigen . . .»

Aufgeregtes Stimmengewirr ertönte aus der Vorhalle. Atemlos schritt Gyatso Dorje durch die Gruppe der Dienerinnen. Sein Gesicht wurde im Helldunkel der Fackeln sichtbar.

«Der erhabene Tschensal Tashi Rimposche wurde während der Prozession von einem Unwohlsein befallen», sagte er.

«Was soll man tun, Herrin?»

Chimey Sangmo und Metok Lhamo stiessen gleichzeitig einen Schreckensschrei aus. Karma war schweigend aufgesprungen. Mit zusammengepressten Lippen sah sie ihre Mutter an, die ruhig fragte: «Wo ist er?»

«Man hat ihn in ein Haus in der Nähe gebracht; er kann weder liegen noch stehen.»

Wortlos schaute Yangzom Dolma ihre Tochter an. Diesen Blick hatte Karma erhofft. Sie stülpte die Kapuze ihres Pelzmantels über den Kopf.

«Ich gehe!»

Spontan hatte auch Carrie sich erhoben.

«Warte! Ich komme mit dir!»

Vom Diener gefolgt, gingen sie in den Innenhof hinaus, über dem ein ekelerregendes Geruchsgemisch aus Weihrauch und ranziger Butter schwebte. Sie schritten durch das von bewaffneten Dienern bewachte Tor und befanden sich auf der Strasse. Sogleich wurden sie von der Menschenmenge erfasst und hin- und hergestossen. Gyatso Dorje bahnte ihnen einen Weg, indem er mit voller Kraft nach allen Seiten um sich schlug. Die Menschen traten sich gegenseitig auf die Füsse, stiessen sich und schrien. Wie in einem Albtraum sah man verzerrte Gesichter und verdrehte Augen. Carrie stolperte. Im Gedränge wurde sie gegen eine Mauer geworfen. Aufstehen, weiterlaufen! Das Murmeln der Mönchstimmen schwoll an und klang an den Hauswänden wider. Die Trommeln dröhnten unaufhörlich.

Da war das Haus; die einfache Wohnung einfacher Leute, ohne elektrisches Licht. Eine Petrollampe rauchte und schwelte. Im bläulichen Helldunkel gewahrte Carrie einen sorgfältig geschrubbten Holzboden, glasierte Wasserkrüge und einen Kangofen, auf den man Kissen geschichtet hatte. Dort kauerte Tschensal Tashi. Sein Gesicht war purpurrot und schweissbedeckt, die Augen traten ihm aus den Höhlen, sein Atem ging pfeifend. Er hatte seinen Hut verloren und seinen Mantel trotz der Kälte abgelegt. Unter der verschwitzten Kutte sah man seine mageren Schlüsselbeinknochen hervorstehen. Um ihn herum standen die Hausbewohner, erschüttert und hilflos. Die besorgt blickende Frau mit breitem Gesicht trug Bernsteinkugeln im Haar und Türkise auf der Brust. Sie war in einen gestreiften Wollschal gehüllt. Der etwas ältere Mann trug den gewöhnlichen Ueberwurf aus Schaffell. Eine andere Frau, wahrscheinlich eine Dienerin, legte geschäftig gefütterte Decken auf den Kranken. Eine dritte verbrannte Weihrauchstäbchen. Zwei kleine Jungen, die sich in eine Ecke geflüchtet hatten, machten grosse erschreckte Augen. Nach einem raschen Austausch von Begrüssungen war Karma neben ihrem Vetter auf die Knie gesunken. Erschreckt sah sie ihn an, sie wagte nicht, ihn zu berühren.

«Tschensal Tashi Rimposche! Ich flehe Sie an: Versuchen Sie aufzustehen! Wir wollen Sie heimbringen . . .»

Carrie begriff sogleich, dass der Kranke ihr nicht antworten konnte. Sein Körper wurde von heftigen Zuckungen geschüttelt. Als sie sich über ihn beugte, entdeckte sie zwischen seinen verkrampften Fingern das Buddha-Figürchen, das ihm als Talisman geschenkt worden war. Carrie biss sich auf die Lippen. Sie ergriff Karmas Arm und zwang sie, sich aufzurichten.

«Er hat einen sehr schweren Anfall. Wir dürfen keine Minute verlieren. Es muss ihm geholfen werden, sofort!»

«Aber wie denn?» stöhnte Karma.

«Schicke Gyatso Dorje ins Krankenhaus. Er soll nach Doktor Cheng Li fragen. Der gibt ihm die nötigen Medikamente.»

In ihrem Schrecken hatte Karma weder Kraft noch Willen, sich zu widersetzen. Sie stimmte zu und rief mit einem Zeichen den Diener herbei. Carrie erklärte ihm in einigen kurzen Sätzen, was er zu tun hatte. Sogleich machte er sich auf den Weg; sie sahen ihn aus dem Haus eilen und in der Menge verschwinden.

249 Unendlich langsam schlichen die Minuten dahin. Der Kranke keuchte und war dem Ersticken nahe. Jeder Atemzug schien ihm die Brust zu zerreissen. Die Tibeter erklärten, Tschensal Tashi sei, als er mit den anderen Rimposches vorbeizog, plötz-

lich von schrecklichen Krämpfen befallen worden und im Schnee zusammengebrochen.

«Sicher hat ihn jemand aus der Menge behext!» flüsterte die Frau. In ihrer Bestürzung hörte Carrie kaum, was sie sagte. Nur ein Gedanke beherrschte sie: Wenn nur Gyatso Dorje Cheng Li erreichen kann!

Da sie mit steigender Angst nur auf die Rückkehr des Dieners achtete, schenkte sie dem gewohnten Lärm eines Jeeps, der sich hupend einen Weg durch das Gedränge bahnte, zunächst keine Aufmerksamkeit. Erst als sie das plötzliche Stillstehen des Motors vor dem Haus und das Zuschlagen der Türen vernahm, horchte sie plötzlich auf, mit heftig pochendem Herzen. Sie war wie versteinert, als sie im hellen Rechteck der Tür eine hohe Gestalt erblickte und die ruhige tiefe Stimme hörte, die höflich und kalt die herkömmlichen tibetischen Begrüssungsformeln hersagte. Cheng Li wartete, bis der Mann und die Frau verblüfft auf dieselbe Weise geantwortet hatten. Dann erst wandte er sich an Carrie.

«Guten Abend, Miss Mason. Ich wollte lieber Ihren Boten gleich selbst begleiten.»

Er trat näher, kümmerte sich nicht um das Erstaunen der Umstehenden und um die feindselige Atmosphäre, die ihm entgegenschlug, und stellte seine Arzttasche auf den Boden. Sein Kopf war unbedeckt; er trug die grüne gefütterte Jacke der chinesischen Armee. Er zog sie aus und übergab sie der Dienerin.

«Danke, dass Sie gekommen sind, Doktor», sagte Carrie. Sie wusste so sicher als hätte er es eben hier öffentlich bekannt, dass er nur gekommen war, um sie zu sehen. Im Halbdunkel traten seine glatten Backenknochen und die etwas eingefallenen Wangen noch deutlicher hervor. Sein Blick suchte den ihren, dann kauerte er sich neben dem Kranken nieder. Er hatte sofort die Schwere des Anfalls erkannt und entnahm seiner Tasche einen Inhalator, entkorkte ein winziges Fläschchen und entleerte es in den Apparat, den er auf den Mund des jungen Mannes legte.

«Richten Sie sich auf und machen Sie Ihre Lungen frei», befahl er auf tibetisch. «Und nun atmen Sie, so stark Sie können.»

Ein Augenblick verging, und noch einer. Carrie sah Angst in

Karmas Augen. Nach und nach atmete Tschensal Tashi ruhiger und freier. Immer mehr entspannten sich seine verkrampften Züge; sein Gesicht wurde wieder blass, wie gewohnt. Cheng Li hob die Hand des Mönches hoch, die den Talisman umschlossen hielt. Er öffnete die verkrampften Finger und legte den Inhalator statt der Buddhafigur hinein.

«Fahren Sie fort so zu atmen», sagte er, «es geht dann rasch besser.» Dann erhob er sich, und Carrie's Herz schlug heftiger.

Er wandte sich zunächst an Karma und sprach mit ihr in der verfeinerten tibetischen Hofsprache. Karma gab sich geschlagen und antwortete mit derselben Höflichkeit.

«Ihr Verwandter ist sehr schwer krank. Bitten Sie ihn, sogleich nach den Festlichkeiten ins Krankenhaus zu kommen; ich werde alles tun, was in meiner Macht steht, um ihm zu helfen. Sollte inzwischen ein neuer Anfall kommen, wird das Instrument, das ich ihm gegeben habe, vorübergehend Erleichterung bringen. Hier ist die Medizin dazu.»

Er zog zwei weitere Fläschchen aus der Arzttasche und erklärte Karma, wie man den Inhalt in den Inhalator einfüllen musste.

«Ich danke Ihnen», sagte Karma. «Aber ich bin sehr ungeschickt. Ich werde Carrie Mason bitten, es zu tun. Ihr Vater war Arzt.»

«Ja, ich weiss», sagte Cheng Li mit dem Hauch eines Lächelns, und Carrie lächelte ebenfalls. Ihre Blicke fanden sich einen Augenblick und mieden sich sogleich wieder. Sie fühlte, er war trotz seiner anscheinenden Kaltblütigkeit so erschüttert wie sie selbst. Auf dem Kang hockte Tschensal Tashi mit steifem Rücken und atmete beglückt mit der ganzen Kraft seiner Lungen, den Inhalator auf den Mund gedrückt.

«Die Krise ist vorüber», sagte Cheng Li. «Er braucht jetzt Ruhe. Ich biete Ihnen meinen Jeep an, um ihn zurückzufahren.»

251

«Vielen Dank», erwiderte Karma. «Wir nehmen Ihren Vorschlag gerne an.»

Auf den Kissen sah sie die kleine Buddha-Statue liegen, die

Tschensal Tashi entfallen war, und liess sie wieder in seine Hand gleiten. Auf Cheng Li und den Diener gestützt, taumelte der Rimposche zur Tür. Karma und Carrie dankten dem Ehepaar für ihre Hilfe, und Karma versprach, Gebäck für die Kinder schicken zu lassen. Man bettete Tschensal Tashi so bequem wie möglich auf den Rücksitz, zusammen mit Karma und Gyatso Dorje. Cheng Li nahm das Steuer, nachdem Carrie sich neben ihn gesetzt hatte. Er warf ihr einen raschen Blick zu und berührte verstohlen ihre Hand. Dann liess er den Motor anspringen. Der Jeep bahnte sich langsam einen Weg durch die Menge. Die Scheinwerfer warfen gelbes Licht auf unzählige Gesichter, liessen Seidenstoffe und Goldbrokat aufleuchten und trafen rauhe Umhänge, auf denen Schneesterne glitzerten. Ein abschreckend hässlicher Dopdop schwang seinen Knüppel; ein weissgepudertes Frauengesicht tauchte auf wie ein Gespenst. In der Hitze der Lampen begannen die Tormas zu schmelzen, und all die Figürchen verloren allmählich ihre Form. Die Trommeln wirbelten und wirbelten ...

Mit einemmal zuckte Carrie zusammen. Wieder war sie sicher, das bekannte Raubvogelgesicht gesehen zu haben! Wang-chen, der Khampa! Um seinen Hals hatte er eine Kette aus Bärenklauen hängen; es bestand also kein Zweifel! Instinktiv machte sie eine Bewegung zu Cheng Li hin. Dieser schenkte seine ganze Aufmerksamkeit der Strasse und hatte nichts bemerkt. Seine Hände ruhten gelassen auf dem Steuerrad. Schon war der Nomade wieder in der Menge untergetaucht. ‹Was führt er wohl im Schilde, dass er ständig um den Parkhor herumschleicht?› fragte sich Carrie mit wachsender Angst.

Der Jeep hielt vor dem Portal des Tethong-Hauses. Cheng Li öffnete die Wagentür, um Tschensal Tashi beim Aussteigen behilflich zu sein. Schon stürzten die Diener herbei. Man stützte den jungen Rimposche und führte ihn mit grösster Vorsicht ins Haus, während die Neugierigen ehrfurchtsvoll zurückwichen.

Karma sah Cheng Li nun nicht mehr so an, als existiere er nicht. Chinese oder nicht, er hatte Tschensal Tashi geholfen und hatte versprochen, ihn ganz zu heilen. Das genügte, um ihm ein Anrecht auf ihre Dankbarkeit zu geben.

«Ihre Hilfe war für uns sehr wertvoll», sagte sie mit strahlendem Lächeln. «Ich werde alles tun, damit der erhabene Rimposche Ihre Ratschläge befolgt. Würden Sie bitte eintreten und eine Tasse Tee mit uns trinken?»

«Ich danke Ihnen sehr, aber ich kann nicht länger bleiben», antwortete Cheng Li. «Meine sofortige Rückkehr ins Krankenhaus ist unerlässlich.»

Er verbeugte sich feierlich, den Blick auf Carrie geheftet, die ein Abschiedswort stotterte. Während Karma ins Haus zurückging, blieb Carrie vor dem Portal stehen und schaute verzweifelt zu, wie der Arzt zum Jeep zurückkehrte. War es nicht zuviel verlangt, dass sie beide sich wie Fremde begegnen, ins Leere lächeln und konventionelle Worte miteinander wechseln mussten? Zugleich aber empfand sie auch das Beglückende dieser Begegnung. ‹Einen Augenblick noch und der Jeep ist verschwunden›, dachte sie. ‹Dann werde ich begreifen, dass Cheng Li hier gewesen ist, und werde glücklich sein . . .›

Die Trommeln schwiegen. Auf den Treppen des Tempels stellten sich Hornbläser in Reihen auf. Carrie sah, wie sie ihre Instrumente ansetzten, aber statt des erwarteten Klanges ertönte über dem Platz mit einemmal ein durchdringendes, wildes Heulen, das jedem bis ins Mark drang. Ein kurzer Blitz, ein Knall! Mitten in die Brust getroffen, brach der chinesische Oberkommandierende in seiner Loge zusammen, und im selben Augenblick flog ein Hagel von Steinen durch die Luft. Woher kamen sie? Wer hatte sie geworfen? Carrie war wie betäubt; ihr schien, ein verworren-heftiger Wirbel werfe die Menge durcheinander. Weitere Steine kamen von den Dächern, den Fenstern, von Terrassen und Innenhöfen.

Einer traf Cheng Li an der Schläfe. Carrie sah, wie er die Hand zum Kopfe führte und neben dem Jeep zusammenbrach. Dann überflutete ihn die brüllende Menge.

«Nein!» schrie Carrie. «Nein . . .!»

Ihre Stimme schien ihr so schwach wie die eines Kindes. Sie wollte zum Jeep hinlaufen; jemand hielt sie zurück. Sie schlug um sich und befreite sich von der Umklammerung, doch plötzlich stolperte sie und fiel in Arme, die sich ihr entgegenstreckten. Einen Augenblick später lag sie im Schnee. An ihrer Wange fühlte sie das harte, eisige Prickeln. Alles wurde weiss und schwarz vor ihren Augen. Sie verlor die Besinnung.

26

Langsam kam das Bewusstsein zurück. Ein rosiger Lichtstrahl glitt zwischen ihre Lider. Ihre Finger berührten kühle Seide und rauhe Wolle. Sie öffnete die Augen und erkannte Karma's Zimmer, ihr Himmelbett und das besorgte Gesicht Ani Pemas, die sich über sie beugte und ihr eben die Schläfen mit einem grünlichen, stark nach Pfefferminz riechenden Balsam einrieb. Ein Schatten trat vor das Licht der Lampe. Carrie sah Karma's ruhige Züge, ihre schwarzen, mit Perlen geschmückten Zöpfe. Alles kam ihr wieder ins Gedächtnis. Erschreckt richtete sie sich auf.

«Cheng Li! Was ist mit Cheng Li geschehen?»

«Beruhige dich», antwortete Karma. «Alles geht gut.»

«Ich muss es aber wissen!» schrie Carrie. Schwindel erfasste sie; sie fiel zurück, in kalten Schweiss gebadet.

«Bleib ganz ruhig», wiederholte Karma mit beschwichtigender Stimme.

Carrie sah sie mit verstörten Augen an. Karmas ernster Gesichtsausdruck spannten ihre Nerven zum Zerreissen. Mit entsetztem Stöhnen drückte sie beide Hände auf den Mund:

«Sie haben ihn getötet!» rief sie.

Karma flüsterte mit Ani Pema. Das Gesicht der Amme verschwand aus dem hellen Kreis der Lampe. Carrie hörte das leise Geräusch der sich schliessenden Tür. Dann sagte Karma:

«Cheng Li ist nicht schwer getroffen worden. Er konnte selbst am Steuer des Jeeps zurückfahren. Auf meinen Befehl hat Gyatso Dorje ihn bis zum Krankenhaus begleitet. Er hat ihm diesen Zettel für dich mitgegeben.»

Carrie fühlte, wie Karma ihr ein Stück Papier in die Hand gab. Fieberhaft entfaltete sie es und neigte sich gegen die Lampe. Der Brief enthielt nur einige in Eile hingekritzelte englische Worte: ‹Carrie, es geht mir gut, aber ich muss mit Ihnen sprechen. Kommen Sie ins Krankenhaus, sobald Sie können.› Ein chinesisches Zeichen bildete die Unterschrift.

Carrie hob die Augen und fing den strahlend-ruhigen, liebe-

254

vollen Blick ihrer Freundin auf. Nie hatte Carrie auf dem Gesicht der Tibeterin einen solchen Ausdruck gesehen. Ihre Züge waren frei von allem Künstlichen, von aller oberflächlichen Heiterkeit und drückten nur noch tiefe, verständnisvollhellsichtige Freundschaft aus.

«Warum hast du mir nichts gesagt?» fragte sie traurig, aber ohne Vorwurf. «Warum hast du mir nicht dein Vertrauen geschenkt?»

«Ich wusste ja nicht, wie ich es dir erklären sollte», stammelte Carrie beschämt. «Ich . . .»

«Aber ich hatte dir doch auch mein eigenes Geheimnis ohne Zögern anvertraut», sagte Karma. «Unsere Religion lehrt uns Toleranz und Erbarmen. Selbst wenn dieser Mann ein Feind wäre, deine Gefühle würden ihn von allen andern unterscheiden . . .»

«Verzeih!» flüsterte Carrie bestürzt. «Kannst du mir je verzeihen?»

«Wenn ich dir nicht verziehen hätte», sagte Karma ernst, «hätte ich dir dann wohl diesen Brief übergeben?»

Erleichterung, Dankbarkeit, Schwäche . . . alles kam über Carrie im wirren Wirbel der Gefühle. Sie brach in Schluchzen aus. Einen Augenblick später lagen sich die beiden Mädchen in den Armen und weinten miteinander heisse Tränen. Carrie fand schliesslich ein Taschentuch, wischte sich das Gesicht ab und schneuzte sich. Karma betupfte die Augenlider, auf denen die Schminke sich in schwarzes Gerinnsel auflöste. Beschämt beobachteten sie sich, die Augen noch tränenfeucht.

«Wie hast du es erraten?» fragte Carrie leise.

«Du hast dich nach vorn geworfen und seinen Namen gerufen. Ich habe Gyatso Dorje befohlen, dich zurückzuhalten. Du hast wie eine Wahnsinnige um dich geschlagen. Dann bist du hingefallen und hast dich nicht mehr bewegt. Da habe ich alles begriffen. Ich rief dem Diener zu, er solle Cheng Li zu Hilfe eilen. Er nahm einen Knüppel, um die Leute zu zerstreuen. Während dieser Zeit schossen die chinesischen Soldaten in die Menge. Es gab Tote und Verwundete!»

255 Sie presste das Taschentuch auf den Mund.

«Wieviel Uhr ist es?» fragte Carrie.

«Bald acht Uhr. Du warst einen grossen Teil der Nacht bewusstlos. Ich hatte grosse Angst.»

«Und deine Eltern? Tschensal Tashi?»
«Meine Mutter und meine Schwestern schlafen. Trotz seiner
Schwäche wollte Tschensal Tashi die Nacht im Gebet ver-
bringen. Papa hingegen hat Seine Heiligkeit nicht verlassen.
Seit dem Morgengrauen tagt der Ministerrat.»
«Ich muss zu Cheng Li», sagte Carrie mit schwacher Stimme.
«Warte noch. Es ist sehr gefährlich, sich auf die Strasse zu
begeben. Die chinesischen Patrouillen durchsuchen alle Häu-
ser in Lhasa und schiessen scharf.»

Einige Stunden später war der Ministerrat beendet. Tsewang
Tethong kam nach Hause zurück, noch mit seinen Festgewän-
dern bekleidet. Er hatte keine Zeit gehabt, sie abzulegen.
Carrie betrachtete den bisher so ruhig-fröhlichen Mann mit
bestürztem Erstaunen. Sein ehedem glatter Teint hatte eine
ungesunde, gelbliche Farbe angenommen. Ein Schatten lag
über seinen Augen. Er brachte der Familie beunruhigende
Nachrichten:
«Die Lage verschlimmert sich zusehends. Die Soldaten haben
Waffenlager und Munition in den Bergen um Lhasa entdeckt.
In verschiedenen Punkten der Provinz sind Ansammlungen
von Nomaden gemeldet worden. Die Chinesen vermuten eine
landesweite Verschwörung, in die mehrere bedeutende Familien der Stadt verwickelt sein sollen. Es hat bereits Verhaf-
tungen gegeben, und sie gehen weiter.»
Er zählte Namen auf, und Yangzom Dolma und ihre Töchter schrien jedesmal entsetzt auf. Carrie erinnerte sich an
Menschen, die sie bei Empfängen gesehen hatte, mit denen sie
getrunken, gelacht und gescherzt hatte. Jetzt wurden sie
Verhören unterworfen; man war in ihre Häuser eingedrungen
und hatte die Wohnungen durchsucht.
Tsewang Tethong gab ein Zeichen. Ein Diener goss Tee in die
feinen Porzellantassen, aber der Minister trank lustlos. Carrie
sah, wie die Furchen um seinen Mund sich vertieften.
Er fuhr mit unterdrückter Stimme fort: «Seine Heiligkeit
hat die Tat der Aufrührer öffentlich getadelt und uns emp-
fohlen, nicht gegen die Grundsätze unserer Religion zu han-
deln. ‹Wie gross auch die gegen uns angewandte Gewalt sein
mag, es ist niemals richtig, mit Gewalt zu antworten›, das
sind seine eigenen Worte. Danach hat er einen Aufruf an die

Khampas gerichtet und sie gebeten, die Waffen niederzulegen. Aber werden sie auf diesen Aufruf hören?»

Endlos schleppten sich die Stunden dahin. Eine brutale Untat hatte die frohe Stadt wie versteinert. In den leeren Strassen schlichen die streunenden Hunde den Mauern entlang. Die Sperrstunde war eingeführt worden, Ansammlungen von Menschen waren verboten, Tempel und Läden geschlossen. Die Mönche hatten sich in die Klöster zurückgezogen und verbrannten frische Butter in den Lampen, schütteten Weihrauchpulver auf das Feuer und psalmodierten Gebete um Gebete. Auch die Gebetsmühlen drehten sich unaufhörlich. Einsam auf seinem Sockel, glich der Potala einem fremdartigen Riesenschiff aus Porphyr, das für immer an den Bergen gestrandet war.

Einige Diener, die es gewagt hatten, das Haus zu verlassen, brachten schlimme Nachrichten: Die Khampas hatten im Norden der Stadt Barrikaden errichtet und die Hauptstrasse blockiert. Die Chinesen zogen Panzerwagen und Maschinengewehreinheiten um die Zugangstore der Hauptstadt zusammen. Im Hauptquartier der chinesischen Armee herrschte fieberhafte Tätigkeit. Der Telegraph nach Peking tickte ununterbrochen.

Die ganze Nacht hindurch wurde die gewohnte Stille der Strassen, die sonst nur Glockengeläute unterbrochen hatte, von vorbeifahrenden Jeeps und Panzerfahrzeugen und durch die heiseren Rufe der Patrouillen gebrochen. Carrie war so müde, dass sie die Augen kaum offenzuhalten vermochte, trotzdem aber konnte sie nicht schlafen. Von heftiger Angst gequält, verfolgte sie auf dem leuchtenden Zifferblatt ihrer Armbanduhr das Rinnen der Stunden. Cheng Li... das Verlangen, ihm nahe zu sein, seine Stimme zu hören! Sie konnte, sie durfte sich nicht von den äusseren Ereignissen beeinflussen lassen! Politik, Krieg... was war Krieg überhaupt? Kein natürliches Unheil, wie ein Erdbeben oder eine Ueberschwemmung, sondern ein Unheil, von Menschen geschaffen, anderen aufgezwungen und also hundertmal schlimmer! Wenn man die durch menschliche Heuchelei entstandenen Barrieren und Hindernisse der Grenzen, der Ideologien, Rassen, Religionen und Vorurteile anerkannte, sich tatenlos damit abfand, dann wurde die Welt unerträglich, dann war das Leben nicht mehr lebenswert! Aber war es nicht schon tatsächlich so, war die Welt nicht unerträglich, konnte man in ihr noch wirklich leben? ‹Oh Gott!› dachte Carrie, ‹was soll aus mir werden? Was soll aus uns allen werden . . .?›

Neben Karma ausgestreckt, die ruhig und entspannt schlief, lag sie mit tränenüberströmten Wangen. Sie bewegte sich und suchte ihr Taschentuch unter den Kissen. In der Dunkelheit berührte Karmas Hand die ihre.

«Weinst du?»

«Es ist nichts!», schluchzte Carrie. «Es geht vorüber.»

Sie fühlte, wie die Finger der Freundin ihre Hand drückten. In der dichten Finsternis eng aneinandergedrückt, schwiegen sie und horchten. Auf den Steinplatten des Parkhor rollten die Panzer . . .

27

Der folgende Morgen unterschied sich scheinbar nicht von all den anderen. Minister Tethong liess die Butterlampen vor der Buddha-Statue entzünden und verrichtete seine Gebete. Dann begab er sich zum Potala, von seinem Chauffeur und seiner Leibgarde begleitet. Nach seinem Fortgehen hatte sich die Familie zum Frühstück in Yangzom Dolma's Gemächern versammelt. In Nylon-Morgenröcken und Pantoffeln mit hohen Absätzen blätterten Chimey Sangmo und Metok Lhamo in alten Nummern von ‹Harper's Bazaar›, assen Eierkuchen und tranken Tee auf englische Art mit Zucker und Milch. Tsering Wang-du spielte auf dem Teppich mit einem neugeborenen, noch blinden Kätzchen, das man ihm aus den Stallungen gebracht hatte. Vor ihrem Frisiertisch thronend, auf dem sich ein Durcheinander von Cremetöpfen, Parfümfläschchen, Bürsten, Schmuckstücken und Puderquasten anhäufte, liess Yangzom Dolma sich von Ani Pema kämmen. Gesicht und Hals waren mit einer Schönheitsmaske bedeckt. Die dichte Masse ihres blauschwarzen Haares fiel ihr bis zur

Taille. Mit einer Holzspachtel bestrich Ani Pema eine Strähne nach der anderen mit einer durchsichtigen, stark parfümierten Paste und rollte die Haare dann um einen hoch aufgetürmten falschen Knoten.

Carrie verging fast vor Ungeduld. Was sollten ihr Eierkuchen, Tee mit Butter oder Zucker und Weihrauchgeruch, was dieser lächerliche Bing Crosby, der über Radio Kalkutta mit bewegter Stimme ‹White Christmas› sang! Zum Teufel mit all dieser bequemen, langweiligen Trägheit, die sie hier wie die Puppe eines Insektes in klebrige Sicherheit hüllte! Sie fühlte, wie sie blind, taub und ungerecht wurde, wie sie sich der Bitterkeit und dem Schrecken überliess. Sie musste Cheng Li sehen, um jeden Preis und sofort!

Sie eilte auf ihr Zimmer. Als sie, in ihren Pelzmantel gehüllt, die Stiefel in der Hand, aus der Türe trat, stiess sie auf Karma, deren Gesicht von Hautcreme glänzte. Die Freundin begriff sofort; sie stellte keine Frage und suchte nicht sie zurückzuhalten. Sie sagte einfach: «Gyatso Dorje soll dich begleiten. Zieh die Kapuze deines Pelzmantels tief ins Gesicht. Derzeit sind alle Leute in Lhasa verdächtig.»

Zertretener, schmutziger Schnee bedeckte die Strassen. Da und dort bezeichneten Aschenkreise die Stellen, wo die Buttertürme verbrannt worden waren. Menschen irrten umher, mit bedrückten, misstrauischen Gesichtern. Einige Pilger mit nackten, blaugefrorenen Beinen schleppten sich auf dem Bauch rund um die Gebetsstätten. Chinesische Soldaten machten schweigend die Runde, den schussbereiten Karabiner im Arm. Carrie ging schnell, die Kapuze ins Gesicht gezogen, völlig gleichgültig gegen alles, was ihr geschehen konnte. Karmas Befehl entsprechend schritt der Diener ihr zur Seite, ohne sich auch nur eine Handbreit von ihr zu entfernen. Er trug weder Messer noch Gewehr; die Chinesen beschlagnahmten alle Waffen. Nur eine lange Viehpeitsche steckte in seinem Gürtel.

Als sie beim Krankenhaus angelangt waren, blieb Carrie wie erstarrt stehen. In dem sonst völlig leeren Hof drängten sich Massen von Menschen und Tieren. Man hätte denken können, ein ganzes Dorf habe diesen Ort zum Lagerplatz gewählt. Zerlumpte Zelte waren längs der Mauer aufgeschlagen worden. Hartgefrorene Säcke, Pakete und Ballen lagen im Schnee aufgeschichtet. Eine Ziege irrte verstört umher und meckerte. In Lumpen und Felle gehüllte Nomaden hockten im eisigen Wind auf elenden Teppichfetzen um Glutöfen, in denen Yakmist brannte. Ein zum Skelett abgemagerter Greis ruhte auf einer primitiven Bahre. Ein jüngerer Mann, auf eine grobgeschnitzte Krücke gestützt, humpelte mit einem blutigen, mit Lumpen umwickelten Beinstumpf an den Zelten vorbei. Eine Bäuerin hatte heisse Holzkohlen gesammelt und hielt sie in der Hand, um sich zu wärmen. Ihre Handflächen waren so hart und verhornt, dass sie sich nicht verbrannte. Carrie ging wie in einem Albtraum hinter Gyatso Dorje her, der ihr einen Weg bahnte. Am Fusse der Treppe kauerte eine Frau. Auf ihren Knien ruhte ein schmutziges Kind mit aufgeblähtem Bauch; seine Augen waren mit grünlich-schorfigem Ausschlag bedeckt. Ein grösserer Junge hustete gurgelnd und spuckte gelblichen Auswurf in den Schnee. Der Geruch nach gesottenem Fleisch und Fett und der Gestank des brennenden Yakmistes ekelte Carrie an. Im Vorzimmer des Krankenhauses war es noch schlimmer. Die in Schaffelle und jämmerliche Lumpen gekleideten Menschen, die sich hier zusammendrängten, erfüllten die Luft mit einem schweren, bedrückenden Geruch nach feuchter Wolle, ungewaschener Haut, kaltem Schweiss und Moder.

Ueber all dem Wirrwarr erblickte Carrie die tadellos weisse Haube der Oberschwester Yuan Ling. Schon hatte der Diener der Besucherin mit einigen Stössen einen Weg gebahnt. Yuan Ling, die in eine Krankenliste vertieft war, sah ihn unfreundlich an. Dann wandte sie ihren Blick Carrie zu, die fast beschämt nach Cheng Li fragte. Die Krankenschwester musterte sie streng und antwortete ungehalten:

«Wie Sie sehen, ist der Arzt sehr beschäftigt. Er hat mich jedoch gebeten, ihm Ihren Besuch sofort zu melden. Kommen Sie mit!»

Sie führte sie in Cheng Li's Dienstzimmer und zog sich wortlos zurück. Carrie blieb allein. Ihre Augen irrten durch den Raum und ruhten auf jedem einzelnen Stück der spartanisch-strengen, nur auf das Nötigste beschränkten Einrichtung. Nichts hatte sich verändert. Nur war jetzt ein Feldbett in einer Ecke aufgeschlagen, und einige Bücher standen auf einem Gestell. Die Tür öffnete sich: Cheng Li war eingetreten, bevor es ihr zum Bewusstsein kam. Kaum dass ihr Zeit blieb sein müdes Gesicht, seine verbundene Stirn zu sehen: er eilte auf sie zu und schloss sie in die Arme. Mit einem Mal war der Alptraum verschwunden. Alles wurde einfach, selbstverständlich und klar. Cheng Li war da: er würde ihr sagen, was sie tun sollte.

Er löste sich von ihr und sah sie an. Sie streckte die Hand aus und liess ihre Finger über sein Gesicht gleiten, in das Erschöpfung und Schlaflosigkeit tiefe Höhlen gegraben hatten.

«Hast du Schmerzen?»

Er schüttelte den Kopf.

«Die Wunde hat stark geblutet, das ist alles. Der Stein war spitz. Hast du meine Botschaft erhalten?»

«Karma hat sie mir übergeben. Wir dürfen ihr vertrauen.»

«Gut», sagte Cheng Li. «Hör jetzt gut zu. Wir haben nicht viel Zeit.»

Er nahm ihre Hände und zwang sie, sich zu setzen. Ohne seinen Blick auch nur einen Augenblick von ihr zu wenden, sagte er:

«Du musst die Stadt verlassen, sofort, unbedingt!»

Es schien Carrie, als stocke ihr plötzlich der Atem. Verstört, unfähig zu denken, stotterte sie:

«Lhasa verlassen? ... Aber das ist unmöglich!»

«Du musst weg von hier», sagte Cheng Li unerbittlich. «Jede Minute zählt. Die Stadt ist ein Pulverfass, das jeden Augenblick in die Luft fliegen kann.»

«Aber ... ich kann nicht!» stammelte Carrie. «Du weisst doch, dass ich nicht kann!»

Sie wehrte sich gegen eine schwindelerregende, betäubende Finsternis, die sich nachtschwarz vor ihr auftat. Nur Cheng Li's Stimme, sein Blick, der feste Druck seiner Hand verhinderten, dass sie ganz darin versank.

«Es muss sein, Carrie!» er drückte ihre Hände, dass sie schmerzten. «Hast du Vertrauen zu mir?»

Plötzlich war das Dunkel verschwunden. Ohne zu wissen, wie und warum, fühlte Carrie sich beruhigt, hellsichtig und entschlossen.

«Gut», sagte sie mit fester Stimme. «Ich tue, was du willst.»

Er stiess einen erleichterten Seufzer aus. Carrie begriff erst jetzt, was er in diesen zurückliegenden Stunden ihretwegen gelitten haben mochte, und wie schwer ihm die Härte ihr gegenüber gefallen war.

«Fein», sagte Cheng Li. Auf seine Züge waren Ruhe und Entspannung zurückgekehrt. «Es geht um folgendes: Verlange unverzüglich, dass du an die indische Grenze zurückkehren kannst. Man wird dir eine Eskorte nicht verweigern. Geh nach Darjeeling zurück. Und dann ...»

Er streckte ihr einen Umschlag hin, den er seiner Brieftasche entnommen hatte.

«Bring diesen Brief gleich nach deiner Ankunft meinem Onkel Cheng Wang. Er wird dir Nachricht von mir geben, so oft es mir möglich ist, sie ihm zu übermitteln.»

Carrie stimmte schweigend zu.

«Ich selbst will beim Armee-Oberkommando ein Gesuch einreichen, um nach Indien versetzt zu werden. Ich gebe Gesundheitsgründe an. Sobald es möglich ist, folge ich dir.»

Sie sah ihn mit grossen Augen an.

«Ich komme zu dir», wiederholte er und schüttelte ihre Hand. «Hast du es begriffen, Carrie?»

Sie konnte nur stumm den Kopf neigen und ihre Stirn an die Brust des Mannes lehnen. Im Schweigen fühlte sie das Klopfen seines Herzens und das leise Auf und Ab seiner Atemzüge. Endlich liess sie ihn los:

«Ich warte auf dich», sagte sie.

Er lächelte müde.

«Es kann lange dauern. Jahre vielleicht, wer weiss? Wird mein Gesuch abgelehnt, muss ich warten, bis der Stab nach einem Jahr abgelöst wird, und dann einen neuen Antrag stellen. Zum Glück ist einer der Beamten des Armee-Hauptquartiers in Lhasa mein Freund. Ich habe mit ihm gesprochen; er ist einverstanden, mein Gesuch zu unterstützen. Auf jeden Fall kann ich auch weiterhin meinem Land dienen, sei es nun in Indien oder in Tibet.»

Sein Lächeln verbreitete sich über das ganze Gesicht:

«Ich hatte dir doch gesagt: Gib mir Zeit, und ich finde eine Lösung! Wovor hattest du Angst?»

262

«Es war nicht eigentlich Angst», sagte Carrie. «Im Innersten habe ich immer gewusst, dass eine Trennung unvermeidlich sein würde. Ich hatte einfach Furcht, davon zu sprechen.»

«Du bist sehr jung», sagte Cheng Li nachdenklich. «Ich bin mit meinen dreissig Jahren fast doppelt so alt wie du: Wirst du den Mut haben, auf mich zu warten?»

«So lange es sein muss», sagte Carrie. «Du weisst es.» Sie klammerte sich an seine Hände, verflocht ihre Finger in die seinen und bangte vor der Minute, die dieser Umschlingung ein Ende setzen würde.

«Noch etwas anderes», fuhr Cheng Li fort, «es handelt sich um Thargyay. Er ist ausser Gefahr, und ich bin jetzt sicher, dass er seinen Arm wieder gebrauchen kann. Er ist ein lieber, intelligenter Bursche. Ich sorge dafür, dass er Unterricht bekommt und einen Beruf erlernt. Wir haben eine kostenlose Schule und einige Berufswerkstätten eingerichtet. In diesem Augenblick bedeutet seine Gegenwart jedoch eine Schwierigkeit für mich. Das Krankenhaus ist überfüllt; ich benötige alle Betten für die Notfälle. Könntest du ihn zu den Tethongs mitnehmen und ihm Unterkunft und Verpflegung verschaffen? Er kann sich vielleicht dort nützlich machen.»

«Selbstverständlich. Ich will mit Karma darüber sprechen.»

«Thargyay ist kein Leibeigener mehr», erklärte Cheng Li, «er ist ein freier Mensch. Können die Tethongs sich damit einverstanden erklären?»

«Ich weiss es nicht», gab Carrie zu.

Er nickte nachdenklich mit dem Kopf.

«Tibet befindet sich augenblicklich in einer Uebergangsperiode. Für Hunderttausende von Menschen wird das tägliche Leben bald ganz anders aussehen. Aber ihre Ideen, ihre Gefühle bleiben doch noch einige Zeit mit der Vergangenheit verbunden. Vielleicht kommt der Tag, an dem alle Menschen mit gleichen Rechten geboren werden; jeder hat dann dieselben Möglichkeiten, seinen Geist zu entwickeln und seine Fähigkeiten auszubilden . . .»

Er stand auf und löste sich langsam aus der Umarmung des Mädchens.

«Ich lasse Thargyay rufen.»

263 Er öffnete die Tür, und Carrie hörte, wie er einige Worte in den Gang hinausrief. Dann kam er zurück, bot ihr eine Zigarette an und gab ihr schweigend Feuer. Jedes weitere Wort war unnütz. Was hätten sie sich noch sagen kön-

nen? Man klopfte. Thargyay erschien in Begleitung einer Krankenschwester. Als er Carrie sah, leuchtete sein schmales, abgemagertes Gesicht vor Freude auf. Er verneigte sich tief und zog die Luft zwischen den Zähnen ein. Sein eingegipster Arm wurde von einer dicken Schärpe gehalten, und er trug stolz die Kleider, die Carrie ihm geschenkt hatte.
«Thargyay», sagte Cheng Li, «du wirst die Herrin begleiten und tun, was sie dir sagt. Denk daran, dass ich dich in zehn Tagen im Krankenhaus erwarte, um dir den Gipsverband abzunehmen und die Fäden zu entfernen.»
Der Augenblick des Abschieds war gekommen. Vor der Krankenschwester mit den neugierigen Augen und vor dem Jungen konnten sie nur noch einen Blick wechseln, in den sich Zärtlichkeit, Schmerz und Hoffnung vereinigten, und der ihnen bis in die tiefsten Fasern der Seele drang.
«Warte nicht länger», sagte Cheng Li mit verhaltener Stimme. «Geh, sobald du kannst.»
Carries Lippen bewegten sich nur mühsam: «Auf bald!»

Carrie konnte sich später nicht mehr erinnern, wie sie das Krankenhaus verlassen hatte. Sie schritt wie eine Nachtwandlerin dahin. Gyatso Dorje und Thargyay gingen hinter ihr her; sie hatte beide vergessen. ‹Ich komme zu dir›, hatte er gesagt: sie wusste, er würde Wort halten. Schon hatte das Warten begonnen. Schon konnten die Minuten abgezählt werden von der unendlichen Zahl an Stunden und Tagen, die sie sich noch gedulden musste . . .
Sie bemerkte nicht die Unruhe in den Strassen, das Zusammenstehen der Leute, die verstohlenen Blicke. Als der Diener ihren Arm berührte, schaute sie ihn geistesabwesend an und sah zunächst die Angst nicht, die die Züge des Mannes veränderten.
«Herrin, etwas ist geschehen!»
«Was denn?» fragte sie verblüfft.
Ohne zu antworten, deutete er auf das Haus der Tethongs am Ende der Strasse. Militärjeeps standen davor. Carrie sah, wie bewaffnete Soldaten die Menge zurückstiessen, die sich schweigend ansammelte. Ein Mann rannte herbei und schrie mit gellender Stimme ein paar Worte, die Carrie nicht verstand. Gyatso Dorje erstarrte, wie vom Blitz getroffen. Seine

Haut war aschfahl. Er sagte mit tonloser Stimme:

«Der Kusho Tsewang Tethong ist verhaftet worden.»

«Verhaftet?» stammelte Carrie.

Sie sah die chinesischen Soldaten vor dem Portal Wache halten, sah Menschen an den Fenstern und auf den Terrassen, und begriff immer noch nicht. Im selben Augenblick stiess man ihr grob einen Gewehrkolben in die Seite. Verdutzt blickte sie auf den chinesischen Soldaten, der sie gestossen hatte. Mit dem Gewehrlauf befahl er ihr, vor ihm her zu gehen. Zwei andere Soldaten schleppten Gyatso Dorje fort. Die Schnüre seiner Peitsche schleiften im Schnee, er verteidigte sich nicht. Auch Carrie gehorchte wie betäubt und wurde plötzlich von panischem Schrecken erfasst. Man verhaftete sie! Sie konnte nicht nach Darjeeling zurückkehren, nicht auf Cheng Li warten! Ihr Blick ging in alle Richtungen wie der eines gehetzten Tieres und kreuzte Thargyays erschreckte Augen. Die Soldaten hatten sich nicht um ihn gekümmert.

«Benachrichtige Cheng Li, schnell!» rief sie ihm zu, und schon traf sie ein neuer Kolbenschlag in den Rücken. Sie verlor das Gleichgewicht und fiel in den Schnee. Als sie sich erhob, sah sie, wie Thargyay davonrannte, seinen eingegipsten Arm nach vorne gestreckt. Ein weiterer heftiger Stoss trieb sie unsanft durch das Tor.

Mit Gyatso Dorje stand sie in dem von Soldaten erfüllten Hof und hörte in ihrem Rücken das Krachen des schweren Portals, das hinter ihnen zugeschlagen wurde.

28

Carrie hatte den Eindruck, alle Soldaten zielten mit ihren Waffen auf sie, und fragte sich verworren, ob sie die Hände hochheben müsse. Wenigstens dreissig Mann stampften im Stroh und im gefrorenen Schnee umher. Die Türen der Stallungen und der Nebengebäude waren geschlossen. Man bewachte jeden Ausgang des Hauses. Einige Männer sassen um einen Glutofen in einem Schuppen, der gewöhnlich als Garage für den Jeep benützt wurde. Carrie sah zwei auf Lafetten montierte Maschinengewehre und zuckte zusammen.

Ein Soldat stiess Gyatso Dorje vorwärts und führte ihn zu den Nebengebäuden. Ein anderer Soldat, der vor dem Pferdestall Wache stand, zog den Riegel, öffnete den Torflügel und stiess den Diener hinein. Carrie hatte gerade Zeit, im Halbdunkel die schreckerfüllten Gesichter der Stallknechte zu erkennen. Schon hatte sich die Tür mit dumpfem Aechzen wieder geschlossen.

Eine Stimme tönte an Carrie's Ohr; sie fuhr verwirrt auf. Einer der Männer, offensichtlich ein Offizier, fragte sie etwas in chinesischer Sprache. Er sprach völlig teilnahmslos; sein glattes Gesicht war hart wie Eis. Carrie deutete mit einer Bewegung an, dass sie ihn nicht verstand. Der Offizier wiederholte seine Frage auf Tibetisch: er wollte ihren Pass sehen. Mit zitternden Fingern wühlte sie in der Tasche, die ihre Papiere und ihr Geld enthielt, und reichte ihm den Pass sowie den Empfehlungsbrief, den ihr Karmas Onkel in Kalimpong verschafft hatte. Der Chinese prüfte aufmerksam die Papiere.

«Sie wohnen bei der Familie Tethong?»

Carrie's Kehle war wie zugeschnürt; sie nickte bejahend.

«In diesem Fall muss ich Ihnen den Pass wegnehmen und Sie streng bewachen lassen. Wir haben Befehl, alle Bewohner dieses Hauses in Haft zu halten.»

«Aber . . .», begann Carrie.

«Tut mir leid», schnitt ihr der Offizier das Wort ab.

Er gab dem Soldaten, der sie in den Hof geführt hatte, einen Befehl. Dieser hob den Lauf seines Gewehres und machte ihr ein Zeichen, sie solle ihm bis zum Haus folgen. Sie gehorchte mit gesenktem Kopf. Ihr Rücken schmerzte von den Kolbenschlägen. Soldaten stiessen die Riegel der Haustür auf. Von der Wache begleitet, schritt Carrie durch die stillen Gänge, die in schwachem Weihrauchdunst getaucht waren, und stieg die Treppe bis zu Yangzom Dolmas Gemächern hinauf. Der Soldat liess ihr keine Zeit, die Stiefel auszuziehen, stiess sie grob ins Zimmer und schlug die Tür hinter ihr zu. Grosse Unordnung herrschte im Raum: man sah umgeworfene Möbel, aufgeschlitzte Kissen, schmutzbefleckte Teppiche. Zwei stumme, erschreckte Dienerinnen sammelten

266

Scherben von Porzellangeschirr zusammen. Carrie konnte von ihrem Platz aus das Speisezimmer sehen, mit seinem Tisch aus rosa Marmor, seinen Tankas und seinen Fotografien. Der Lampenschirm, den Karma aus Darjeeling mitgebracht hatte, lag am Boden. Auf dem kleinen Altar brannten noch immer die Butterlampen; die Buddha-Statue jedoch war verschwunden, und ihre Abwesenheit erschreckte Carrie mehr als alles andere. Eine Gestalt in roter Kutte lag niedergeworfen vor dem leeren Altar. Wie hypnotisiert liess Tschensal Tashi die Gebetsschnur durch seine Finger gleiten und rezitierte Anrufungen der Götter. Sein magerer Oberkörper schwankte hin und her, in der hilflosen Verzweiflung eines Wesens, das von einer allzu starken Strömung mitgerissen wird, ohne ihr Widerstand leisten zu können.

Yangzom Dolma sass an ihrem gewohnten Platz, ihren breiten Rücken auf Brokatkissen gestützt. Ihre Hände mit den karminroten Nägeln ruhten gelassen auf den Sessellehnen. Ihr weisses Gesicht, ihre schöne Haartracht, die tadellosen Falten ihres goldbestickten Gewandes bildeten einen erstaunlichen Gegensatz zu der Verwüstung im Raum. Dagegen war der panische Schrecken auf den Gesichtern Metok Lhamos und Chimey Sangmos nur um so deutlicher zu lesen. Die Aeltere presste die Lippen zusammen und zerknitterte ein parfümiertes Taschentuch in den Händen. Die Jüngere schluchzte haltlos, die Ellbogen auf die Knie gestützt. Der Ofen war ausgegangen; es war kalt im Zimmer. Auf dem Boden kauerte Ani Pema, die ein kleines Holzkohlebecken anzuschüren versuchte. Sie entriss Tsering Wang-du eine Porzellanscherbe, mit der er spielen wollte, und zog das Kind flüsternd an sich.

Karma stand aufrecht am Fenster, die Hände auf dem Rücken, mit vorgestrecktem Kinn. Zu Carries grosser Erleichterung schien sie eher wütend als erschreckt. Ein rebellisches Licht funkelte in ihrem Blick.

«Dich haben sie also auch verhaftet», sagte sie. «Dein englischer Pass hat dir nichts genützt.»

«Man hat ihn mir weggenommen», sagte Carrie.

«Ich weiss. Ich hab es durchs Fenster gesehen.»

Carrie bewegte mühsam die Lippen.

«Was . . . was ist denn überhaupt geschehen?»

«Man hat meinen Vater und zwei andere Minister angeklagt,

die Verschwörung der Khampas unterstützt zu haben. Sie sind beim Verlassen des Potala verhaftet und ins chinesische Hauptquartier gebracht worden, wo man sie verhören will.»

«Aber Tsewang Tethong ist unschuldig!» rief Carrie. «Er hat doch immer gesagt, dass . . .»

Sie biss sich auf die Lippen. Was wusste sie schon von den tausend Intrigen, die hier im Schatten geschmiedet worden waren? Wahre oder falsche Verschwörungen, willkürliche oder berechtigte Motive, was lag daran? Ueberall in der Welt manipulierte eine Handvoll Menschen die andern wie Figuren auf einem Schachbrett . . . Politik nennt man das . . . ‹Einsatz im Interesse des Landes›, zum ‹Besten der Menschheit . . .!› Und was ist das Ergebnis? Zerstörung, Krieg und Tod!

«Mein Vater hat überhaupt keine Möglichkeit, seine Unschuld zu beweisen», sagte Karma. «Auf jeden Fall sind die Minister angeklagt worden, weil man damit die tibetische Autorität untergraben will. Die chinesische Armee soll die Macht übernehmen.»

Carrie blieb stumm und betrachtete Karma. Die Tibeterin sprach ruhig und gesetzt, aber Carrie spürte hinter ihrer Kaltblütigkeit das Vibrieren ihrer bis zum Zerreissen gespannten Nerven.

«Man hat das Haus durchsucht, angeblich um Beweismaterial über die Verschwörung zu finden. Die Soldaten haben alles durcheinandergeworfen und die Kultgegenstände fortgetragen . . . »

Wieder Schweigen. Das Geflüster der Dienerinnen, Chimey Sangmos Schluchzen. Tschensal Tashis Lippen bewegten sich, als spreche er mit sich selbst. Er liess die Kugeln seiner Gebetsschnur durch die Finger gleiten; von Zeit zu Zeit hörte man ihn husten.

«Niemand kann wissen, was heute oder morgen geschieht», fuhr Karma mit derselben ruhigen Stimme fort. «Von einem Augenblick zum andern kann man unser Haus überfallen, unsere Güter einziehen, die Familie auseinanderreissen oder einkerkern . . .»

Metok Lhamo presste das Taschentuch an den Mund, und Chimey Sangmo, die einer Nervenkrise nahe war, stiess einen durchdringenden Schrei aus:

«Ich will nicht ins Gefängnis! Ich will nicht! Ich habe nichts getan, ich . . .»

«Chimey Sangmo», sagte ihre Mutter trocken, «reg dich nicht auf. Dein Alter erlaubt dir nicht mehr, dich hier wie ein Kind zu benehmen.»

Carrie betrachtete verblüfft die seltsame Veränderung in Yangzom Dolmas Gesicht. Ihre sonst schwammig-fetten Züge schienen unter der Wirksamkeit eines machtvollen und hellsichtigen Willens schärfer und härter geworden zu sein. Aus ihrem Blick leuchtete Selbstsicherheit und ruhig-kühle Herausforderung; ‹genau wie in Karma's Augen!› dachte Carrie.

Schon ging der Tag zur Neige, und die Dunkelheit senkte sich über die Zimmer. Da der Strom abgeschaltet war, liess Yangzom Dolma eine Petrollampe bringen. In ihrem blassen Schein hoben sich die ängstlich in Erwartung erstarrten Gesichter wie Totenmasken ab.

Im Laufe der langsam verrinnenden Stunden wuchs Carries Bewunderung für Yangzom Dolma immer mehr. Die Tibeterin drängte die schreckliche Sorge um das Los ihres Gemahls in ihr Innerstes zurück und schöpfte aus ihrer unerschütterlichen, zuweilen harten Autorität die Kraft, um Familie und Dienerschaft vom Rande der Panik zurückzuhalten. Die Gefangenen konnten sich frei in den Zimmern bewegen; es war ihnen nur verboten, das Haus zu verlassen. Yangzom Dolma konnte dem Koch ihre Befehle geben und die Mahlzeit zur gewohnten Zeit zubereiten lassen. Sie wachte genau darüber, dass der Tisch mit der gewohnten Sorgfalt gedeckt wurde, dass der Speisezettel so reichhaltig und vielfältig war, wie die Umstände es erlaubten, und dass der Tee rechtzeitig bereitstand. Sie befahl auch, Weihrauch zu verbrennen und flüssige Butter in die Votivlampen zu giessen.

Tschensal Tashi tauchte endlich aus seinen Gebeten auf, um an der Mahlzeit teilzunehmen. Bleich, mit vor Erschöpfung schweissbedeckter Stirn, setzte sich der junge Rimposche an den seinem Rang zukommenden Ehrenplatz.

«Ich habe gebetet», sagte er mit veränderter Stimme, «um den Schutz der Götter auf unsere Familie und auf die meiner Verantwortung anvertrauten Mönche herabzurufen.»

Yangzom Dolma neigte das Haupt. «Die Götter haben Ihren Ruf gehört und sind uns günstig gesinnt», sagte sie.

Ueber die Tafel hinweg kreuzten sich Carries und Karmas Blicke. Carrie las in den Augen der jungen Tibeterin ein schmerzvoll-wissendes Erbarmen: ‹Sie weiss, dass eine Zeit kommt, wo auch die eifrigsten Gebete ohnmächtig sind und den unerbittlichen Lauf des Schicksals nicht mehr aufhalten können. Aber sie wird es niemals zugeben, und noch weniger so ehrfurchtslos sein, es auszusprechen . . .›

Das Nachtessen war von düsterem Schweigen begleitet. Sobald die Tafel abgeräumt war, befahl Yangzom Dolma Ani Pema, das bereits auf ihren Knien eingeschlafene Kind ins Bett zu bringen. Und wieder verrannen die Stunden. Carries Blick irrte von Karma, die eine Zigarette nach der andern rauchte, zu Metok Lhamo, die ihr Taschentuch zerknüllte. Er fiel auf Chimey Sangmo, die in eine Art Benommenheit verfallen war, und schliesslich auf Tschensal Tashi, der hustete, die Kugeln seiner Gebetsschnur bewegte oder Cheng Li's Inhalator zum Munde führte. Steif und schweigsam in ihren Brokatkissen, unterstrich Yangzom Dolma durch ihre eigene Bewegungslosigkeit gleichsam noch die der anderen Familienmitglieder. Die Petrollampe brannte mit kleiner Flamme. In den Räucherpfannen verströmten wohlriechende Hölzer einen durchdringenden Duft. Carrie fühlte bleierne Müdigkeit; Albträume und Wirklichkeit vermischten sich in ihren Gedanken. Sie dachte in dieser schwankenden, schon dem Untergang geweihten Umgebung, die nur noch durch den eisernen Willen einer Frau zusammengehalten wurde, an Cheng Li. Er erschien ihr als die einzige Quelle der Hoffnung. Ob Thargyay ihn hatte benachrichtigen können? Ob der Junge wohl zuverlässig war? Carrie kannte seine Wesensart nicht und wusste auch sonst nichts von ihm. Gewiss, sie hatte ihm Schutz und Hilfe gebracht. Aber genügte das, um auf seine Hilfe zu vertrauen? Carrie wusste es nicht. Und selbst wenn Cheng Li über ihr Los unterrichtet war, konnte er sie retten? Und auf welche Weise?

Gegen Mitternacht befahl Yangzom Dolma den jungen Mädchen, sich zur Ruhe zu begeben:

«Geht schlafen. Morgen werdet ihr eure Kräfte brauchen.

Tschensal Tashi Rimposche und ich werden noch eine Zeitlang hier wachen.»

Sie schickte auch die Dienerinnen fort, die stumm und verstört im Salon standen. Nur Ani Pema blieb, um Tee einzuschenken und die Glut im Holzkohlenbecken zu unterhalten.

Karma und Carrie gingen auf ihr Zimmer. Obschon eine Dienerin auch da ein Kohlenbecken entzündet hatte, schien ihnen die Kälte durchdringender als sonst. Schaudernd schlüpften sie unter die Decken. Sie wagten nicht, sich zu entkleiden.

«Von einem Augenblick zum andern kann man uns holen», flüsterte Karma. In der Dunkelheit hörte Carrie ihren beklommenen Atem. Sie suchte die Hand ihrer Freundin und drückte sie. Karma begann wieder zu sprechen, aber ihre Stimme klang plötzlich kläglich und zerbrechlich wie die eines kleinen Mädchens:

«Ich bin sicher, ich werde meinen Vater nicht wieder sehen.»

Carrie befeuchtete ihre trockenen Lippen. Sie wusste nichts weiter zu erwidern als:

«Man muss Vertrauen haben.»

«Vertrauen zu wem? In was?» Karma stellte die Frage mit fester, bitterer Stimme und gab sogleich die Antwort: «Weder Tschensal Tashi's Gebete noch die Vermittlung Seiner Heiligkeit können meinen Vater retten. Nicht auf ihn selbst hat man es abgesehen, sondern auf das Symbol, das er vertritt. Man kann ein Symbol nicht töten: man lässt es ganz einfach verschwinden. Eines Tages, Jahre später, erfahren wir dann vielleicht von seinem Tod in irgendeinem Gefängnis. Sein Leichnam wird uns nicht herausgegeben; niemand wird ihm die letzten Ehren erweisen können.»

‹Woher kommt diese Hellsichtigkeit?› fragte sich Carrie, ‹mit der sie stoisch dem Schlimmsten ins Auge zu sehen vermag? Welche uralte, ererbte Kühnheit wurde hier mit einemmal hinter ihrem oft trägen, gekünstelten Wesen sichtbar?› Schweren Herzens dachte sie an Tsewang Tethong, wie er aufrecht und stolz auf seinem schwarzen Reitpferd an den Neujahrsprozessionen teilgenommen hatte. Seine Macht, sein Reichtum schienen felsenfest begründet, aber schon heute blieb ihm nichts mehr davon übrig.

271

Sie flüsterte: «Weiss deine Mutter Bescheid?»

«Selbstverständlich», sagte Karma gelassen. «Sie hat es gewusst . . . vor allen anderen.»

Eine lange Weile schwiegen sie und hörten auf den regelmässigen Schritt des Wachtpostens vor dem Portal. Bisweilen liess Motorengeräusch sie plötzlich erstarren und angestrengt aufhorchen. Aber die Wagen fuhren am Haus vorbei und entfernten sich.

«Was sagte dir Doktor Cheng Li?» fragte Karma endlich.

Carrie errötete in der Dunkelheit. Sie hielt noch immer die eiskalten Finger ihrer Freundin. «Er hat versprochen, zu mir nach Darjeeling zu kommen. Ich will auf ihn warten. Auch wenn es noch Jahre dauert.»

Sie fühlte wie Karmas Finger sich versteiften und sich dann wieder entspannten. Verzweifelt flüsterte sie:

«Kannst du mich verstehen?»

Karmas Gesicht war dem ihren so nah, dass sie ihren Atem fühlte.

«Selbst wenn ich eines Tages Hass und Abscheu gegen die Chinesen empfinde, will ich versuchen, einen guten und gerechten Mann nicht darin einzuschliessen, nur weil sein Volk Krieg gegen das meine führt . . .»

Carrie schloss überwältigt die Augen.

Das blasse Morgenlicht drang ins Zimmer, dessen abgestandene Luft durch den Geruch nach kaltem Weihrauch und Russ noch schwerer wurde. Die Dienerinnen gingen schweigend und geschäftig hin und her, schürten die Glutöfen, legten die Kissen zurecht und brachten heissen Tee, Tsampa, hartgekochte Eier und Gebäck. Tschensal Tashi hatte die weiten Aermel seiner Kutte bis zu den Ellbogen aufgekrempelt und wusch sich in einem Kupferbecken. Er spülte sein Gesicht mit eiskaltem Wasser und trocknete es dann mit einem heissen Tuch, das Ani Pema ihm reichte. Mit blauen Rändern um die Augen tranken Chimey Sangmo und Metok Lhamo nach der schlaflosen Nacht fröstelnd ihren Tee. Yangzom Dolma sass noch immer inmitten der Kissen in ihrem Sessel. Sie schien die ganze Nacht so verbracht zu haben, und dennoch blieb ihr Rücken aufrecht wie eh und je. Eine Dienerin reichte ihr den silbernen Spiegel. Die Armbänder klirrten, als sie Lippenrot auflegte, die Augenbrauen nachzog und sich mit besonderer Aufmerksamkeit die glatten Wangen schminkte.

«Man hat die Stallknechte fortgeführt», sagte Karma, die Stirn an das Fenster gelehnt. «Ich frage mich, wo man sie hingebracht hat . . .»

Die Soldaten wärmten sich an einem im Hof entzündeten Feuer. Rundum war der Schnee geschmolzen; ein grosser schwarzer Kreis war zurückgeblieben.

«Wer wird sich um die Pferde kümmern?» fragte Carrie. Karma seufzte.

«Ich weiss es nicht. Wahrscheinlich wird man sie auch wegführen. Dann müssen sie die mit Waffen beladenen Militärkarren ziehen und . . .»

Sie schwieg unvermittelt. Die Wachtposten hatten sich allesamt erhoben und verharrten mit den Waffen in der Hand in Achtungstellung. Das Tor öffnete sich, ein Jeep fuhr donnernd in den Hof. Zwei Männer stiegen aus. Der diensthabende Offizier, der Carries Pass beschlagnahmt hatte, trat herbei und grüsste. Man sah, wie sie sich besprachen und dabei den Blick auf das Haus richteten. Karma und Carrie fuhren mit wildklopfendem Herzen vom Fenster zurück. «Sie kommen!»

Einen Augenblick lang erreichte die Verwirrung ihren Höhepunkt. Metok Lhamo und Chimey Sangmo schluchzten auf. Die Dienerinnen jammerten. Ani Pema stammelte unzusammenhängende Worte und drückte den kleinen Tsering Wangdu an sich.

«Ruhe jetzt!»

Gebieterisch erhob sich Yangzom Dolmas Stimme in dem Tumult. Sie hatte Angehörige und Dienerschaft in ihrer Gewalt. Alle wurden still und schauten angstvoll nach der Tür. Mit schwerem Tritt betrat der Offizier, dem die Ueberwachung des Hauses anvertraut war, das Zimmer. Sein teilnahmsloser Blick aus schwarzen Augen schweifte über die Anwesenden und heftete sich auf die junge Engländerin.

«Sie sind Carrie Mason?»

273 «Ja.»

Sie hielt sich aufrecht und wankte auf weich gewordenen Knien.

«Ich habe vom Hauptquartier Befehl erhalten, Ihnen Ihren

Pass zurückzugeben. Sie müssen Lhasa heute noch verlassen. Hier ist ein Geleitbrief, der Ihnen erlaubt, mit Ihrer Eskorte die Rückreise an die Grenze anzutreten.»

Carrie streckte zitternd die Hand aus. Er reichte ihr den Pass und einen Brief in chinesischer und tibetischer Sprache, der das zinnoberrote Siegel des Armeehauptquartiers trug. Mit kalter Höflichkeit grüsste der Offizier und verliess das Zimmer. Unter dem Geräusch der sich schliessenden Tür zuckte Carrie zusammen, als hätte sie einen Schlag erhalten. Benommen liess sie sich auf den erstbesten Schemel niederfallen.

Karmas Stimme tönte seltsam ausdruckslos:

«Das ist Cheng Li's Werk, nicht wahr?»

«Ich . . . ich glaube ja», stammelte Carrie.

Hatte er ihr nicht gesagt, ein Beamter des Hauptquartiers sei mit ihm befreundet? Und nun hatte er wohl seinen Einfluss geltend gemacht, um sie freizubekommen. Thargyay war treu gewesen; er hatte Cheng Li benachrichtigt. ‹Ich hätte nicht an ihm zweifeln sollen›, dachte Carrie reuevoll.

Leise sagte Karma: «Du bist also frei jetzt . . .»

Carrie nickte und bemühte sich, es zu begreifen. Für sie hatte sich die Lage geändert, für die andern nicht. Sie war frei, sie konnte aus dem Haus gehen, durch das Portal treten, die Stadt verlassen! Frei, um nach Darjeeling zurückzukehren und dort auf Cheng Li zu warten. Aber Karma, Yangzom Dolma und all die andern? Was würde ihr Los sein? Würde sie die Kraft haben, all diese liebgewordenen Menschen zu verlassen?

Das Gesicht der jungen Tibeterin blieb heiter. Gelassen fuhr sie fort:

«Suche Samdup Nyamgal; vielleicht ist er noch nicht verhaftet. Sag ihm, er soll Digum für dich satteln lassen. Digum ist ein Reitpferd und kein Zugtier. Ich will nicht, dass man ihn einzieht und ihn Lasten tragen lässt. Ihr werdet Vorräte einkaufen müssen. Samdup Nyamgal soll die Diener für deine Eskorte auswählen.»

«Die Eskorte, ja, natürlich . . .», murmelte Carrie.

Beinahe hätte sie spontan einen Freudenschrei ausgestossen. 274

Die glänzende, selbstverständliche Lösung war plötzlich greifbar nahe! Mit strahlenden Augen sprang sie auf und umklammerte die Schultern der Freundin:

«Man hat die Zahl der Leute meiner Eskorte nicht festgelegt! Du und deine Angehörigen, ihr könnt als Diener verkleidet mit mir kommen. Wenn wir Lhasa erst einmal hinter uns haben, seid ihr in Sicherheit!»

«Du phantasierst ja!» erhob Karma Einspruch. «Keine zehn Meter weit werden wir kommen, ohne dass man uns erkennt und verhaftet. Du wirst beschuldigt, uns zur Flucht verholfen zu haben, und man wird dich einsperren!»

Carrie schüttelte heftig den Kopf. Sie wollte nicht, sie konnte nicht nur an sich selbst denken!

«Wenn ich euch eurem Schicksal überliesse», sagte sie, «so lange Hoffnung bleibt, euch zu retten, das . . . das würde ich mir nie verzeihen! Ich machte mir Vorwürfe, so lange ich lebe.»

«Du bist verrückt!» wiederholte Karma mechanisch. Aber ihre Wangen hatten sich gerötet, und ihre Augen leuchteten. Carrie begriff, dass der einmal ausgesprochene Gedanke sich bereits in ihrem Kopf festgesetzt hatte und dass sie mit Wagemut und Entschlusskraft die Möglichkeiten des Gelingens abwog und berechnete.

Karma wandte sich Yangzom Dolma zu. Aber wie sie deren Gesichtsausdruck sah, erstarb die Frage, die sie an ihre Mutter hatte richten wollen, auf ihren Lippen.

Die alte Tibeterin ergriff das Wort und rieb sich die Stirn. Noch nie war ihre Stimme Carrie fester, wärmer und klangvoller erschienen:

«Ich danke Ihnen», sagte sie. «Ihr Angebot kommt aus einem guten und grossmütigen Herzen. Ich nehme es jedoch nicht an; ich muss in Lhasa bleiben, um auf meinen Gemahl zu warten und sein Schicksal zu teilen. Wenn es sein muss, wird der Tod uns zusammen erreichen. Im übrigen» — ein feines Lächeln umspielte ihre Lippen — «bin ich seit zehn Jahren nie mehr anders als in einer Sänfte gereist; ich würde wohl eine recht klägliche Dienerin abgeben . . . !»

Ihr Blick schweifte über die Anwesenden und blieb auf Tschensal Tashi haften. Sie wandte sich an ihn:

275 «Verehrter Rimposche, ich flehe Sie an, bringen Sie den Leib, der Ihnen für dieses Leben geliehen wurde, in Sicherheit, damit Sie Ihre Kräfte auch künftig dem Dienst unseres Glaubens und unserer Religion weihen können!»

‹Der Leib, der Ihnen geliehen wurde›, was soll nur dieses Kauderwelsch bedeuten?› dachte Carrie stirnrunzelnd. Aber dann erinnerte sie sich: Eine Wiedergeburt hatte die Pflicht, für die leibliche Hülle besorgt zu sein, in der die Seele eines Heiligen Wohnung genommen hatte!

Mühsam atmend verharrte Tschensal Tashi in Schweigen. Nur eine leichte Verzerrung seines Gesichtes verriet etwas vom inneren Kampf, den er zu bestehen hatte. Zwischen der Angst, seine Familie zu verlieren, und der Verpflichtung, für seine Sicherheit zu sorgen, entschied das Wissen um seine religiöse Pflicht.

«Wahrlich», sagte er zu Yangzom Dolma und senkte seine Augen, «aus Ihrem Mund sprechen die Götter! Ich muss in mein Kloster zurück und dort über die Gemeinschaft der Mönche und die mir anvertrauten Güter wachen.»

Carrie blickte bestürzt auf Karma. Wie sie überreden, wie sie überzeugen? Sie konnte die Lage nicht überblicken, Yangzom Dolma hatte alles in Händen und ihre Entscheidungen waren unwiderruflich. Als einzige Antwort auf ihren stumm flehenden Blick schüttelte Karma den Kopf.

«Ich kann meine Familie nicht verlassen.»

«Du wirst sie verlassen!» Yangzom Dolmas Stimme hallte durch das Zimmer. Karma zuckte zusammen und legte die Hände vor das Gesicht.

«Mutter!» widersprach sie entsetzt.

«Hör mir zu!»

Im Halbdunkel leuchtete die glatte, geschminkte Haut Yangzom Dolmas wie Seide.

Ihre Stimme klang weich und zart, aber sie war unerbittlich:

«Ausser mir ist nur du fähig, über das Vermögen der Familie zu wachen und die Güter, die wir jenseits der Grenzen besitzen, zu verwalten. Du bist klug, gebildet und weisst kaltes Blut zu bewahren. Deine Schwestern besitzen diese Fähigkeit nicht, und Tsering Wang-du ist noch ein Kind.»

«Aber . . .», stammelte Karma.

«Ich befehle dir, Lhasa zu verlassen. Tschensal Tashi Rimposche und du, ihr seid das Dienerpaar, das die Engländerin bis an die indische Grenze zu begleiten hat. Was könnte logischer und normaler sein? Carrie besteigt das schönste Reitpferd

unseres Stalles. Ihr beide reitet auf Mauleseln. Du wirst ohne
Dienerschaft auskommen müssen; ich weiss, du kannst es.
Deine Schwestern sind dazu nicht fähig. Sie sollen bei mir
bleiben. Ich werde sie bei nächster Gelegenheit mit sicherem
Geleit fortschicken. Ani Pema soll über Tsering Wang-du
wachen. Unsere Familie wird in alle Winde zerstreut, aber
wenn dies unser Schicksal ist, so müssen wir uns ihm unterwerfen.»

Sie schwieg. Ihr Gesicht blieb unbewegt; unter ihren gepress-
ten Atemzügen hob und senkte sich die Seide ihres Gewandes.
Ein tiefer Seufzer stieg aus der Gruppe der Dienerinnen auf.
Chimey Sangmo wimmerte wie ein Kind und barg das Ge-
sicht an der Schulter ihrer Schwester. Karma senkte den
Blick. In einer einzigen raschen Bewegung stürzte sie vor die
Mutter hin und berührte den Teppich mit der Stirn. Dann
erhob sie sich langsam und blieb schweigend stehen.

«Gut, meine Tochter», sagte Yangzom Dolma. Einen Augenblick verbarg sich ihr Blick unter den Lidern. Dann erhob sie
ihn wieder, und ihre Augen leuchteten im früheren durchdringenden Glanz. — «Geh jetzt, wasch deine Schminke weg
und leg deinen Schmuck ab. Tu genau, was deine Rolle
erfordert — für deine Rettung und für die unserer Familie!»

«Wie du willst, Mutter!» sagte Karma mit tonloser Stimme.

Alles ging leichter, als Carrie es sich vorgestellt hatte. Mit
Hilfe der Dienerinnen hatte sie ihr Gepäck eilig bereit gemacht und war dann in den Hof hinuntergegangen, wo sich
der diensttuende Offizier befand. Auf seine Frage, ob sie zur
Abreise bereit sei, antwortete sie bejahend.

«Haben Sie Ihre Eskorte beisammen?»

«Nur ein Dienerpaar, das mich bis an die indische Grenze
begleitet.»

Angstvoll erwartete sie seine Reaktion, aber der Offizier
nickte nur mit dem Kopf. Dann führte er sie in das warme
277 Halbdunkel des Stalles.

«Wir haben die Knechte eingezogen; sie müssen beim Barrika-
denbau helfen. Die Tiere benützen wir zum Transport von
Lebensmitteln und Munition. Welches ist Ihr Reitpferd?»

Carrie deutete auf Digum und rief ihn an. Beim Klang ihrer Stimme spitzte das Pferd die Ohren. Seine Augen vergrösserten sich, es neigte den Hals und erwartete eine Liebkosung. Der Offizier zuckte mit den Schultern:

«Ein ausgezeichnetes Paradepferd», sagte er anerkennend, «aber zur Arbeit völlig ungeeignet.»

«Ich brauche auch ein paar Maultiere für die Diener und das Gepäck.»

Der Chinese machte eine gleichgültige Bewegung. Sie soll auswählen, was ihr gut schien. Carrie entschloss sich rasch für zwei als Reittiere geeignete kräftige Maulesel und für zwei Lasttiere.

Einen Augenblick später erschienen auch Karma und Tschensal Tashi, mit Ballen und Decken bepackt, auf dem Hof. Carrie's Herz schlug zum Zerspringen. Wenn man die beiden nur nicht erkannte! Karma trug einen langen, weiten Mantel aus Schaffell und schmutzige Stiefel. Ihre enggeflochtenen Zöpfe hatte man nach der Gewohnheit der Bäuerinnen mit Fett bestrichen. Ohne Schminke erschien ihr Gesicht kindlich und seltsam verwundbar. Sie hatte ihre Fingernägel kurz geschnitten und Hände und Hals mit Russ eingerieben. Auch Tschensal Tashi trug den Ueberwurf der Bauern über dem ‹Nambu›, einem grobwollenen Gewand. Eine Ohrenmütze und strohgefütterte Stiefel mit Holzsohlen vervollständigten seinen Anzug. Angstvoll blickte Carrie auf seine zarten Hände, die für die Kugeln einer Gebetsschnur oder zum Blättern in einem Gebetbuch, aber nicht für schwere Arbeit geschaffen waren. Einen Augenblick empfand sie panische Angst. Diese Hände konnten sie alle verraten! Was würde geschehen, wenn ihre List entdeckt würde? Je mehr sie diesen Gedanken zu verscheuchen versuchte, desto eindringlicher kam er wieder und machte sie so schwach und wehrlos wie ein Kind.

Carrie hatte nicht gewagt, dem Abschied Karmas und Tschensal Tashi's beizuwohnen, wo jedes Wort, jeder Blick einen letzten, unschätzbaren Wert erhielten. Sie sagte schon vorher allen Lebewohl, verneigte sich vor Yangzom Dolma so tief, wie die Etikette es vorschrieb, und umarmte Ani Pema, den kleinen Tsering Wang-du und die beiden tränenüberströmten Mädchen. Sie wusste, dass sie sie wohl niemals wiedersehen würde, aber sie weigerte sich innerlich, daran zu denken oder sich rühren zu lassen. Zum Kuckuck jetzt mit allen Gefühlen! Sie würde Energie und Kaltblütigkeit in der nächsten Zeit nur zu sehr brauchen!

So spielte sie ihre Rolle und liess den Rimposche und Karma die Tiere satteln und beladen. Höflich bot der chinesische Offizier ihr eine Tasse Tee an. Sie trank ihn schweigend und wärmte ihre Hände am Feuer. Wo würden sie diese Nacht schlafen, wo Futter für die Tiere finden? Sie hatten keine Zelte und nur wenig Vorräte. Was lag daran? Vor allem galt es, die Stadt hinter sich zu bringen ...!

Die Reittiere waren bereit; Carrie und ihre beiden Begleiter schwangen sich in den Sattel. Auf ein Zeichen des Offiziers schoben zwei Soldaten den Querbalken weg, der die Flügel des Tores verschloss. Carrie setzte sich in ihrem hohen mongolischen Sattel zurecht und drückte ihre Absätze in Digums Flanken. Der Hengst schnaubte und schüttelte seine Mähne. Das Portal war offen. Carrie ritt als erste hindurch; Karma und Tschensal Tashi folgten, jeder mit einem Lasttier. Die Soldaten wichen zur Seite. Nun waren sie auf der Strasse, in der Freiheit! Die Pforte schloss sich geräuschvoll. ‹Wie eine Grabplatte›, dachte Carrie schaudernd. Ihre Augen begegneten Karmas starrem Blick; sie sah, wie ihre Lippen zitterten. Gebieterisch flüsterte sie:

«Komm!»

Barrikaden aus Stacheldraht erhoben sich an den Strassenekken. Einige Krämerbuden standen offen, und man sah im Halbdunkel kleine Lichter brennen. Patrouillen durchzogen den Parkhor. Man hatte die Tore des Tempels versiegelt. Schnee bedeckte die Statuen; grünliche Eiszapfen hingen an den Dächern. Nichts war zerstört, kein Bild war geschändet worden. Dennoch hatte Carrie das eigenartige Gefühl, ein Ruinenfeld zu durchqueren. Eine tiefe, reglose Traurigkeit lastete auf allem. Etwas Wesentliches, Lebenswichtiges war zerstört worden. Nur unnütze Mauern blieben übrig; leeren Muschelschalen gleich, zwischen zwei allzu verschiedenen Zeitaltern, die nun miteinander verbunden werden sollten ...

279

Karma sah verstohlen um sich, begierig, jede Strasse, jedes Haus ihrem Gedächtnis einzuprägen. Tschensal Tashi beschloss den Zug, er zog mühsam sein Lasttier nach. Sie hatten einen Umweg um das Quartier gemacht, in dem der chinesische Generalstab sein Lager aufgeschlagen hatte. Diese Strasse führte am Krankenhaus vorüber. Carries blaugefrorene Hände verkrampften sich um die Zügel. Cheng Li's Name dröhnte in ihrem Kopf, in ihrem Herzen, in ihren Adern. Es hätte genügt, sich vom Pferd zu schwingen, zum Krankenhaus zu laufen und sich einen Weg durch das Gedränge im Vorzimmer zu bahnen ... in das Dienstzimmer zu stürzen, sich in seine Arme zu werfen und zu rufen: ‹Behalt mich bei dir, bitte! Ich bin nichts ohne dich, ohne dich bin ich feige und erbärmlich ...!›

Mit aller Kraft vertrieb sie diese Gedanken. Karmas und Tschensal Tashi's Freiheit, ja vielleicht ihr Leben, hingen von ihrem Verzicht ab. Ihr Ritt war eine Herausforderung an die Vernunft, aber was lag daran! Jetzt musste sie durchhalten ...!

Von dieser Stelle aus schien der zwischen Potala und Tschabori tiefergelegene Stadtteil Lhasa's wie ein Meer aus flachen Dächern, das durch die Ringmauern begrenzt wurde. Rund um die Hochebene hüllten sich die Berge in Dunst. Nebelschwaden strichen um den Potala. Schneegeriesel, blasses Licht, bleiche Wolkenfelder, alles verband sich zu einem einzigen Schleier. Langsam verschwand das riesige Gemäuer und verlor Form, Umriss und Farbe. Die goldenen Dächer glühten ein letztes Mal auf und erloschen. Der Potala war verschwunden, untergegangen im unbekannten Nichts. Hatte er überhaupt je existiert?

Der gefrorene Schnee knirschte unter den Hufen der Tiere. Ihr Hauch verwandelte sich in weissen Dampf. Die Glöckchen bimmelten. Durch den Nebel trat eine Gestalt in die Mitte des Weges und hob den Arm. Eine Sperre!
«Das Tor des Lingkor!» flüsterte Karma.
Sie brachten ihre Reittiere zum Stehen. Der chinesische Soldat näherte sich mit schwerem Schritt, das Gewehr schussbereit. Man erkannte die unbestimmten Umrisse einer Barrikade und eine Reihe von Panzerfahrzeugen vor dem Tor.
Carrie lüftete ihre Kapuze, damit der Mann ihr Gesicht sehen konnte. Mit rauher Stimme rief er ihr einige chinesische

Worte zu. Carrie schüttelte den Kopf. Der Soldat wiederholte seine Frage in tibetischer Sprache.

«Wohin gehen Sie? Niemand hat das Recht, die Stadt zu verlassen.»

«Ich habe einen Geleitbrief des Generalstabes», sagte Carrie. Ein zweiter Wachtposten hatte sich zum ersten gesellt. Die beiden Männer studierten den Brief mit hartnäckigem Misstrauen und drehten und wendeten jede Seite ihres Passes. Endlich hob der Soldat den Kopf, wies auf Carrie's Gefährten und sagte:

«Und wer sind die beiden da?»

«Meine Dienerin und mein Führer.»

«Sie haben keinen Geleitbrief.»

Trotz ihrer Todesangst bemühte sich Carrie, ruhig zu sprechen :

«Im Brief steht ausdrücklich: ‹Carrie Mason und ihre Eskorte›. Wer kann im Winter ohne Führer die Himalaya-Pässe überqueren?»

Das war nicht zu bestreiten. Der Chinese schwieg. Sein Gefährte aber fragte plötzlich:

«Bei wem waren Sie zu Gast in Lhasa?»

Carries Hände wurden feucht: ihr Herz pochte so heftig, dass sie vom Pferd zu fallen glaubte. Und doch gelang es ihr, gelassen zu antworten:

«Doktor Cheng Li, der dem Krankenhaus von Lhasa zugeteilt ist, kann Ihnen jede notwendige Auskunft über mich geben.»

Die Chinesen wechselten einen Blick, dann wichen sie widerwillig zurück. Mit dem Gewehrlauf gaben sie Carrie ein Zeichen, sie könne weiterreiten. Sie zog ihre Kapuze ins Gesicht und gab ihrem Pferd die Sporen. Karma und der Rimposche folgten im Trab mit zartem Glöckchengeklingel. Sie umgingen die Barrikade und ritten an der langen Reihe geparkter Panzer entlang. Der Weg war frei!

Dritter Teil

29

Tschensal Tashi hatte gehofft, am ersten Abend das Kloster von Drepung zu erreichen und dort Unterkunft für die Nacht zu finden. Es war unmöglich! Ein angsterfüllter Bauer teilte ihnen mit, die chinesische Armee habe das Kloster besetzt, weil der Verdacht bestand, dass dort Versammlungen der Khampas stattgefunden hätten und Waffen verborgen worden seien. Drepung wurde von oben bis unten durchsucht, hochgestellte Lamas hatte man verhaftet; alle religiösen Uebungen wurden verboten. Der Bauer riet den Flüchtlingen, nicht auf der Strasse zu bleiben, sondern die Karawanenpiste zu benützen; er bot ihnen sein Haus für die Nacht an.

Es war nur eine niedrige Steinhütte mit flachem, halbzerfallenem Dach. Die im Frost erstarrten Gebetsfahnen hingen wie Trauerfahnen an ihren Stangen. Die Familie des Bauern, eine junge, rotbackige Frau und zwei kleine, ängstliche Mädchen, machten ihnen schüchtern auf dem Boden aus gestampfter Erde Platz, wo Brennmaterial, Zweige und Yakmist, in einer Ecke angehäuft war. Während die Frau das Feuer schürte, um Tsampa zu bereiten, brach Karma plötzlich in Tränen aus. Sie weinte still, ohne irgend eine Bewegung. Der Schmerzensausbruch ihrer Freundin liess in Carrie Beklemmung aufsteigen und brachte auch sie den Tränen nahe. Alles, was sie hätte tröstend sagen können, kam ihr dumm und unnütz vor. Sie sah Tschensal Tashi seinen Platz am Feuer verlassen und sich seiner Kusine zuneigen:

«Auch die schlimmste Verzweiflung», sagte er eindringlich, «kann durch geistige Anstrengung überwunden werden, durch die ständig wiederholte, völlige Konzentration des Denkens auf die Worte ‹om mani padme hum›. Es ist die Formel, die das Gute in seiner wahren Substanz zum Ausdruck bringt.»

Beim Sprechen wurde seine Stimme oft von einem krampfar-

282

tigen Husten unterbrochen, aber die Krisen dauerten nie lange. Seine feinen Hände bewegten sich mechanisch, als liesse er die Perlen einer unsichtbaren Gebetsschnur durch die Finger gleiten. Carrie sah, wie sich Karmas Züge nach und nach entspannten. Sie suchte ein Taschentuch, fand keines und wischte sich schliesslich das Gesicht mit dem Aermel ab.

«Verzeih», sagte sie beschämt zu Carrie, «es ist . . . es sind die Nerven . . .»

«Das macht doch nichts . . .», sagte Carrie leise, «ich versteh dich schon.»

Die Bäuerin schürte das Feuer. Die Flammen züngelten höher und höher. Die kleinen Mädchen kauerten auf einem Heuhaufen und unterhielten sich flüsternd. Sie hatten Triefnasen und vereiterte Augenlider.

Familie, Verwandtschaft, das Vaterhaus verlassen, weggehen von der Heimat, ohne Hoffnung sie je wiederzusehen . . . Carrie fragte sich, ob sie an Karmas Stelle den Mut dazu aufgebracht hätte. Für sie war ja alles ganz anders: sie war eigentlich nie irgendwo richtig verwurzelt gewesen, hatte sich überall und nirgends wohl gefühlt. Nur die Menschen zählten für sie.

Mit vor Hitze gerötetem Gesicht beobachtete sie, wie die junge Bäuerin die Tsampa zubereitete. Geschickt drehte und wendete sie den Napf und knetete mit den Fingern den Teig. Dann formte sie kleine Kugeln, die sie auf einem Stoffetzen nebeneinander reihte . . .

Carrie dachte an die Tafel aus rosa Marmor, an das Geschirr aus Jade und Silber, an die kostbaren Kissen, den Ueberfluss und die Verschwendung. Hatten nicht gerade diese Gegensätze die jetzige Situation verschuldet? Aber wen sollte man anklagen? Die Menschen? Die Tradition? Die Geschichte? Bis zum Ende der Zeiten würden immer wieder und in jeder Epoche neue Werte die überholten Strukturen der Vergangenheit ablösen . . .

Am nächsten Tag hatte sich der Nebel aufgelöst. Himmel und Schnee verbanden sich zu unendlichen Schwingungen von Frost und Licht. Es war so bitterkalt, dass die Reisenden die Tiere mit Strohbündeln abreiben mussten, um ihre erstarrten Muskeln zu erwärmen.

Sie hatten dem Bauern ein eingesalzenes Yakviertel, Ziegeltee und etwas Mehl abgekauft. Vor der Hütte stehend, winkten ihnen die Landleute ein Lebewohl zu. Die Tiere versanken bis zu den Fesseln im bläulich funkelnden Schnee. Die Lasttiere hatte man zusammengekoppelt; Karma und Tschensal Tashi führten sie abwechslungsweise. Sie brauchten kaum eine Stunde, um bis zu den nächsten Hügeln zu gelangen. Die Piste lief durch windgeschützte Talungen und wies keinen einzigen Steilhang auf. Die Flüchtlinge kamen rasch und leicht voran. Kurz vor Mittag trug ihnen der Wind fernen Motorenlärm zu: Panzerwagen fuhren auf der Strasse über die Hochebene. Obwohl man sie aus dieser Entfernung nur mit Ferngläsern hätte entdecken können, beeilten sich Carrie und ihre Gefährten, die schützende Deckung von Mulden und Taleinschnitten aufzusuchen. Gelegentlich schlängelte sich die Piste zwischen kümmerlichen Beständen an Föhren und Espen dahin; noch immer herrschte beissende Kälte, trotz blendendem Sonnenschein. Schon wurden die Schatten länger, als plötzlich ein Reitertrupp auftauchte. Carrie, die vorausritt, erstarrte in den Steigbügeln:

«Eine Patrouille?»

Die Augen mit der Hand beschattend, schüttelte Karma den Kopf.

«Ich glaube nicht. Sie reiten nicht wie Soldaten.»

Sie stiess einen Schrei aus:

«Khampas!»

Die scharfen Augen der Nomaden hatten sie bereits entdeckt. Drei Männer verliessen den Trupp und näherten sich ihnen im Galopp, Schneewolken aufwirbelnd. Das harte Licht glänzte in ihren Augen und unterstrich noch die scharfen Profile und die Adlernasen. Auf ihren Ueberwürfen aus Schaffell, die denen der Bauern ähnelten, trugen sie Patronengurte. Eingefettete Zöpfe hingen ihnen auf die Schultern; ihre Kopfbedeckung bestand nur aus einem wie ein Turban aufgebundenen Tuch. Alle waren mit Gewehren, Pistolen und Messern bewaffnet. Als erster erreichte ein junger Mann mit spitzem Kinn und schmalen Lippen die Reisenden. Er sprach den rauhen Dialekt der Leute vom Gebirge:

«Wer seid ihr? Woher kommt ihr?»

«Ich bin Engländerin», antwortete Carrie mit fester Stimme.

Sie versuchte, sich selbst davon zu überzeugen, dass ihnen keine Gefahr drohe. — «Ich reite mit meinen Leuten zur indischen Grenze.»

«Engländerin?» Der Khampa brach in Gelächter aus.

«In Tibet gilt das Kriegsrecht für alle! Lass sehen, was hast du da?» Er beugte sich vor und streckte die Hand nach ihrer Armbanduhr aus. Carrie zuckte zurück. Der Nomade grinste. «Dies hier ist Territorium der Khampas! Wenn du deinen Weg fortsetzen willst, musst du eine Durchgangsgebühr zahlen.»

«Gar nichts wird sie bezahlen!» mischte sich Karma in eisigem Ton ins Gespräch.

Obwohl sie auf einem Maultier ritt und wie eine Dienerin gekleidet war, verriet ihre Haltung und ihre Sprache, die sie nicht zu verstellen suchte, ihre wahre Herkunft. Die drei Männer wechselten einen Blick.

«Aha, eine fliehende Aristokratin!» sagte der zuerst Angekommene. «Das tibetische Volk kämpft um seine Freiheit, und diese edle Dame denkt nur daran, ihr Leben in Sicherheit zu bringen!»

Der Mann lenkte sein Pferd ganz nah an das Maultier Tschensal Tashi's heran. «Und du da, wer bist du? Wohl ein Mönchlein ohne Kutte? Los, zeig deine Hände her!»

Grob packte er des Rimposches Handgelenk und brach in verächtliches Lachen aus.

«Hab mir's doch gedacht! Nie ein Gewehr gehalten oder auch nur eine Hacke! Du bist wie all die andern von der Sorte. Zu nichts anderem taugt ihr als zum Gebete herunterleiern!»

Das Pfeifen seiner Peitsche durchschnitt die Luft.

«Ihr kommt mit! Unser Anführer entscheidet, was mit euch geschehen soll!»

«Und wenn wir uns widersetzen?» antwortete Karma stolz.

Der Khampa zeigte seine Zähne, die so gelb waren wie die seines Pferdes.

«Wenn es sein muss, mein Täubchen, werden wir dich an den Haaren mitschleppen!»

Die Flüchtlinge sahen sich an. Es war besser, Gehorsam zu
leisten. Karma sagte auf Englisch:

«Es sind Diebe, weiter nichts. Sie verlangen eine Durchgangsgebühr. Gib ihnen deine Uhr, wenn sie darauf dringen. Aber gib sie nur dem Anführer.»

Von den Nomaden begleitet, trieben Carrie und ihre Gefährten die Tiere bis zum Abhang des Hügels. Die Khampas erwarteten sie am Rand des Gehölzes. Einige waren abgestiegen und rauchten. Etwas abseits hielt sich ein Mann aufrecht und regungslos auf einem schwarzen Pferd mit mongolischem Sattel. An seinem dunkelblauen Mantel, der ihn vom Kopf bis zu den Stiefelspitzen einhüllte, erkannten sie ihn sofort!

«Ein glücklicher Zufall», spottete Wang-chen, denn er war es. «Schon wieder kreuzen sich unsere Wege!» Seine Schlitzaugen betrachteten die Flüchtlinge mit einem Gemisch aus Hohn und Verachtung.

«Welch ein Anblick, die schöne, elegante Yangtschen Karma Tethong im ärmlichen Kleid einer Dienerin!»

«Du und deine Kumpane haben den Aufstand ausgelöst! Ihr habt dieses Land an den Rand des Krieges gebracht, ihr seid Schuld am Unglück meiner Familie!» antwortete Karma heftig. Jegliche Farbe war aus ihrem Gesicht gewichen. Ihr Mund bebte vor Wut.

«Dieses Land i s t im Krieg», sagte Wang-chen unbewegt. Verächtlich spuckte er einen Strahl bräunlichen Speichels in den Schnee. «Neun Jahre lang hat ein Haufen verderbter Aristokraten das chinesische Joch geduldet und Unsinn erzählt über Sanftmut und Gewaltlosigkeit. Dabei kann doch einzig nur die Gewalt Tibet retten!»

«Unsere Religion ist das innerste Wesen unseres Lebens», sagte Tschensal Tashi leise. «Sie lehrt uns Verzeihung und Nächstenliebe.»

Wang-chen brach in höhnisches Gelächter aus: «Dummes Zeug! Ich bin kein gelehrter Philosoph wie du. Ich habe nie Lesen gelernt, aber über die Geschichte meines Landes weiss ich Bescheid. Kennst du den Namen Songtsen Gampo?»

Tschensal Tashi nickte müde.

«Ich kenne ihn.»

«Als er lebte, war Tibet ein Land der Krieger und nicht der feigen Memmen. Songtsen Gampo hat gekämpft und gesiegt. Auch wir werden kämpfen.»

286

«Die Zeiten haben sich geändert. Was könnt ihr mit euren Gewehren gegen Panzerwagen ausrichten? Man wird euch überrennen und euch alle töten.»

«Was liegt daran! Andere werden vor uns sterben, in Massen!»
Seine Stiefel berührten die Flanken des Pferdes, das sich
aufbäumte und den Schnee stampfte. Mit heiserer Stimme rief
er voll fanatischer Begeisterung: «Das Geschwür ist endlich
geplatzt! Heute noch stossen die Khampas aus allen Wind-
richtungen wie Adler gegen Lhasa vor. Wir haben Waffen
und Munition. Wir zwingen den Gyalpo Rimposche, sich an
die Spitze seines Volkes zu stellen, um es zum letzten, endgültigen Kampf zu führen!»
Carrie bedeckte ihren Mund mit der Hand. Im Geiste sah sie
die Prozession, das Licht der Tormas und Cheng Li's blutbe-
decktes Gesicht ...
Der Khampa zog seinen Arm aus den Falten des Mantels und
zeigte auf die Berge: «Flieht! Flieht nur! Noch viele werden
fliehen. So wird Lhasa von Eindringlingen, von Parasiten, die
auf Kosten anderer leben und sie ausbeuten, befreit und
gereinigt. Was dich betrifft, Engländerin ...», ein höhnisches
Grinsen verzerrte seinen Mund, — «du kannst deinen Lands-
leuten sagen, in einem Land von Höflingen und Angsthasen
hättest du noch Männer getroffen!»
Er machte eine gebieterische Bewegung.
«Ihr könnt gehen. Ich fordere keine Durchgangsgebühr. Gold
ist heute nichts weiter als ein verächtliches Metall. Nur der
Wert des Blutes zählt für uns!»
Die Waffen senkten sich, die Nomaden lenkten ihre Pferde
zur Seite. Carrie gab ihrem Reittier die Sporen und sprengte
davon. Karma und Tschensal Tashi folgten. Ein Khampa liess
seine Peitsche auf den Rücken eines ihrer Maulesel niedersau-
sen. Das Tier schlug aus und machte wilde Sprünge; die
Khampas lachten und spotteten. Carrie sah in wilde, narbige
Gesichter mit Raubtierzähnen und erbarmungslosen Augen.
«Machen wir, dass wir fortkommen!» keuchte Karma.
Sie trieben ihre Tiere an und liessen die brüllende Schar der
Nomaden hinter sich. Der Himmel war klar, die Berge in
Licht getaucht. Gedemütigt, erschreckt und mit dem Gefühl,
sich völlig falsch verhalten zu haben, galoppierten sie durch
287 den weichen, bläulichen Schnee.

30

Sie hatten gehofft, die Nacht im nächsten Dorf verbringen zu können oder ein Nomadenlager zu erreichen, aber die Dunkelheit überraschte sie mitten im Wald. In der Finsternis war jede Weiterreise unmöglich. Sie sassen ab und wählten eine windgeschützte Mulde für das Lager. Sie glaubten zwar nicht, dass sie verfolgt würden, aber sie wollten trotzdem keine Vorsicht ausser acht lassen. Die beiden Mädchen nahmen den Tieren Sattel und Traggestell ab. Sie banden Digum und die Maultiere an den nächsten Baum, rieben sie mit einer Decke trocken und verteilten eine magere Portion Trockenerbsen. Unterdessen schnitt der Rimposche unbeholfen Brennholz zurecht und richtete eine Feuerstelle her. Das feuchte Holz wollte lange nicht brennen, der beissende Rauch liess Tschensal Tashi husten und trieb ihm die Tränen in die Augen. Endlich fing das Reisig Feuer, es leuchtete durch die eisige Stille der Nacht und warf rotgoldene Lichter über den Schnee.

In ihrem einzigen Kochtopf brachte Carrie Schnee zum Schmelzen und liess das Wasser aufkochen. Sie hatte oft der Zubereitung des Tees beigewohnt; fast instinktiv lösten ihre Finger die gepressten Teeblätter und gaben dem Sud Salz und Butter bei. An den Sattel gelehnt schauten ihr Karma und Tschensal Tashi erschöpft und in sich gekehrt zu. Seit der Begegnung mit den Khampas schienen sie schweigsam und nachdenklich; es war als hätten der Zusammenstoss und der Wortwechsel mit dem Führer der Aufständischen, mehr aber noch der Zorn und die Demütigung ihre Reserven an Mut und Hoffnung erschöpft. Ein Gefühl völliger Hilflosigkeit und Einsamkeit bedrückte Carrie, sie spürte plötzlich, dass nun das ganze Gewicht der Verantwortung auf ihren Schultern lastete. Ihre erste Reise hatte sie damals mit einer gut ausgerüsteten Karawane zurückgelegt, die bewaffnete Männer schützte. Jetzt aber waren sie ganz allein, ohne Ersatzpferde und ohne Leibwache, den Gefahren der entlegenen Pisten ausgesetzt. Ihre Vorräte reichten gerade zum Ueberleben, und ausser den Messern, die sie brauchten, um Holz und Fleisch schneiden zu können, besassen sie keine

288

Waffen. Ausserdem: Tschensal Tashi war ein kranker Mönch, linkisch und ungeschickt; er hatte nie praktische Arbeit verrichtet. Was Karma anbelangte ... voller Verzweiflung erinnerte sich Carrie an das früher so stolze Selbstbewusstsein der Freundin, an ihren Mut, der nun einer traurigen Niedergeschlagenheit gewichen war. ‹Ich brauche ihre Hilfe!› dachte Carrie bestürzt. ‹Allein schaffe ich es niemals ...› Sie schnitt einige Streifen gesalzenes Fleisch zurecht und reichte sie ihren Gefährten, die schweigend zu essen begannen. Carrie spürte, wie sich ihr Magen zusammenkrampfte. Was konnte sie tun, um die Spannung zu lösen? In ihrer Verwirrung richtete sie sich an Karma mit der erstbesten Frage, die ihr durch den Kopf ging:

«Genügt unsere Ausrüstung, um die Pässe zu überschreiten?» Die junge Tibeterin hob die Lider. Ihre Augen waren dunkel und ausdruckslos. Sie sprach wie in Gedanken verloren, und Carrie bemerkte, dass sie ihre Frage offenbar gar nicht gehört hatte:

«Ich glaubte stets, ich wüsste im voraus, was mir begegnen würde ... ich war immer bereit, alle Hindernisse zu überwinden. Dieses Mal sehe ich nur noch einen Weg, einen, der ins Dunkel führt, ohne Ziel ...»

Carrie glaubte, Tschensal Tashi schliefe; sie war überrascht, als er sich plötzlich seiner Kusine zuwandte. Der Widerschein des Feuers liess seine hohlen Wangen und die schmale, gebogene Nase noch deutlicher hervortreten.

«Ihr Ziel», sagte er, «ist die ehrenvolle Mission, die Ihre Mutter Ihnen aufgetragen hat; es ist die Verpflichtung, den Fortbestand des Erbgutes der Familie zu wahren.» Ein leichter Vorwurf schwang in seiner Stimme mit.

Tschensal Tashi erreichte mit diesem Satz, worum sich Carrie so oft vergeblich bemüht hatte: Karma hob in stolzer Entrüstung den Kopf und antwortete herausfordernd:

«Jeder, der mich kennt, weiss, dass ich niemals meiner Pflicht untreu geworden bin.»

289 Digums Wiehern tönte so laut durch die Stille, dass Carrie aus Schreck ihr Herz gegen die Rippen pochen hörte. Von wilder Panik ergriffen bäumten die Maulesel sich auf und zerrten an ihren Seilen.

«Was haben sie?» rief Carrie.

Karma war mit einem Satz auf den Beinen. «Ich weiss nicht — ein wildes Tier vielleicht...?» Sie stürzte auf den Hengst zu und verkürzte seine Halfterriemen. Das Geschrei der Maulesel erfüllte die Mulde. Plötzlich kehrte wie durch Zauberhand wieder Stille ein, und alle hörten deutlich durchdringend-heulende Kehllaute, die in der Dunkelheit anschwollen und verebbten, gleich dem Stöhnen des Windes oder dem Lachen eines unsichtbaren Gespenstes.

«Was war das —?» fragte Carrie atemlos.

«Wölfe», antwortete Karma. Sie hielt noch immer die Leine des Hengstes in der Hand und streichelte mit der andern seine Nüstern. Die Unentschlossenheit auf ihrem Antlitz hatte jenem mutigen Ausdruck Platz gemacht, den Carrie so gut kannte. Regungslos, aufs äusserste gespannt, spähte sie in die Nacht. Von neuem ertönte der Klageruf, näher jetzt, als eile er mit der Geschwindigkeit des Windes von Hügel zu Hügel.

«Wir haben keine Gewehre!» sagte Karma. «Wenn das Rudel gross ist, genügen unsere Messer nicht. Nur Feuer kann die Tiere fernhalten...»

Sie machten sich eilends daran, Brennholz zu schneiden und Bruchholz herbeizuschaffen. Die Maulesel standen zitternd beieinander, die Hufe des Hengstes scharrten im Schnee. Hin und wieder liess er ein dumpfes Grollen hören.

Hastig, mit blutenden Händen, schichteten sie das Holz im Halbkreis um das Lager, das sich an die Steilwand der Mulde anlehnte. Dann bemühten sie sich, mit Hilfe eines brennenden Astes den Holzstoss zu entzünden. Ihre Augen tränten, sie husteten im wirbelnden Rauch, der die Mulde wie Nebel anfüllte. Als das schauerliche Geheul nunmehr über ihnen am Muldenrand ertönte, spürte Carrie, wie ihr der Schweiss aus allen Poren trat. Wahnsinnig vor Angst rissen die Maultiere an ihren Halteseilen. Digum stiess ein schrilles Wiehern aus. Endlich loderte der Holzstoss auf, prasselnd und funkensprühend liessen die Flammen die Mulde in blutrotem Licht erglühen. Im zuckenden Helldunkel sah Carrie helle Punkte aufleuchten, immer zwei nebeneinander, dem kalten Licht phosphoreszierender Steine ähnlich.

Die Wölfe schwiegen jetzt, als wollten sie ihr Vorrücken

verheimlichen, aber Carrie spürte, dass sie sich aus mehreren Richtungen anschlichen. Karma löste ihre Peitsche vom Sattelknopf und scharrte fieberhaft im Schnee; sie suchte einen geeigneten Stein, den sie an der Peitsche festknüpfte. Tschensal Tashi eilte hustend hierhin und dorthin, um das Feuer zu schüren. Im flackernden Feuerschein sahen sie drei schmale, graue Schatten über den Boden huschen. Der Rimposche ergriff ein brennendes Aststück, schwang es im Kreise und liess es in hohem Bogen in die Richtung der Raubtiere fliegen. Es zerteilte den Nachthimmel gleich einem Kometen und schlug funkensprühend auf. Wohl verschwanden die Wölfe aus dem Gesichtskreis der Flüchtlinge, sie tauchten aber kurz danach aufs neue unweit der Maulesel wieder auf. Digum wieherte zornig, die Ohren flach angelegt. Er richtete sich fast senkrecht auf, seine Vorderhufe schlugen aus in wildem Wirbel. Ein dumpfer Aufschlag, ein klägliches Jaulen: einer der Wölfe flog durch die Luft, sich mehrmals überschlagend, und verschwand in der Dunkelheit.

Im selben Augenblick sah Tschensal Tashi in nächster Nähe einen huschenden Schatten, der die Grösse und das Aussehen eines Hundes hatte; der Rimposche blickte geradewegs in die starren, grünlichen Pupillen und sah die fletschenden, elfenbeinfarbenen Reisszähne. Der Mönch griff mit nackter Hand in den Feuerstoss, fasste einen glühenden Ast und schlug ihn mit aller Kraft auf die aufgerissene Schnauze. Der Wolf duckte sich, warf sich heulend herum und floh ins Dunkel der Nacht.

Ein rauhes, wütendes Kläffen zerriss die Luft. In der schnellen Wechselfolge von Licht und Schatten sah Carrie, wie sich ein Wolf in die Hinterhand eines der Maultiere verbiss und nun versuchte, den wildausschlagenden Maulesel aus dem Kreis des Feuerscheins zu zerren. Digum wieherte, seine Hufe schlugen den Boden, der Wolf aber verstand es, seinen Schlägen auszuweichen ohne sein Opfer preiszugeben. In dieses wilde Durcheinander hinein sprang Karma mit schwingender Peitsche. Das Leder durchschnitt pfeifend die Luft, der eingeknüpfte Stein schlug dumpf auf den Kopf des Wolfes mit solcher Wucht, dass Karma in vollem Schwung stürzte. Das Raubtier erschlaffte, seine Fangzähne lösten sich, wie leblos blieb es liegen. Blut rann dem Packtier in

breitem Fluss über die Hinterhand, klaffend stand die Biss-
wunde offen.

Als wär's ein Spuk gewesen, zogen sich die Wölfe wie auf
Kommando zurück. Aus einiger Distanz erklang nochmals
ein Heulen aus der Finsternis. Trotzdem wurde es bei den
Maultieren nicht ruhig, noch immer zerrten sie ungestüm an
den Halteseilen. Der erschlagene Wolf lag lang ausgestreckt
im Schnee, es schien, als hätte der Stein ihm den Schädel zerschmettert. Das Mädchen hatte sich wieder aufgerichtet.

«Er muss weggeschafft werden», sagte Karma, «sonst beruhigen
sich die Maultiere nicht!» War es das flackernde Licht oder
eine Sinnestäuschung: Sie hatte den Eindruck, als hätte sich
der Wolf zuckend bewegt. Blitzschnell zog sie ihren Dolch,
stürzte mit zwei, drei Schritten auf das Raubtier und stiess
ihm mit unglaublicher Wucht die Klinge bis an den Griff in die
Kehle. Ein Zucken durchlief den Körper, die Läufe krümm-
ten sich im Todeskampf, Blut sprudelte in den Schnee und
bildete rasch eine rote Lache. Zu Carries massloser Ueberraschung beugte Karma ihre Knie, zog den Dolch aus dem
Kadaver und reinigte ihn gelassen mit Schnee, als wäre das
ihr Handwerk.

«Wie . . . hast du das nur wagen können?» stotterte Carrie.

«Ich hatte keine andere Wahl!» erwiderte Karma ruhig.
«Nur: wir müssen das tote Tier von hier wegtragen, und
zwar möglichst weit weg! Wenn der Rest des Rudels zurückkommt, werden sie sich erst auf den Kadaver stürzen
und ihn zerreissen. Das kann uns eine kurze Frist geben oder,
wenn wir Glück haben, die Rettung bedeuten.»

Der eisige Wind trocknete den Schweiss an Carries Schläfen.
Sie betrachtete die Freundin — ihr war, als sei sie ihr heute
zum ersten Mal wirklich begegnet. Erstaunt entdeckte sie
unter Karmas geziert-raffiniertem, oberflächlichen Auftreten
die ursprüngliche Wildheit der tibetischen Krieger von einst.
Die Worte des Generals Sri Rahendra kamen ihr in den
Sinn. ‹Die Tibeter›, hatte er gesagt, ‹sind eines der härtesten
Völker der Erde.›

Tschensal Tashi lehnte schwer atmend am Steilhang; Schweiss
rann ihm über das Gesicht. Die Anstrengung, das Feuer zu
unterhalten, hatte seine Kräfte offensichtlich erschöpft.

«Komm, hilf mir den Wolf fortzuschaffen», sagte Karma zu

Carrie. Sie zeigte auf Digum und die Maultiere, die sich jetzt still verhielten. «Die Tiere sind ruhig, wir können unsere Mulde verlassen. Es besteht keine Gefahr mehr.»

Gemeinsam schleppten sie den Kadaver fort. Carrie hätte nicht erwartet, dass ein Wolfskörper so schwer sein könnte. Ein ekelerregender Moschusgeruch stieg den Mädchen in die Nase, im unsicheren Feuerschein sahen sie unter den hochgezogenen Lefzen das grausame Gebiss schimmern. Sie zogen den Kadaver an den Hinterläufen mühsam ins Unterholz, das sich dann und wann seiner Schneelast entledigte, die mit dumpfem Aufschlag auf den Boden klatschte und die Mädchen jedesmal zusammenzucken liess. Karma und Carrie verfingen sich im Dorngebüsch, Zweige schnellten ihnen ins Gesicht, und Bruchholz liess sie stolpern. Ein Wurzelstock stand ihnen im Weg, und da sie das Hindernis nicht überwinden konnten, beschlossen sie, den Wolf hier liegen zu lassen. Sie folgten der Schleifspur, die der Kadaver im Schnee hinterlassen hatte, und sahen bald den matten Feuerschein ihres Lagers durch das dünner werdende Gebüsch.

Karma untersuchte die Verletzungen des Maultieres und stellte fest, dass die Wunden nicht sehr tief waren. Um aber zu vermeiden, dass sie mit dem Traggestell in Berührung kamen, musste die Last neu verteilt werden.

Es war nicht an Schlaf zu denken; die Mädchen baten jedoch den Rimposche, sich auszuruhen, während sie Wache hielten. Um das Feuer kauernd, zerkleinerten sie Aeste und schürten die Glut. Tschensal Tashi schlief in seinen Mantel gehüllt. Pfeifend und röchelnd unterbrachen seine Atemzüge die nächtliche Stille.

Gegen Morgengrauen zeigten Digum und die Maultiere wieder Zeichen der Unruhe. Die Wölfe kamen zurück. Wie Karma vorausgesagt hatte, hielt sie der Kadaver vom Lager fern. Schaudernd hörten die Mädchen das Knurren und Gekläffe der Wölfe beim Streit um die Reste ihres toten Genossen.

«Es kann kein grosses Rudel sein», flüsterte Karma, «sonst wäre es uns niemals gelungen, sie in die Flucht zu schlagen.»

293

31

Nach dem Erlebnis mit den Wölfen vermieden sie es, die Nacht im Wald zu verbringen und versuchten rechtzeitig, eine Schlafstelle bei Bauern oder Hirten zu finden. Die Primitivität und Enge in den armseligen Hütten, in denen die Bewohner mit ihren Hunden, Ziegen und Hühnern auf der blossen Erde schliefen, war der Einsamkeit der Wälder vorzuziehen. Jedoch vermieden sie es, durch die Dörfer zu ziehen, sie streiften nur deren Randgehöfte. Doch stets fragten sie nach Neuigkeiten aus Lhasa, so oft sie mit Einheimischen ins Gespräch kommen konnten. Aber niemand wusste, was in der Hauptstadt vor sich ging, die Verbindungen waren vollständig abgebrochen. Sie vermieden auch die Benützung der Strasse, deren glitzernde Windungen man bisweilen zwischen Schnee und Himmel aus grösseren Entfernungen verfolgen konnte. Ihre Vorsicht machte sich bezahlt, als ein chinesisches Militärflugzeug die Piste abflog; im letzten Moment konnten sie mit ihren Reittieren in einem Dickicht aus Wacholderbüschen Deckung suchen, und erlöst atmeten sie auf, als die Maschine brummend in der Ferne verschwand.

Am Morgen des vierten Tages erreichten sie das Ufer des Brahmaputra. Abends zuvor hatten ihnen die Bauern, die ihnen Obdach gewährten, von der Benützung der Fähre abgeraten, da beidseits des Flusses chinesische Wachtposten Pässe und Gepäck kontrollierten.
«Es ist besser», meinte der Bauer, «einen abgelegenen Uebergang zu suchen und den Fluss schwimmend zu überqueren.»
Das lehmgelbe Wasser brauste und schäumte zwischen den flachen Ufern und brach sich quirlend an den Felsen, die dank des niederen Wasserstandes da und dort sichtbar wurden. Eine dünne Schneeschicht bedeckte die Kiesel des Flussbettrandes, der breit die dahineilenden Wasser säumte. Sie ritten flussabwärts, prüften immer wieder die Uebersetzmöglichkeit, bis Karma eine Sandbank entdeckte, die aus der Flussmitte ragte.
«Hier müssen wir übersetzen!» rief sie ihren Freunden zu.

«Gibt es keine flachere Stelle?» fragte Carrie fassungslos. Ihr schien das Unternehmen nicht geheuer.

«Weiter flussabwärts gibt es Stromschnellen. Anschliessend werden die Ufer steil und felsig. Es bleibt uns keine andere Wahl, als hier zu überqueren. Wir müssen es wagen ...!»

Carrie nahm ihren Mut zusammen und sagte mit verkrampftem Lächeln:

«Also gut, wenn es so ist, gehen wir!»

Sie entledigte sich ihrer Oberkleidung bis auf das Notwendigste und verknotete sie als Bündel auf dem Rücken. Nun lockerten sie die Sattelgurte, um den Tieren ein ungehindertes Schwimmen zu ermöglichen, und trieben sie Schritt vor Schritt ins Wasser. Die eisige Strömung rauschte, sie führte Bruchholz und Wurzeln mit sich. Der Wind warf kleine, schaumbedeckte Wellen auf. Mit zusammengebissenen Zähnen klammerte sich Carrie schlotternd an der Mähne fest. Das Wasser erreichte ihre Füsse, stieg die Waden hoch, erfasste die Knie — es war ihr, als ob tausend Nadeln sich ins Fleisch bohrten. Digum schritt langsam vorwärts, ohne jedes Zeichen von Unsicherheit, die Maultiere folgten gehorsam.

«Alles in Ordnung?» schrie Karma durch das Tosen.

«Ich sterbe vor Kälte!» gab Carrie zur Antwort. Ein Stoss erschütterte sie, es spritzte und schäumte. Der Hengst hatte den Boden unter den Hufen verloren. Carries Atem stockte, sie hörte nur noch das Brausen des Flusses und das heisere Keuchen Digums, der mit gleichmässig-kräftigen Bewegungen schwamm.

Die folgenden Minuten kamen ihr vor wie eine unendliche Ewigkeit. Ihr schien, als hätte sie keine Füsse mehr, längst wohl waren sie abgefroren, und ihren Herzschlag fühlte sie bis in den Hals hinauf. Endlich spürte sie, dass der Hengst Halt gefunden hatte, er richtete sich mit einem Ruck auf und gewann schnaubend und prustend das kieselbesäte Ufer. Auch die Maultiere kamen eins ums andere an Land, sie schüttelten sich, soweit es ihre Traglast zuliess. Die beiden Mädchen trockneten sich gegenseitig ab. Eilig zogen sie sich an. Ihre grosse Sorge galt dem Gepäck und den Vorräten. Ein grosser Teil der Proviantballen war feucht geworden; sie mussten die Vorräte auspacken und an der Sonne trocknen, ehe sie an die Weiterreise denken konnten.

Kurz vor der Abenddämmerung erreichten sie eine kleine Siedlung, die sich in der Flussniederung versteckte. Rauch stieg über den kleinen, eng beieinander liegenden Häusern empor. Am Dorfeingang begegneten ihnen Hirten, die eine dürftige Yakherde heimwärts trieben. Die Tiere stampften gesenkten Hauptes gelassen durch den Schnee; leise sangen die Silberglöckchen ihrer Geschirre. Aus geweiteten Nüstern entwich dampfend Atemluft, Eiszapfen hingen an ihren Zotteln. Der Bauer, der ihnen diesen Abend Gastfreundschaft gewährte, schien einigen Einfluss zu besitzen. Sein Haus war aus luftgetrockneten Ziegelsteinen gebaut, mit behauenen Rundhölzern gedeckt und weiss getüncht. Am Eingang wehten an einem Bambusmast neue Gebetsfahnen.

Am Boden sitzend, tranken die Flüchtlinge Tee und rieben die erstarrten Hände über einem mit Glut gefüllten Kupferbecken. Die Bäuerin klopfte und rollte den Teig für den Tsampa, während ein Mädchen Fleisch über der Glut briet. Der Bauer sass mit über der Brust verschränkten Armen bei ihnen. Sein Gesicht zeigte in seltsamer Mischung ängstliche Bestürzung und gleichzeitig wohltuende Erleichterung, während er den dreien die letzten Neuigkeiten aus der Hauptstadt berichtete. Sie waren ihm noch am selben Morgen von einem aus dem Norden kommenden Maultiertreiber zugetragen worden. Danach hatten die Khampas das Hauptquartier der Chinesen angegriffen. Teile der Stadt fielen unter dem Beschuss der Artillerie in Schutt, und Panzer hatten zu Füssen des Potala Stellung bezogen.

Tschensal Tashi erbleichte.

«Und Seine Heiligkeit, der Gyaipo-Rimposche? Ist Seiner Heiligkeit etwas geschehen?»

Der Bauer legte mit leicht selbstgefälligem Lächeln eine Pause ein. Er brannte darauf, weiter zu erzählen, aber er genoss es auch, die hohen Persönlichkeiten, die seine Gäste waren, mit so viel hilfloser Angst seinen Neuigkeiten lauschen zu sehen.

«Seine Heiligkeit ist geflohen!» verkündete er endlich. «In diesem Augenblick begleitet ihn ein treu ergebenes Geleit an die Südgrenze!»

«Was sagst du da — ?» rief Karma erschüttert.

Der Bauer blickte sie wichtig-betulich an; er war sich offenbar der Bedeutung seiner Aussage bewusst.

«Man sagt, Seine Heiligkeit hätte durch einen geheimen Gang, der ihn an den Fuss der Lhasa abgewandten Bergseite gebracht hätte, den Potala verlassen. Die Götter waren seiner Flucht wohlgesinnt, denn sie schickten zu jenem Zeitpunkt ein schreckliches Unwetter. Getreue hätten ihn begleitet und zur Sommerresidenz geführt, wo Ergebene in aller Heimlichkeit eine kleine Karawane bereitgestellt hätten. Im Schutze des Unwetters habe er den Stadtbezirk Lhasas verlassen können, ohne dass es die Chinesen merkten.»

«Den Göttern sei Dank!» murmelte Tschensal Tashi, und seine Augen glänzten, als hätte er Fieber. «Tibet wird gerettet, weil der Wahrer unseres Glaubens den Eindringlingen entrinnen konnte!»

Der Bauer erzählte weiter, die Chinesen seien von den Khampas angegriffen worden und hätten zur Verstärkung Truppen aus den Grenzregionen anfordern müssen. Eine Schar Khampas hätte einen Gebirgspass besetzt und drei chinesische Lastwagen, die des Weges kamen, beschossen. Zwei Lastwagen seien durch eine Explosion zerstört und ihre Insassen getötet worden. Den dritten Lastwagen hätten sie nach der Niedermetzelung der Besatzung ausgeraubt und in die Schlucht gestürzt...

Carrie erhob sich. Sie verliess das Haus. Ihre Beine zitterten, ihr Mund schien ausgetrocknet. ‹Die Khampas provozieren den Krieg›, überlegte sie. ‹Die Chinesen werden in erster Linie die Grenzen schliessen und Strassen und Pisten sperren und jeden Verkehr unterbinden... Was wird mit uns geschehen —?›

Ein Zicklein irrte durch den Schnee und meckerte ängstlich. Zaghaft schmiegte es sich an Carries Beine. Sie streckte die Hand aus, streichelte das rauhe Fell und spürte auf der Stirn die harten Höcker der Hörner. Plötzlich ward ihr bewusst, dass sie weinte. Tränen rannen ihr über die Wangen, und sie tat nichts dagegen. Die Angst machte sie schwach und zaghaft, gerade jetzt, wo sie ihren ganzen Mut nötiger denn je brauchte. ‹Das Krankenhaus hat keine strategische Bedeutung›, dachte sie, ‹es liegt ausserhalb der Kampfzone. Die Khampas greifen doch wohl keine Kranken und Verwundeten an. Als Arzt ist Cheng Li in Sicherheit. Es besteht überhaupt keine Gefahr, wirklich nicht!› Immer wieder sagte sie diesen Satz vor sich hin, als wollte sie ihn ins Bewusstsein gravieren. Sie fühlte die beissende Kälte des Nordwindes, die Wärme des mageren Zickleins, den salzigen Geschmack der Tränen auf ihren Lippen. Federwolken zogen über den Himmel, weiss und lila gerändert, und wo die Sonne weit hinten versunken war, blutete der Horizont wie aus tausend Wunden.

Sie verliessen das Dorf bei Tagesanbruch. Vor ihnen bauten sich die Steilhänge auf, die sich auf der Südseite des Brahmaputra himmelwärts türmen und nur eine schmale Lücke in der trutzigen Felsbarriere offen lassen: den Kamba-pass. Der Himmel war klar, aber ein eiskalter Wind fegte durch das Tal des Flusses, der hier den Namen Tsangpo trägt; der Sturm pfiff durch die Bäume des Krüppelwaldes und heulte in den Schluchten. Als das Sonnenlicht einen Gipfel nach dem andern erfasste, hatten sie schon die Hälfte des Anstieges zur Passhöhe hinter sich. Carrie ritt an der Spitze. Der Hengst war ausgeruht und kam mit kraftvoll-regelmässigen Schritten mühelos vorwärts. Von Zeit zu Zeit drehte sie sich besorgt nach Tschensal Tashi um. Der Rim-posche sass zusammengesunken auf seinem Sattel; er hatte eine sehr schlechte Nacht verbracht, und Carrie fragte sich, ob wohl seine Kräfte ausreichen würden, um diese Etappe durchzustehen. Karma ritt als letzte, sie führte die beladenen Maultiere am Zügel.

Mit zunehmender Höhe wuchs auch der Sturm, er entwik-kelte sich zum Orkan. Die Wucht der Windstösse zwang die Reittiere zu langsamer, sichernder Gangart, oft von Halten unterbrochen, in denen sie sich zitternd gegen den pressenden Druck stemmen mussten. Sie hatten nicht selten Mühe, im Gleichgewicht zu bleiben. Carries Gesichtshaut war schmerz-haft gespannt und an einigen Stellen bereits aufgesprungen. Ihre Lippen waren geplatzt und bluteten, und sie fühlte kaum noch ihre Hände. Die Piste führte immer höher, durch Schneefelder und über Geröllhalden: Stufe um Stufe stieg der Felswall, immer wieder baute sich ein neuer Steilhang vor ihnen auf. Zur Rechten erhob sich eine Felswand, sie war so schwarz, so ebenmässig, dass sie wie polierter Feuer-stein glänzte. Die Spur lief in kurzen Serpentinen auf sie zu, setzte sich dann auf schmalen Vorsprüngen steigend weiter,

298

während sich linker Hand eine enge, wildzerklüftete Schlucht zu Füssen der Wand auftat. Gefrorene Schneemassen hatten sich wie ein bizarrer Sturzbach auf ihrem Grund angehäuft. Sie glitzerten zwischen den schwarzen Felsen mit blau-grünem Leuchten. Mit äusserster Vorsicht setzte Digum Huf vor Huf, trotzdem rutschte er gelegentlich auf dem Eis oder dem glattgeschliffenen Gestein aus. Mit seinem Instinkt schien das kluge Pferd begriffen zu haben, dass ein einziger Fehltritt den Sturz und damit den Tod bedeuten musste.

Als Carrie sich wieder einmal nach Tschensal Tashi umschaute, sah sie, wie er mit allen Anzeichen von Atemnot auf den Hals seines Maultieres kippte. Auch Karma hatte im selben Moment den Blick gehoben und sogleich die gefährliche Situation erkannt. Blitzschnell sprang sie aus dem Sattel und stürzte auf den Kranken zu, der jetzt, einer Ohnmacht nahe, aus dem Sattel glitt. Keuchend presste Karma die zusammengesunkene Gestalt an die Felswand. Auch Carrie war vom Pferd gestiegen; sie kletterte zu Tschensal Tashis Maultier hinunter, durchwühlte fieberhaft dessen Satteltaschen, um das Medikament Cheng Li's zu finden. Endlich hielt sie das Fläschchen in ihren klammen Fingern — ein Schrei entfuhr ihr: die Flüssigkeit war gefroren!

Chensal Tashis Gesicht lief blau an, er hatte die Augen weit aufgerissen. In den Felsen orgelte der Wind, er pfiff, schrie und heulte. Zitternd pressten sich die Maultiere an die Felswand, bewegungslos, den Kopf ergeben gesenkt. Auch Digum stand wie aus Erz gegossen auf dem schmalen, steilen Pfad, mit gespreizten Beinen und gespannten Flanken trotzte er der Wucht des Orkans.

Karma hatte den Rimposche in eine bequemere Lage gebracht, und Carrie stützte seinen Kopf. Endlich schien die Krise abzuflachen, eine wächserne Blässe verdrängte die blaue Farbe aus Tschensal Tashis Gesicht. Seine Nasenflügel waren stark eingefallen, spitz standen die Backenknochen über den Wangen und gaben ihm das Aussehen eines alten Mannes. Schweissperlen standen ihm auf der Stirn, erschüttert trocknete sie Karma mit einem Stoffetzen. «Tschensal Tashi Rimposche! Wir können nicht hierbleiben, wir müssen weiter ...» Ihre Worte verloren sich im Pfeifen des Windes. Sie wiederholte verzweifelt: «Wir müssen weiter! Können Sie in den Sattel steigen?» Er nickte. Seine Zähne schlugen klappernd aufeinander. Schwerfällig löste er sich aus seiner Lage, stand mit schwankenden Beinen auf, von den beiden Freundinnen sorgsam gestützt, zitternd machte er einen zaghaften Schritt, dann noch einen. Einer plötzlichen Eingabe folgend schlug Carrie vor: «Ich überlasse ihm Digum und führe das Pferd am Zügel. Der Sattel ist bequemer als jener der Maultiere.»

Karma stimmte zu. Sie zogen und schoben den Kranken zu Digum hin, doch ehe sie das Pferd erreichten, mischte sich plötzlich ein polterndes Rollen in das Heulen des Windes. Carrie hob den Kopf: Entsetzt sah sie Steine von Absatz zu Absatz in die Tiefe springen. Von Fels zu Fels hüpfte und sprang der Steinschlag in wilden Kaskaden über ihnen. Es war, als würde die ganze Felswand lebendig. Carrie warf sich gegen Tschensal Tashi und drückte ihn mit ihrem Gewicht gegen die Felswand. Sie schützte ihren Kopf mit beiden Armen, während die Brocken prasselnd und pfeifend an ihnen vorübersausten; gelegentlich zerbarst einer mit sirrendem Knall neben ihnen auf dem Pfad. Carrie verspürte einen harten Schlag an der Schulter. Ein schneidender Schmerz raubte ihr den Atem. Sie presste sich gegen die Wand.

Die erschreckten Maulesel stiessen gegen die Felsen, das Gepäck schleifte alsbald über das Gestein, Säcke und Ballen blieben hängen, Seile und Gurte rissen, verhakten sich und zwangen die Tiere zum Verharren.

Auch Digum hatte versucht, sich vor dem Steinhagel in Sicherheit zu bringen; instinktiv war er zur Seite gewichen. Als ihn ein Stein an der Flanke streifte, bäumte er sich auf. Seine Hufe rutschten auf dem Eis, er fand keinen Halt mehr. Er versuchte, sein Gleichgewicht wieder zu finden, doch sein rechtes Bein trat ins Leere. Einen Augenblick lang schien der Hengst am Rande des Abgrundes zu schweben. Seine zum Zerreissen angespannten Muskeln versuchten den rettenden Sprung. Da traf ihn ein harter Windstoss, er verlor den letzten Halt — seine Hufe schlugen verzweifelt ins Leere. Hochaufgerichtet schlug er mit der Kruppe auf der äusseren Wegkante auf, Schnee stob hoch, Geröll rutschte weg. Ein seltsamer, fast menschenähnlicher Seufzer entwich seiner Brust, er machte eine Viertelsdrehung um sich selbst

und stürzte in die Tiefe. Seine weisse Mähne leuchtete auf wie Meeresschaum, dann war er plötzlich verschwunden...
Karmas Aufschrei mischte sich mit dem Getöse des Absturzes, dem Poltern mitrutschenden Gesteins und dem Heulen des Orkans. Keuchend beugte sie sich über den Abgrund. Carrie packte die Freundin und zerrte sie zurück. Vor ihren Augen schienen die Berge zu wanken, die Schlucht ihr entgegenzustürzen. Sie hörten den dumpfen Aufprall, dann sahen sie Digum rückwärts eine Eisrinne hinunterschiessen, die sich rot färbte. Am Gegenhang schlug er auf, Schnee und Eis spritzten hoch. Ein letztes Zucken durchlief den Körper des Hengstes, dann blieb er unbeweglich und starr in verkrümmter Haltung liegen. Blutrot begann sich die Mulde zu färben. Schnee rieselte noch immer die Rinne hinunter, vermischt mit Geröll, den toten Digum Stück um Stück bedeckend. Dann hörten auch die Schneerutsche auf, und nur noch der Wind heulte klagend durch die Talung.
Langsam wandte Carrie den Kopf zur Freundin hin: Karma war totenbleich, ihre Augen schreckgeweitet, der Blick starr. Plötzlich stand Tschensal Tashi neben ihnen. Er warf einen Blick in den Abgrund, schaudernd wich er zurück. Seine Arme umschlossen Karma, verzweifelt drückte er sie an sich. Seine Hand glitt zärtlich über ihr Gesicht, legte sich über ihre Augen und hinderte sie, in die Tiefe zu blicken.
Stumm vor Entsetzen kämpfte Carrie gegen das Würgen in ihrer Kehle, gegen Tränen, die ihren Blick umflorten. Es war schlimmer als der schlimmste Albtraum: Digum, der edle Hengst war tot! Nachrutschender Schnee hatte ihn nun bedeckt, wie eine Pyramide lag er auf dem zerschundenen Körper, nur zwei Fesseln mit schwarzen Hufen ragten noch aus dem eisigen Grab. Carries Blick schweifte in die Runde, unauslöschlich prägte sich die herbe Wildheit dieses Ortes in ihr Gedächtnis, und noch Jahre später erinnerte sie sich jeder Einzelheit von Digums Todesstätte mit fotografischer Genauigkeit. Der glitzernde, blaubeschattete Schnee zwischen den himmelhochragenden schwarzen Felswänden war als kristallener Sarg der Schönheit Digums würdig...

301

Sie hob zaghaft die Hand, legte sie behutsam auf Karmas Schulter. Die Freundin zuckte trotz der sanften Berührung

erschreckt zusammen und schaute sie aus leeren Augen an.
«Wir müssen weiter . . .», sagte Carrie.
Karma blieb stumm. Sie rührte sich nicht, nur der Wind liess
sie ein wenig schwanken, er spielte in ihren Haaren, als
wollte er sie trösten. Flehend suchte Carries Blick jenen von
Tschensal Tashi. Sie sah ihn die Hände falten, den Kopf sen-
ken. Seine Lippen bewegten sich zitternd in lautlosem Gebet.
Auch Karma faltete die Hände. Sie schloss die Augen, hob
die Arme und presste die Finger gegen den Mund, um ein
krampfhaftes Zittern zu unterdrücken. Stumm, wie erschla-
gen kauerten sie am Abgrund, die Zeit zerrann im Toben des
Sturmes; sie spürten weder die Kälte noch sahen sie das
Wachsen der Schatten. So verging eine unendliche Weile.
Endlich hob Karma den Kopf. Es war, als hätte das Gebet
ihr Mut eingeflösst und auch die Kraft, das Entsetzen zu
bewältigen. Ihre stockende Stimme überwand das Brausen
des Windes:
«Wir brauchen einen Maulesel als Reittier . . . wir müssen . . .
das Gepäck abladen und auf die andern Tiere verteilen . . .»
«Ich werde mich darum kümmern», antwortete Carrie.
«Ich helfe dir!» sagte Karma. Gegen ihren Willen schweifte
ihr Blick zu der Stelle, an der Digum das Gleichgewicht
verloren hatte. Man sah im Schnee noch Abdrücke seiner
Hufe neben der Stelle, wo er rutschte, die von nacktem,
leergefegtem Gestein markiert war.
«Schau bitte nicht mehr in die Schlucht!» flehte Carrie, «ich
bitte dich: schau nicht mehr hinab . . .!»
Karma presste die Zähne aufeinander. Ihre Augen bildeten
nurmehr einen schmalen Schlitz, von Wimpern eingefasst,
an denen Tränen hingen. Mit einem Ruck richtete sie sich
auf und ging mit schwankenden Schritten auf die Maulesel
zu, löste die Tragriemen und begann das Gepäck abzuladen.

32

Auf der Verandatreppe kauernd liess Rama Singh seinen Drachen in die blaue Lieblichkeit des Abends steigen und empfand wie jeden Tag die ungewohnte Freude des Alleinseins. Seit einer Woche hatten die Amerikaner, die Carrie's Haus in Miete bewohnten, Darjeeling verlassen, um in Kalkutta einige Ferientage zu verbringen. Rama Singh genoss die wiedergefundene Stille, den Frieden, der so wohltuend war wie der Duft seiner Zigaretten. Kein Schreien, kein Lärm, keine Basketschuhe auf dem Rasen, keine Stapel von Zeitungen auf den Tischen und keine strohblonden Haare mehr in den Waschbecken!

Im Halbdunkel leuchtete der Kantschindschinga wie eine riesige goldene Woge. Die Luft roch nach warmem Gras und Holzrauch. Die Wicken blühten weiss und rosa; in den Rhododendronbüschen sangen die Meisen. Von seinem Lieblingsplatz aus sah Rama Singh jenseits der Hecke Frauen, die mit Krügen auf dem Kopf vom Brunnen kamen, und einen Jungen auf dem Fahrrad, der im Zickzack mitten durch eine meckernde Ziegenherde fuhr. Ein tibetischer Flüchtling im langen, gefütterten Mantel kam schleppenden Schrittes daher. Jeden Tag sah man jetzt neue Jammergestalten dieser Art, seit der Aufstand jenseits der Grenze ausgebrochen war. Es gab überhaupt keine Verbindung mehr mit Tibet. Alle Telegrafenleitungen waren unterbrochen. Die schlimmsten Gerüchte wurden weitererzählt. Man sagte, Klöster seien geplündert und in Brand gesteckt worden, es hätte Massenmorde und Deportationen gegeben. Man erzählte, Lhasa sei mit Mörsern beschossen worden, Panzerwagen hätten den Potala und den Norbulinka-Palast angegriffen. Der Dalai-Lama sei bei Nacht von Freunden in Sicherheit gebracht worden. Man sagte, er habe bereits in Chutangmo die Grenze überschritten und in Indien Asyl gefunden. Man erzählte auch ... aber was erzählte man nicht?

Rama Singh seufzte. Er machte sich Sorgen um Carrie. Würde ihr englischer Pass genügen, damit sie sicher und wohlbehalten heimkehren konnte? ‹Sie hätte nicht fortgehen sollen›, dachte er bekümmert.

Der tibetische Flüchtling war vor dem Gitter stehen geblieben. Er schien zu zögern. Rama Singh wunderte sich darüber. Würde er um ein Almosen bitten? Im Allgemeinen bettelten die Flüchtlinge nicht. Irgend jemand schenkte ihnen immer ein Kleidungsstück oder einen Napf Reis. Aber dieser hier war wirklich unverschämt! Er drückte die Türklinke nieder und stiess das Gittertor auf... Rama Singh kniff die Augen zusammen und erhob sich langsam. Die Drachenschnur entglitt seinen Händen. Ein ungläubiger, fast klagender Ton entfuhr seinen Lippen:

«Carrie Baba...!»

Der Drache schwankte, stürzte ab und fiel auf den Rasen. Rama Singh rannte durch den Garten.

Carrie ging ziellos auf der Veranda hin und her. Ihre Hände berührten die Säulen, strichen über das Geländer. Ihr Schritt war schwankend und unsicher wie der einer Genesenden. Aus der Küche kam der Geruch nach Kaffee, Schinken und Toast. Ein vertrauter und doch für sie schrecklich ungewohnter Geruch. Als sie an diesem Morgen erwacht war, hatte sie sich lange verblüfft vor dem Spiegel betrachtet. Hohle Wangen, eine rauhe Haut, fieberglänzende Augen! Sie kannte dieses Gesicht nicht mehr! Aufmerksam hatte sie ihre aufgesprungenen, gelbgewordenen Handflächen und die verhärteten, viel zu langen Nägel angesehen. ‹Nägel von Maultiertreibern› dachte sie, nahm eine Schere und begann sie abzuschneiden.

Rama Singh erschien mit dem Frühstückstablett. Schweigend deckte er den Tisch. Carrie betrachtete die Schinken-Eier, die Toast-Brote, die Orangenkonfitüre. Das Wasser lief ihr im Mund zusammen, aber sie verspürte keinen Hunger. Sie fühlte sich seltsam gelöst, noch nicht an ihrem Platz, fremd im eigenen Hause. Sie würde auf jeden Fall anderswo hingehen müssen. Die Amerikaner würden zurückkommen; das Haus war ja auf ein Jahr vermietet worden, die Sachen der Mieter lagen noch überall herum. Carrie hatte sich vorgenommen, der Neugierde und dem aufdringlichen Mitleid dieser Leute aus dem Weg zu gehen. Auch ins College würde sie nicht zurückkehren; sie würde niemals Englischlehrerin werden. Morgen oder übermorgen wollte sie Miss Sullivan einen Besuch machen, ihr ihren Entschluss mitteilen und ihr sagen, dass auch Karma ihre Studien nicht fortsetzen werde. Sie hörte schon den ungläubig-entsetzten Ausruf: ‹Gerechter Himmel, aber warum denn? Ein so intelligentes, so begabtes Mädchen! Unsere beste Schülerin!›

Carrie verzog den Mund. Sie würde es nicht vermeiden können, sie musste Fragen beantworten, reden, erklären . . .!

Aber wie von einer Flucht erzählen, die mehr war als eine abenteuerliche Ueberquerung der hohen Berge, die auch ein Fliehen vor der Vergangenheit in die Zukunft war, die von einem Leben in ein anderes führte? Wie dem Wüten der Stürme, der wilden Grausamkeit der Berggipfel, der Oede der Hochebenen, den Schrecken des Krieges ihren wahren Sinn geben? Die Lamas waren eingekerkert worden; viele Mönche waren geflüchtet. Wie Tschensal Tashi's Verzweiflung beschreiben, die sich zur Qual seiner Krankheit gesellte? Um ihren Lebensunterhalt zu bestreiten, hatte Carrie ihre letzten Geldreserven geopfert. Dann verkauften sie einige kleinere Schmuckstücke, die Karma in den Saum ihres Gewandes eingenäht hatte. Endlich musste Carrie auch ihre Armbanduhr und ihren Pelzmantel um eines Vorteils willen gegen einen fettigen Ueberwurf aus Ziegenfell eintauschen, der kaum gegen die Kälte schützte. Wozu beschreiben, mit welcher Erbitterung, Hartnäckigkeit und List sie immer wieder versucht hatten, die Grenze bei Nacht zu überschreiten und die Kontrollposten zu umgehen? Miss Sullivan, die ja über nur wenig Phantasie verfügte, würde glauben, sie erzähle Lügengeschichten. Ohne Geld, ohne den geringsten Gegenstand, den sie hätten verkaufen können, hatten sie schliesslich das friedliche Sikkim bettelarm durchquert.

‹Aber wie haben Sie überhaupt Indien erreichen können?› würde Miss Sullivan entsetzt fragen. ‹Sie haben doch nicht etwa auf den Strassen gebettelt?› Nein, sie hatten nicht gebettelt, aber mehrmals waren sie nahe daran gewesen. Einmal hatten sie um ein wenig Wasser für Tschensal Tashi gebeten. Der Bauer hatte sie in seine Hütte eintreten lassen, ihnen Suppe, Reis und Tee angeboten.

In Kalimpong hatte ihnen ein indischer Kaufmann, der ebenfalls aus Lhasa geflüchtet war, mitgeteilt, dass Karmas Vater tot sei. Selbstmord, hiess es offiziell, aber niemand glaubte daran. Auch Yangzom Dolma war verhaftet worden und stand unter der Anklage, Aufständische beherbergt zu haben. Chimey Sangmo und Metok Lhamo hatte man gezwungen, auf einem Bauplatz zu arbeiten. Sie lebten im Elend und in völliger Verlassenheit. Ani Pema hatte Tsering Wang-du retten können, indem sie ihn für ihren Enkel ausgab. Sie war mit dem Kind in ihr Dorf, irgendwo in den nördlichen Regionen, geflüchtet. Was aus ihnen geworden war, wusste man nicht. Der Inder erzählte noch, das Haus sei nicht von Granaten getroffen worden und werde jetzt als Quartier der Besatzungstruppe benützt.

Carrie setzte sich und schaute unverwandt auf die Kaffeekanne. Die Schinken-Eier wurden kalt; eine Biene summte über der Konfitüre. Karma's und Tschensal Tashi's Bild stiegen vor ihrem Auge auf, so wie sie sie am Morgen ihrer Abfahrt nach Darjeeling beim Abschied gesehen hatte. Karma trug einen tibetischen gestreiften Faltenrock und darüber eine Tunika. Ihr ungeschminktes Gesicht erschien streng und abgeklärt, ohne jede Spur ihrer früheren fröhlich-unbekümmerten Selbstsicherheit. Tschensal Tashi stand neben ihr, mit gelassenem, heiterem Lächeln. Die Krankheit höhlte seine Brust, liess seine Schulterblätter hervorstehen und gab ihm das seltsame Aussehen eines jungen Greises. Er war mit der granatfarbigen Kutte der Lamas bekleidet, die einen Arm nackt liess. Um sein mageres Handgelenk hing eine glatte, schon abgenützte Gebetsschnur mit Holzperlen. Die Behandlung, die er im Krankenhaus von Kalimpong begonnen hatte, verschaffte ihm Erleichterung, schwächte ihn aber sehr. Carrie erinnerte sich, wie sie die beiden so ähnlichen und doch voneinander so verschiedenen Menschen lange betrachtet hatte. Sie standen an der Grenze zwischen der toten Vergangenheit, dem zerbrechlichen Heute und der ungewissen Zukunft. Konnten ihre Gefühle, um die Carrie allein wusste, verdeckt und unterdrückt bleiben von Forderungen einer Pflicht, an die sie vielleicht eines Tages nicht mehr glauben würden? Und Carrie hatte lange nachgedacht über die Zeit, die dahinfliesst wie ein grosser Strom, von Geschlecht zu Geschlecht, und die von Menschen geschaffenen Behausungen, seine Träume, Ueberzeugungen und stolzen Erkenntnisse überflutet und mit sich hinweg schwemmt.

‹Welch tragische Geschichte!› würde Miss Sullivan sagen und vielleicht eine Träne zerdrücken. ‹Was soll aus den beiden werden? Haben sie wenigstens Vermögen?›

In dieser Beziehung gab es keine Probleme. Die Familie Tethong besass Güter in Indien, und die tibetischen Klöster hatten etwas Geld im Ausland angelegt. Die Lamas waren immer gute Geschäftsleute gewesen! Nein, für Karma und Tschensal Tashi stellte sich die Lebensfrage anders: Wie konnten sie weiterleben, ohne die tiefen Wurzeln, die sie mit Familie, Kindheit, Religion und Vergangenheit verbanden? Aber Karma und Tschensal Tashi waren starke Menschen, jeder auf seine Weise.

«Jedes Leben, das sich an das vorhergehende reiht», hatte der junge Rimposche gesagt, «ist nur eine neue Etappe der ewigen Reise.» Carrie erinnerte sich deutlich an sein Lächeln, an das warme Strahlen seiner kurzsichtigen Augen. «Der Glaube hilft uns, die Ereignisse des Lebens mit heiterer Seele anzunehmen; der Weg zum Licht ist lang und dunkel, die Suche nach der Wahrheit schwierig.»

‹Nach welcher Wahrheit?› hatte Carrie ziemlich hoffnungslos gedacht. ‹Die Wahrheit des Menschen, ist das nicht seine Schwäche, sein leerer Dünkel, sein stetes Verlangen nach Absolutem?›

Miss Sullivan würde vermutlich keinen Geschmack an diesen Fragen der Metaphysik finden. Und die Persönlichkeit des Tschensal Tashi Rimposche würde bei ihr nur auf Unverständnis stossen.

‹Aber Karma? Was wird sie tun, das arme Kind? Das beste wäre natürlich für sie, sobald wie möglich zu heiraten...›

‹Ich glaube nicht, dass sie daran denkt›, würde Carrie lächelnd antworten, ‹sie hat andere Sorgen!›

Eines Morgens hatte sie der Freundin in Kalimpong dieselbe Frage gestellt: «Was wirst du tun?» Karma hatte sie ruhig und nachdenklich angesehen, mit dem Blick eines Menschen, der seine Zukunft vor sich sieht:

«Ich muss in Kalimpong bleiben. Du fährst allein weiter. Ich kehre nicht nach Darjeeling zurück.»

Carrie hatte versucht, sie zu verstehen:

«Ja selbstverständlich. Dein Onkel und deine Tante wünschen, dass du bei ihnen bleibst ...»

Karma hatte nur ungeduldig den Kopf geschüttelt.

«Sie brauchen mich nicht. Es geht ... es geht um die anderen.»

«Wer ist das, die anderen?»

Karma hatte nicht sogleich geantwortet. Sie hatte sich zum Kohlenofen gewandt, um eine Zigarette anzuzünden. Sie rauchte viel in letzter Zeit, gierig, zerstreut ...

«Meine Mutter hat meine beiden Schwestern geopfert, obwohl ich im Gegensatz zu ihnen bereit war, das Los der Meinen zu teilen und zu sterben. Sie hat damit nach dem harten, unerbittlichen Gesetz eines Familienoberhauptes gehandelt. Verstehst du, Chimey Sangmo und Metok Lhamo hätten niemandem etwas nützen können.» Keine Spur von Rührung war in ihrer Stimme zu bemerken.

«Jeden Tag strömen neue Flüchtlinge herbei. An der Grenze müssen Auffanglager errichtet werden. Man wird sich um die Unglücklichen kümmern müssen, sie trösten, ernähren, ihnen Hilfe schenken. Man muss ihnen Arbeit verschaffen.» Plötzlich hatte ein bitteres Lächeln ihren Gesichtsausdruck verändert: «Schau mich nicht so an! Ich weiss, ich bin jung, jünger noch als du. Was liegt daran! Aber was ich vermag, will ich tun, um den Flüchtlingen zu helfen. Ich habe keine Angst vor Anstrengungen und Kampf. Ich bin zu allem bereit, wenn ich nur meinem Land dienen kann ...»

‹Meinem Land dienen›. Hatte nicht Cheng Li genau dieselben Worte gebraucht? Auch er handelte nach seinem Herzen, nach seinem Gewissen. Carrie führte ihre Hand zur Tasche ihrer Bluse und berührte durch den Stoff hindurch den Brief, den Cheng Li ihr anvertraut hatte.

‹Dieses junge Mädchen besitzt Mut und gesunden Menschenverstand in beachtlichem Ausmass›, würde Miss Sullivan sagen. ‹Ihre Mitwirkung wird für die Kontakte zwischen den Flüchtlingen und den grossen internationalen Wohltätigkeitsorganisationen sehr wertvoll sein. Schon sind die ersten Sendungen von Zelten, Nahrungsmitteln und Decken unterwegs zur Grenze. Die Gaben aus allen Teilen der Welt werden bald herbeiströmen.›

Sie würde schweigen und ihre Hände betrachten. Sie hätte nichts mehr hinzuzufügen. Oder doch? Sie würde den Kopf heben und sehr ruhig sagen:

‹Ich schicke Rama Singh vorbei; er soll den Rest meiner Sachen holen. Ich kehre nicht mehr ins College zurück.›

Miss Sullivan's Mund würde vor Verblüffung einen Augenblick offen stehen bleiben: ‹Ihre Studien wollen Sie aufgeben? Es war doch vorgesehen, dass Sie nächstes Jahr einen Posten als Englischlehrerin übernehmen sollten!›

‹Ich danke Ihnen›, würde sie höflich sagen. ‹Aber ich kann das jetzt nicht mehr annehmen.›

‹Aber was ist denn geschehen? Warum diese plötzliche Meinungsänderung?› Ganz rot vor Bestürzung würde Miss Sullivan ihren Haarknoten betasten. ‹Welches sind denn nun ihre Pläne?›

‹Meine Pläne?› würde sie friedlich antworten, ‹ich habe überhaupt keine!›

‹Ja, aber was wollen Sie denn sonst tun?›

‹Ich werde warten, das ist alles!›

33

Ein neuer Morgen strahlte über Darjeeling. Der Himmel war pastellblau, mild und klar. Kuhmist lag auf dem Strassenpflaster; vor den Türen der Häuser standen grosse Krüge. Die streunenden Hunde beschnüffelten die Opfergaben vor den Gebetshäusern: Reis, Samenkörner und Blumenblätter. Die Affen auf den Dächern der Pagoden stiessen schrille Schreie aus. Frauen wuschen sich am Brunnen und säuberten mit Seifenschaum ihre Kinder.

Der Laden war noch weiter entfernt als der Basar, in einem Stadtviertel, das Carrie nur selten betrat. In den eng aneinandergebauten Häusern befanden sich Buden, in denen handwerkliche Erzeugnisse, Saris und Lederwaren für die Touristen feilgeboten wurden. Mühelos fand sie den Ort, den sie suchte: einen winzigen Laden, überfüllt mit chinesischer Keramik, Nippsachen aus echter und falscher Jade, und Kultgegenstände. Carrie sah auch Bronzeglocken und tibetische Blockbücher, die aus aufeinandergeschichteten Blättern zwischen zwei Brettchen bestanden. Auch chinesische und indische Bücher gab es, auf denen eine dicke Staubschicht lag. Es roch nach Weihrauch, Tee und verschimmeltem Papier. Der Vorhang im Hintergrund des Ladens hob sich, und ein alter Chinese erschien. Im ersten Augenblick konnte Carrie in seinen Zügen keinerlei Aehnlichkeit mit Cheng Li entdecken. Dann betrachtete sie näher die Einzelheiten des feinknochigen Gesichtes, die ruhigen, durchdringenden Augen, bestimmte Falten des Mundes. Plötzlich überflutete sie die Erinnerung mit solcher Macht, dass sie kaum fähig war zu sprechen.

«Sind Sie Herr Cheng Wang?» stammelte sie.

Er verneigte sich mit steifer Höflichkeit und antwortete auf Englisch «Was kann ich für Sie tun?»

«Ich . . . bin Carrie Mason», sagte sie schüchtern. «Ich komme aus Lhasa».

Die braunen Augen musterten sie mit einem lebhaften und gleichzeitig unergründlichen Blick.

«Aus Lhasa?»

Er hob den Arm und schob den Vorhang ganz zur Seite.

«Bitte, treten Sie ein.»

Carrie folgte ihm in den Nebenraum. Ein schmaler Lichtstrahl fiel durch ein Luftloch. Ein Tisch stand da, zwei Stühle, ein Feldbett und Gestelle, auf denen Bücher und Teebüchsen aufgestapelt waren. Kisten und Packpapier lagen umher. In einer Vase steckte ein Zweig mit Pflaumenblüten. Cheng Wang wies auf einen Stuhl. Sie setzte sich mit steifen Knien.

«Wann haben Sie Lhasa verlassen?»

«Vor ungefähr sechs Wochen.»

«Hatten Sie Schwierigkeiten bei der Heimreise?»

Sie seufzte. Ein verzerrtes Lächeln erschien auf ihren Lippen, und sie bekannte müde und verzagt:

«Es war sehr hart.»

Er sass ihr gegenüber und betrachtete sie. Carrie konnte keine einzige Gefühlsregung auf seinem glatten, elfenbeinfarbenen Gesicht erkennen.

«Ich bringe Ihnen einen Brief», sagte sie. «Einen Brief Ihres

Neffen Cheng Li, der im Krankenhaus von Lhasa als Arzt arbeitet.»

Schweigend nahm er den Brief entgegen, entfaltete ihn sehr behutsam und begann zu lesen. Carrie wartete mit klopfendem Herzen und betrachtete seine blutleeren, knochigen Finger, die ein wenig zitterten. Endlich senkte er das Papier, legte es vor sich auf den Tisch und glättete es mit der Handfläche. Er schwieg noch immer, offenbar mit den Gedanken weit, weit weg. Bewegungslos sass er da. Nach langem Sinnen hob er die Augen, und sein Blick drang tief in den des jungen Mädchens.

«Miss Mason, ich muss Ihnen leider sagen, dass mein Neffe Cheng Li, nicht mehr am Leben ist.»

«Wie bitte? Was sagten Sie . . .?»

Seine Worte hatten keinen Sinn, überhaupt keinen! Auf jeden Fall waren sie nicht wahr. Alles war nur ein böses Missverständnis!

«Ein Granatsplitter hat ihn getötet. Bei der Bekämpfung der Aufständischen in Lhasa.»

Carrie war ohne jeden Gedanken; sie sass da, als wäre sie leblos. Schweigend, völlig verständnislos starrte sie den alten Mann an, Sekunde um Sekunde, die wie Minuten zählten. Eine bleierne Stille lag in dem kleinen Raum, in dem es plötzlich lautlos war wie in einer Isolierzelle. Endlich stand der Alte auf, mühsam, langsam, zitternd auf die Tischplatte abgestützt. Er schien plötzlich greisenhaft und gebrechlich. Carrie registrierte die Bewegung im Unterbewusstsein, kaum nahm sie wahr, dass er sich dem Gestell zuwandte und nach einem Kästchen griff. ‹Cheng Li tot — was sagte der Mann: Cheng Li tot?› Alle ihre wiederkehrenden Gedanken kreisten um diese drei Worte: Cheng Li tot . . . Cheng Wang klaubte zitternd ein Telegrammformular aus dem Kästchen und legte den englisch abgefassten Text vor Carrie auf den Tisch.

«Ich habe diese Botschaft erhalten, ehe die Telegrafenverbindung endgültig unterbrochen wurde. Man hat mich sofort benachrichtigt, denn ich bin sein nächster Verwandter.»

311 Sie sah das Telegramm vor sich, ohne die geschriebenen Worte zu erfassen, stumm, reglos: Cheng Li tot . . .

«Eine Woche später erhielt ich einen Brief meines Neffen», fuhr Cheng Wang mit brüchiger Stimme fort. Dann, nach einer langen Pause: «Er trug das Datum des Tages... des Tages... vor seinem Tod. Cheng Li teilte mir mit, dass er... Sie heiraten wolle, und bat mich, bis zu seiner Ankunft in Darjeeling für Sie zu sorgen.» Ein abgrundtiefer Seufzer entstieg des alten Mannes Brust. Nun er das Schwerste gesagt hatte, fuhr er in schneller Sprache fort: «Er wollte hierher kommen: er war im Begriff, seine Versetzung nach Indien zu beantragen...»

«Ich weiss», sagte Carrie mit dumpfer Stimme.

Sie starrte blicklos auf die Tischplatte. Plötzlich wurde alles in ihr und um sie herum schwarz und dunkel. Sie fühlte sich inmitten eines Wirbels, der sich unerbittlich schnell und schneller drehte, der an ihr zerrte und sie in die Tiefe zog. ‹Ich sterbe..!› dachte sie, ‹Cheng Li, ich komme zu dir..!› Sie fiel vornüber und schlug mit der Stirn auf den Tisch. Leere war um sie, bis sie fühlte, wie sie hochgehoben wurde. Cheng Wang, der Alte, nahm sie wie ein Kind auf seine Arme und trug sie auf das Feldbett. Es schwankte und rollte wie ein Floss. Endlich stand es still, die Kammer nahm wieder Gestalt an: Sie war nicht gestorben, so sehr sie es sich wünschte. ‹Mit dir, Cheng Li, im Grab liegen, den Mund voller Sand...› Vor ihrem Auge entstand das Bild des Krankenhauses, es entschwand, nun sah sie das Gesicht Cheng Li's, der ihr voll in die Augen blickte. ‹Von einer Granate getötet›, wiederholte ein Echo in ihrem Innern, ‹von einer Granate getötet... getötet... getötet...› Nie würde sie wissen, ob er sofort gestorben war oder ob er noch eine Spanne Zeit gehabt hatte zu leiden, ihr Bild vor Augen, an sie zu denken... als letzten Schmerz oder als letzten Trost vor dem endgültigen Nichts.

Jemand hob ihren Kopf und flösste ihr einen starken, bitterschmeckenden Trank ein. Ihre Kehle brannte. Ein Hustenanfall schüttelte sie.

«Beiben Sie bitte ruhig», sagte Cheng Wang mit weicher Stimme an ihrem Ohr, «gleich wird es Ihnen besser gehen.» Carrie drehte sich gegen die Wand, an der der Gipsbewurf abbröckelte. Sie hob die Hand, um den Rissen und Sprüngen mit dem Finger nachzufahren, und murmelte mit kindlich-klagender Stimme:

«All das ist so ungerecht...!»

«Der Krieg weiss nicht von Recht und Gerechtigkeit», sagte Cheng Wang mit seiner hohen, gebrechlichen Greisenstimme. «Er ist das blinde Werkzeug des ewigen Wahnsinns der Menschen.»

Nachwort

Sie sass auf den Stufen der Veranda ihres Hauses in Darjeeling. Lange hatte sie gesprochen, und es hatte ihr gut getan. Ihr Herz, zentnerschwer, schien etwas leichter geworden zu sein, der Krampf, der es umklammert hielt, war gelöst. Nun war ihr Mund trocken. Den Kopf an den Sockel der Säule gelehnt, zündete sie mit zitternden Fingern eine Zigarette an. Gedankenverloren starrte sie auf die ersterbende Flamme des Zündholzes. Kleiner und kleiner wurde sie, zitternd flackerte sie noch einmal auf, erstarb in einer kleinen Rauchfahne, die sich spurlos auflöste. Das verkohlte Zündholz hatte sich gekrümmt, nun lag es leblos und unnütz zwischen ihren Fingern. Es hatte seinen Zweck erfüllt, seinen Dienst getan, man konnte den Rest wegwerfen . . .

Es war einer dieser milden, klaren Abende, an denen man sich geborgen fühlte, im Einklang mit dem Himmel, mit der leichten, duftenden Brise, den kaum erschlossenen Blumen und den winzigen, noch eingerollten Blättern der Bäume. Rama Singh kauerte mit blossen Füssen auf der nächsten Treppenstufe und band die Schnur des Drachens fest. Er erhob sich, sicherte ihn mit der Hand und warf ihn mit einem geschickten, genau abgemessenen Schwung in die Höhe. Die Schnur spannte sich.

«Man behauptet, das Gedächtnis ermüde mit der Zeit», sagte Rama Singh, wie im friedlichen Selbstgespräch. «In Wahrheit aber entwickelt sich das Gedächtnis ständig, es wächst geheimnisvoll-geduldig, wie eine Pflanze. Eines Tages entdeckt man, dass kein Leiden sinnlos war. Alles, selbst das

Unerklärliche und scheinbar Ungerechte ordnet sich und erhält einen logischen, klar erkennbaren Sinn.»

Wie ein Vogel schwebte der Drache im Licht. Carrie betrachtete ihn und sagte langsam:

«Ich will nach Neu-Delhi gehen und Medizin studieren.»

Beim Aussprechen dieser Worte wurde ihr bewusst, dass sie ihre Berufung schon längst keimhaft in sich verspürt hatte. Wieder einmal bewunderte sie Rama Singh's Weisheit. Und sie spürte, dass sie eine Wahrheit erfahren durfte, zu der einzig die schicksalhafte Verkettung der Ereignisse sie hatte führen können.

«Ja», sagte sie mit klarer, bestimmter Stimme. «Ich werde Aerztin.»

«Wie Ihr Vater», erwiderte Rama Singh, ohne Erstaunen zu zeigen.

«Wie Cheng Li», sagte Carrie.

Rama Singh liess die Schnur weiter ablaufen. Der Drachen stieg höher als das Haus, als die Bäume, und war endlich nur noch ein dunkler Punkt im Sonnenlicht. Carrie sass mit halbgeschlossenen Augen. Zwischen ihren Wimpern glänzte der Himmel wie Jade, und dem Drachen gleich schwebte ihre Seele weit, weit hinweg, über die Berge...

Federica de Cesco

Der rote Seidenschal

Ann Morrison fährt mit ihrer strengen Tante Adele im Zug durch den Wilden Westen. In der Wüstenstadt Mesilla verläßt Ann den haltenden Zug, um einer Dame den vergessenen roten Seidenschal nachzutragen. Sie findet die Frau nicht, und als sie zum Bahnsteig zurückkommt, ist der Zug abgefahren. Damit beginnt für Ann eine turbulente, abenteuerliche Zeit. Sie kommt zu den White-Mountains-Apachen und erlebt dort die erbitterten Kämpfe der Indianer gegen die weißen Eindringlinge. Dies ist der erste Roman der Erfolgsautorin, den sie im Alter von 15 Jahren für ihre Klassenkameraden geschrieben hat.

Kel Rela

Mit ihrem Professor für Ethnologie, bei dem sie als Sekretärin arbeitet, fährt die lebenshungrige Sonja in die südliche Sahara. Sie lernt dort das Leben bei den Tuareg kennen und verliebt sich in Tarek, einen jungen Kel Rela-Tuareg. Diese schicksalhafte Begegnung, das Erleben einer ganz anderen Kultur wird für Sonja zum entscheidenden Wendepunkt ihres Lebens.

UNION-Programm im Otto Maier Verlag Ravensburg

Federica de Cesco
in den »Ravensburger Taschenbüchern«

Im Wind der Camargue
Muß Estella ihre gefährliche Arbeit als Stierhüterin aufgeben? (Band 181)

Frei wie die Sonne
Das Tuaregmädchen Mariemma kämpft verzweifelt um ein freies Leben in der Sahara. (Band 258)

Die Lichter von Tokio
Drei Jugendliche im Dschungel der Großstadt. (Band 313)

Der Berg des großen Adlers
Zwei Jugendliche werden in die Kämpfe um ein indianisches Heiligtum verwickelt. (Band 416)

Das Mondpferd
Für nichts in der Welt will Anga den Schimmel Khan hergeben. (Band 497)

Foto aus dem Satelliten APOLLO 7, aufgenommen am 11. Oktober 1968 aus ca. 280 km Höhe (NASA).
Der Vordergrund zeigt das nach Sikkim hin ansteigende Hinterindien. Die Tibet abgrenzenden Randketten des Himalaya mit ihren bis über 8000 Meter hohen Bergen sind besonders eindrücklich sichtbar. Dahinter erstrecken sich die unendlichen Hochebenen Tibets.